Craftsman Electronic CAD

# 전자캐드기능사 필기
## 기출문제 (기출 + 적중모의고사)

전자·컴퓨터 기술의 급속한 발전에 따라 컴퓨터에 의한 설계 및 생산시스템(CAD/CAM)이 광범위하게 이용되고 있습니다. 그러나 이러한 시스템을 효율적으로 적용하고 응용할 수 있는 인력은 부족한 실정입니다. 특히, 전자캐드기능사는 급변하는 기술변화로 인해 계속적인 직무분석을 통해 출제 기준 및 실기 작업방법 등을 그 때마다 보완하여 산업현장과 밀접하게 연계되어야 하는 전문적인 자격제도입니다.

전자캐드기능사는 전자, 통신 및 컴퓨터 등의 응용기기 및 제품의 설계 및 제작을 위하여 전자회로를 설계하고, 전자회로도의 표현, 부품도 작성, 인쇄회로기판의 설계도면 작성, 회로의 제작 및 시험 등을 컴퓨터 설계 프로그램을 활용해서 처리하는 능력을 평가합니다.

필자들은 교단과 현장에서의 경험을 토대로 전자캐드기능사 자격을 취득하고자 하는 독자들을 위하여 다음과 같은 내용으로 책을 집필하였습니다.

> 1. 한국산업인력공단의 최근 개정된 출제기준과 기출문제 유형 분석을 통하여 핵심적인 이론 내용을 앞부분에 수록하였습니다.
> 2. 본문 이해가 쉽도록 풍부한 삽화 및 일러스트를 사용하였습니다.
> 3. 한국산업인력공단이 주관하여 시행한 최근 5년간의 기출문제 및 CBT 시험 출제문제를 반영한 5회분의 적중모의고사를 상세한 해설과 함께 수록하였습니다.

내용의 오류가 없도록 세심히 정성을 다했지만 혹 미비한 부분이 있어 불편함이 있다면 독자 여러분들의 조언과 충고를 통해 차후 보다 나은 내용으로 수험생 여러분들에게 찾아뵐 것을 약속드리며 여러분들에게 합격의 영광이 있기를 진심으로 기원합니다.

저자 일동

# 검정안내 및 출제기준

■ **개요**
현재 전자캐드기능사는 급변하는 기술변화로 인해 계속적인 직무분석을 통해 출제 기준 및 실기 작업방법 등을 그 때마다 보완하여 산업현장과 밀접하게 연계

■ **수행직무**
전자회로의 설계 · 제작을 컴퓨터디자인(CAD)프로그램을 활용해서 처리하는 직무수행

■ **출제경향**
전자, 통신 및 컴퓨터 등의 응용기기 및 제품의 설계 및 제작을 위하여 전자회로를 설계하고, 전자회로도의 표현, 부품도 작성, 인쇄회로기관의 설계도면 작성, 회로의 제작 및 시험 등을 컴퓨터 설계 프로그램을 활용해서 처리하는 능력 평가
- 작업형 : 전자 CAD 도면의 제작, 배치, 패턴설계 및 관련장비의 운용 등에 관한 작업

■ **취득방법**
- 시험과목
  - 필기 : 1. 전기전자공학 2. 전자계산기일반 3. 전자제도(CAD) 이론
  - 실기 : 전자제도(CAD) 작업
- 검정방법
  - 필기 : 객관식 4지 택일형 60문항(60분)
  - 실기 : 작업형(4시간정도 내외)
- 합격기준
  - 필기 · 실기 : 100점 만점으로 60점 이상 득점자

## ■ 출제기준

| 필기과목명 | 주요항목 | 세부항목 |
|---|---|---|
| 전기전자공학,<br>전자계산기일반,<br>전자제도(CAD)이론 | 1. 직·교류회로 | 1. 직류회로<br>2. 교류회로 |
| | 2. 전원회로의 기본 | 1. 전원회로 |
| | 3. 각종 증폭회로 | 1. 증폭회로 |
| | 4. 발진 및 펄스회로 | 1. 발진 및 변·복조 회로<br>2. 펄스회로 |
| | 5. 논리회로 | 1. 조합논리회로<br>2. 순서논리회로 |
| | 6. 반도체 | 1. 반도체의 개요<br>2. 반도체 소자<br>3. 집적회로 |
| | 7. 컴퓨터의 구조 일반 | 1. 컴퓨터의 기본적 구조 |
| | 8. 자료의 표현과 연산 | 1. 자료의 표현<br>2. 연산 |
| | 9. 소프트웨어 일반 | 1. 소프트웨어의 개념과 종류 |
| | 10. 마이크로 프로세서 | 1. 마이크로프로세서 구조 및 응용 |
| | 11. 제도규약 | 1. 전자제도 통칙<br>2. 도면의 표시방법 |
| | 12. 전자부품 | 1. 전자부품의 기호 및 표시법<br>2. 전자부품의 식별 방법<br>3. 전자부품의 판독법 |
| | 13. 회로도면의 설계 | 1. 설계용도에 따른 도면의 분류<br>2. 회로도면의 설계방법 |
| | 14. 인쇄회로기판 제작공정 | 1. 인쇄회로기판의 종류 및 특성<br>2. PCB 설계기준 및 제작공정<br>3. PCB 설계 시 고려사항<br>4. PCB 발주 시 고려사항<br>5. 데이터파일의 종류와 취급<br>6. PCB 특성 및 시험방법 |
| | 15. CAD 일반 | 1. CAD시스템<br>2. CAD시스템의 입·출력장치<br>3. CAD시스템에 의한 도형처리 |

# NCS(국가직무능력표준) 안내

## NCS(국가직무능력표준)와 NCS 학습모듈

- 국가직무능력표준(NCS, National Competency Standards)이란 산업현장에서 직무를 수행하기 위해 요구되는 지식·기술·소양 등의 내용을 국가가 산업부문별·수준별로 체계화한 것으로 국가적 차원에서 표준화한 것을 의미합니다.
- NCS 학습모듈은 NCS 능력단위를 교육 및 직업훈련 시 활용할 수 있도록 구성한 교수·학습자료입니다. 즉, NCS 학습모듈은 학습자의 직무능력 제고를 위해 요구되는 학습 요소(학습 내용)를 NCS에서 규정한 업무 프로세스나 세부 지식, 기술을 토대로 재구성한 것입니다.

## NCS 개념도

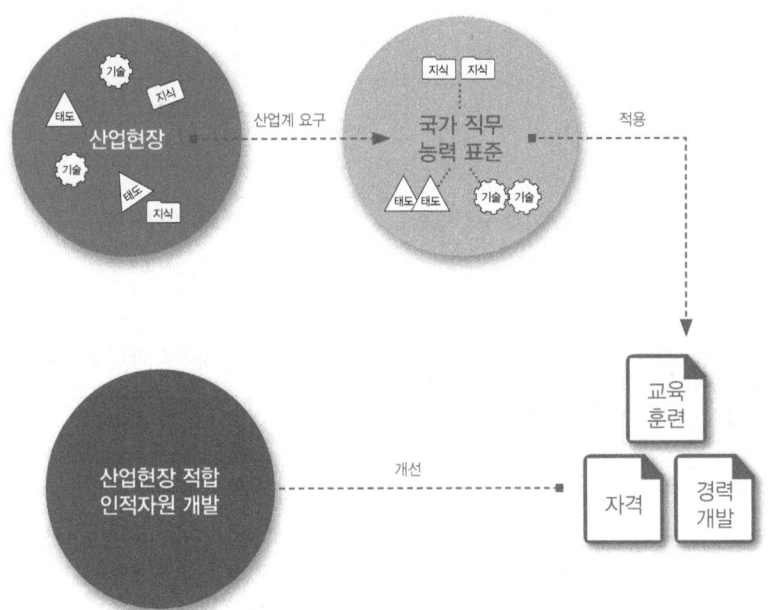

## NCS의 활용영역

| 구분 | | 활용 콘텐츠 |
|---|---|---|
| 산업현장 | 근로자 | 평생경력개발경로, 자가진단도구 |
| | 기업 | 현장수요 기반의 인력채용 및 인사관리기준, 직무기술서 |
| 교육훈련기관 | | 직업교육 훈련과정 개발, 교수계획 및 매체·교재개발, 훈련기준 개발 |
| 자격시험기관 | | 자격종목설계, 출제기준, 시험문항, 시험방법 |

## NCS 학습모듈의 특징

- NCS 학습모듈은 산업계에서 요구하는 직무능력을 교육훈련 현장에 활용할 수 있도록 성취목표와 학습의 방향을 명확히 제시하는 가이드라인의 역할을 합니다.
- NCS 학습모듈은 특성화고, 마이스터고, 전문대학, 4년제 대학교의 교육기관 및 훈련기관, 직장교육기관 등에서 표준교재로 활용할 수 있으며 교육과정 개편 시에도 유용하게 참고할 수 있습니다.

## NCS와 NCS 학습모듈의 연결 체제

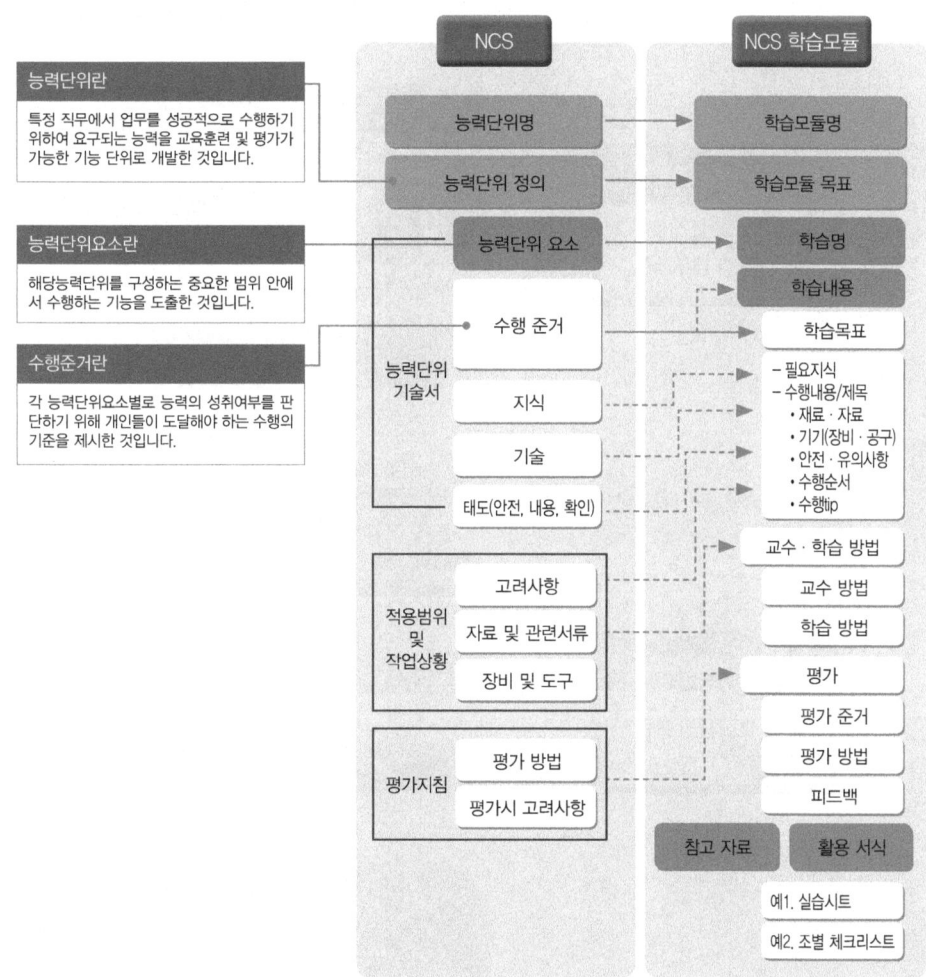

# 과정평가형 자격취득 안내

## 과정평가형 자격

과정평가형 자격은 국가기술자격법에 근거하여 국가직무능력표준(NCS)에 따라 설계된 교육·훈련과정을 체계적으로 이수한 교육·훈련생에게 내·외부 평가를 통해 국가기술자격증을 부여하는 새로운 개념의 국가기술자격 취득 제도로서 2015년부터 시행되고 있다.

## 과정평가형 자격 운영 절차

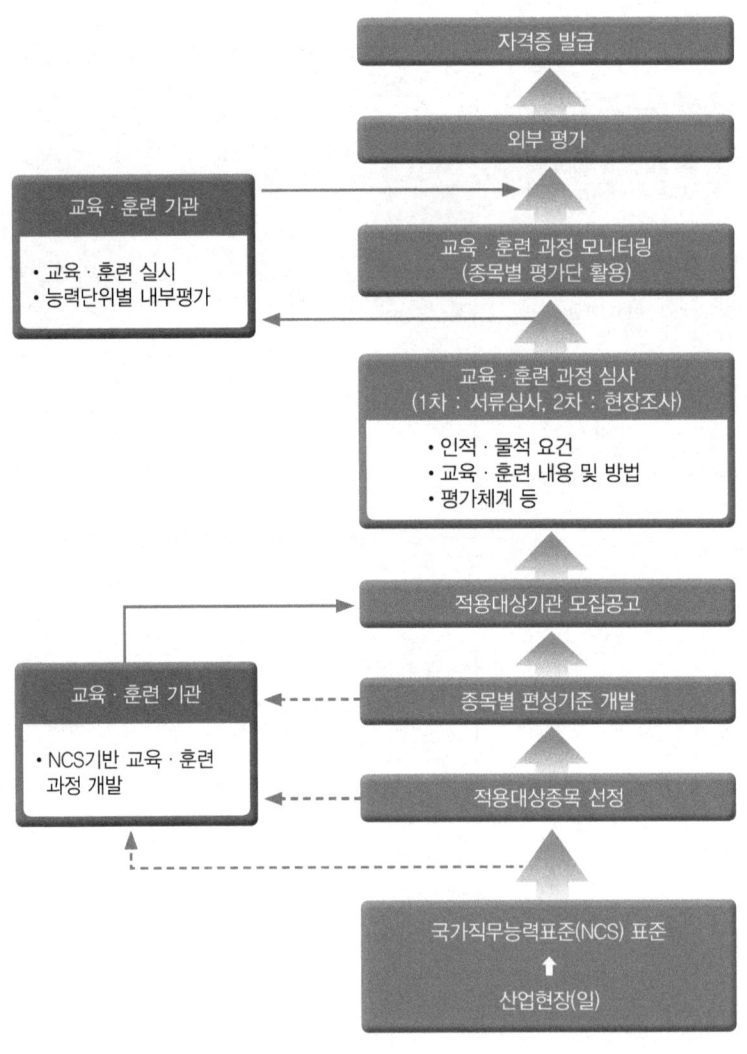

## 시행 대상

국가기술자격법의 과정평가형 자격 신청자격에 충족한 기관 중 공모를 통하여 지정된 교육·훈련기관의 단위과정별 교육·훈련을 이수하고 내부평가에 합격한 자

## 교육·훈련생 평가

① 내부평가(지정 교육·훈련기관)
 ㉮ 평가대상 : 능력단위별 교육·훈련과정의 75% 이상 출석한 교육·훈련생
 ㉯ 평가방법
  ㉠ 지정받은 교육·훈련과정의 능력단위별로 평가
  ㉡ 능력단위별 내부평가 계획에 따라 자체 시설·장비를 활용하여 실시
 ㉰ 평가시기
  ㉠ 해당 능력단위에 대한 교육·훈련이 종료된 시점에서 실시하고 공정성과 투명성이 확보되어야 함
  ㉡ 내부평가 결과 평가점수가 일정수준(40%) 미만인 경우에는 교육·훈련기관 자체적으로 재교육 후 능력단위별 1회에 한해 재평가 실시
② 외부평가(한국산업인력공단)
 ㉮ 평가대상 : 단위과정별 모든 능력단위의 내부평가 합격자
 ㉯ 평가방법 : 1차·2차 시험으로 구분 실시
  ㉠ 1차 시험 : 지필평가(주관식 및 객관식 시험)
  ㉡ 2차 시험 : 실무평가(작업형 및 면접 등)

## 합격자 결정 및 자격증 교부

① 합격자 결정 기준
 내부평가 및 외부평가 결과를 각각 100점을 만점으로 하여 평균 80점 이상 득점한 자
② 자격증 교부
 기업 등 산업현장에서 필요로 하는 능력보유 여부를 판단할 수 있도록 교육·훈련 기관명·기간·시간 및 NCS 능력단위 등을 기재하여 발급

> NCS 및 과정평가형 자격에 대한 내용은 NCS국가직무능력표준 홈페이지(www.ncs.go.kr)에서 보다 자세하게 살펴볼 수 있습니다.

# CBT 필기시험제도 안내

## 변경된 제도 개요

기능사 CBT(컴퓨터 기반 시험) 필기시험제도는 한국산업인력공단 상설시험장과 외부기관의 시설 및 장비를 임차하여 시행하기 때문에 시험장 사정에 따라 시험일자가 달라질 수 있으며, 수험생들이 선호하는 시험장은 조기 마감될 수 있으므로 주의하여야 합니다.

## 원서접수 기간 및 접수처

- 한국산업인력공단이 주관 및 시행하는 기능사 정기 CBT 필기시험 및 상시 CBT 필기시험과 관련한 정보는 큐넷 홈페이지(http://www.q-net.or.kr)를 방문하여 확인합니다.
- 기능사 필기시험의 원서접수는 인터넷으로만 가능하며 정기 및 상시시험 모두 큐넷 홈페이지(http://www.q-net.or.kr)에서 접수할 수 있습니다.
- 기기능사 상시시험 종목 : 한식조리기능사, 양식조리기능사, 일식조리기능사, 중식조리기능사, 제과기능사, 제빵기능사, 미용사(일반), 미용사(피부), 미용사(네일), 미용사(메이크업), 굴착기운전기능사, 지게차운전기능사, 건축도장기능사, 방수기능사 [14종목]
  ※ 건축도장기능사, 방수기능사 2종목은 정기검정과 병행 시행

## CBT 부별 시험시간 안내

| 구분 | 입실시간 | 시험시간 | 비고 |
| --- | --- | --- | --- |
| 1부 | 09:30 | 09:50~10:50 | |
| 2부 | 10:00 | 10:20~11:20 | |
| 3부 | 11:00 | 11:20~12:20 | |
| 4부 | 11:30 | 11:50~12:50 | |
| 5부 | 13:00 | 13:20~14:20 | 시험실 입실 시간은 시험 시작 20분 전 |
| 6부 | 13:30 | 13:50~14:50 | |
| 7부 | 14:30 | 14:50~15:50 | |
| 8부 | 15:00 | 15:20~16:20 | |
| 9부 | 16:00 | 16:20~17:20 | |
| 10부 | 16:30 | 16:50~17:50 | |

※ 지역별 접수인원에 따라 일일 시행횟수는 변동될 수 있으며, 원거리 시험장으로 이동할 수 있습니다.

## 합격자 발표

종이 시험과 달리 CBT 필기시험은 시험이 종료된 후 시험점수와 함께 합격 여부를 확인할 수 있으며, 이 결과는 시험일정 상의 합격자 발표일에 최종 확인할 수 있습니다.

# ■ CBT 필기시험 체험하기

01 CBT 필기시험 응시를 위해 지정된 좌석에 앉으면 해당 컴퓨터 단말기가 시험감독관 서버에 연결되었음을 알리는 연결 성공 메시지가 나타납니다.

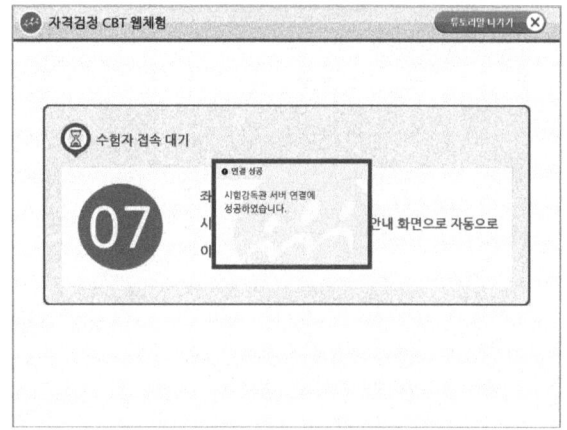

02 수험자 접속 대기 화면에서 좌석번호를 확인합니다. 좌석번호 확인이 끝나면 시험감독관의 지시에 따라 시험 안내 화면으로 자동으로 이동합니다.

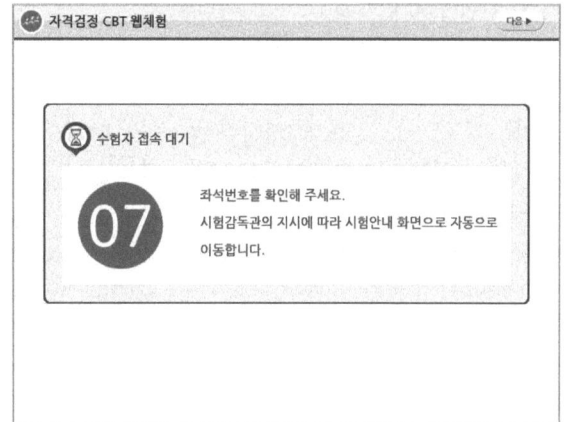

03 수험자 정보를 확인합니다. 감독관의 신분 확인 절차가 진행됩니다. 신분 확인이 모두 끝나면 시험을 시작할 수 있습니다.

04 CBT 필기시험에 대한 안내사항이 나타납니다. 화면은 예제이며, 실제 기능사 필기시험은 총 60문제로 구성되며, 60분간 진행됩니다.

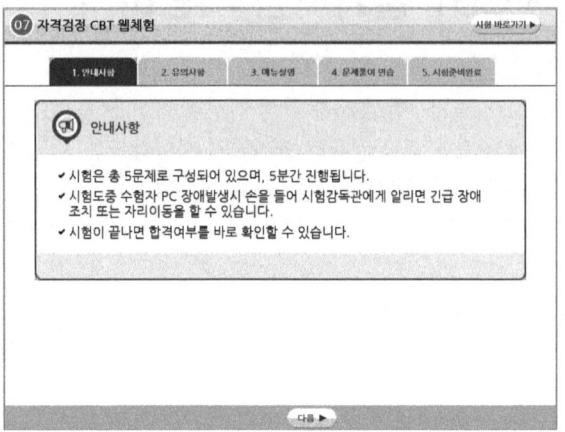

05 다음 항목에서 시험과 관련된 유의사항을 확인합니다. 특히, 시험과 관련한 부정행위 적발 시 퇴실과 함께 해당 시험은 무효처리되어 불합격 될 뿐만 아니라, 이후 3년간 국가기술자격검정에 응시할 수 있는 자격이 정지되므로 부정행위로 인정되는 내용을 꼼꼼히 확인하도록 합니다.

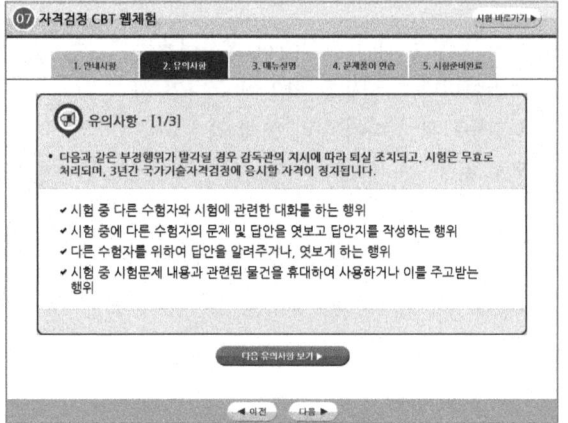

06 메뉴설명 항목에서는 문제풀이와 관련된 메뉴에 대한 설명을 확인할 수 있습니다. CBT 화면에서는 글자 크기를 크게 하거나 작게 할 수 있을 뿐 아니라, 화면 배치를 1단 또는 2단 화면 보기 혹은 한 문제씩 보기로 선택할 수 있습니다.

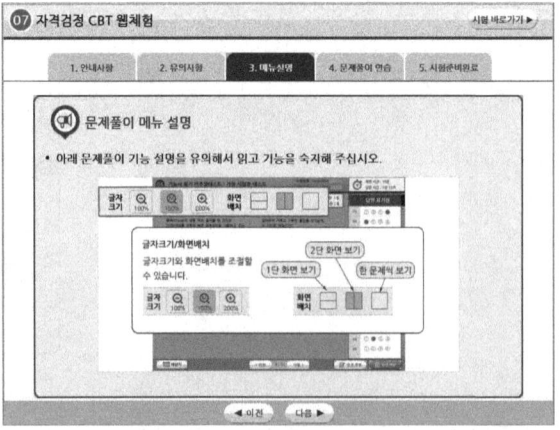

07 문제풀이 연습 항목에서는 실제 문제를 풀어보는 과정을 연습할 수 있습니다. 실제 시험에서 실수하지 않도록 하기 위해 [자격검정 CBT 문제풀이 연습] 버튼을 클릭합니다.

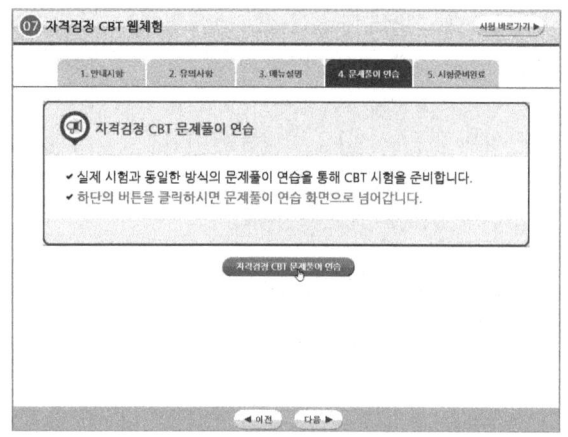

08 보기의 연습 문제는 국가기술자격시험의 정부 위탁기관인 한국산업인력공단의 본부 청사 소재지를 묻는 것입니다. 현재 한국산업인력공단 본부는 울산광역시에 소재하고 있습니다. 문제 아래의 보기에서 번호 항목을 클릭하거나 답안 표기란의 번호 항목에서 해당 답안을 클릭하여 답안을 체크합니다.

09 문제 아래의 보기를 클릭하거나 오른쪽 답안 표기란의 답안 항목을 클릭하면 화면과 같이 선택한 답안이 OMR 카드에 색칠한 것과 같이 색이 채워집니다.

> 답안을 수정할 때는 마찬가지 방법으로 수정하고자 하는 문제의 보기 항목이나 답안 표기란의 보기 항목에서 수정하고자 하는 답안을 클릭합니다.

10 문제를 풀고 나면 다음 문제를 풀기 위해 화면 하단의 [다음] 버튼을 클릭하여 문제를 계속 풀어나가면 됩니다. 참고로 하단 버튼 중 [계산기]를 클릭하면 간단한 공학용 계산기를 사용하여 계산 문제를 푸는 데 도움을 받을 수 있습니다.

> 계산이 끝나고 계산기를 화면에서 사라지게 하려면 계산기 창의 오른쪽 상단에 있는 닫기 ❌ 버튼을 클릭합니다.

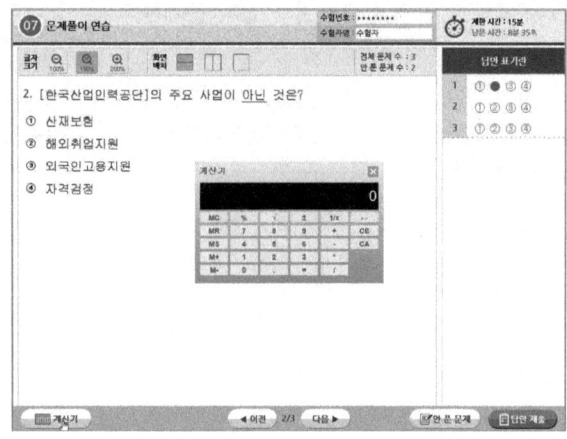

11 문제 풀이 연습이 끝나면 하단의 [답안 제출] 버튼을 클릭하여 답안을 제출합니다.

> 어려운 문제의 경우 하단의 [다음] 버튼을 클릭하여 다음 문제를 풀 수도 있습니다. 단, 이러한 경우 답안을 제출하기 전에 하단의 [안 푼 문제] 버튼을 클릭하여 혹시 풀지 않은 문제가 있는 지 최종적으로 확인하도록 합니다.

12 답안 제출을 클릭하면 나타나는 화면입니다. 수험생들이 실수로 답안을 모두 체크하지 않고 제출할 수 있는 실수를 방지하기 위해 2회에 걸쳐 주의 화면이 나타납니다. 답안을 제출하려면 [예] 버튼을 누릅니다.

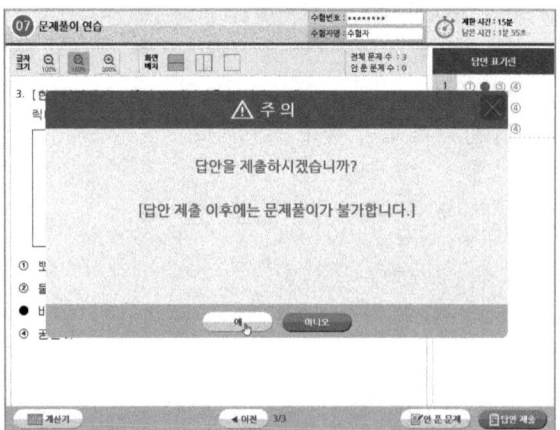

13 문제풀이 연습을 모두 마치면 나타나는 화면에서 [시험 준비 완료] 버튼을 클릭합니다. 이후 시험 시간이 되면 시험감독관의 지시에 따라 시험이 자동으로 시작됩니다.

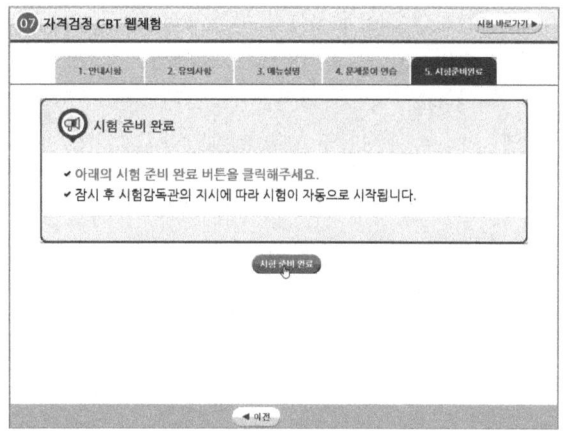

14 본 시험이 시작되면 첫 번째 문제가 화면에 나타납니다. 앞서 문제풀이 연습 때와 마찬가지 방법으로 문제의 보기에서 정답을 클릭하거나 답안 표기란에 해당 문제의 정답 항목을 클릭하여 답을 선택합니다.

15 화면 하단의 [다음] 버튼을 클릭하면 다음 문제를 풀 수 있습니다. 앞서와 마찬가지 방법으로 답안에 체크하고 모든 문제를 풀었다면 [답안 제출] 버튼을 클릭합니다.

화면의 상단 오른쪽에 제한 시간과 남은 시간이 표시됩니다. 본 예제는 체험을 위한 것으로 실제 시험시간은 60분이며, 이에 따라 남은 시간도 표시됩니다.

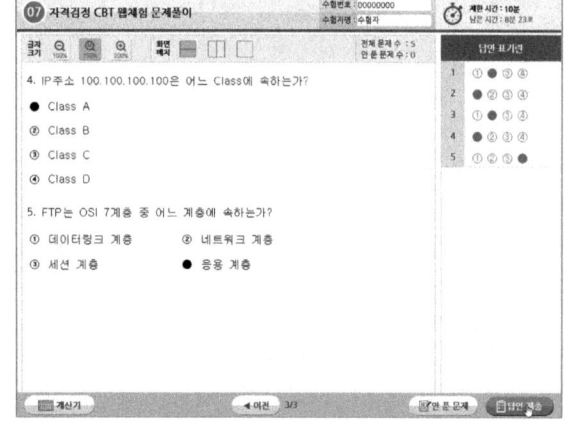

16 수험생의 실수를 방지하기 위해 2회에 걸쳐 주의 문구가 출력됩니다. 모든 문제를 이상없이 풀고 답안에 체크했다면 [예] 버튼을 클릭하여 답안을 제출하고 시험을 마무리합니다.

> 문제 화면으로 다시 돌아가고자 한다면 [아니오] 버튼을 클릭하여 이미 푼 문제들을 다시 확인하고 필요한 경우 답안을 수정할 수 있습니다.

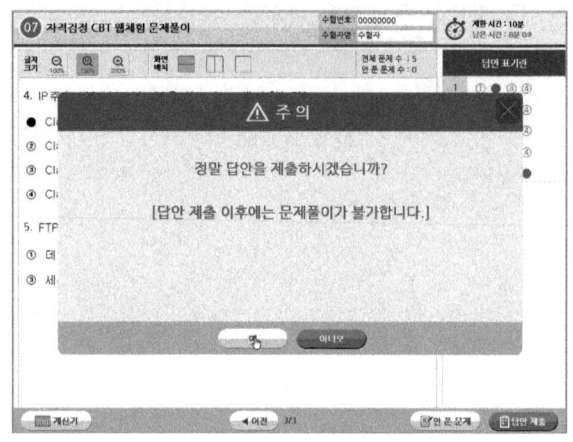

17 답안 제출 화면이 나타납니다. 잠시 기다립니다.

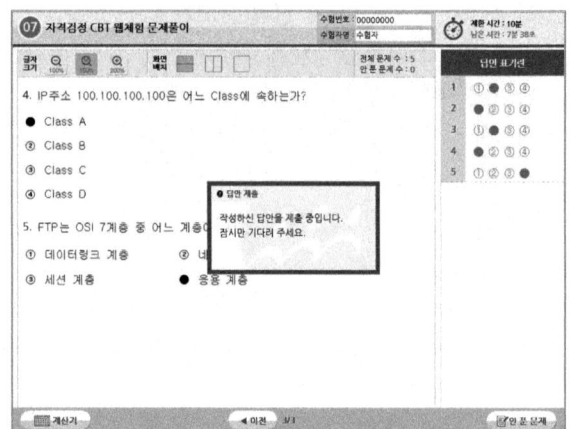

18 CBT 필기시험을 모두 끝내고 답안을 제출하면 곧바로 합격, 불합격 여부를 화면과 같이 확인할 수 있습니다. 독자분들은 꼭 화면과 같은 합격 축하 문구를 볼 수 있기를 기원합니다.

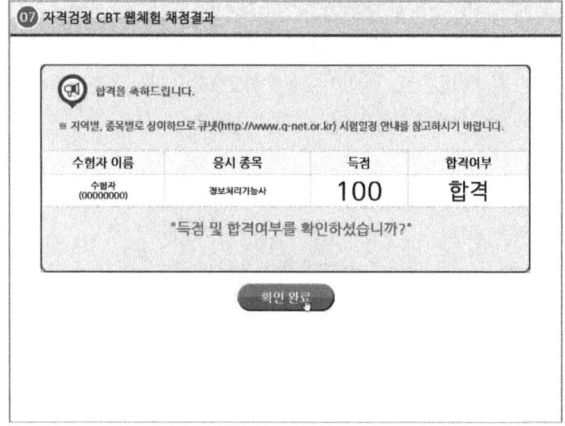

19 앞서의 합격 여부 화면에서 [확인 완료] 버튼을 클릭하면 CBT 필기시험이 종료 됩니다. 고생하셨습니다.

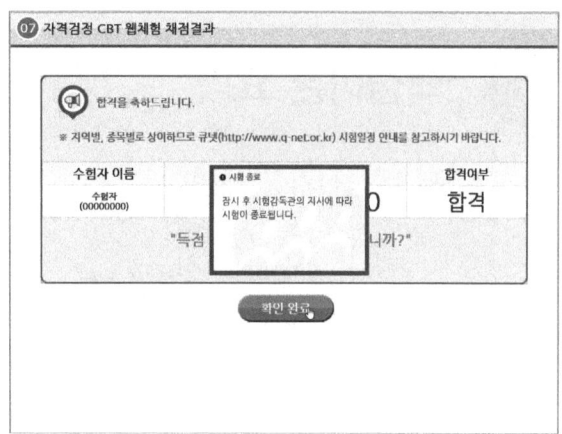

본 도서에 수록된 CBT 필기시험 체험하기 내용은 한국산업인력공단의 CBT 체험하기 과정을 인용하여 구성 및 정리한 것입니다. 직접 한국산업인력공단에서 제공하는 CBT 필기시험을 체험하고자 하는 독자께서는 한국산업인력공단이 운영하는 큐넷 홈페이지(www.q-net.or.kr)를 방문하시기 바랍니다.

# 차례

## 01장 핵심이론 요약

### 제 1절 전기전자공학
- 01 직·교류회로     022
- 02 전원회로 및 증폭회로     028
- 03 발진 및 펄스회로     033
- 04 논리회로     042
- 05 반도체     045

### 제 2절 전자계산기일반
- 01 컴퓨터의 구조 일반     051
- 02 자료의 표현과 연산     055
- 03 소프트웨어 일반     059
- 04 마이크로프로세서     063

### 제 3절 전자 CAD 이론
- 01 제도규약     068
- 02 전자부품     072
- 03 회로도면의 설계     077
- 04 인쇄회로기판 제작공정     080
- 05 CAD 일반     088

## 02장 최근기출문제

- 2012년 1회 기출문제     096
- 2012년 2회 기출문제     108

| | |
|---|---|
| 2012년 3회 기출문제 | 119 |
| 2013년 1회 기출문제 | 130 |
| 2013년 2회 기출문제 | 141 |
| 2013년 3회 기출문제 | 153 |
| 2014년 1회 기출문제 | 164 |
| 2014년 2회 기출문제 | 175 |
| 2014년 3회 기출문제 | 186 |
| 2015년 1회 기출문제 | 197 |
| 2015년 2회 기출문제 | 208 |
| 2015년 3회 기출문제 | 219 |
| 2015년 4회 기출문제 | 230 |
| 2016년 1회 기출문제 | 241 |
| 2016년 2회 기출문제 | 253 |
| 2016년 3회 기출문제 | 265 |

# 03장 CBT 대비 적중모의고사

| | |
|---|---|
| 적중모의고사 제1회 | 278 |
| 적중모의고사 제2회 | 288 |
| 적중모의고사 제3회 | 300 |
| 적중모의고사 제4회 | 310 |
| 적중모의고사 제5회 | 321 |

# 1 이론 요약

제 1절 전기전자공학
제 2절 전자계산기일반
제 3절 전자 CAD 이론

# Section 01 전기전자공학

Craftsman Electronic CAD

1. 직·교류회로 | 2. 전원회로 및 증폭회로 | 3. 발진 및 펄스회로 | 4. 논리회로 | 5. 반도체

## 1 직·교류회로

### 가. 직류회로

1) 직·병렬회로

① 옴의 법칙(Ohm's Law)

㉮ 전기·전자회로에 흐르는 전류(I)의 크기는 전압(V)에 비례하고(R이 일정한 경우), 저항(R)에 반비례(V가 일정한 경우)한다.

$$\therefore R = \frac{V}{I}[\Omega], \ V = IR[V], \ I = \frac{V}{R}[A]$$

㉯ 컨덕턴스(Conductance) : 저항의 역수로 작을수록 전류가 잘 흐르는 정도를 나타내는 것으로 G의 단위로는 지멘스(Siemens, S), 모(mho, ℧) 또는 $\Omega^{-1}$을 사용한다.

$$\therefore G = \frac{I}{V} = \frac{1}{R}[\text{℧}], \ I = GV$$

② 저항의 접속

㉮ 직렬접속 : 저항과 저항들을 일렬로 접속하는 것을 직렬회로라 한다.

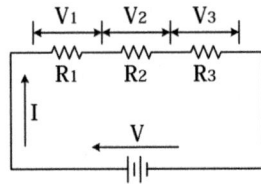

합성저항 $R_t = R_1 + R_2 + R_3[\Omega]$

㉯ 병렬접속 : 저항의 병렬접속이란 전원에서 흘러나온 전류가 각 저항에 반비례 분배되어 흐르고, 각 저항에서의 단자전압은 항상 일정한 회로를 말한다.

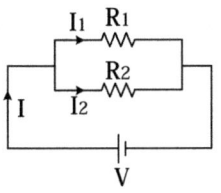

합성저항  $R_t = \dfrac{1}{\dfrac{1}{R_1} + \dfrac{1}{R_2} + \cdots + \dfrac{1}{R_n}} = \dfrac{R_1 \cdot R_2 \cdots R_n}{R_1 + R_2 + \cdots + R_n}[\Omega]$

㉰ 직·병렬접속 : 직렬접속과 병렬접속을 조합한 회로이다.

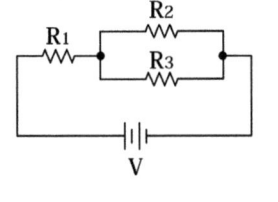

합성저항  $R_t = R_1 + \dfrac{1}{\dfrac{1}{R_2} + \dfrac{1}{R_3}} = R_1 + \dfrac{R_2 \cdot R_3}{R_2 + R_3}$

③ 고유저항과 전도율
㉮ 도체의 저항 : 고유저항($\rho$)과 도체의 길이($\ell$)에 비례하고 단면적(A)에 반비례한다.
$$\therefore R = \rho \dfrac{\ell}{A}[\Omega]$$

㉯ 고유저항($\rho$, rho) : 길이 1[m], 단면적 1[$m^2$]의 임의 도체 양면 사이의 저항값을 나타내며, 단위는 [$\Omega \cdot m$]를 사용한다.
$$\therefore \rho = \dfrac{R[\Omega]A[m^2]}{\ell[m]} = \dfrac{RA}{\ell}[\Omega]$$

㉰ 전도율($\sigma$) : 고유저항의 역수의 관계로 표현된다.
$$\therefore \sigma = \dfrac{1}{\rho}[\mho/m] = [\Omega^{-1}]$$

## 2) 회로망 해석의 정리, 응용
① 키르히호프의 법칙
㉮ 키르히호프의 제1법칙(전류법칙, KCL) : '회로망 중의 임의의 접속점에서 유입하는 전류의 합은 유출하는 전류의 합과 같다'라는 원리이다.

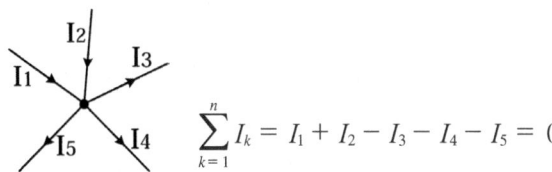

㉡ 키르히호프의 제2법칙(전압법칙, KVL) : 임의의 폐회로에서 한 방향으로 일주하면서 취한 전압 상승의 대수적인 합은 각 순간에 있어서 0이다. 즉, 전압 상승의 합은 전압강하의 합과 같다.

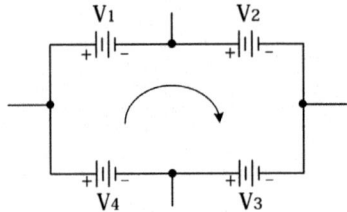

그림에서 시계방향으로 일주할 때 전압상승을 +, 전압하강을 -로 잡으면
$-V_1 - V_2 + V_3 - V_4 = 0$
일반적으로 이 식은 다음과 같이 표시할 수 있다.
$$\sum_{k=1}^{n} V_k = 0$$

② 회로망 정리
  ㉮ 중첩의 원리

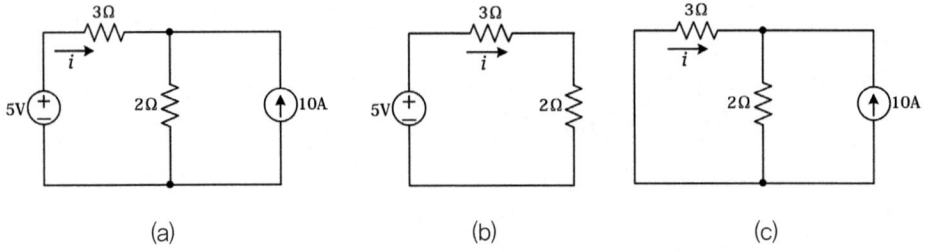

위에서 전원이 개별적으로 작용한다는 것은 그 이외의 전원을 죽이는 것, 즉 전압 전원을 단락, 전류전원은 개방함을 의미한다.

그림 (a)의 간단한 회로에서 2Ω을 흐르는 전류는 i + 10[A] 이므로 좌측망로에 대한 KVL(키르히로프의 전압법칙)로부터 5 = 3i + 2(i + 10)이다.
∴ i = -3[A]
이것은 중첩의 원리에 의하여 전압전원만에 의한 그림 (b)의 전류 i'와 전류전원만에 의한 그림 (c)의 i''와의 합과 같아야 한다.
$i' = \dfrac{5}{3+2} = 1[A]$,  $i'' = -\dfrac{2}{3+2} \times 10 = -4[A]$
∴ i' + i'' = -3[A]  즉, 처음에 구한 것과 같다.

㉯ 최대전력의 전달

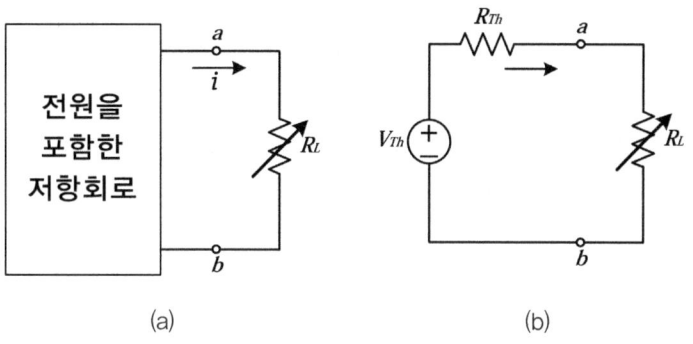

(a)　　　　　　　　　　(b)

$$P_L = \frac{V_{Th}^2 R_L}{(R_{Th} + R_L)^2}$$

$$\frac{dP_L}{dR_L} = V_{Th}^2 \times \frac{(R_{Th} + R_L)^2 - 2R_L(R_{Th} + R_L)}{(R_{Th} + R_L)^4} = 0$$

$$\therefore R_L = R_{Th}, \ P_{L(MAX)} = \frac{V_{Th}^2}{4R_L}$$

나. 교류회로

1) 교류회로

① 정현파의 교류

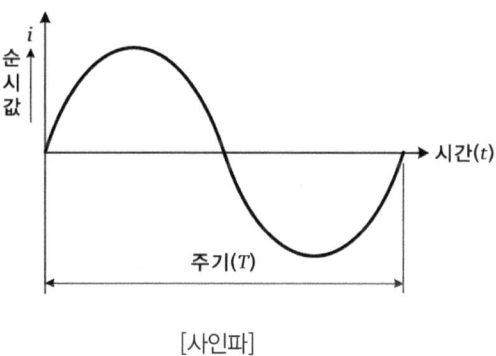

[사인파]

② 주기, 주파수, 위상

㉮ 주기(period) : 1[Hz] 진동하는 동안 걸리는 시간을 주기라 한다. $T = \dfrac{1}{f}$

㉯ 주파수(frequency) : 1초 동안 발생하는 진동 수, 단위 헤르츠[Hz]. $f = \dfrac{1}{T}$

㉰ 위상각(θ) : v = $V_m \sin(wt + \theta)$[V]에서 θ를 위상 또는 위상각이라 한다.

③ 최대값, 실효값, 평균값의 관계

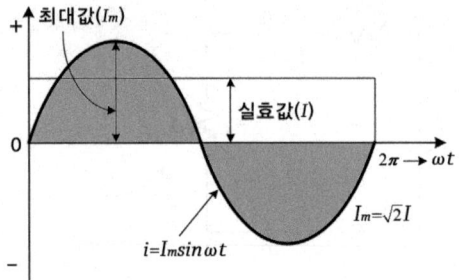

| 구분 | 평균값 | 실효값 |
| --- | --- | --- |
| 정현파 | $\frac{2I_m}{\pi} = 0.637 I_m [A]$ | $\frac{I_m}{\sqrt{2}}$ |
| 전파정류 | $\frac{2I_m}{\pi} = 0.637 I_m [A]$ | $\frac{I_m}{\sqrt{2}}$ |
| 반파정류 | $\frac{I_m}{\pi} [A]$ | $\frac{I_m}{2}$ |

2) RLC 기본회로

① R 회로

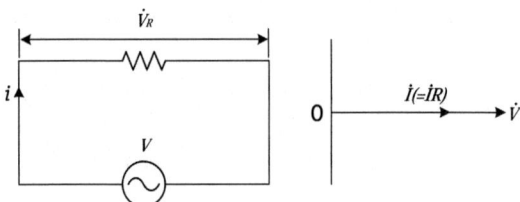

$v = \sqrt{2} \sin \omega t [V]$

$i = \dfrac{v}{R} = \dfrac{\sqrt{2} \sin \omega t}{R} = \sqrt{2} \sin \omega t [A]$

전압과 전류의 위상은 동위상이다.

② L 회로

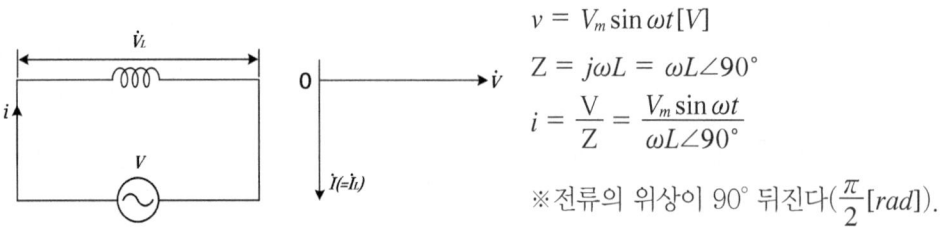

$v = V_m \sin \omega t [V]$

$Z = j\omega L = \omega L \angle 90°$

$i = \dfrac{V}{Z} = \dfrac{V_m \sin \omega t}{\omega L \angle 90°}$

※ 전류의 위상이 90° 뒤진다($\dfrac{\pi}{2}[rad]$).

③ C 회로

㉮ C 병렬합성용량

$$C_t = C_1 + C_2 + C_3 + \cdots + C_n$$

㉯ C 직렬합성용량

$$C_t = \dfrac{1}{\dfrac{1}{C_1}+\dfrac{1}{C_2}+\dfrac{1}{C_3}+\cdots+\dfrac{1}{C_n}} = \dfrac{C_1 \times C_2 \times C_3 \times \cdots \times C_n}{C_1 + C_2 + C_3 + \cdots + C_n}$$

3) RLC 직렬회로

① RL 직렬회로

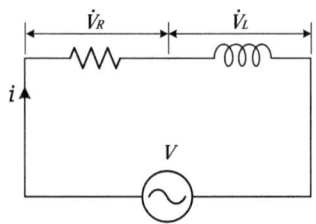 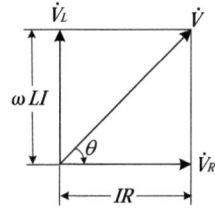

$$Z = R + X_L$$
$$= R + j\omega L = \sqrt{R^2 + (\omega L)^2}$$
$$I = \dfrac{V}{Z}$$

② RC 직렬회로

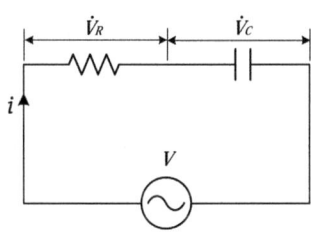 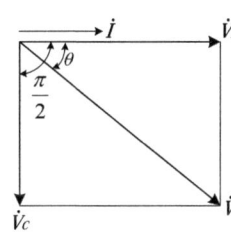

$$i = I_m \sin \omega t \,[A]$$
$$\dot{V}_R = IR,\; \dot{V}_C = -j\dfrac{1}{\omega C}i$$
$$\dot{V} = \dot{V}_R + \dot{V}_C = i\left(R - j\dfrac{1}{\omega C}\right)$$
$$\dot{Z} = \dfrac{\dot{V}}{\dot{I}} = R - j\dfrac{1}{\omega C}\,[\Omega]$$

③ RLC 직렬회로

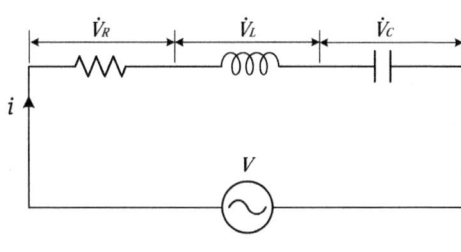

$$i = I_m \sin \omega t \,[A]$$
$$\dot{V} = \dot{V}_R + (\dot{V}_L - \dot{V}_C)$$
$$= \dot{i}R + j\left(\omega L - \dfrac{1}{\omega C}\right)\dot{i}$$
$$= \dot{i}\left[R + j\left(\omega L - \dfrac{1}{\omega C}\right)\right]$$
$$\dot{Z} = \dfrac{\dot{V}}{\dot{I}} = R + j\left(\omega L - \dfrac{1}{\omega C}\right)$$

## 2 전원회로 및 증폭회로

### 가. 전원회로

1) **정류회로의 특성**

   ① 맥동률(ripple) : 정류된 직류전압 속의 교류성분

   $$r = \frac{\Delta v}{V_d} \times 100\%$$

   - $\Delta v$ : 출력파형 속의 교류성분의 실효값
   - $V_d$ : 직류출력값

   ② 전압변동률(voltage regulation)

   $$\Delta V = \frac{V_{no\,load} - V_{full\,load}}{V_{full\,load}} \times 100\%$$

   - $V_{no\,load}$ : 무부하시 전압
   - $V_{full\,load}$ : 부하시 전압

   ③ 정류 방식별 맥동주파수

   | 정류 방식 | 맥동 주파수 |
   |---|---|
   | 단상 반파 정류회로 | 1상 × 60Hz = 60[Hz] |
   | 단상 전파 정류회로 | 1상 × 120Hz = 120[Hz] |
   | 3상 반파 정류회로 | 3상 × 60Hz = 180[Hz] |
   | 3상 전파 정류회로 | 3상 × 120Hz = 360[Hz] |

2) **평활 회로**

   ① 정류기에 의해서 직류를 얻는 경우에 직류 중에 포함되는 리플을 제거하기 위하여 삽입하는 회로로 RC를 크게하여 리플을 줄인다.

   ② 종류 및 특성

   | 구분 | 콘덴서 입력형 | 쵸크 입력형 |
   |---|---|---|
   | 직류 출력전압 | 높다. | 낮다. |
   | 전압 변동률 | 크다. | 작다. |
   | 역전압 | 높다. | 낮다. |
   | 맥동률 | 적다. | 부하전류가 작을수록 크다. |
   | 용도 | 소 전력용(저전류, 고전압) | 대 전력용(고전류, 저전압) |

## 3) 정전압 안정화 회로

① 정전압 안정화 회로 : 교류(AC)신호를 정류하여 맥류파형을 만들고 콘덴서를 통하여 평활된 직류(DC)전압을 얻을 수 있으나 입력 교류전압 변화에 출력인 직류전압도 변동됨으로 불안정하다. 이러한 전압변동 되는 평활전압을 트랜지스터(TR), 제너 다이오드(Zener Diode) 등을 사용하여 정전압 안정화 회로를 구성하여 안정된 전압을 얻는다.

㉮ 직렬 정전압 안정화 회로 : 제어용 TR과 부하저항 RL이 직렬로 구성되며, 전압제어용 회로로서 경부하 시 효율은 높다. 기준전압을 설정하는 제너 다이오드 전압에 따라 전압 범위를 설정 할 수 있어 전압 설정 범위가 크다.

㉯ 병렬 정전압 안정화 회로 : 부하저항과 병렬로 구성되어 있으며 소비전력이 크므로 효율이 직렬형 보다 낮고 전류제어용이다.

② 전압안정화 회로의 리니어와 스위칭 방식 비교

| 구분 | 특징 |
|---|---|
| 리니어 방식 | • 직류(DC)출력이 건전지에 가깝게 양질이다.<br>• 적은 부품으로 간단하다.<br>• 소출력 회로에 많이 사용된다.<br>• 발열이 심하며, 효율이 낮다. |
| 스위칭 방식 | • 직류속에 잡음이 있다.<br>• 많은 부품으로 구성되어 회로가 복잡하다.<br>• 대 전력용으로 많이 사용된다.<br>• 효율이 높다. |

> **정전압 IC의 특성**
> • 입력전압이 출력전압 보다 높아야 하며, 내부 회로 구성이 비교적 간단하고 전력 손실이 높다.
> • 열적으로 안정을 위하여 방열판을 부착하여 사용하도록 권장한다.

## 나. 증폭회로

### 1) 각종 증폭회로

① 트랜지스터 접지방식에 따른 증폭기 종류와 특성 비교

| 구분 | CE(이미터 접지) | CB(베이스 접지) | CC(컬렉터 접지) |
|---|---|---|---|
| Ai(전류 이득)<br>Av(전압 이득) | 크다. (–는 위상 반전)<br>크다. | 작다.<br>크다. | 크다.<br>작다. |
| Ri(입력 저항)<br>Ro(출력 저항) | 중간<br>중간 | 낮다.<br>높다. | 높다.<br>낮다. |
| 입·출력 위상 | 위상반전(180도) | 동위상 | 동위상 |

② 전류 증폭률

㉮ 알파(α)와 베타(β)의 관계

$$\alpha = \frac{\beta}{1+\beta}, \quad \beta = \frac{\alpha}{1-\alpha}$$

㉯ 트랜지스터 이미터 접지시 전류 증폭률(β)

$$\beta = \frac{\Delta I_C}{\Delta I_B}, \beta = \frac{\alpha}{1-\alpha}$$

㉰ 트랜지스터 베이스 접지시 전류 증폭률(α)

$$\alpha = \frac{\Delta I_C}{\Delta I_E}, \alpha = \frac{\beta}{1+\beta}$$

③ 전력 증폭기

| 구분 | 특징 |
| --- | --- |
| A급 | 일그러짐(왜율)이 가장 작고 원음에 가깝게 재생 하므로 직선성이 좋으며, 효율은 50[%]로 가장 적다.(입력 신호가 없을 때도 콜렉터 전류가 흐른다.) |
| B급 | 일그러짐이 두 번째로 크며, 효율은 78.5% 정도로 높다.(입력 신호가 없을 때 콜렉터 전류는 흐르지 않는다.) |
| AB급 | B급에서 발생하는 일그러짐인 +상측파와 －하측파가 교차하는 교차점에서 일그러짐(크로스오버 왜곡)을 개선하는 특징이 있으며 가청주파대역 에서는 들을 수 없다. |
| C급 | 일그러짐이 가장 크지만 효율은 78.5%~100% 정도로 높다. |

## 2) 연산증폭회로

① 연산증폭기(op-amp)의 내부 구성 및 특징

㉮ 연산증폭기는 입력단에 직렬 차동 증폭기를 사용한다. 입력의 차동 증폭기에서 TR 특성의 불일치가 출력의 드리프트(drift)가 생긴다.

---

**이미터 플로어(Emitter follower)**

컬렉터 접지(CC) 증폭기를 말하며 이미터에 Re 저항을 달아서 이미터에서 출력을 얻는 회로이며 특징은 다음과 같다.
- 전류 이득이 가장 크다.
- 전압 이득은 대략 1에 가깝다.(입력 베이스 전압 변동과 이미터에 있는 부하전압의 전압 변동이 동상으로 같다.)
- 입력 저항이 대단히 크다.(수백 kΩ으로 Ri는 셋 중 가장 크다.)
- 출력 저항이 가장 작다.(수십 Ω)
- 주로 버퍼(buffer)로서 사용된다.
- 전력 증폭기로도 사용된다.

④ 직류에서 특성 주파수 사이의 되먹임 증폭기를 구성하고, 일정한 연산을 할 수 있도록 한 직류 증폭기 이다.
㉰ 연산의 정확도를 높이기 위해 높은 증폭도가 필요하다.
② 이상적인 연산증폭기의 특징
㉮ 전압이득은 무한대이다.(Av = ∞)
㉯ 입력저항값은 무한대이다.(Ri = ∞)
㉰ 출력저항은 0이다.(R = 0)
㉱ 대역폭은 무한대이다.(BW = ∞)
㉲ 잡음이 없으며 입력이 0일 때 출력도 0이다.
㉳ 오프셋이 0이다.(offset = 0)
㉴ 동위상 신호제거비(CMRR)는 무한대이다.(CMRR = ∞)
③ 연산증폭회로의 응용
㉮ 부호변환기 : OP-AMP, R 이용한 회로로서 보통 입력 저항 $R_i$와 출력 궤환저항 $R_f$ 조건에 따라 반전 증폭기로 많이 사용된다. 또한, Ri = Rf이면 부호변환기 회로가 된다.

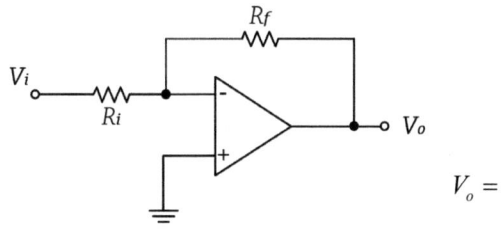

$$V_o = -\frac{R_f}{R_i}V_i = -V_i \quad Q\ R_i = R_f$$

㉯ 반전증폭기

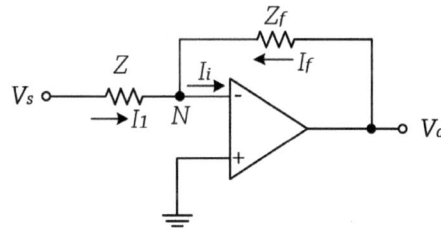   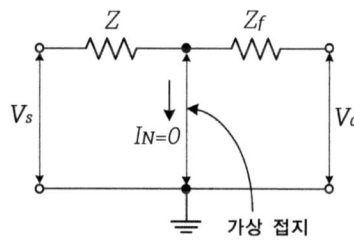

(a) 폐루프 회로    (b) 등가 회로

---

**동위상 신호제거비(CMRR)**

$$CMRR = 20\log_{10}\frac{A_d}{A_c}[dB]$$

- $A_d$ : 차동 이득
- $A_c$ : 동위상 이득

이상적인 차동증폭기가 되려면 차동 $A_c$는 0이고, $A_d$는 커야 한다.

㈐ 전압 플로어(Voltage follower) : 반전입력과 출력 단자와 궤환시킨다. 비반전 입력(+)에 신호를 인가하면 입력신호($V_i$)가 출력($V_o$)에 동상으로 따라오는 회로이다. 즉, $V_i = V_o$가 된다.

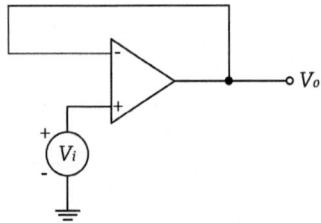

㈑ 가산기

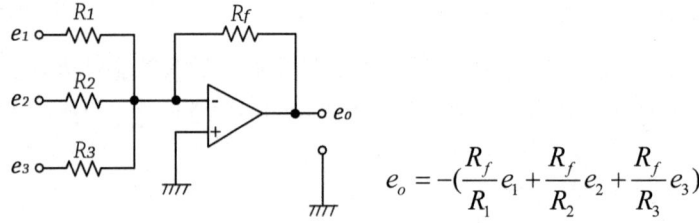

$$e_o = -(\frac{R_f}{R_1}e_1 + \frac{R_f}{R_2}e_2 + \frac{R_f}{R_3}e_3)$$

㈒ 미분기(HPF) : 입력에 콘덴서, 궤환에는 저항으로 구성

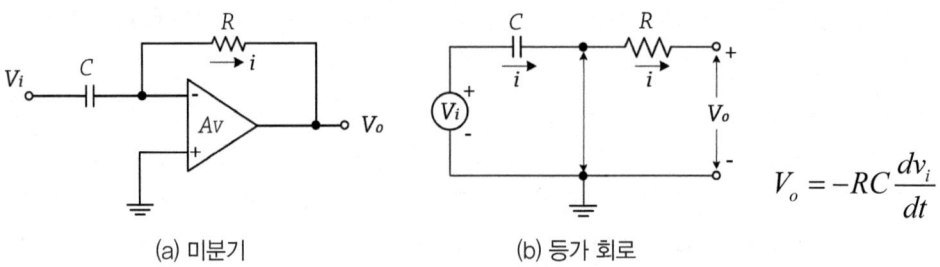

(a) 미분기      (b) 등가 회로

$$V_o = -RC\frac{dv_i}{dt}$$

㈓ 적분기(LPF) : 입력에 저항, 궤환에는 콘덴서로 구성

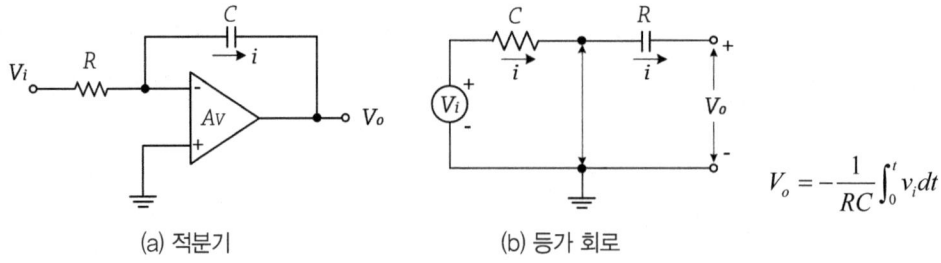

(a) 적분기      (b) 등가 회로

$$V_o = -\frac{1}{RC}\int_0^t v_i dt$$

㉔ 부귀환 증폭기

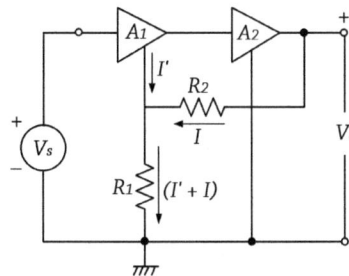

$$Av = \frac{v_o}{v_s} = \frac{R_1 + R_2}{R_1} = 1 + \frac{R_2}{R_1}$$

## 3 발진 및 펄스회로

### 가. 발진회로

1) 정현파 발진회로

① LC 발진회로 : 보통 1[MHz] 이상에서 발진하는 동조형과 3소자발진기인 콜피츠, 하틀리, 클랩형 발진기로 분류된다.

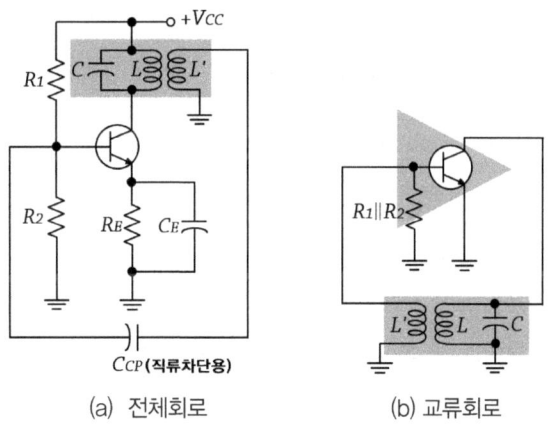

(a) 전체회로  (b) 교류회로

[LC 컬렉터 동조형 발진기]

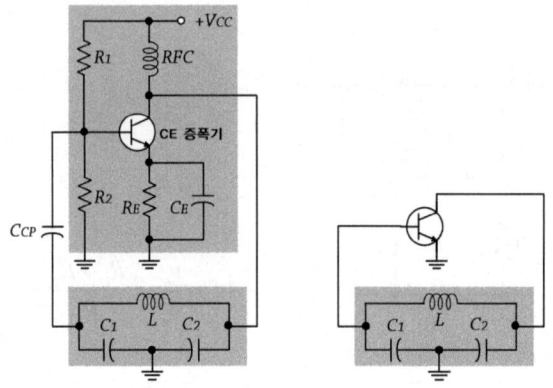

(c) CE 콜피츠 발진기 (d) CE 콜피츠 발진기 등가도

[CE 콜피츠 발진기와 등가도]

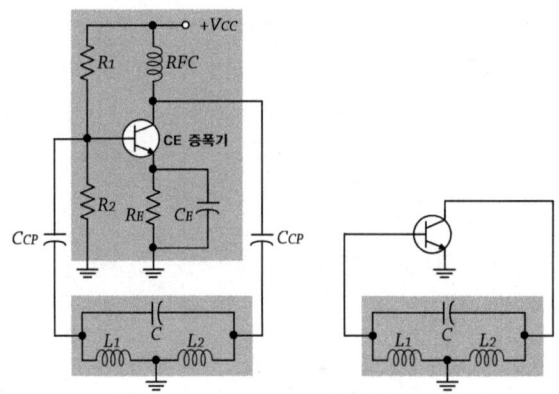

(e) CE 하틀리 발진기 (f) CE 하틀리 발진기 등가도

[CE 하틀리 발진기와 등가도]

② 수정 발진회로
- ㉮ 수정편을 이용하여 발진을 구동시키며 보통 1[MHz]~10[MHz] 이상에서 발진하며 안정된 발진으로 많이 쓰이고 있으며 피어스-BE형, 피어스-BC형으로 분류한다.
- ㉯ 수정 진동자가 발진소자로 사용되는 이유는 리액턴스가 유도성이 되는 범위, 즉 $f_0 < f < f_p$ 인 주파수 범위가 좁아 수정 발진기의 발진주파수가 매우 안정하기 때문이다.
- ㉰ 트랜지스터를 이용한 수정발진회로는 수정(x-tal)편을 트랜지스터 베이스(B), 이미터(E), 컬렉터(C) 단자의 접속점에 따라 이름을 부여한다.

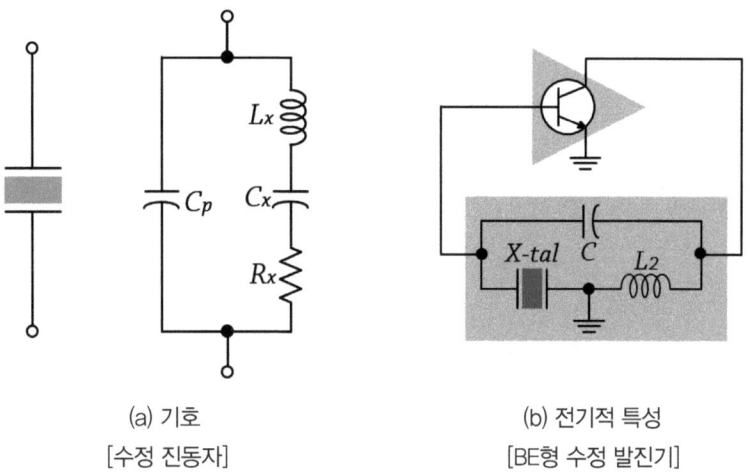

(a) 기호　　　　　　　　　(b) 전기적 특성
[수정 진동자]　　　　　　[BE형 수정 발진기]

③ PLL(위상고정 루프) 회로 : 출력의 궤환신호(Feedback signal)를 입력신호와 비교하여 출력 신호가 일정한 값이 될 수 있도록 제어하는 궤환시스템이다. 기본적으로 위상검출기(PD), 저역필터(LPF), 전압제어 발진기(VCO)로 구성되어 있다.

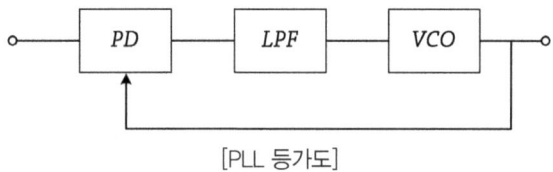

[PLL 등가도]

④ RC 발진회로
  ㉮ 이상형 CR 발진회로는 병렬 R형과 병렬 C형으로, 병렬 C형의 발진 주파수는 $f_o = \dfrac{\sqrt{6}}{2\pi CR}$ 이다.
  ㉯ 빈 브리지(Win bridge)는 op-amp와 CR을 이용하여 직렬 CR과 병렬 CR를 브리지형태로 궤환 시켜 발진시키는 방식으로 저주파 가변 발진기로 많이 사용된다.
  ㉰ 코일(coil)을 사용하지 않으므로 저주파에서 소형, 경량이다.

---

**RC 병렬 저항형 발진기**

이상형 CR 발진회로 컬렉터에서 3단CR로 구성하여 입력 베이스에 양되먹임되어 위상이 180°와 트랜지스터의 역위상 180°가 가산된 360° 정현파 출력을 얻는 발진기로서 발진 조건 및 주파수는 다음과 같다.
- 발진을 지속하기 위해서는 Av ≥ −29로 한다.
- $A_V = -\dfrac{R_f}{R_1} \geq -29$, $f_o = \dfrac{1}{2\pi\sqrt{6}RC}$ 이다.

㉣ 서미스터(thermistor)를 이용하여 발진강도를 안정하게 한다.
㉤ 발진 주파수가 안정하다.(1[KHz]±2%)
㉥ 발진 주파수 $f = \dfrac{1}{2\pi\sqrt{C_1 R_1 C_2 R_2 C_3 R_3}}[Hz]$

단, $R_1 = R_2 = R_3 = R$, $C_1 = C_2 = C_3 = C$ 이면, $f = \dfrac{1}{2\pi RC}$

2) 비정현파 발진회로

비정현파 발진기는 톱니파 발진기, 멀티바이브레이터 발진기, 블로킹 발진기 등이 있다.

**발진기 분류**

| 구분 | 종류 | |
|---|---|---|
| 정현파 발진기 | LC 발진기 | 동조형, 하틀리, 콜피츠 |
|  | 수정 발진기 | 피어스 BE형, 피어스 CB형 |
|  | RC 발진기 | 이상형, 빈 브리지 |
| 비정현파 발진기 | 멀티바이브레이터, 블로킹, 톱니파 | |

## 나. 변·복조회로

1) 변조

① 변조방식의 분류

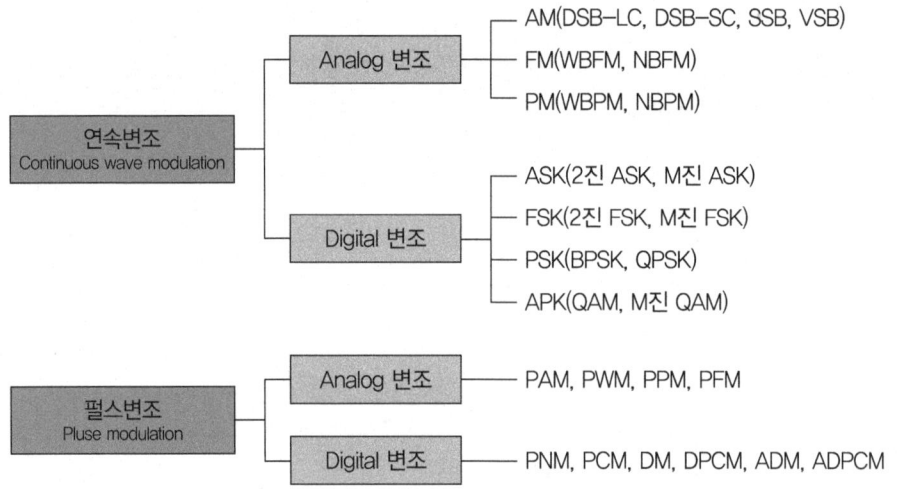

② 변조의 종류
  ㉮ 진폭변조(AM, Amplitude Modulation) : 신호파(변조파) 진폭에 따라 반송파의 진폭을 변화시키는 변조방식
  ㉯ 주파수변조(FM, Frequency Modulation) : 신호파(변조파)에 따라 반송파의 진폭은 일정하며 주파수만 변화시키는 변조방식
  ㉰ 위상변조(PM, Phase Modulation) : 신호파(변조파)에 따라 반송파의 위상을 변화시키는 변조방식
  ㉱ 디지털변조(DM, Digital Modulation) : 신호를 0과 1의 2진값 정보로 교환하여 베이스밴드 신호로 만들어 그 신호를 고주파에 싣는 조작

2) 진폭 변·복조
 ① 진폭변조
  ㉮ 100% 변조 : m = 1인 경우, 포락선 최소점이 0[V]일 때이다.
  ㉯ 부족변조 : m < 1인 경우이다.
  ㉰ 과변조 : m > 1인 경우이며 일그러짐이 발생한다.
 ② 피변조파 전력
  ㉮ 진폭변조(AM) 방식이란 반송파(fc : 고주파신호)와 변조파(fs : 신호파)를 곱하면 상·하측 파대로 분류되는 것을 말하며 이러한 변조파형을 피변조파라 한다.
  ㉯ 피변조파(상측파 : $P_U$, 하측파 : $P_L$, 반송파 : $P_C$)라 하면 전력은 다음과 같이 표현한다.

$$P_m = P_C + P_U + P_L$$
$$= P_C + P_C \frac{m^2}{4} + P_C \frac{m^2}{4}$$
$$= P_C(1 + \frac{m^2}{4} + \frac{m^2}{4})$$
$$= P_C(1 + \frac{m^2}{2})[W]$$

 ③ DSB-SC링 변조기(Ring modulator)
  ㉮ 평형 변조기를 대칭으로 배치한 이중 평형 변조기로 변조기 출력에는 변조 신호 성분이 나타나지 않으므로 반송파 주파수와 변조 신호가 근접해 있을 때 사용하면 좋다.
  ㉯ 다이오드 스위칭 작용을 하는 반송파와 변조신호가 동시에 인가시에만 피변조파 출력에 반송파가 제거된 상·하측파대가 출력된다.
  ㉰ 증폭소자를 사용하지 않으므로 입력보다 출력이 적게 되어 후단에서 증폭을 행해야 한다.
  ㉱ 증폭소자를 포함하지 않는 수동망이므로 역방향으로 동작이 가능해 DSB-SC 복조기로 사용할 수 있다.

㉮ 정류 회로로도 사용할 수 있다.
㉯ 동작 전원이 불필요하고 구조가 간단해 SSB통신에 널리 사용된다.

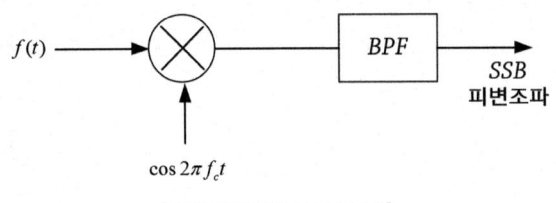

[SSB 변조방식의 구성도]

3) 주파수 변·복조
   ① 주파수 변조
      ㉮ FM변조의 점유 주파수 대역폭은 Car'son의 경험법칙에 의해서 다음과 같이 구한다.

      $$BW_{FM} = 2[f_s + \Delta f_c]$$

      - $f_s$ : 정보신호의 최대 주파수
      - $\Delta f_c$ : 최대 주파수 편이

      ㉯ 변조지수

      $$mf = \frac{\Delta f_c}{f_s}$$

   ② 주파수 복조

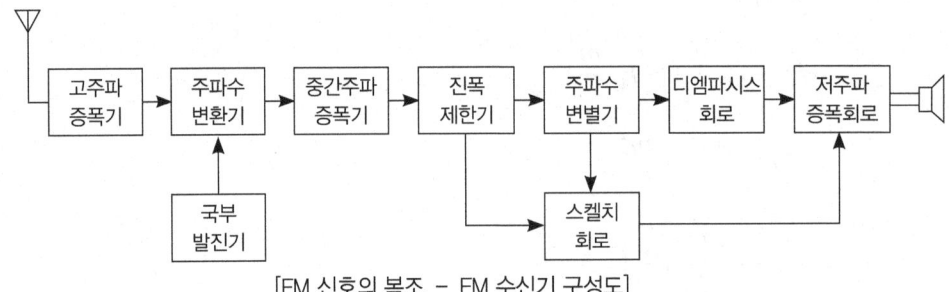

[FM 신호의 복조 – FM 수신기 구성도]

4) 펄스변조
   ① 펄스변조 통신 방식

| 방식 | 종류 | 특징 |
|---|---|---|
| 아날로그 방식 | 펄스진폭변조(PAM) | 펄스 신호레벨에 따라서 펄스 진폭을 변화시킨다. |
| | 펄스폭변조(PWM) | 펄스 신호레벨에 따라서 펄스 폭을 변화시킨다. |
| | 펄스위치변조(PPM) | 펄스 신호레벨에 따라서 펄스 위치를 변화시킨다. |
| 디지털 방식 | 펄스부호변조(PCM) | 펄스 신호레벨에 따라서 펄스열 부호(2진수)을 변화시킨다. |

② 펄스변조 통신 방식 중 디지털 방식
　㉮ 펄스변조통신 방식은 아날로그 방식과 디지털 방식으로 분류한다.
　㉯ 디지털 방식인 펄스부호변조(PCM)는 아날로그 신호를 압축 표본화 하고 양자화 신호를 부호화한 디지털 신호이다.
　㉰ 부호화 과정(송·수신)을 자세히 표현하면 다음과 같다.
　　LPF → 표본화 → 압축 → 양자화 → 부호화 → 복호화 → 신장 → LPF

### 5) 디지털 변조

① 디지털 변조방식은 Digital data에 따라 아날로그 정현파 반송파의 진폭을 변화시키는 ASK 방식, 주파수를 변화시키는 FSK 방식, 위상을 변화시키는 PSK 방식, 진폭과 위상을 동시에 변화시켜 정보를 전송하는 QAM(ASK+PSK) 방식이 있다.

② 디지털 변조방식
　㉮ ASK(진폭편이 변조) : 진폭이 크면 1 로 출력, 진폭이 작으면 0으로 출력
　㉯ FSK(주파수편이 변조) : 디지털 신호가 1 이면 $f_1$ 주파수로, 0 이면 $f_2$의 주파수로 변환
　㉰ PSK(위상편이 변조) : 디지털 신호의 0, 1에 따라 0°, 180° 위상을 갖는 변조 방식
　㉱ QAM(직교진폭 변조) : 진폭 + 위상 = APK 변조

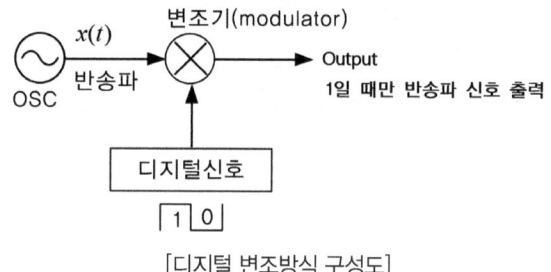

[디지털 변조방식 구성도]

## 다. 펄스회로

### 1) 펄스 파형 특성 및 펄스 증폭 회로의 특징

① 펄스 파형 특성
　㉮ 링깅(Ringing) : 펄스는 짧은 순간에 상승했다 떨어지는 신호에서 10%~90%의 상승시간 중에서 최고점인 100%에서 90%로 떨어지면서 진동을 일으키며 공진하기 때문에 생긴다.
　㉯ 상승시간($t_r$, rise time) : 펄스의 진폭 전압의 10%~90%까지 상승 하는데 걸리는 시간
　㉰ 펄스 폭(pw, pluse width) : 펄스의 파형이 상승 및 하강의 진폭 전압[V]의 50[%]가 되는 구간의 시간
　㉱ 오버 슈트(overshoot) : 상승 파형에서 이상적인 펄스파의 진폭 전압[V]보다 높은 부분의 진폭의 전압(a)의 크기이며, 다음과 같이 나타낸다.
　　$\left(\dfrac{a}{A}\right) \times 100[\%]$

㉺ 새그(sag) : 펄스가 진폭의 뒷부분이 감쇠된 경우를 sag 또는 tilt가 생겼다고 하며, 그 크기는 다음과 같이 나타낸다.

$$Sag = \frac{c(펄스진폭의\ 뒷부분\ 감쇠된\ 크기)}{A(이상적인\ 진폭\ 크기)} \times 100[\%]$$

② 펄스 증폭 회로의 특징
  ㉮ 펄스 증폭회로에서는 결합콘덴서를 크게 하므로 저주파 특성이 양호하며 펄스에서 나타나는 새그(sag)가 감소한다.
  ㉯ 고역특성이 양호하면, 입상의 기울기가 개선되고 고역보상이 지나치면 오버슈트가 발생한다.

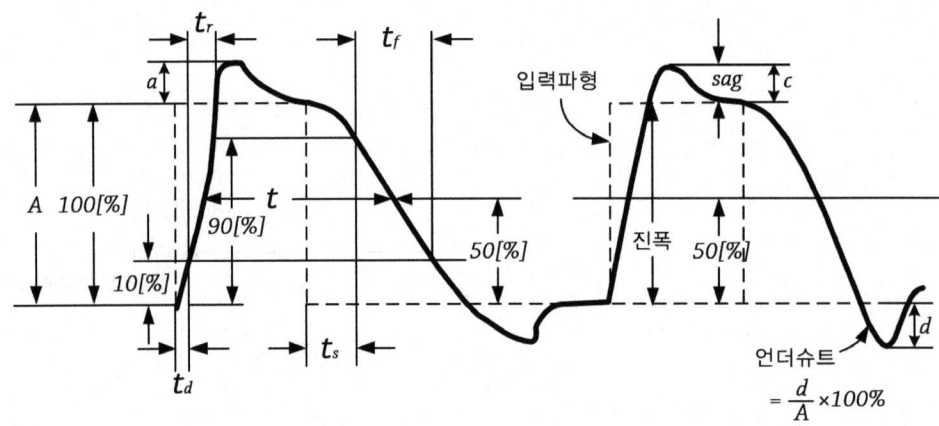

[실제적인 펄스 파형]

2) 파형변환 회로
  ① 클램핑(clamping) 회로 : 입력신호의 최대값(상단레벨)을 특정값인 (+), (−)값으로 고정시키는 회로로 직류성분을 재생하는 목적으로 쓰인다.
  ② 클리퍼(clipper, clipping) 회로 : 입력 파형에 대한 상단 파형을 자르는 피크 클리퍼, 파형의 하단을 자르는 베이스 클리퍼로 구분한다.
  ③ 리미터(limiter) 회로 : 입력신호의 상·하단을 제한하는 진폭 제한기라고도 한다.
  ④ 슬라이서(slicer) 회로 : 리미터의 특별한 경우로서 입력신호 중에서 폭이 매우 좁게 (+) 일부분 혹은 (−) 일부분 토막을 추출하는 회로이며, 인가되는 전압의 극성은 서로 동일하다.

3) 멀티바이브레이터 회로
  ① 단안정 멀티바이브레이터(Monostable MV.)
    ㉮ 결합소자는 R과 C 시정수로 구성되며 트리거 입력이 순간적으로 Low 상태로 인가되어 출력 Q가 High로 구동되며 /Q는 Low로 된다.
    ㉯ 이때 불안정 상태의 지속시간 T는 다음과 같다. 준안정 상태 $T = 0.7R_T C_T$

② 비안정 멀티바이브레이터(Astable MV.)
　㉮ 결합소자 2개의 시정수 $R_1C_1$, $R_2C_2$로써 AC-DC 결합 회로를 형성한다.
　㉯ 펄스폭과 주기가 반복되는 펄스를 발생시키는 비동조 증폭회로로 구성된다.
③ 쌍안정 멀티바이브레이터(Bistable MV.)
　㉮ 2개의 안정 상태를 가지며 2개의 트리거(trigger) 펄스에 의해 1개의 구형파를 발생시킬 수 있다.(2 : 1) 이 회로를 플립플롭(Flip-flop)이라고 하며 기억장치 등에 사용된다.
　㉯ 결합소자 중 저항과 병렬로 구성된 콘덴서(C)의 목적은 스위칭 속도를 높이는 동작을 한다.

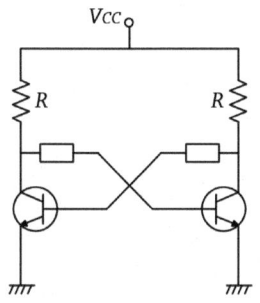

[기본적인 MV회로]

| 구분 | 결합소자 | 결합상태 | 안정 |
|---|---|---|---|
| 쌍안정 MV | R + R | DC적 + DC적 | 2개 |
| 단안정 MV | R + C | DC적 + AC적 | 1개 |
| 비안정 MV | C + C | AC적 + AC적 | 없음 |

[MV 회로의 분류]

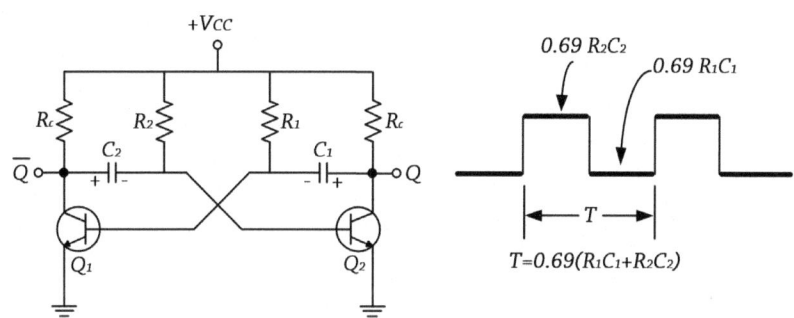

[비안정 멀티바이브레이터]

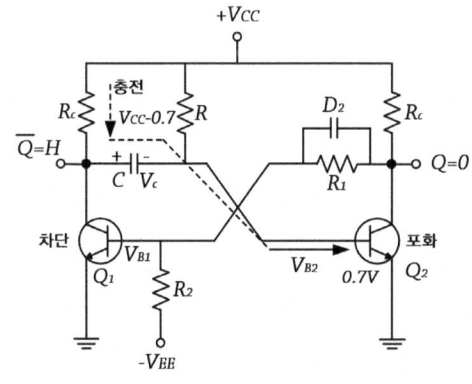

[단안정 멀티바이브레이터]

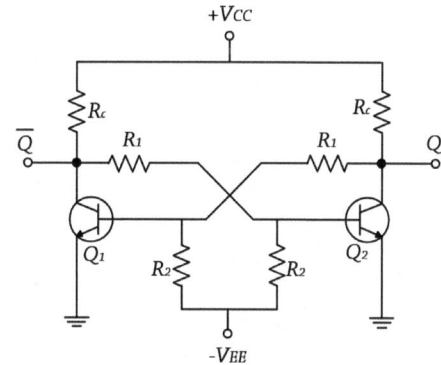

[쌍안정 멀티바이브레이터]

## 4 논리회로

### 가. 논리회로의 분류

| 구분 | 특징 |
|---|---|
| 조합논리회로<br>(Combinational logic circuit) | • 회로의 출력값이 입력값에 의해서만 정해지는 논리회로로 기억능력이 없다.<br>• 반가산기, 전가산기, 디코더, 엔코더, 멀티플렉서, 디멀티플렉서 등 |
| 순서논리회로<br>(Sequential logic circuit) | • 회로의 출력값이 내부 상태와 입력에 따라 정해지는 논리회로로 기억능력이 있다.<br>• 카운터 회로 |

### 나. 논리게이트 심볼 및 진리표

| 게이트 명칭 | 기호 | 논리식 | 진리표 |
|---|---|---|---|
| AND | A, B 입력 AND 게이트 → X | $X = A \cdot B$<br>또는<br>$X = A \wedge B$ | A B X<br>0 0 0<br>0 1 0<br>1 0 0<br>1 1 1 |
| OR | A, B 입력 OR 게이트 → X | $X = A + B$<br>또는<br>$X = A \vee B$ | A B X<br>0 0 0<br>0 1 1<br>1 0 1<br>1 1 1 |
| 인버터(inverter) | A → 인버터 → X | $X = \overline{A}$ | A X<br>0 1<br>1 0 |
| 버퍼(buffer) | A → 버퍼 → X | $X = A$ | A X<br>0 0<br>1 1 |

| 게이트 명칭 | 기호 | 논리식 | 진리표 | | |
|---|---|---|---|---|---|
| | | | A | B | X |
| NAND | A, B → X | $X=\overline{A \cdot B}$ 또는 $X=\overline{A}+\overline{B}$ | 0 | 0 | 1 |
| | | | 0 | 1 | 1 |
| | | | 1 | 0 | 1 |
| | | | 1 | 1 | 0 |
| NOR | A, B → X | $X=\overline{A+B}$ 또는 $X=\overline{A} \cdot \overline{B}$ | 0 | 0 | 1 |
| | | | 0 | 1 | 0 |
| | | | 1 | 0 | 0 |
| | | | 1 | 1 | 0 |
| XOR | A, B → X | $X=A \oplus B$ 또는 $X=A\overline{B}+\overline{A}B$ | 0 | 0 | 0 |
| | | | 0 | 1 | 1 |
| | | | 1 | 0 | 1 |
| | | | 1 | 1 | 0 |
| XNOR | A, B → X | $X=\overline{A} \oplus \overline{B}$ 또는 $X=\overline{AB}+AB$ | 0 | 0 | 1 |
| | | | 0 | 1 | 0 |
| | | | 1 | 0 | 0 |
| | | | 1 | 1 | 1 |

## 다. 기본 플립플롭 동작

### 1) 동기입력을 가진 RS 플립플롭(RS flip-flop)

플립플롭 회로의 기본적인 것으로 두 입력 단자 S(세트 입력)와 R(리셋 입력)와 2개의 출력 단자 Q와 Q를 가지고 있으며, 컴퓨터나 디지털 기기의 일시 기억용 회로 등에 사용된다. S, R의 입력에 대한 출력은 진리표에 나타내는 것과 같다.

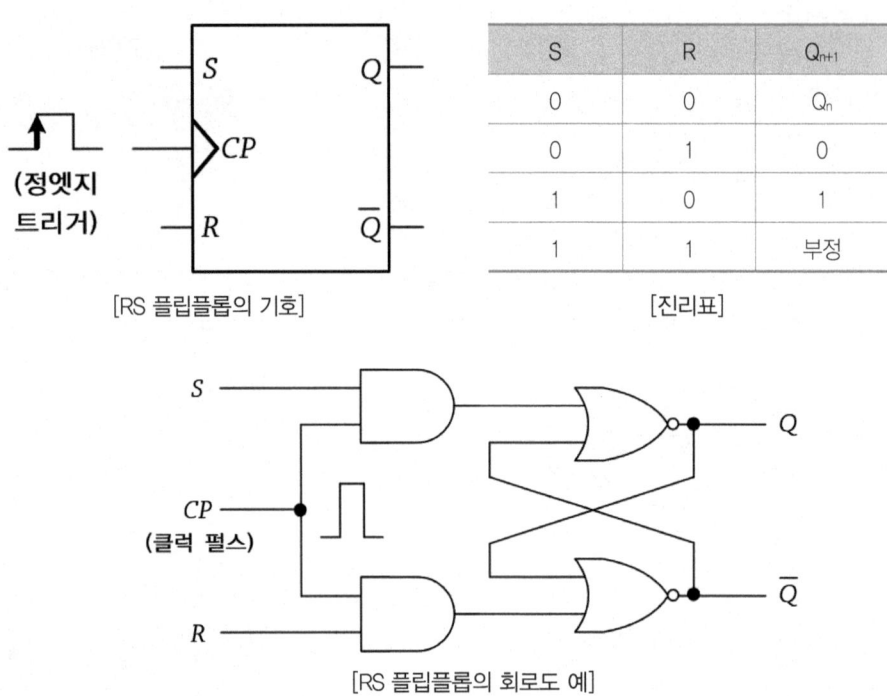

[RS 플립플롭의 기호]    [진리표]

[RS 플립플롭의 회로도 예]

### 2) T 플립플롭(T flip-flop)

T 플립플롭은 JK 플립플롭의 두 입력단자를 묶어서 만든 토글(toggle)전용 플립플롭으로 현재 상태 Q에 무관하게 입력 T=1이면 매 클록(CLK)마다 출력이 반전(toggle)되는 플립플롭이다. 입력 T=0 이면 보존상태로 이전 출력이 그대로 유지 된다.

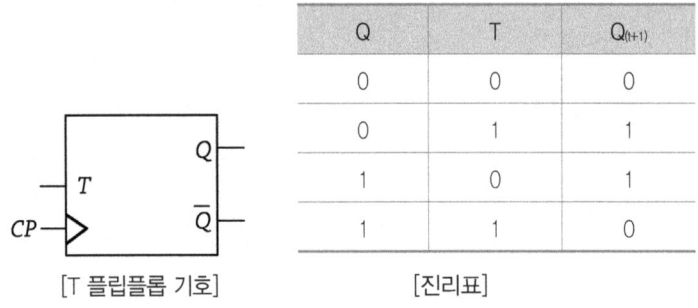

| Q | T | $Q_{(t+1)}$ |
|---|---|---|
| 0 | 0 | 0 |
| 0 | 1 | 1 |
| 1 | 0 | 1 |
| 1 | 1 | 0 |

[T 플립플롭 기호]    [진리표]

### 3) D 플립플롭(D flip-flop)

하나의 입력 단자가 있고 클록 펄스가 인가되었을 때 입력 신호가 1이면 1로, 0이면 0으로 자리 잡는 플립플롭으로 일반적으로 입력 신호를 클록 펄스의 시간 간격만큼 지연시켜 출력으로 내는 데 사용된다.

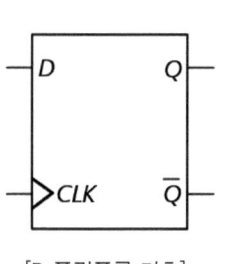

| CLK | D | $Q_{n+1}$ |
|---|---|---|
| 0 | 0 | $Q_n$ |
| 0 | 1 | $Q_n$ |
| 1 | 0 | 0 |
| 1 | 1 | 1 |

[D 플립플롭 기호]     [진리표]

### 4) JK 플립플롭(JK flip-flop)

RS 플립플롭의 Set와 Rset 입력이 모두 1인 경우 출력은 불확실한 상태로서 이러한 상태를 개선시킨 플립플롭으로 J, K 입력 모두 1일 때 출력은 반전(Toggle) 출력으로 Q가 된다.

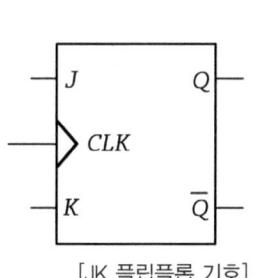

| J | K | $Q_{n+1}$ |
|---|---|---|
| 0 | 0 | $Q_n$(불변) |
| 0 | 1 | 0 |
| 1 | 0 | 1 |
| 1 | 1 | $\overline{Q_n}$(toggle) |

[JK 플립플롭 기호]     [진리표]

## 5 반도체

### 가. 반도체의 개요

#### 1) 전자와 원자

물질은 고유의 성질을 보존하는 작은 입자인 분자(molecule)로 구성되어 있다. 분자는 원자(atom)로 구성되고, 원자는 양전하를 가진 원자핵을 중심으로 하여 그 주위에 음전하를 가진 전자(electron)가 회전하며, 전자 자신은 자전하고 있다.

① 양자(proton) : 원자의 중심 부분에서 (+) 전기를 갖는다.
   ㉮ 양자의 전기량 : $1.602 \times 10^{-19}$[C]
   ㉯ 양자의 질량 : 전자 질량의 1840배
② 중성자(neutron) : 원자의 구조의 중심 부분에서 전기를 갖지 않는다.

③ 원자핵(atomic neutron) : 양자와 중성자 함께 있는것을 말한다.
④ 전자(electron) : 원자핵의 주위를 돌고 있는 (−) 전기를 갖는다.

### 2) 자유전자

전기적으로 안정된 원자에 외부 에너지인 빛이나 열을 가하면 원자핵으로부터 가장 멀리 떨어진 궤도의 전자가 핵으로 부터 이탈하게 되어 자유공간에 자유롭게 움직일 수 있다. 이때의 전자를 자유전자(이탈전자)라 한다.

① 전자의 전기량(e) : $-1.602 \times 10^{-19}$[C]
② 전자의 질량($m_e$) : $9.109 \times 10^{-31}$[kg]

### 3) 전기의 발생

① 물질은 정상 상태에서는 양자의 수와 전자의 수가 서로 같으므로 전기적으로 중성 상태에 있다.
② 대전에 따라 자유전자의 들어오고 나감에 따라 음전기 또는 양전기를 갖는다.
③ 전기량은 대전된 물질이 갖는 전기의 양으로 단위는 쿨롱(coulomb : C)을 사용한다.

$$1[C] = \frac{1}{1.602 \times 10^{-19}} \fallingdotseq 6.24 \times 10^{18}[개]$$

### 4) 반도체의 종류

① 진성 반도체 : 불순물이 첨가되지 않은 순수한 반도체 원소기호 4족인 실리콘(Si), 게르마늄(Ge)이 이에 속한다.
② 불순물 반도체 : 진성 반도체에 전기 전도성을 향상시키기 위하여 불순물을 첨가한 P형(+)과 N형(−)으로 분류 한다.
  ㉮ 진성반도체인 IV족인 Si(실리콘), Ge(게르마늄)에 3족의 억셉터 불순물인 인듐(In), 갈륨(Ga), 붕소(B), 알루미늄(Al)을 혼합하면 P형 반도체(억셉터, 다수캐리어 : 정공(+))가 된다.
  ㉯ 진성반도체인 IV족인 Si(실리콘), Ge(게르마늄)에 5족의 도너 불순물인 안티몬(Sb), 비소(As), 인(P)을 혼합하면 N형 반도체(도너, 다수캐리어 : 전자(−))가 된다.

## 나. 반도체 소자

### 1) 다이오드(Diode)

① 다이오드란 "+"의 전기를 많이 가지고 있는 P형 물질과 "−"의 전기를 많이 가지고 있는 N형 물질을 접합하여 만든 것으로서, 한쪽 방향으로는 쉽게 전자를 통과시키지만 다른 방향으로는 통과시키지 않는 특성을 가지고 있다.
② 다이오드의 용도는 한쪽 방향으로만 전류가 흐르게 하는 정류작용을 가지고 있어서 전원장치에서 교류전류를 직류전류로 바꾸는 정류기로서의 용도, 라디오의 고주파에서 신호를 꺼내는 검파용, 전류의 ON/OFF를 제어하는 스위칭 용도 등 매우 광범위하게 사용되고 있다.

③ 다이오드의 분류
  ㉮ 검파 다이오드(점 접촉형 다이오드) : 고주파를 차단하고 저주파를 통과시키는 검파용에 주로 사용된다.
  ㉯ 정류 다이오드 : 전류가 순방향으로 흐르는 성질을 이용하여 교류(AC)를 직류(DC)로 바꾸는 정류의 용도로 사용된다.
  ㉰ 제너 다이오드(정전압 다이오드) : 전압을 일정하게 유지하기 위한 전압제어소자로 정전압 회로에 사용된다.

다이오드    제너 다이오드

[주요 다이오드의 기호]

2) 트랜지스터
  ① 구조 : 트랜지스터(TR)은 2개의 접합을 갖는 3극 반도체 소자로 PNP 트랜지스터와 NPN 트랜지스터가 있다.
    ㉮ 이미터(Emitter, E) : 캐리어를 주입하는 전극
    ㉯ 컬렉터(Collector, C) : 캐리어를 모으는 전극
    ㉰ 베이스(Base, B) : 트랜지스터의 중앙 영역으로 주입된 캐리어를 제어

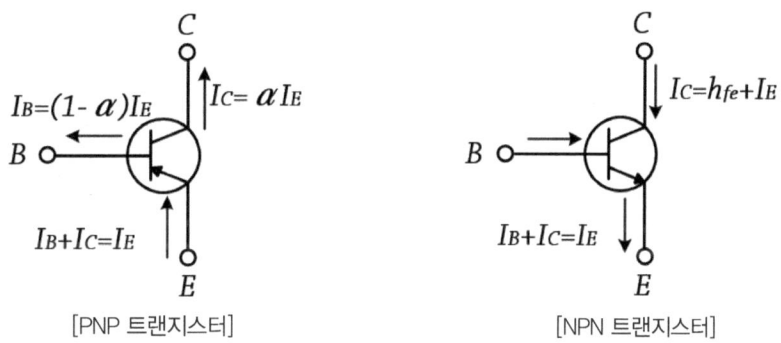

[PNP 트랜지스터]    [NPN 트랜지스터]

  ② 트랜지스터의 증폭원리 : 외부 전원 접속에 의해서 이미터(N형 반도체)의 전자는 순방향에 바이어스 되기 때문에 용이하게 E→B 영역에 흘러 들어가지만 베이스 영역(P형 반도체)의 폭이 대단히 좁아 이미터에서 주입된 전자 중 대부분은 컬렉터 영역(N형 반도체)의 (+)전극에 잡아당겨진다. 따라서 전자와 역방향인 전류의 흐름에서 생각하면 E→B에 소전류 $I_B$를 흘림으로써 C→E에 큰 전류 IC를 흘릴 수 있다. 이것을 일반적으로 트랜지스터의 전류 증폭작용이라고 한다.
  ③ 트랜지스터의 동작
    ㉮ 트랜지스터에 외부 전류전원을 연결하는 방법에는 입출력 단자에 각기 순방향이나 역방향 전압을 인가할 수 있으므로 4가지가 있다.

⑭ 포화상태와 차단상태를 이용하는 것이 스위칭 동작이며 활성 상태를 이용하는 것이 증폭 동작이다.

| 동작영역 | EB 접합 | CB 접합 | 용도 |
|---|---|---|---|
| 포화상태 | 순 bias | 순 bias | 펄스, 스위칭 |
| 활성영역 | 순 bias | 역 bias | 증폭작용 |
| 차단영역 | 역 bias | 역 bias | 펄스, 스위칭 |
| 역활성영역 | 역 bias | 순 bias | 사용하지 않음 |

④ 트랜지스터의 바이어스 회로 : 트랜지스터를 이용해서 증폭기를 구성하는 경우 입력 측인 베이스와 이미터 간에 순 바이어스를 인가해서 이용한다. 그러나 실제 회로에서는 순바이어스인 VBB를 생략해서 구성하는데, 이때 VBB를 생략하는 대신에 회로에 저항을 적절히 접속한다. 이때 접속되는 저항의 위치에 따라 회로의 명칭이 약간씩 달라진다.

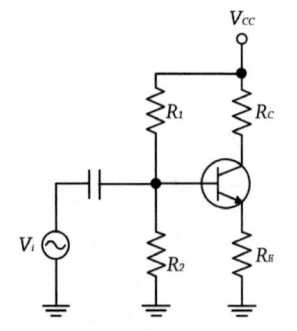

[TR의 실제 회로(전류귀환 바이어스 회로)]

### 3) FET와 BJT

① FET와 BJT의 특성 비교

| 구분 | FET | BJT |
|---|---|---|
| 동작원리 | 다수 캐리어에 의해서만 동작 | 다수 및 소수 캐리어에 의해 동작 |
| 소자의 특성 | 단극성(Unipolar) | 쌍극성(Bipolar) |
| 제어방식 | 전압제어방식 | 전류제어방식 |
| 단자의 명칭 | 게이트/소스/드레인 | 베이스/이미터/컬렉터 |
| 입력저항 | 매우 큼 | 보통 |
| 동작속도 | 느리다 | 빠르다 |
| 잡음 | 적음 | 많음 |
| 이득대역폭 | 작음 | 큼 |
| 집적도 | 높음 | 낮음 |

② 전계효과트랜지스터(FET)의 장점
  ㉮ 입력 임피던스가 매우 높다.
  ㉯ 트랜지스터보다 잡음이 적다.

㉰ 열 안정성이 좋다.(온도에 덜 민감하다.)
㉱ 비교적 방사능 현상의 영향을 덜 받는다.
㉲ BJT보다 이득 대역폭 적(積)이 작다.

3) 특수 반도체 소자
① 사이리스터(thyristor) : 반도체를 4층으로 접합시킨 pnpn 구조를 사이리스터라 하며 BJT나 FET가 선형 증폭기와 스위치 모두 사용하는데 비해 사이리스터는 오직 스위칭 소자로만 사용되며 스위칭 동작은 내부 궤환에 의해 생긴다. 단방향성 소자와 쌍방향성 소자로 구분된다.
  ㉮ 단방향성 소자 : Shockley 다이오드, 실리콘제어 정류기(SCR), 실리콘 제어 스위치(SCS), 게이트-턴오프 스위치(GTO) 등
  ㉯ 쌍방향성 소자 : 다이악(DIAC), 트라이악(TRIAC), 실리콘 대칭 스위치(SSS) 등

② UJT(단일 접합 트랜지스터)
  ㉮ 단자가 3개인 소자로서 구조상 사이리스터에 속하지 않으며 단일 PN 접합을 가지므로 단일 접합 트랜지스터(Uni-junction transistor)라 한다.
  ㉯ 세 단자는 각각 이미터(E), 베이스(B1), 베이스(B2)로 나타내며, N형 반도체는 도우핑을 경미하게 하여 저항성이 높도록 하며 PN 접합은 알루미늄 막대와 N형 반도체의 또 다른 이면에는 2개의 베이스 접촉이 부착된다.
  ㉰ UJT 특성은 전류의 증가에 따라 전압이 감소하는 부성저항(negative resistance) 특성을 갖으며, 이 특성을 이용하면 발진기로서 매우 유용하게 사용될 수 있다. 특히, 이미터 입력에 톱니파 인가 시 출력인 베이스 B2에서는 펄스파를 얻는 UJT 이장발진기로 이용된다.
  ㉱ 이미터에 구성된 시정수 RC에 따른 발진주기 τ는 다음과 같다.

$$\tau = 2.3RC \cdot \log\left(\frac{1}{1-\eta}\right), \eta\text{는 스탠드 오프비}$$

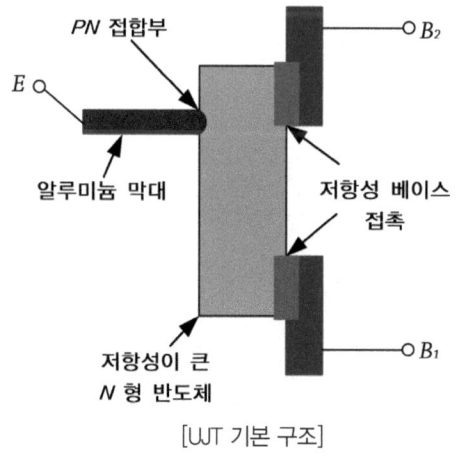

[UJT 기본 구조]

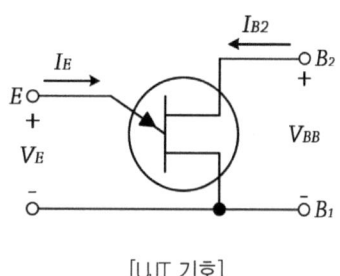

[UJT 기호]

다. 집적회로(IC)

1) 집적회로의 개요
반도체 IC는 멀티칩과 모놀리식으로 분류하며, 모놀리식(monolithic) 집적회로(IC)는 1개의 기판위에 회로의 전 부품을 만들어 하나의 기능을 갖도록 만들어진 IC 이다.

2) 집적회로의 장점
① 대량생산이 가능하며, 저렴하여 경제적이다.
② 소형, 경량이다.
③ 신뢰도가 높다.
④ 향상된 성능을 가질 수 있다.
⑤ 집적화된 장치를 만들 수 있다.

3) 집적도(소자 수)에 따른 IC 분류
① SSI(Small Scale IC, 소규모 집적회로) : 100개 이하
② MSI(Medium Scale IC, 중간 규모 집적회로) : 100~1000개
③ LSI(Large Scale IC, 고밀도 집적회로) : 1,000~10,000개
④ VLSI(Very Large Scale IC, 초고밀도 집적회로) : 10,000~1,000,000개
⑤ ULSI(Ultra Large Scale IC, 초초고밀도 집적회로) : 1,000,000개 이상

# Section 02 전자계산기일반

Craftsman Electronic CAD

1. 컴퓨터의 구조 일반 | 2. 자료의 표현과 연산 | 3. 소프트웨어 일반 | 4. 마이크로프로세서

## 1 컴퓨터의 구조 일반

### 가. 컴퓨터의 기본적 구조

#### 1) 중앙처리장치(CPU)의 구성

① 제어장치(Control Unit) : 프로그램 명령어를 해석하고, 해석된 명령의 의미에 따라 연산장치, 주기억장치 등에게 동작을 지시하며 어드레스 레지스터, 기억 레지스터, 명령 레지스터, 명령 해독기, 명령 계수기 등으로 구성된다.

② 연산장치(ALU, Arithmetic Logical Unit) : 덧셈, 뺄셈, 곱셈, 나눗셈의 산술 연산만이 아니라 AND, OR, NOT, XOR와 같은 논리연산을 하는 장치로 제어장치의 지시에 따라 연산을 수행하며 누산기, 가산기, 데이터 레지스터, 상태레지스터로 구성된다.

㉮ 누산기(Accumulator) : 연산장치를 구성하는 중심이 되는 레지스터로서 사칙연산, 논리연산 등의 결과와 인터럽트 신호를 기억한다.

㉯ 가산기(Adder) : 누산기와 데이터 레지스터의 두 수를 가산하는 기능을 하며 결과는 누산기에 저장한다.

㉰ 데이터 레지스터(Data Register) : 데이터의 일시적인 저장에 사용되는 특정의 레지스터. 가끔 숫자의 증가와 감소 같은 간단한 자료 처리에도 사용된다.

㉱ 상태 레지스터(Status Register) : 컴퓨터의 연산 결과를 나타내는데 사용되며, 연산값의 부호 및 오버플로우 발생 유무를 표시한다.

③ 레지스터(Register) : 주기억장치로부터 읽어온 명령어나 데이터를 저장하거나 연산된 결과를 저장하는 공간이다.

㉮ MAR(Memory Address Register) : 중앙처리장치 내부에서 기억장치 내의 정보를 호출하기 위해 그 주소를 기억하고 있는 제어용 레지스터

㉯ MBR(Memory Buffer Register) : 메모리를 읽거나, 쓴 데이터를 일시적으로 저장하기 위한 레지스터

㉰ 프로그램 카운터(Program Counter) : 기억장치에 기억된 명령이 순서대로 중앙 처리 장치에서 실행될 수 있도록 그 주소를 지정해 주는 레지스터

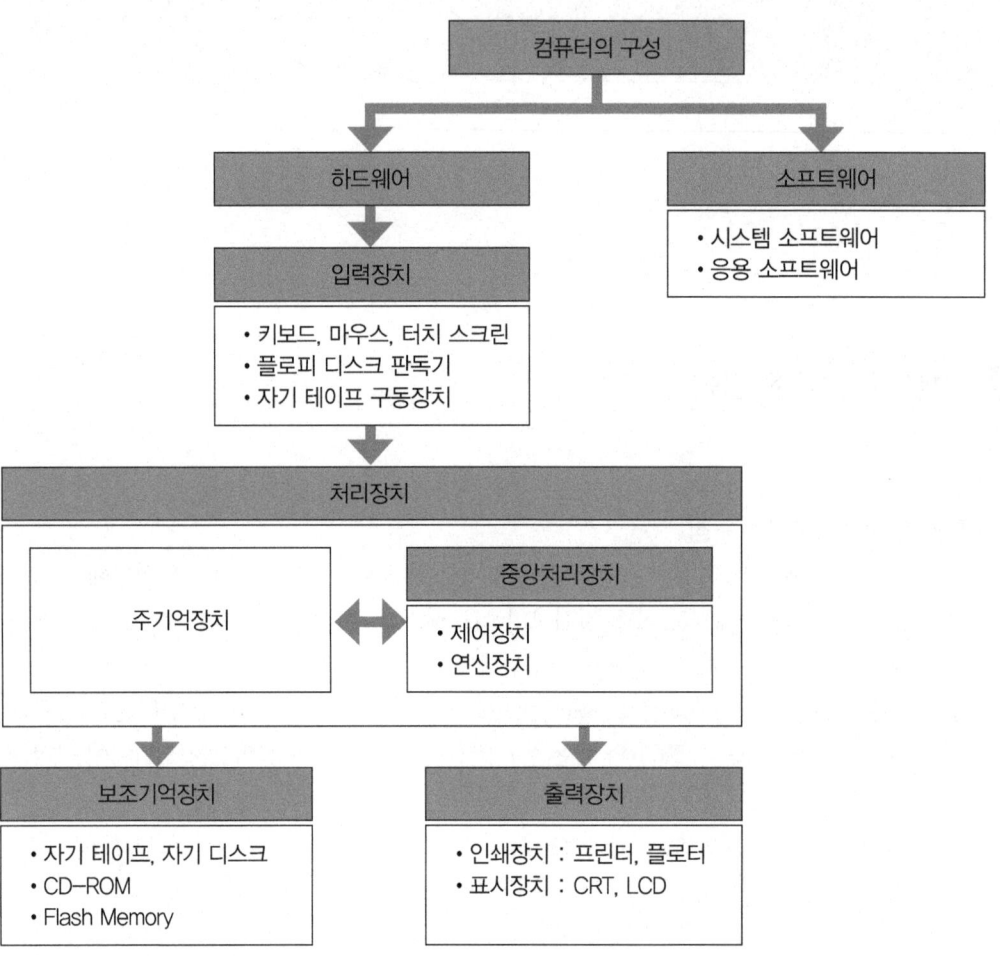

| 세대구분 | 제1세대 | 제2세대 | 제3세대 | 제4세대 |
|---|---|---|---|---|
| 회로구성소자 | 진공관(Tube) | TR, DIODE | IC | LSI |

컴퓨터를 구성하는 기본 소자의 발전 과정

## 2) 기억장치

① **주기억장치** : CPU가 직접 참조하는 고속의 메모리로, 프로그램이 실행될 때 보조 기억 장치로부터 프로그램이나 자료를 이동시켜 실행 시킬 수 있는 기억장소로 종류와 특징은 다음과 같다.

| 구분 | 특징 및 종류 |
| --- | --- |
| ROM (Read Only Memory) | • 한번 기록한 정보에 대해 오직 읽기만을 허용하도록 설계된 비휘발성 기억장치이며, 시스템 프로그램을 저장하는데 사용<br>• Mask Rom, PROM, UV-EPROM, EEPROM, 펌웨어(Firmware) |
| RAM (Random Access Memory) | • 전원이 공급되지 않으면 기억된 내용이 사라지는 휘발성(소멸성) 메모리로 실행 중인 프로그램이나 데이터를 저장하며, 자유롭게 데이터의 판독과 기록이 가능한 주기억 장치<br>• SRAM(Static RAM), DRAM(Dynamic RAM) |

② **주기억장치 할당 기법**
  ㉮ 오버레이(Overlay) : 단일 사용자 시스템에서 프로그램의 크기는 주기억 장치의 용량보다 클 수는 없다. 그러나 사용하지 않는 프로그램의 부분을 보조 기억장치로 옮겨와서 이제 더 이상 필요하지 않는 프로그램 부분이 사용하고 있던 장소를 다른 프로그램이 사용하게 하면 실제 영역보다 더 큰 프로그램의 실행이 가능하다.
  ㉯ 연속 로딩 기법 : 기억공간 관리 중 고정 분할 할당과 동적 분할 할당으로 나누어 관리되는 기법

③ **보조기억장치** : 컴퓨터의 중앙처리장치가 아닌 외부에서 프로그램이나 데이터를 보관하기 위한 기억장치를 말한다. 주기억장치보다 속도는 느리지만 많은 자료를 영구적으로 보관할 수 있다.

| 분류기준 | 종류 |
| --- | --- |
| 순차접근 기억장치 | 자기테이프, 카세트테이프, 카트리지 테이프 등 |
| 직접접근 기억장치 | 자기디스크, 하드디스크, 플로피디스크, CD-ROM등 |

④ **메모리의 구조**
  ㉮ 캐시기억장치(Cache Memory) : 프로그램 실행속도를 중앙처리장치의 속도에 가깝도록 하기 위하여 개발된 고속 버퍼 기억장치로서, 주기억장치보다 속도가 빠르고, 중앙처리장치 내에 위치하고 있으므로 레지스터 기능과 유사하다.

---

**기억장치의 접근 시간 순서**
레지스터 - 캐시메모리 - 주기억장치 - 보조기억장치

㉯ 가상기억장치(Virtual Memory) : 제한된 주기억장치의 용량을 초과하여 사용하기 위하여 보조기억장치의 기억공간을 사용자의 주기억장치가 확장된 것과 같이 사용하는 방법이다. 가상기억장치에서 주기억장치의 내용을 보조기억장치로 전송하는 것을 롤아웃(Roll-out)이라 한다.

### 3) 입·출력장치

① 입력 및 출력장치의 종류

| 구분 | 종류 |
|------|------|
| 입력장치 | 키보드, 마우스, 스캐너, 디지타이저, 조이스틱, 디지털 카메라, 광학마크 판독기(OMR), 자기잉크문자 판독기(MICR), 바코드 판독기, 라이트 펜 |
| 출력장치 | 그래픽카드, 음극선관(CRT), 액정 디스플레이(LCD), 플라즈마 디스플레이(PDP), 프린터, 마이크로필름 출력장치(COM) |

② 콘솔 : 컴퓨터와 오퍼레이터 사이에 필요한 정보를 주고받을 수 있는 장치로서, 키보드와 CRT로 구성되어 있으며, 작동의 개시, 정지, 작업관리 등에 직접 관여한다.

③ 채널 : 주기억장치와 입·출력 장치간의 차이를 줄일 목적으로 사용하는 것으로, CPU로부터 입·출력 장치의 제어를 위임 받아 한 번에 여러 데이터 블록을 입·출력할 수 있는 시스템

㉮ 셀렉터 채널(Selector) : 하나의 입·출력 장치를 선택하면 전송이 종료될 때까지 계속 동작하여, 채널은 그 장치의 전용선으로 동작한다.

㉯ 멀티플렉서 채널(Multiplexer Channel) : 직렬형으로 비교적 입·출력 장치 가동 시에 여러 개 동작하는 채널, 바이트 멀티플렉서 채널(저속), 블록 멀티 플렉서 채널(고속)이 있다.

④ 입출력 제어장치

㉮ 입출력장치와 시스템 간의 자료 전송을 제어하는 장치로 데이터 버퍼 레지스터를 이용하여 두 장치간의 속도 차이를 해결한다.(기억장치와 입출력장치 간의 중개 역할)

㉯ 제어 신호의 물리적, 논리적 변환 및 오류를 제어한다.

㉰ 채널 I/O 프로세서, DMA 등이 있다.

⑤ 입출력 인터페이스

㉮ 동작방식 및 데이터형식이 다른 장치들 사이의 자료 전송을 원활하게 하는 수단이다.

㉯ 주변 장치와 CPU 및 기억장치 사이의 서로 다른 동작 방식을 해결한다.

㉰ 주변 장치와 CPU의 속도 차이를 해결한다.

㉱ 주변 장치의 데이터 코드와 CPU 및 기억장치의 워드 형식 차이를 해결한다.

㉲ 동작 방식이 다른 주변 장치들 간의 간섭(충돌)을 제어 해결한다.

⑥ 입출력 제어방식

㉮ Programmed I/O : CPU가 직접 참여하여 입출력 여부를 확인하는 방식으로 상태플래그를 이용하여 입출력에 대한 데이터 전송을 CPU가 처리한다.

④ Interrupt I/O : 입·출력을 위해 CPU가 상태플러그를 이용하지 않고 입출력 신호를 인터럽트 처리하여 CPU에게 알려 주는 방식(상태플러그 체크를 하지 않기 때문에 보다 효율적임)
⑤ DMA(Direct Memory Access) : 데이터의 입·출력 전송이 중앙처리장치의 간섭 없이 직접 메모리 장치와 입·출력 장치 사이에서 이루어지는 인터페이스

## 2 자료의 표현과 연산

### 가. 자료의 표현

#### 1) 자료의 구조
① 비트(bit) : 0과 1로 표현되는 데이터의 최소 단위이며 논리 데이터로 표현
② 니블(nibble) : 1바이트의 절반, 즉 4비트를 하나의 단위로 한 것
③ 바이트(byte) : 1개의 문자나 수를 기억하는 데이터 단위로서 8개의 비트로 구성
  ※ 1Kbyte = $2^{10}$ = 1024byte
④ 워드(word) : 몇 개의 바이트의 모임으로, 하나의 기억 장소에 기억되는 데이터 범위를 의미
⑤ 항목(field) : 정보의 전달을 위한 최소한의 문자의 집단
⑥ 레코드(record) : 한 단위로 취급되는 서로 관련 있는 항목들의 집단
⑦ 파일(file) : 어떤 한 작업에 관련된 레코드들의 집합
⑧ 데이터베이스(data base) : 상호 관련된 파일들의 집합

> **자료 구성의 단계**
> 비트 〈 니블 〈 바이트 〈 워드 〈 항목 〈 레코드 〈 파일 〈 데이터베이스

#### 2) 자료의 표현방식
① 외부적 표현 방식 : Code로 표시하여 사람이 이해할 수 있도록 표현
  ㉮ BCD 코드(Binary Coded Decimal, 2진화 10진수) : 10진수 1자리를 2진수 4자리(bit)로 표현하는 가중치 코드, 8421 코드라고도 한다.
  ㉯ 3초과 코드(Excess-3 Code) : BCD 코드에 $(3)_{10}$을 더하여 만든 코드로, 자기 보수 코드라고도 한다. 3초과 코드는 비트마다 일정한 값을 갖지 않으며, 연산 동작이 쉽게 이루어지는 특징이 있다.

- ㉢ 그레이 코드(Gray Code) : 비가중치 코드이며 연산에는 부적합하지만 어떤 코드로부터 그 다음의 코드로 증가하는데 하나의 비트만 바꾸면 되므로 데이터의 전송, 입·출력 장치 등에 많이 사용한다.
- ㉣ ASCII 코드(American Standard Code for Information Interchange Code) : 미국의 표준코드, 문자를 표시하기 위한 7비트 코드로서 영어 대문자, 소문자로 구별할 수 있으며, 가장 왼쪽의 한 비트는 코드의 오류 검출용 패리티 비트를 부가하여 8비트로 표시하고 데이터 통신에서 표준코드로 사용하며 개인용 컴퓨터에 사용한다. $2^7 = 128$개의 문자까지 표시가 가능하다.
- ㉤ EBCDIC(Extended Binary Code Decimal Interchange Code) : 4개의 존 비트와 4개의 숫자비트로 이루어 져 있으며 영문 대문자를 포함하여 모든 문자를 표현할 수 있도록 한 범용 코드로서 대형 컴퓨터에 주로 사용하는 코드이며 $2^8 = 256$개의 문자까지 표현이 가능하다.
- ㉥ 해밍코드(Hamming Code) : 오류검출 및 정정가능
- ㉦ 패리티 검사(Parity Check) : 데이터의 저장과 전송의 정확성을 유지하기 위하여 검사 비트를 이용하는 자동 오류 검사방법(정정 불가능)

② 내부적 표현 방식
- ㉮ 고정 소수점 표현 : 컴퓨터 내부에서 정수를 표현할 때 사용하는 형식
  - 2바이트(16비트) 정수형 : 부호부 1bit + 정수부 15bit
  - 4바이트(32비트) 정수형 : 부호부 1bit + 정수부 31bit
  - 부호부에는 정수부가 양수이면 0을, 음수이면 1을 표시
- ㉯ 부동 소수점 표현 : 컴퓨터 내부에서 소수점이 있는 실수를 표현할 때 사용하는 형식
  - 4바이트(32비트) 단정도 실수형 : 부호부 1bit + 지수부 8bit + 가수부 32bit
  - 부호비트는 실수가 양수이면 0, 음수이면 1로 표시하고, 지수부는 2진수로, 가수부는 10진 유효숫자를 2진수로 변환하여 표시
- ㉰ 팩 형식 : 1바이트에 10진수 두 자리를 저장하는 형식

## 나. 연산

### 1) 산술연산(수치적 연산)

산술적인 계산에서 주로 사용되는 것으로 고정 소수점 연산방식, 부동 소수점 연상방식이 있으며, 이 식으로 표현된 수치에 4칙연산(+, −, *, /)과 산술 Shift 연산을 포함한다.

① 2진수의 연산
- ㉮ 2진수의 덧셈 : X+Y=CS, 올림(Carry)

| 0 + 0 = 00(CS) | 1 + 0 = 01(CS) |
| --- | --- |
| 0 + 1 = 01(CS) | 1 + 1 = 10(CS) |

㈏ 2진수의 뺄셈 : X-Y=BS, 빌림(Borrow)

| 0 - 0 = 00(BS) | 1 - 0 = 01(BS) |
|---|---|
| 0 - 1 = 11(BS) | 1 - 1 = 01(BS) |

　㈐ 2진수의 곱셈

| 0 × 0 = 0 | 1 × 0 = 0 |
|---|---|
| 0 × 1 = 0 | 1 × 1 = 1 |

　㈑ 2진수의 나눗셈

| 0 ÷ 0 = 0 |  |
|---|---|
|  | 1 ÷ 1 = 1 |

② 산술적 시프트 : 곱셈이나 나눗셈의 효과를 얻기 위하여 정해진 방법으로 숫자들을 왼쪽 또는 오른쪽으로 자리 이동하는 작업
③ 고정 소수점 연산 및 부동 소수점 연산
　㈎ 고정 소수점 : 고정소수점은 소수점을 사용하여 고정된 자리수의 소수를 나타내는 것이다.
　㈏ 부동 소수점 : 부동 소수점 방식은 실수를 표현할 때 소수점의 위치를 고정하지 않고 그 위치를 나타내는 수를 따로 적는 것으로, 유효숫자를 나타내는 가수와 소수점의 위치를 풀이하는 지수로 나누어 표현한다.
④ 진수변환
　㈎ 10진수를 2진수로 변환
　　예1 37을 2진수로 변환 : $(37)_{10} = (100101)_2$

```
2)37 - 1
2)18 - 0
2) 9 - 1
2) 4 - 0
2) 2 - 0
   1
```

　　예2 0.375를 2진수로 변환 : $(0.375)_{10} = (0.011)_2$
　　　소수점의 자리를 2로 곱하여 소수점의 자리가 0이 될 때까지 곱한다.
　　　$0.375 \times 2 = \underline{0}.75 \quad 0.75 \times 2 = \underline{1}.5 \quad 0.5 \times 2 = \underline{1}.0$
　㈏ 2진수를 10진수로 변환
　　예 101011를 10진수로 변환 : $(101001)_2 = (43)_{10}$
　　　$(1 \times 2^5) + (0 \times 2^4) + (1 \times 2^3) + (0 \times 2^2) + (1 \times 2^1) + (1 \times 2^0) = 43$

㉓ 10진수를 8진수로 변환

**예1** 65를 8진수로 변환 : $(65)_{10} = (81)_8$

```
8)65
8)  8 - 1 ↑
    1 - 8
```

**예2** 0.9375를 8진수로 변환 : $(0.9375)_{10} = (0.74)_8$

소수점의 자리를 8로 곱하여 소수점의 자리가 0이 될 때까지 곱한다.

0.9375 × 8 = <u>7</u>.5   0.5 × 8 = <u>4</u>.0

㉔ 10진수를 16진수로 변환

**예** 10진수 756.5를 16진수로 변환 : $(756.5)_{10} = (2F4.8)_{16}$

정수 부분을 16으로 나눈다.

```
8)756 - 4 ↑
8)  47 - F(15)
     2
```

소수 부분의 소수점의 자리를 16으로 곱한다.

0.5 × 16 = <u>8</u>.0

㉕ 8진수를 16진수로 변환

**예** $(2374)_8$를 16진수로 변환 : $(2374)_8 = (4FC)_{16}$

8진수의 각 자리수를 3bit의 2진수로 표현한 후 4bit로 표현하면 16진수가 된다.

우선 각 자리수의 8진수를 3bit 2진수로 표현

| 2 | 3 | 7 | 4 |
|---|---|---|---|
| 010 | 011 | 111 | 100 |

3bit의 2진수를 4bit로 묶은 후 16 진수로 변환한다.

010 011 111 100  →  <u>0100</u> <u>1111</u> <u>1100</u>
　　　　　　　　　　　　4　　　F　　　C

㉖ 16진수를 10진수로 변환

**예** $(28C)_{16}$를 10진수로 변환 : $(28C)_{16} = (652)_{10}$

$(28C)_{16} = (2 \times 16^2) + (8 \times 16^1) + (C \times 16^0)$
　　　　　　 = 512 + 128 + 12 = 652

2) 논리연산

① MOVE : 하나의 입력 자료를 갖는 단일 연산으로 전자계산기 내부에서 하나의 레지스터에 기억된 데이터를 다른 레지스터로 옮기는 데 이용된다.

② Complement
　㉮ 단일 연산으로 입력 자료 1의 연산 결과는 보수가 된다.
　㉯ 논리 회로에서 인버터와 같은 기본적인 연산기로 이용되며, 음(-)수의 표에 있어 1의 보수 또는 2의 보수를 구하는 데 이용할 수 있다.
③ AND : 특정한 비트 또는 문자를 삭제하고, 나머지 비트를 데이터로 사용하기 위해 사용되는 연산자
④ OR : 2개 이상의 데이터를 합하여 비트나 문자를 삽입하는 데 사용되는 연산
⑤ Shift : 입력 데이터의 모든 비트를 좌측 또는 우측으로 자리를 옮기는 것으로, 이동 방향에 따라 오른쪽 시프트와 왼쪽 시프트 두 가지가 있다.
　㉮ 왼쪽 시프트 : 비트들이 왼쪽으로 한 칸씩 이동하면서, 맨 왼쪽 비트는 버려지고 맨 우측 비트는 0으로 채워진다.
　　**예** 42 왼쪽 시프트는 먼저 2진수로 변환 101010, 한 비트 좌측 시프트 하면 1010100이 되므로 84가 된다.
　㉯ 오른쪽 시프트 : 비트들이 우측으로 한 칸씩 이동하면서, 맨 오른쪽 비트는 버려지고 맨 좌측 비트는 0으로 채워진다.
　　**예** 42 오른쪽 시프트는 먼저 2진수로 변환 101010, 한 비트 우측 시프트하면 10101이 되므로 21이 된다.
⑥ Rotate
　㉮ Rotate 연산은 Shift 연산과 유사한 비트 조작 명령이다.
　㉯ Shift는 비트를 선형으로 이동 시키는데 비해 Rotate 연산은 원형을 이동시킨다. 비트 이동에 의해 밀려나는 비트는 버려지지 않고 반대쪽으로 다시 이동된다는 것이 특징이다.
⑦ 단항연산/이항연산
　㉮ 단항연산 : MOVE, Shift, Rotate, Complement
　㉯ 이항연산 : 사칙연산, OR, AND, EX-OR

## 3 소프트웨어 일반

### 가. 소프트웨어의 개념과 종류

1) 프로그래밍 언어
① 저급 언어(Low Level Language) : 컴퓨터 이해하기 쉽게 작성된 프로그래밍 언어로, 일반적으로 기계어와 어셈블리어를 일컫는다.

㉮ 기계어 : 컴퓨터가 직접 해독할 수 있는 2진수로 나타내는 언어로 프로그래밍의 기본이 된다. 즉 컴퓨터를 작동시키기 위해 0과 1로 나타낸 컴퓨터 고유 명령 형식이다.
㉯ 어셈블리 언어 : 기계어의 단점을 극복하고 작성 과정을 편리하도록 개발하였으며 기계어의 명령부와 번지부를 사람이 이해하기 쉬운 기호와 1:1로 대응시켜 기호화한 프로그램 언어이다.

② 고급 언어(High Level Language) : 사람이 알기 쉽도록 써진 프로그래밍 언어로서, 저급 프로그래밍 언어보다 가독성이 높고 다루기 간단하다는 장점이 있다. BASIC, FORTRAN, COBOL, ALGOL, C, PL/I, C++, JAVA 등이 있다.

㉮ BASIC : 1963년 미국의 다트마스 대학에서 TSS(타임 셰어링 시스템)용으로 개발되었으며 초보자를 대상으로 한 프로그래밍 언어이다.
㉯ FORTRAN : 1950년대에 IBM에 의해 개발된 컴퓨터 프로그래밍 언어로 수학적 공식으로 프로그래머가 계산할 수 있게 한 최초의 언어이다.
㉰ COBOL : 1960년에 미국의 컴퓨터 사용자와 제조업자를 중심으로 개발된 사무자료 처리용 고급언어이다. 이 언어는 다량의 자료를 처리하는 데 적합하며, 코볼 컴파일러만 있으면 컴퓨터 기종간의 차이에 상관없이 공통으로 사용할 수 있다.
㉱ C언어 : 1974년 개발된 언어로 UNIX 시스템을 구축하기 위한 시스템 프로그래밍 언어이다. C 언어는 컴퓨터 사용자가 보다 효율적으로 컴퓨터 자원을 다룰 수 있도록 해주는 역할을 하는 장치로써, 모든 서버 운영체제의 기초를 이해하는데 도움이 된다. 수행 속도가 빠르고, 크기, 효율 등의 기능 면에서 고급 언어와 어셈블리어의 중간 기능을 수행한다.
㉲ C++ : 미국 벨 연구소에서 C 언어의 기능을 확장하여 개발한 프로그래밍 언어로서, 사용자에 의한 새로운 데이터 형식의 정의를 위한 신축성 있고 효율적인 기능을 제공하는 등 객체 지향 중심 프로그래밍(object-oriented programming)의 개념을 도입하였다.
㉳ JAVA : 객체지향프로그래밍 언어로서 C/C++에 비해 간략하고 쉬우며 네트워크 기능의 구현 이 용이하기 때문에, 인터넷 환경에서 가장 활발히 사용되는 프로그래밍 언어이다. 자바 프로그램은 운영체제의 종류에 관계없이 대부분의 시스템에서 실행 가능하다.

2) C언어의 연산자
① 산술 연산자

| 기호 | 연산자 의미 | 관계식 |
| --- | --- | --- |
| * | 곱셈 | X*Y |
| / | 나눗셈 | X/Y |
| % | 나머지 계산 | X%Y |
| + | 덧셈 | X+Y |
| − | 뺄셈 | X−Y |

② 관계 연산자

| 기호 | 연산자 의미 | 관계식 |
|---|---|---|
| > | ~보다 크다. | a>b |
| >= | ~보다 크거나 같다. | a>=b |
| < | ~보다 작다. | a<b |
| <= | ~보다 작거나 같다. | a<=b |
| == | 같다. | a==b |
| != | 다르다. | a!=b |

③ 논리 연산자

| 기호 | 연산자 의미 |
|---|---|
| ! | NOT |
| && | AND |
| \|\| | OR |

④ 증가, 감소 연산자

| 기호 | 의미 |
|---|---|
| ++i | i 값에 먼저 1 증가시킨 후 계산 |
| i++ | i 값을 먼저 계산 후 1 증가 |
| --i | i 값에 먼저 1 감소시킨 후 계산 |
| i-- | i 값을 먼저 계산 후 1 감소 |

**C언어의 변수명 규칙**
- 변수명으로 사용할 수 있는 문자는 알파벳, 숫자, _ 세 가지이다.
- 변수명의 첫 글자는 숫자가 될 수 없다.
- 변수명은 최대 32자까지이다.
- 대문자, 소문자는 서로 다른 것으로 구분된다.

## 나. 순서도

### 1) 순서도의 정의와 역할
① 순서도의 정의 : 데이터 처리 과정 및 프로그램 결과가 출력되는 전반적인 처리과정의 흐름을 일정한 기호를 사용하여 나타낸 것
② 순서도의 역할
 ㉮ 프로그램 작성의 직접적인 자료가 된다.
 ㉯ 업무의 내용과 프로그램을 쉽게 이해할 수 있고, 다른 사람에게 전달이 용이하다.
 ㉰ 프로그램의 정확성 여부를 판단하는 자료가 되며, 오류가 발생 하였을 때 그 원인을 찾아 수정하기가 쉽다.
 ㉱ 프로그램의 논리적인 체계 및 처리 내용을 쉽게 파악할 수 있다.

### 2) 순서도 기호

| 기호 | 명칭 | 사용용도 | 기호 | 명칭 | 사용용도 |
|---|---|---|---|---|---|
| 직사각형 | 처리 | 각종 연산, 데이터 이동 등의 처리 | 타원형 | 터미널 | 순서도의 시작과 끝 표시 |
| 마름모 | 판단 | 참, 거짓의 조건에 따라 판단 | 천공카드형 | 천공카드 | 천공카드의 입·출력 |
| 평행사변형 | 입출력 | 데이터의 입력과 출력 | 서류형 | 서류 | 서류를 매체로 하는 입출력 표시 |
| 화살표 | 흐름선 | 처리의 흐름과 기호를 연결 | 사다리꼴 | 수동입력 | 콘솔에 의한 입력 |
| 육각형 | 준비 | 기억장소, 초기값 등 작업의 준비 과정 표시 | 카드파일형 | 카드파일 | 천공카드로 구성된 파일 |
| 양측선 직사각형 | 미리 정의된 처리 | 미리 정의된 처리로 옮길 때 사용 | 원 | 연결자 | 흐름이 다른 곳과 연결되는 입·출구를 나타냄 |

### 3) 순서도의 작성 방법
① 위에서 아래로 내려가면서 작성한다.
② 분기점이 있는 경우 왼쪽에서 오른쪽으로 작성한다.
③ 기호와 기호 사이에는 화살표(→)로 연결한다.
④ 기호 내부에는 실행 내용을 간단, 명료하게 표시한다.

⑤ 약속된 표준 기호를 사용한다.
⑥ 과정이 길어 연속적인 표현이 어려울 때는 나누어 작성하고 연결 기호를 사용한다.

4) 순서도의 종류
① 시스템 순서도 : 단위 프로그램을 하나의 단위로 하여 업무의 전체적인 처리 과정의 흐름을 나타낸 순서도
② 프로그램 순서도 : 프로그램의 논리적인 작업 순서를 나타낸 순서도
　㉮ 일반 순서도 : 프로그램의 기본 골격(프로그램의 전개 과정)만을 나타낸 순서도
　㉯ 세부 순서도 : 기본 처리 단위가 되는 모든 항목을 프로그램으로 바로 나타낼 수 있을 정도까지 상세하게 나타낸 순서도

## 4 마이크로프로세서

### 가. 마이크로프로세서 기본 구조

1) 마이크로프로세서의 개요
① 중앙처리장치의 기능을 집적화한 것으로서, 제어장치(명령어 해석 및 실행), 레지스터, 연산장치(ALU)등의 기본 구성을 갖는다.
② 마이크로프로세서의 CPU 모듈 동작 순서는 명령어 인출 → 명령어 해석 → 데이터 인출 → 데이터 처리의 과정으로 이루어진다.

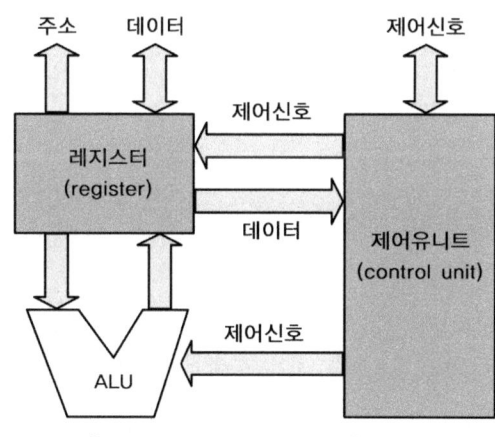

[마이크로프로세서 구성 요소]

## 2) 구성 요소

① 레지스터(register)
  ㉮ CPU 내부의 기억장치이고 ALU에서 수행한 연산의 결과를 임시로 저장하는 역할을 한다. 고속으로 데이터에 접근, 처리가 가능하며 외부메모리는 번지로 구별하는 데 반해 레지스터는 이름으로 구별한다.
  ㉯ 크게 범용 레지스터(누산기 등)와 특수목적 레지스터(프로그램 카운터, 명령어 레지스터 등)로 나뉜다.

② 산술논리장치(ALU)
  ㉮ 산술 및 논리 연산 수행하는 장치이다. 레지스터에서 피연산자를 받고 연산 결과를 다시 레지스터에 저장한다.
  ㉯ 조합논리회로로 구성되어 있다.

③ 제어장치 : CPU 내부의 신호의 흐름을 제어하는 신호를 발생한다.

④ 각종 버스(bus) : 버스(bus)는 디지털 시스템에서 동일한 기능을 수행하는 신호선들의 집합이다. 마이크로프로세서 내부에서 하나의 신호선은 두 가지 상태(0, 1)만을 가질 수 있다. 이러한 선이 여러 개 모이면 다양한 경우의 수가 생겨서 여러 상태나 값을 가지고 전달할 수 있게 된다.
  ㉮ 데이터(Data) 버스 : 마이크로프로세서가 내외부의 메모리와 데이터를 주고받는데 사용
  ㉯ 어드레스(Address) 버스 : 마이크로프로세서가 내외부의 메모리 번지를 지정하는데 사용
  ㉰ 신호(Signal) 버스 : 마이크로프로세서가 수행할 작업의 종류 및 상태를 메모리나 입출력 기기에 알려주고, 외부의 요구를 받아들이는 신호선
  ㉱ 제어(Control) 버스 : 중앙처리장치와의 데이터 교환을 제어하는 신호의 전송 통로

## 나. 명령어 형식 및 데이터 형식

### 1) 명령어 구성

① 명령부(OP Code) : 처리해야 할 연산의 종류
② 처리부(Operand) : 처리할 정보나 처리된 정보

| OP Code | Operand |
|---|---|

### 2) 명령어의 기능

① 함수연산 기능 : 데이터 처리 명령어가 산술과 논리 연산을 수행
② 전달기능 : 데이터 전송 명령어가 레지스터 사이의 정보 전달이나 중앙처리 장치와 주기억 장치 사이의 정보 이동을 수행
③ 제어기능 : 프로그램 제어 명령어가 명령어의 수행 순서를 제어
④ 입·출력 기능 : 프로그램으로 입력이 가능한 기능이 있어야 하며, 기억된 계산 결과를 프로그래머에게 알리기 위해서 출력 장치를 이용

3) 명령어의 종류
① 3-주소 명령어 : 오퍼랜드의 수가 3개인 명령어 형식

| OP Code | Operand1 | Operand2 | Operand3 |
|---|---|---|---|

㉮ 장점 : 산술식을 프로그램 하는 데 있어서 프로그램의 길이가 짧아짐
㉯ 단점 : 3주소 명령어를 2진 코드화 했을 때 세 개의 오퍼랜드를 나타내기 위한 비트 수가 다른 주소 명령어 형식보다 많이 필요
② 2-주소 명령어 : 오퍼랜드의 수가 2개인 명령어 형식, 범용 레지스터에 사용하며 가장 일반적인 주소지정방식

| OP Code | Operand1 | Operand2 |
|---|---|---|

㉮ 장점 : 3주소 명령어에 비해 명령어의 길이가 짧아짐
㉯ 단점 : 같은 내용을 수행하기 위한 명령어의 수가 증가
③ 1-주소 명령어 : 오퍼랜드의 수가 1개인 명령어 형식, 오퍼랜드를 가져오거나 연산결과를 저장하기 위한 임시적인 장소로 누산기를 사용

| OP Code | Operand1 |
|---|---|

㉮ 장점 : 3주소 명령어에 비해 명령어의 길이가 짧아짐
㉯ 단점 : 같은 내용을 수행하기 위한 명령어의 수가 증가
④ 0-주소 명령어
㉮ 기억장치 스택을 사용하며 주소 필드는 사용하지 않음
㉯ 명령어의 길이가 짧아 기억 공간을 적게 차지하나 많은 양의 정보가 스택과 주기억장치를 이동하므로 비효율적

4) 데이터의 전달에 관한 명령
① 로드명령(Load Instruction) : 지정된 메모리 번지의 내용을 누산기 등의 레지스터로 옮기는 명령
② 스토어명령(Store Instruction) : 누산기 등 레지스터의 내용을 지정된 메모리 번지로 옮기는 명령
③ 전송명령(Move Instruction) : 하나의 레지스터에서 다른 레지스터로 데이터를 옮기는 명령
④ 교환명령(Exchange Instruction) : 두 레지스터 간에 서로 데이터를 교환하는 명령
⑤ 입·출력명령(Input/output Instruction) : 주변장치에서 데이터를 입력하거나 주변 장치로 데이터를 출력하는 명령
⑥ 푸시/팝명령(Push/pop Instruction) : 데이터를 스택에 일시 저장하거나 스택으로부터 데이터를 불러내는 명령

다. 주소지정방식, 서브루틴과 스택

1) 주소지정방식
   ① 즉시 주소지정방식(Immediate Addressing Mode) : 명령 속의 오퍼랜드 정보를 그대로 오퍼랜드로 사용하는 방식
   ② 직접 주소지정방식(Direct Addressing Mode) : 명령어의 오퍼랜드에 실제 데이터가 들어 있는 주소를 직접 갖고 있는 방식
   ③ 간접 주소지정방식(Indirect Addressing Mode) : 명령어 내의 주소부에 실제 데이터가 저장된 장소의 주소를 가진 기억장소의 주소를 표현한 방식
   ④ 레지스터 주소지정방식(Register Addressing Mode) : 오퍼랜드로 레지스터를 지정하고 다시 그 레지스터값이 실제 데이터가 기억된 기억 장소의 주소를 지정
   ⑤ 묵시적 주소지정방식(Implied Addressing Mode) : 명령어 실행에 필요한 데이터의 위치가 묵시적으로 지정
   ⑥ 페이지 주소지정방식(Page Addressing Mode) : 기억장치를 일정한 크기의 페이지로 나누어서 명령 속에 페이지 내에서의 어드레스를 지정하는 방법
   ⑦ 상대 주소지정방식(Relative Addressing Mode) : 프로그램 카운터가 명령의 주소 부분과 더해져서 유효 주소가 결정되는 방법으로, 명령의 주소 부분은 보통 부호를 포함한 수이며, 음수(2의 보수 표현)나 양수 둘 다 가능
   ⑧ 인덱스 주소지정방식(Indexed Addressing Mode) : 명령어의 주소 필드의 값과 인덱스 레지스터의 값을 더해 유효 주소를 구하며, 어레이의 참조에 유용

2) 서브루틴과 스택
   ① 서브루틴(Subroutine)
      ㉮ 프로그램 가운데 하나 이상의 장소에서 필요할 때마다 되풀이해서 사용할 수 있는 부분적 프로그램으로 실행 후에는 메인 루틴이 호출한 장소로 되돌아간다. 되돌아 갈 복귀 주소를 저장해 놓아야 하는데 이때 사용되는 것이 스택(stack)이다.

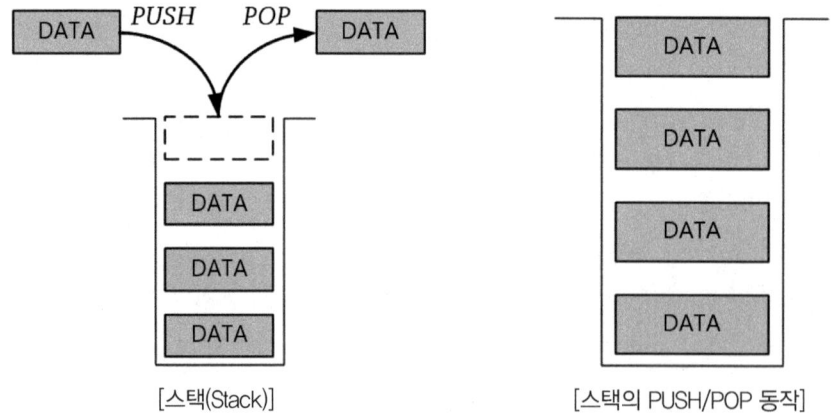

[스택(Stack)]　　　　　　[스택의 PUSH/POP 동작]

㉯ 독립적으로 쓰는 일은 없고 메인 루틴과 결합하여 기능을 수행한다.
② 스택(Stack)
㉮ 스택은 데이터 입·출력이 한쪽으로만 접근 할 수 있는 자료 구조이다. 스택에서 가장 나중에 들어간 데이터가 제일 먼저 나오게 된다. 그래서 스택을 LIFO(Last In First Out) 구조라고 한다.
㉯ 스택을 조작하는 동작은 데이터를 넣은 PUSH 동작과 데이터를 빼오는 POP 동작이 있다. PUSH는 스택의 최상단 데이터 위에 새로운 데이터를 쌓는다(stack)의 의미이고, POP은 스택의 최상단에 있는 데이터를 빼온다는 의미이다.

# Section 03 전자 CAD 이론

1. 제도규약 | 2. 전자부품 | 3. 회로도면의 설계 | 4. 인쇄회로기판 제작공정 | 5. CAD 일반

## 1 제도규약

### 가. 전자제도 통칙

#### 1) 한국산업규격(KS)과 표준화

① 한국산업규격(KS)
  ㉮ 한국산업표준(KS)은 국내 산업 전 분야의 제품 및 시험·제작 방법 등에 대하여 규정하는 국가 표준으로서, 각 분야 전문위원회의 심의를 거쳐 제·개정되며, 이는 기술표준원장이 관보를 통하여 고시하고 있다.
  ㉯ KS 표준은 그 구성에 있어 전 내용이 21개 부문(기본, 기계, 전기 등), 2만 3천여 종, 20만여 쪽에 이르는 방대한 양이며, 내용은 생산 현장, 건설 현장 및 시험·연구 분야 등 산업 전반에 걸쳐서 광범위하게 활용되고 있다.
  ㉰ KS 표준은 품질의 안정성 향상, 원가 절감 및 작업 능률의 향상을 통한 생산성 제고, 제품 상호 간의 호환성 등의 보장과 신제품·신기술 개발에 중요한 지침서로 활용되고 있어, 기업의 경쟁력 향상에 큰 역할을 하고 있다.

② 표준화(Standardization)의 유형
  ㉮ 사내표준 : 기업 또는 공장에서 심의하고 규정하여 기업 또는 공장 내부에서 적용되는 표준
  ㉯ 단체표준 : 생산자 모임인 협회, 조합, 학회 등 각종 단체가 생산업체와 수요자의 의견을 참작해 자발적으로 제정하는 규정
  ㉰ 국가표준 : 한 나라의 영토 내에서 적용되는 표준을 이해 관계자의 합의를 얻어 제정하고 관계자가 사용하는 것
  ㉱ 국제표준 : 다수의 국가가 각 국의 이해관계를 회의 형식으로 조정하여 국제적으로 적용되도록 제정한 표준으로 공업/농업에 대해서는 국제표준화기구(ISO)가 제정하는 ISO 규격과 전기 관련 국제전기표준회의(IEC)가 제정하는 IEC 규격이 대표적

2) 한국산업표준의 부분별 분류
　① 한국산업표준은 기본부문(A)부터 정보부문(X)까지 21개 부문으로 구성되며 크게 다음 세 가지 국면으로 분류할 수 있다.
　　㉮ 제품표준 : 제품의 향상, 치수, 품질 등을 규정한 것
　　㉯ 방법표준 : 시험, 분석, 검사 및 측정방법, 작업표준 등을 규정한 것
　　㉰ 전달표준 : 용어, 기술, 단위, 수열 등을 규정한 것
　② 한국산업표준의 분류체계

| 기호 | A | B | C | D | E | F | G | H | I | J | K | L | M | P | Q | R | S | T | V | W | X |
|---|---|---|---|---|---|---|---|---|---|---|---|---|---|---|---|---|---|---|---|---|---|
| 부문 | 기본 | 기계 | 전기전자 | 금속 | 광산 | 건설 | 일용품 | 식료품 | 환경 | 생물 | 섬유 | 요업 | 화학 | 의료 | 품질경영 | 수송기계 | 서비스 | 물류 | 조선 | 항공우주 | 정보 |

**여러 나라의 공업규격**

| 국가 및 기구 | 규격 기호 |
|---|---|
| 대한민국 산업규격 | KS(Korean Industrial Standards) |
| 독일 표준규격 | DIN(Deutsches Institute fuer Normung) |
| 미국 공업규격 | ANSI(American National Standard Institutes) |
| 영국 공업규격 | BS(British Standards) |
| 일본 공업규격 | JIS(Japanese Industrial Standards) |
| 국제 표준화기구 | ISO(International Organization for Standardization) |

3) 전자제도의 개요
　① 제도 용구의 종류
　　㉮ 컴퍼스 : 원 또는 원호를 그릴 때 사용하는 제도 기구
　　㉯ 운형자 : 컴퍼스로 그리기 어려운 원호나 곡선을 그릴 때 사용되는 제도 기구
　　㉰ T자 : 평행선을 긋거나, 삼각자와 함께 사용하여 수직선, 수평선 및 사선을 그릴 때 사용
　　㉱ 삼각자 : $45°\times45°\times90°$와 $30°\times60°\times90°$의 모양으로 된 2개를 1세트로 사용
　　㉲ 형판 : 기본 도향이나 문자, 숫자 등을 뚫어 놓아 원하는 모양을 그릴 때 사용
　　㉳ 디바이더 : 치수를 옮기거나, 선, 원주 등을 분할하거나 연장할 때 사용

② 제도의 단위
  ㉮ 제도에서 치수의 기입은 KS0113에 정해진 규칙에 따른다.
  ㉯ 길이는 모두 mm(밀리미터) 단위로 기입하되 단위 기호는 기입하지 않는다.
③ 전자캐드로 작성된 도면의 편집과 관련된 기능
  ㉮ ZOOM : 화면의 확대, 축소 기능
  ㉯ SAVE : 저장
  ㉰ DELETE : 삭제
  ㉱ EDIT : 편집

## 나. 도면의 표시방법

### 1) 도면의 개요 및 분류

① 도면의 개요 : 도면 또는 설계도는 어떤 기능과 구조, 배치를 그린 그림이며, 많은 전기, 전자, 기계 및 토목 건축물의 설계 결과를 기록한 것을 가리킨다.

② 도면의 분류

| 분류 기준 | 종류 | 내용 |
|---|---|---|
| 사용 목적에 따른 분류 | 견적도 | 주문할 사람에게 물품의 내용 및 가격 등을 설명하기 위해 견적서에 첨부 |
| | 제작도 | 설계자의 의도를 작업자에게 정확히 전달시켜 요구하는 물품을 만들게 하기 위하여 사용 |
| | 주문도 | 주문하는 사람이 주문할 제품의 대체적인 크기나 모양, 기능의 개요, 정밀도 등을 주문서에 첨부하기 위해 작성 |
| | 승인도 | 주문받은 사람이 주문한 사람과 검토를 거쳐서 승인을 받아 계획 및 제작을 하는 기초 |
| 도면 내용에 따른 분류 | 조립도 | 제품의 전체적인 순서와 상태를 나타내는 도면 |
| | 부품도 | 기계를 구성하는 각 부품을 개별적으로 상세하게 나타낸 도면 |
| | 공정도 | 작업 현장에서 분업적으로 실시하고 있는 어느 한 공정에 대하여 필요한 사항을 표시 |
| | 부분조립도 | 복잡한 기계 등의 조립 상태를 한 장의 조립도로 나타낼 수 없을 때나 어느 부품의 조립된 상태를 나타낼 때 부분별로 자세한 조립상태를 표시 |
| | 전자회로도 | 여러 개의 전자 제품이 상호 접속된 상태를 표시 |
| | 상세도 | 제품의 전체적인 순서와 상태를 표시 |
| 도면 성격에 따른 분류 | 원도 | 제도용지에 직접 연필로 작성한 도면, 컴퓨터가 작성한 최초 도면 |
| | 트레이스도 | 원도 위에 트레이싱지를 놓고 그린 도면 |
| | 복사도 | 트레이스도를 원본으로 복사한 도면 |
| | 스케치도 | 제품이나 장치 등을 그리거나 도안할 때 필요한 사항을 제도 기구를 사용하지 않고 프리핸드로 그린 도면 |

## 2) 도면의 구비조건

① 대상물의 도형과 함께 필요로 하는 크기, 모양, 자세, 위치의 정보를 포함하여야 한다.
② 가능한 한 넓은 기술 분야에 걸쳐 적합성, 보편성을 가져야 한다.
③ 복사 및 도면의 보존, 검색, 이용이 확실히 되도록 내용과 양식을 구비하여야 한다.
④ 무역 및 기술의 국제 교류의 입장에서 국제성을 가져야 한다.

## 3) 도면의 크기와 양식 및 척도

① 도면의 규격(단위 mm)

| 제도지의 치수 | | A0 | A1 | A2 | A3 | A4 |
|---|---|---|---|---|---|---|
| b × a | | 1,189×841 | 841×594 | 594×420 | 420×297 | 297×210 |
| c (최소) | | 10 | 10 | 10 | 5 | 5 |
| d (최소) | 철하지 않을 때 | 10 | 10 | 10 | 5 | 5 |
| | 철할 때 | 25 | 25 | 25 | 25 | 25 |
| 비고 | | 전지 | 2절지 | 4절지 | 8절지 | 16절지 |

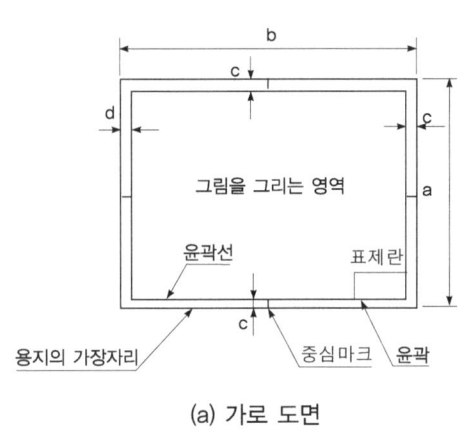 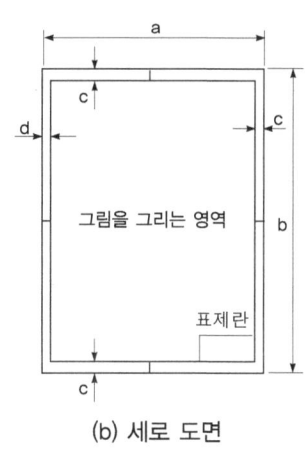

(a) 가로 도면    (b) 세로 도면

[도면의 규격]

② 도면의 크기 : 도면의 크기는 제도가 완성된 치수로서 KS A 5201 A0~A4까지를 사용하고 특히 긴 도면을 필요로 할 때는 길이 방향으로 연장하여 사용한다.
③ 윤곽선 : 도면에는 윤곽선(Border line)을 그려서 도면이 파손되거나 더럽혀지는 것을 피하기 위하여 KS A 0106에 규정하고 있다. 윤곽선은 0.5mm 이상의 굵은 실선으로 긋는다.
④ 표제란 : 표제란은 도면의 오른쪽 아래 구석에 위치한다. 표제란의 크기와 형식에 대한 규정은 없으나 도번, 도명, 척도, 기관명, 작성 연월일, 제도자 등을 기입하며, 도면을 접어서 보관할 때는 그 접은 크기가 A4가 되도록 하는 것이 원칙이다. 이때 표제란이 앞에 나오도록 한다.

⑤ 중심마크 : 도면의 마이크로 사진 촬영, 복사 등의 편의를 위하여 도면 윤곽선 바깥 4개소의 중앙에 굵기 0.5mm의 직선으로 그린다.
⑥ 비교눈금 : 도면에서 축소나 확대, 복사의 작업과 이들의 복사도면을 취급할 때 편의를 위한 표시이다.
⑦ 척도 : 도면에서의 크기와 물체의 실제 크기의 비
  ㉮ 축척: 실물보다 작게 축소해서 그리는 것
  ㉯ 현척(실척): 실물과 같은 크기로 그리는 것
  ㉰ 배척: 실물보다 크게 확대해서 그리는 것
  ㉱ NS(Not to Scale) : 도면과 실물의 치수가 비례 척도가 아님을 뜻함

## 2 전자부품

### 가. 전자부품의 기호 및 표시법

#### 1) 논리소자의 기호

| 게이트 명칭 | 기호 | 게이트 명칭 | 기호 |
|---|---|---|---|
| 논리곱<br>(AND Gate) | | 부정 논리곱<br>(NAND Gate) | |
| 논리합<br>(OR Gate) | | 부정 논리<br>(NOR Gate) | |
| 부정<br>(NOT Gate) | | 배타적 논리합<br>(EXCLUSIVE OR Gate) | |

#### 2) 전자부품의 기호

| 명칭 | 기호 | 명칭 | 기호 |
|---|---|---|---|
| 고정저항 | | 가변저항 | |

| 명칭 | 기호 | 명칭 | 기호 |
|---|---|---|---|
| 서미스터 | | 콘덴서 | |
| 전해콘덴서 | | 가변콘덴서 | |
| 퓨즈(Fuse) | | 초크코일 | |
| 크리스탈 | | 다이오드 | |
| LED | | 제너다이오드 | |
| 쇼트키 다이오드 | | 가변용량 다이오드 | |
| N형 MOSFET | | P형 MOSFET | |
| SCR | | TRIAC | |
| NPN TR | | PNP TR | |
| UJT | | 포토커플러 | |
| 스위치 | | 다이액 | |
| 안테나 | | 전원트랜스 | |
| 스피커 | | 건전지 | |

## 나. 전자부품의 식별 방법

### 1) 반도체 형명에 따른 분류 방법

| 소자의 종류 | 반도체 제품 | 용도표시 | 등록번호 | 개량순서 |
|---|---|---|---|---|
| 0 : 표준 TR | Semiconductor | A : PNP형 고주파 TR | 11번부터 차례로 | A, B, C... 순으로 |
| 1 : 다이오드 | | B : NPN형 고주파 TR | | |
| 2 : TR, 1 게이트 FET | | C : NPN형 고주파 TR | | |
| | | D : NPN형 저주파 TR | | |
| 3 : 2 게이트 FET | | J : P 채널 FET | | |
| | | K : N 채널 FET | | |
| | | F : SCR(P 게이트) | | |
| | | G : SCR(N 게이트) | | |
| | | M : TRIAC | | |
| | | N : 단접합 TR(UJT) | | |

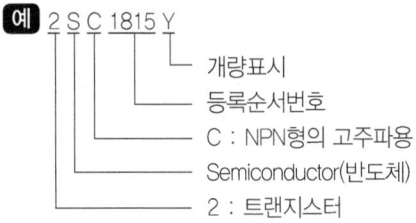

예) 2 S C 1815 Y
- 개량표시
- 등록순서번호
- C : NPN형의 고주파용
- Semiconductor(반도체)
- 2 : 트랜지스터

### 2) 반도체 집적화회로(IC) 패키지별 특징

① SOP(Small Outline Package) : SMT(Surface Mount Type) 형태의 패키지로서, Package 두께에 따라 TSOP, Plastic Dimension에 따라 SSOP로 구분하며, 가장 널리 쓰이는 Plastic Package이다.

② QFP(Quad Flat Package) : 부품의 핀이 4면으로 돌출된 표면실장형(SMD)의 집적회로 패키지로 소켓이나 구멍의 실장에는 사용할 수 없다.

③ TQFP(Thin Quad Flat Package) : 공간이 제약된 응용제품을 설계하는 데 사용되는 집적회로 패키지의 한 종류로 두께는 1.0mm~1.4mm이다.

④ SIP(Single In-line Package) : 한쪽 측면에만 Lead가 있는 패키지 소자이다.

⑤ DIP(Dual In-line Package) : 핀의 배열이 두 줄로 평행하게 배열되어 있는 부품을 지칭하는 용어로 우수한 열 특성을 가지고 있다.

## 다. 전자부품의 판독법

### 1) 전자, 통신용 부품의 정격과 공칭 및 특성의 표시

① 부품의 정격전력, 정격전압, 저항 값 및 허용오차의 범위를 색 또는 문자로 표시한다.
② 정격이란 부품을 적정한 상태로 동작시키는 데 필요한 기본적 조건이며 인가전압, 전류, 전력, 주파수, 사용 장소의 온도, 습도 또는 이들의 조건을 말한다. 조건 이외의 임피던스, 출력, 모터의 회전수 등은 정격에 들어가지 않고 공칭이라고 한다.

### 2) 색과 문자에 의한 정격 및 허용 오차의 표시법

① 색에 의한 표시

| 색깔 | 숫자 | 배수 | 허용오차(%) | 색깔 | 숫자 | 배수 | 허용오차(%) |
|---|---|---|---|---|---|---|---|
| 검정색 | 0 | $10^0$ | – | 보라색 | 7 | $10^7$ | – |
| 갈색 | 1 | $10^1$ | ±1% | 회색 | 8 | $10^8$ | – |
| 빨강색 | 2 | $10^2$ | ±2% | 흰색 | 9 | $10^9$ | – |
| 주황색 | 3 | $10^3$ | ±5% | 금색 | – | – | ±5% |
| 노란색 | 4 | $10^4$ | | 은색 | – | – | ±10% |
| 초록색 | 5 | $10^5$ | | 무색 | | | |
| 파랑색 | 6 | $10^6$ | – | | | | |

**예1** 4색 띠 저항 값 판독방법

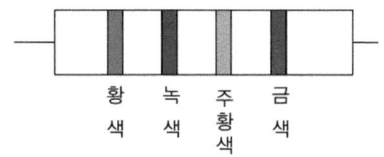

황색 녹색 주황색 금색

| 제1색띠 | 제2색띠 | 제3색띠 | 제4색띠 |
|---|---|---|---|
| 황색(4) | 초록색(5) | 주황색($10^3$) | 금색(±5%) |

$45 \times 10^3 = 45000\Omega = 45k\Omega$, 오차 ±5%

**예2** 5색 띠 저항 값 판독방법

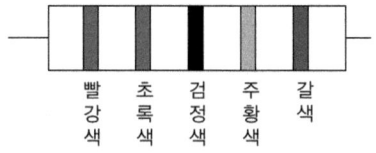

빨강색 초록색 검정색 주황색 갈색

| 제1색띠 | 제2색띠 | 제3색띠 | 제4색띠 | 제5색띠 |
|---|---|---|---|---|
| 빨강색(2) | 초록색(5) | 검정색(0) | 주황색($10^3$) | 갈색(±1%) |

$250 \times 10^3 = 250000\Omega = 250k\Omega$, 오차 ±1%

② 문자에 의한 정격 및 허용 오차의 표시
  ㉮ 정격전압 : 숫자와 문자의 조합으로 표시하며, 단위는 [V]이다. 표시가 없는 것은 일반적으로 50[V]를 나타낸다.

|   | A | B | C | D | E | F | G | H | J | K |
|---|---|---|---|---|---|---|---|---|---|---|
| 0 | 1 | 1.25 | 1.6 | 2.0 | 2.5 | 3.15 | 4.0 | 5.0 | 6.3 | 8.0 |
| 1 | 10 | 12.5 | 16 | 20 | 25 | 31.5 | 40 | 50 | 63 | 80 |
| 2 | 100 | 125 | 160 | 200 | 250 | 315 | 400 | 500 | 630 | 800 |
| 3 | 1,000 | 1,250 | 1,600 | 2,000 | 2,500 | 3,150 | 4,000 | 5,000 | 6,300 | 8,000 |

  ㉯ 허용오차 : 한 개의 문자로 나타내고 저항값과 정전 용량에 대한 허용오차를 표시하는 문자 기호

| 문자 | B | C | D | F | G | J | K | M | N |
|---|---|---|---|---|---|---|---|---|---|
| 허용오차 | ±0.1 | ±0.25 | ±0.5 | ±1 | ±2 | ±5 | ±10 | ±20 | ±30 |

  ㉰ 문자에 의한 콘덴서의 용량 읽기 : 일반적으로 3 자릿수의 수치 표현으로 되면 단위는 [pF]을 기준으로 한다.

  • 콘덴서의 기준 단위는 [pF] = $10^{-12}$
  • $22 \times 10^3 \times 10^{-12} = 0.022[\mu F]$
  • 허용오차 K는 ±10[%]

③ 전자부품의 분류
  ㉮ 능동부품(Active Component) : 트랜지스터(TR), 전계효과 트랜지스터(FET), 단접합 트랜지스터(UJT), IC, 연산증폭기(OPAMP) 등을 말하며, 능동소자는 증폭, 발진, 신호 변환 등의 기능을 갖는다.
  ㉯ 수동부품(Passive Component) : 전기 신호의 중계, 제어 등을 행하는 기구 부품으로 저항기, 커넥터, 소켓, 스위치 등이 수동소자에 속한다.

# 3 회로도면의 설계

## 가. 설계용도에 따른 도면의 분류

### 1) 회로도의 작성

① 회로도
  ㉮ 회로소자가 연결되어 있는 상태를 나타낸 도면이며 트랜지스터, 저항 등의 회로소자를 일정한 기호로 나타내고, 이들 회로 소자 끼리를 선으로 연결한다.
  ㉯ 실제의 회로를 보는 것보다도 회로도를 보는 편이 회로의 결선상태와 기능을 더 잘 알 수 있기 때문에, 보통 회로의 설계, 계산 등은 회로도에 의해 이루어진다.
  ㉰ 전자캐드에서 회로도를 그리는 작업 과정은 도면의 작성과 풋프린트(Footprint)의 입력, ERC(Electronic Rule Check)의 과정을 통하여 무결점 상태에서 네트리스(Netlist) 파일을 생성하는 것이 최종 목적이다.

② 회로도면의 설계 순서
  ㉮ 회로도면의 디자인(Schemaric Design)
  ㉯ 부품의 참조번호 지정(Annotation)
  ㉰ 도면의 오류 검사 (Design Rules Check)
  ㉱ 속성의 갱신
  ㉲ 설계도면의 저장
  ㉳ 네트리스트의 생성

③ 회로도 작성 시 고려사항
  ㉮ 신호의 흐름은 왼쪽에서 오른쪽으로, 위에서 아래로 작성한다.
  ㉯ 기호와 접속선의 굵기는 같게 하며, 0.3~0.5mm로 한다.
  ㉰ 주회로와 보조회로가 있는 경우에는 주회로를 중심으로 설계한다.
  ㉱ 보조회로는 주회로의 바깥쪽에, 전원회로는 맨 아래에 작성한다.
  ㉲ 도면은 IC, TR, 특수 반도체, 표시장치 등의 주요 능동소자를 중심으로 작성한다.
  ㉳ 선의 교차가 적고 부품이 도면 전체에 안배되도록 그린다.
  ㉴ 정해진 기호(Symbol)와 문자로 그린다.
  ㉵ 대각선과 곡선은 가능한 한 직선으로 그린다.
  ㉶ 선과 선이 전기적으로 접속되는 지점에 Junction으로 접속점을 표시한다.
  ㉷ 회로도 작성 시 물리적인 관련이나 연결이 있는 부품 사이에는 파선으로 나타낸다.

④ 전원회로 설계 시 고려사항
  ㉮ 전원 트랜스는 1차 및 2차의 전압과 전류를 표시해 주어야 한다.
  ㉯ 평활 콘덴서가 전해 콘덴서의 경우 도면에 반드시 극성을 표시해야 한다.

㉰ 다이오드는 대부분 용량 대신에 형 명칭을 사용한다.
㉱ 전원 트랜스는 "•" 표시로 동위상을 나타낸다.

### 2) 계통도(블록도)의 작성
① 계통도 : 전자회로에서 부분 상호간에 전달되는 신호의 계통을 알기 쉽게 나타낸 선도로 블록도라고도 한다.

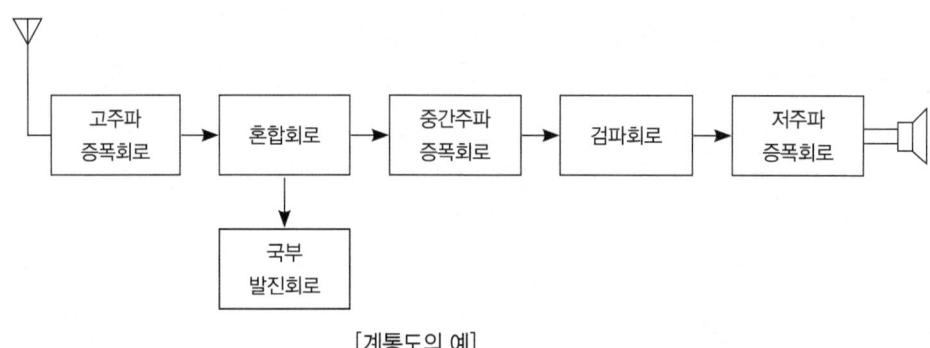

[계통도의 예]

② 계통도 작성 시 유의사항
㉮ 블록은 정사각형, 삼각형, 직사각형이 사용된다.
㉯ 신호의 흐름은 왼쪽에서 오른쪽으로, 위에서 아래로 그린다.
㉰ 화살표는 신호가 전달되는 방향을 나타낸다.
㉱ 삼각형은 증폭기 또는 연산 증폭기에 사용한다.

### 3) 기타 도면
① 배선도 : 회로도와 접속도에 앞서 각 소자들을 실제 배치된 모양으로 도면 위에 나타낸 것으로 제작자와 보수자에게 필요한 도면으로 회로도를 대신 할 수 있다.
② 접속도 : 장치와 장치 사이의 접속 상태나 기능을 알아보기 쉽게 하기 위해 기호나 실제 모양을 배치하고 이들 사이를 연결한 도면이다.
③ 연속선 접속도 : 회로 접속 상태가 명확하고 회로 추적이 용이하므로 착오에 의한 오배선을 방지할 수 있는 기본적인 도면이다.

## 나. 회로도면의 설계방법

### 1) 설계도면의 종류
도면의 구조는 일반적으로 도면을 어떻게 나누어 작성하느냐에 따라 단일도면, 평면도면, 계층도면으로 구분된다.

2) 단일구조 도면

한 Page내에 회로도면을 작성할 수 있을 때 사용된다.

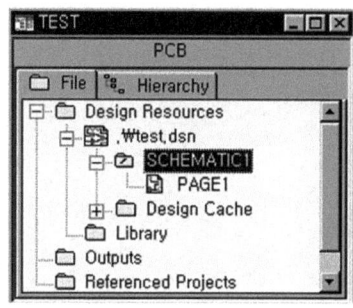

[단일 도면]

3) 평면구조(Flat Design) 도면

평면 설계는 회로도면이 크지 않은 설계에 적합하며, 한 회로도면의 출력 라인들은 오프 페이지 커넥터(off-page connector)라는 객체를 통하여 동일한 회로도의 다른 페이지의 입력라인으로 연결한다.

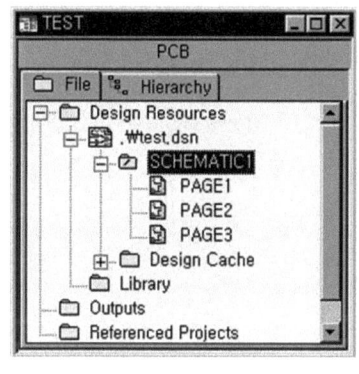

[평면 도면]

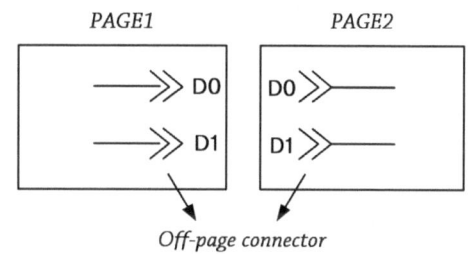

[PAGE단 연결 객체]

4) 계층구조(Hierarchical Design) 도면

계층구조 설계(Hierarchical Design)는 한 회로도 내에 다른 회로도를 대표하는 심벌을 포함하고 있는 계층을 구성하는 것이다. 계층구조 설계에는 계층구조 블록, 계층구조 포트, 계층구조 핀 등을 사용하여 상위 회로도와 하위 회로도를 상호 연결하여 사용 하고, 같은 레벨(평면구조)의 회로도면 사이에는 off-page-connector로 연결한다.

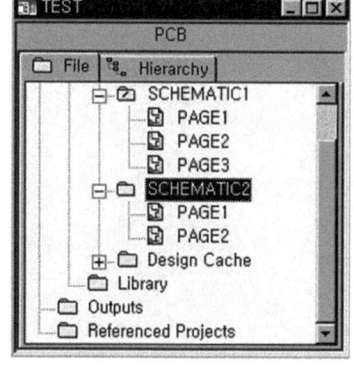

[계층 도면]

## 4 인쇄회로기판 제작공정

### 가. 인쇄회로기판의 종류 및 특성

#### 1) 인쇄회로기판(PCB)의 장·단점

① PCB의 장점
- ㉮ 대량 생산의 효과가 높다.
- ㉯ 제품의 균일성과 신뢰성이 높다.
- ㉰ 제품의 소형, 경량화에 기여한다.
- ㉱ 회로의 특성이 안정화된다.
- ㉲ 잡음, 온도 등이 안정 상태를 유지한다.
- ㉳ 오 배선의 우려가 없고, 생산 단가가 저렴하다.
- ㉴ 조립, 배선, 검사의 공정 단계가 감소한다.
- ㉵ 제조의 표준화와 자동화가 이루어진다.
- ㉶ 기기의 단위(unit)가 가능하다.

② PCB의 단점
- ㉮ 설계에 의하여 제작된 PCB는 설계의 변경이 어렵다.
- ㉯ 다른 회로에 사용하기가 어렵다.
- ㉰ 소형, 다품종 생산에는 제조 단가가 높아진다.

#### 2) 인쇄회로기판의 구성 및 특성

① PCB의 구성
- ㉮ 동박 적층판(CCL, Copper Clad Laminate)
  - 동박 적층판은 CCL(Copper Clad Laminate)이라고 한다. CCL은 구리(Cu)를 입힌 얇은 적층판을 의미한다. 동박적층판의 일반적인 구조는 동박/절연층/동박 으로 이루어진다.
  - 동박은 무게(두께)의 단위인 온스(oz)를 사용한다. 35㎛ 두께의 동박을 가로(1ft)×세로(1ft) 크기로 잘라내었을 때의 무게가 1온스가 되는 것을 기준으로 동박의 종류를 나타낸다.
  - 절연층은 종이(Paper), 유리섬유(Glass Cloth) 및 유리 부직포 등의 보강기재와 수지(Epoxy resin)를 함침(impregnation)시켜 경화시킨 것을 사용한다.
- ㉯ 원판의 분할 수율 : 인쇄회로기판(PCB)의 제작공정에 사용되는 원판을 낭비 없이 분할 사용하는데, 이를 수율이라 하며 가급적 원판에서 낭비되는 부분이 적도록 분할한다.

② 인쇄회로기판 패턴의 전기적 특성
- ㉮ 저항(Resistance) : 인쇄회로기판 패턴에 따른 저항(R) 계산
  $R = \rho * L / W * t$ ($\rho$ : 도체의 고유저항)[L : 패턴 길이[mm], W : 패턴 폭[mm], t : 동박 두께]

㉯ 임피던스(Impedance) : 트랜스미션 라인(전기적인 에너지를 한 지점에서 다른 지점으로 전달하는데 사용되는 도체)을 통해 에너지가 흐르는 것을 방해하는 저항을 말한다. 임피던스는 Z로 표시하며, 직류회로 및 교류회로에서 발생하는 저항의 합을 말한다.
㉰ 임피던스 관리 요소
- 회로의 PATTERN 폭(W)
- 절연층 두께(H)
- PATTERN(동박)의 두께(T)
- 자재의 유전율(Er)
㉱ 인쇄회로기판의 임피던스에 영향을 주는 물리적 요소
- 패턴의 폭을 줄이면 임피던스는 증가하고, 폭을 넓히면 감소한다.
- 패턴의 두께가 얇아지면 임피던스는 증가하고, 두께가 두꺼워지면 감소한다.
- 패턴간의 간격이 넓어지면 임피던스는 커지고, 간격이 좁아지면 임피던스는 작아진다.
- 전체 부품의 두께(유전체)가 얇아지면 임피던스는 작아지고, 두꺼워지면 높아진다.

### 3) 인쇄회로기판의 분류

① 적층 형태에 따른 분류

| 구분 | 특징 |
| --- | --- |
| 단면 PCB<br>(Single Side PCB) | • 회로가 단면에만 형성된 PCB<br>• 실장밀도가 낮고, 제조방법이 간단<br>• 사용제품 : TV, VTR, AUDIO, 냉장고등 가전용 대량생산 품목 |
| 양면 PCB<br>(Double Side PCB) | • 회로가 상·하 양면으로 형성된 PCB<br>• 단면 PCB에 비해 고밀도 부품실장이 가능<br>• 사용제품 : Printer, FAX등 저 기능 OA기기와 저가 산업용 기기 |
| 다층 PCB<br>(Mult Layer Board) | • 내층과 외층 회로를 가진 입체 구조의 PCB<br>• 입체 배선에 의한 고밀도 부품 실장이 가능<br>• 사용제품 : 대형 컴퓨터, PC, 통신장비, 소형 가전기기 |

② 재질에 따른 분류

| 명칭 | NEMA 기호 | 재질구성 | | 용도 | 특성 |
| --- | --- | --- | --- | --- | --- |
| | | 재료 | 수지 | | |
| 종이페놀수지 | XXXPC<br>FR-2 | Paper | 페놀 | 민생용<br>PCB | • 전기적, 기계적 특성이 떨어짐<br>• 저 비용<br>• 가공성 우수 |
| 종이에폭시수지 | FR-3 | Paper | 에폭시 | 민생용<br>PCB | • 전기적, 기계적 특성이 떨어짐<br>• 유리 에폭시수지보다 저 비용<br>• 가공성 우수 |

| 명칭 | NEMA 기호 | 재질구성 | | 용도 | 특성 |
|---|---|---|---|---|---|
| | | 재료 | 수지 | | |
| 유리에폭시수지 | FR-4<br>FR-5<br>G-2<br>G-11 | Glass-Cloth | 에폭시 | 산업용 PCB | • 전기적, 기계적 특성이 떨어짐<br>• 내습성 우수<br>• 가공성 떨어짐 |
| 종이유리복합수지 | CEM1 | Glass-Cloth +Paper | 에폭시 | 민생용 PCB | • 종이페놀 · 에폭시보다 전기, 기계적 특성 양호<br>• 고 비용 |
| 유리포 부직포 복합수지 | CEM3 | Glass-Cloth +Glath 분말 | 에폭시 | 산업용 PCB | • 전기적, 기계적 특성 우수<br>• 유리 에폭시 수지보다 저 비용 |
| 유리 폴리이미드수지 | – | Glass-Cloth | 폴리아마이드 | 산업용 PCB | • 전기적, 기계적 특성 우수<br>• 고 내열성<br>• 가공성 취약 |

## 나. PCB 설계기준 및 제작공정

### 1) 전자 CAD의 종류
① OrCAD(미국 Cadence사 제품)
② PADS(미국 MentorGraphics사 제품)
③ PCADS(미국 ACCEL사 제품)
④ CADSTAR(영국의 Zuken사 제품)
⑤ Altium Designer

### 2) CAD 도입의 장점
① 도면의 품질이 좋아진다.
② 설계 과정에서 능률이 향상된다.
③ 수치 결과에 대한 정확성이 증가한다.
④ 보관 및 보안성이 향상된다.
⑤ 설계의 표준화로 원가가 절감된다.

### 3) PCB 설계의 순서
① 설계의 시작 : 회로설계에서 생성한 Netlist를 읽어 들여 설계를 시작한다.
② 설계환경 설정 : 설계창의 Size, 단위, Layer, Grid 등의 설계환경을 설정한다.
③ Board Outline 설정 : PCB 기판의 외곽선을 그린다.
④ 부품의 배치 : 자동배치 또는 수동배치를 이용하여 부품을 배치한다.
⑤ 배선(Routing) : 자동배선 또는 수동배선을 이용하여 배선을 한다. 전원선, 신호선, GND 등을 고려하여 배선을 굵기를 설정하고, Copper 영역이 필요하면 Copper 작업을 실행한다.

⑥ 설계오류 검사(Design Rule Check) : 부품의 배치, 배선의 연결 등의 상태를 확인하여 오류가 있는지 확인한다.
⑦ Gerber Data 및 Drill Data 생성

### 4) PCB 설계용 CAD 프로그램의 일반적인 배선 알고리즘
① 스트립 접속법 : 기판상에서 종·횡의 버스를 결선하는 방법
② 고속 라인법 : 배선 작업을 신속하게 하기 위해, 기판 판면의 층을 세로 방향으로, 또 한 방향을 가로 방향으로 접속하는 방법
③ 기하학적 탐사법 : 라인법이나 스트립법에서 접속되지 않는 부분은 포괄적인 기하학적 탐사에 의해 배선함

## 다. PCB 설계 및 발주 시 고려사항

### 1) 부품의 배치 방법
① 버스 라인의 흐름에 주의하여 IC를 배치한다.
② 커넥터 주변은 배선을 위한 충분한 공간을 확보한다.
③ 극성 있는 부품은 삽입오류를 방지하기 위해 취급 방향을 통일한다.
④ 배선이 많은 부품들은 기판의 중앙에 배치한다.
⑤ 무게중심을 고려하여 적절한 분산 배치를 한다.
⑥ 아날로그/디지털 부품은 분리 배치한다.
⑦ 고밀도 배치, 고밀도 배선 설계 시 Via 생성 시킬 공간을 확보한다.
⑧ 열을 많이 발생하는 부품들은 서로 이격, 통풍이 잘 되는 곳에 위치한다.
⑨ 케이스의 높낮이, 기판내의 절삭 정보에 주의하여 배치한다.

### 2) 인쇄회로기판 설계 시 고려사항
① 기판 구성 시 부품의 배치는 일반적인 회로도를 중심으로 배치함을 원칙으로 한다.
② 부품의 부피와 간격을 확인하여 적절한 부착 위치를 설정한다.
③ 취급하는 전력 용량, 주파수 대역 및 신호 형태별로 기판을 나누거나 커넥터를 분리하여 설계한다.
④ 패턴은 가급적 짧고 굵게 해야 한다.
⑤ 양면 이상에서는 각 층이 서로 교차되도록 배선을 한다.

### 3) 전자기기 패널 설계 시 유의 사항
① 전원선이나 퓨즈박스 등은 배면에 배치한다.
② 패널 부품은 크기를 고려하여 균형 있게 배치한다.
③ 조작 시 서로 연관이 있는 요소끼리 근접 배치한다.
④ 조작 빈도가 높은 부품은 패널의 중앙이나 오른쪽에 위치한다.
⑤ 장치의 외부와 연결되는 커넥터는 PCB 외곽 쪽에 배치한다.

4) 발열부품에 대한 설계 시 고려사항
   ① 인쇄회로 기판의 내열 온도를 고려하여 고 발열 부품은 기판과 일정한 간격을 유지하여 배치하는 것이 중요하다. 일반적으로 내열 온도는 85℃ 이하에서 사용하는 것이 바람직하다.
   ② 실장면적은 부품을 인쇄회로기판에 밀착하여 배치하는 경우에 납땜 시 온도 영향을 작게 설계하는 것이 중요하다.
   ③ 부품배치는 부품의 내열성을 고려해서 배치해야 하고 온도 분포가 균일하게 되어야 한다.
   ④ 부품의 내열성을 고려한 배치는 부품 주변의 공기 흐름을 고려한 후에 열에 약한 부품(IC, Tr, 콘덴서)은 가능한 공기 유입 부분에 배치하고, 열에 강한 부품(저항, 트랜스)은 출구 쪽에 배치한다.
   ⑤ 동일한 Level의 내열성을 가지는 부품을 배치할 때는 열적 대응에 불리한 부품(소비 전력이 크거나, 방열 특성이 좋지 않은 것)을 유리한 위치에 배열하는 것이 기본이다.

5) 노이즈 저감을 위한 설계
   ① De-coupling capacitor를 적절히 사용한다.
   ② 직각 배선을 하지 않는다.
   ③ Clock, 고속신호 등 민감한 신호는 가능한 짧게 해주어야 한다.
   ④ 인접 층과는 배선을 서로 직각이 되게 설계한다.
   ⑤ Via 밀집 사용 시에는 GND 및 전원 path가 확보되게 분포시킨다.
   ⑥ Analog 회로 설계 시 Hum이나 Noise 등을 최소화하기 위해 접지(GND) 라인을 신중하게 설계해야 한다.

6) PCB 설계와 관련된 용어
   ① Via : 패드와 패드를 연결하면서 트랙의 층을 변경할 때 생기는 원형 동박

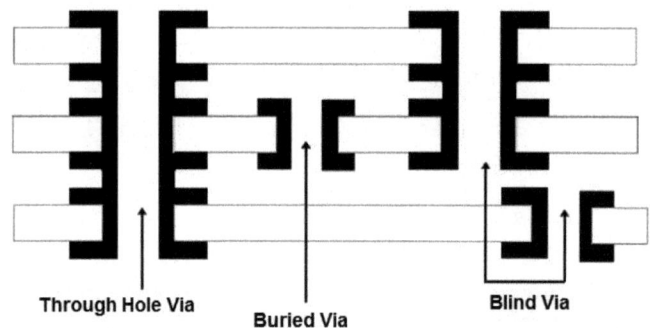

   ㉮ Buried Via hole : 내층과 내층을 연결하는 hole
   ㉯ Blinde Via hole :  내층과 외층을 연결하는 hole
   ㉰ Through Via hole : 외층과 외/내층의 연결을 관통하는 hole
   ② Pad : PCB Artwork에서 부품을 꽂는 부분의 동박면

③ Hole : PCB Artwork에서 부품을 꽂는 부분의 구멍
- ㉮ 액세스 홀(Access Hole) : 다층 프린트 배선판의 내층에 도통 홀과 전기적 접속이 되도록 도통 홀을 감싸는 부분에 도체 패턴을 형성한 홀
- ㉯ 클리어런스 홀(Clearance Hole) : 다층 프린트 배선에서 도금관통구멍과 전기적 접속을 하지 않도록 하기 위하여 도금 관통구멍을 감싸는 부분에 도체 패턴의 도전재료가 없도록 한 영역
- ㉰ 랜드리스 홀(Landless Hole) : 랜드가 없는 도금된 도통 홀
- ㉱ 위치결정 홀(Location Hole) : 정확한 위치를 결정하기 위하여 프린트 배선판 또는 패널에 붙인 홀

④ 랜드 : 부품의 단자 또는 도체 상호간을 접속하기 위해 구멍 주위에 만든 특정한 도체 부분
⑤ 리드 : 부품의 단자를 말한다.
⑥ 패턴 : 부품의 단자 또는 도체 상호간을 접속하기 위하여 배선된 선을 말한다.
⑦ 납마스크 : 부품의 접속을 위하여 납이 묻어야 할 부분을 말한다.
⑧ 팬아웃(Fanout) : SMD(Surface Mount Device) 타입의 패드를 Plane층, Inner 및 Bottom면에 연결할 때, 패드에서 일정 거리의 트랙을 끌고 나온 후 비아를 사용하여 타 Layer에 연결하여 주는 것

### 7) PCB 설계 단위
① mil : 1/1000 inch를 단위로 사용하는 것으로 부품 리드의 피치나 PCB의 패턴의 간격 등에 주로 사용하는 단위이다.
② 1 inch = 2.54[cm] = 25.4[mm] = 1000mil

### 8) PCB 특성에 따른 발주 시 고려사항
① Gerber Data Format을 반드시 확인 한다. 최근에는 Aperture File을 포함하고 있는 RS274-X를 주로 사용한다.
② PCB 재질 및 두께를 확인
③ 동박의 두께(oz)를 확인 : 인쇄회로기판(PCB)의 제작 시 사용하는 동박의 두께는 일반적으로 35μm~104μm를 가장 많이 사용한다.

| 종류(oz) | 두께 |
| --- | --- |
| ⅓ oz | 12[μm](0.012[mm]) |
| 0.5 oz 또는 ½ oz | 18[μm](0.018[mm]) |
| 1 oz | 35[μm](0.035[mm]) |
| 2 oz | 70[μm](0.070[mm]) |
| 3 oz | 105[μm](0.105[mm]) |

④ PCB 표면처리 확인(동박코팅, 도금 등)
⑤ V-cut 여부 및 Array 확인
⑥ 인증 마크 인쇄 여부 확인
⑦ 제조 수량 및 납기 확인

### 라. 데이터 파일의 종류와 취급

#### 1) 회로도면 설계 시 데이터 파일

설계는 프로젝트 관리자에 의해 관리되고, 하나 또는 그 이상의 회로도로 구성되어 있다. 프로젝트 관리자는 프로젝트에 필요한 모든 자료를 수집하여 나타낸다. 이러한 자료에는 회로도 폴더, 회로도 페이지, 부품 라이브러리, 부품, VHDL 파일, BOM 및 네트리스와 같은 출력 리포트들이 포함된다.

#### 2) PCB 설계 시 데이터 파일

① Gerber Data : PCB를 제작하기 위한 파일로서 PCB설계의 모든 정보가 들어 있고 PCB 설계의 최종 목적 파일로 필름의 생성을 위한 각 레이어 및 드릴 데이터 등을 추출하는 파일이다.

| 구분 | 내용 |
| --- | --- |
| SilkTop.art | 부품이 Top면에 실장 되었을 때 Top면에 Reference와 부품 외곽선, 보드명칭 등을 실크스크린 형태로 인쇄해 주는 레이어 |
| Smask_top.art | 기판의 Top면을 코팅하여 주는 레이어. 즉, 납땜을 하지 않는 부분에 납이 묻지 않도록 기판 표면에 레지스트리 용액을 마스킹 |
| Top.art | Top면에 동박으로 남겨지는 레이어. 배선, Shape 등의 동박 영역 |
| VCC.art | 전체 동박면 형태로 남겨지는 레이어 |
| GND.art | 전체 동박면 형태로 남겨지는 레이어 |
| Bottom.art | Bottom면에 동박으로 남겨지는 레이어 |
| Smask_bot.art | 기판의 Bottom면을 코팅하여 주는 레이어 |
| SilkBot.art | 부품이 Bottom면에 실장 되었을 때 Bottom면에 Reference와 부품 외곽선 등을 실크스크린 형태로 인쇄해 주는 레이어 |
| drill_draw.art | Drill Chart와 가공되는 보드 외곽선을 인쇄해 주는 레이어 |

② DXF 파일 : 서로 다른 CAD 프로그램 사이에 도면 파일을 교환하는 규격
③ HPGL : HPGL Plotter 파일형식으로 PCB의 제작을 위한 출력을 위하여 사용하는 파일

### 마. PCB 특성 및 시험방법

#### 1) PCB 특성

① 휨(Bow, Wrap) : PCB 기판이 열 등에 의하여 변형되는 것으로 특히 활이 휘어지는 것과 같이 4면의 끝이 동일한 평면상에 있도록 균일하게 휘어지는 것, PCB판이 평형을 유지하지 못하고 구부러진 상태

② 비틀림(Twist) : 판의 원통모양, 구면모양 등의 만곡으로서 직사각형인 경우에는 그 구석이 다른 3구석이 만드는 평면상에 없는 것

③ 돌기(Bump) : 금속의 표면상에 발생한 凸 상태

④ 결각(Indentation) : 금속의 표면상에 발생한 凹 상태

## 2) 전기적 특성

① 내전압(Dielectric Strength) : 기판의 절연 파괴될 때의 전압으로서 동박 회로 간에 인가할 수 있는 전압의 양을 구하는 것이다.

② 절연저항(Insulation Resistance) : 기판의 절연성을 구하는 것으로서 KS 및 JIS 규격에는 일정한 거리간의 절연 저항치를 측정하도록 규정하고 있으며 고주파 회로 및 Power PCB의 설계에서는 기판의 절연저항치가 중요하다.

③ 표면저항 및 최적(두께)저항률(Surface resistance & Volume Resistance) : 기판의 두께 방향으로 절연저항을 측정하는 것을 최적저항, 표면전극간의 절연저항을 측정하는 것을 표면 저항이라 한다.

④ 절연율(Dielectric constant) 및 절연손실계수(Dissipation factor) : 유전율이 커지면 고주파의 전류가 흐르기 쉬우므로 고주파 절연이 노화된다. 절연손실계수가 커지면 기판의 내부 발열이 커진다.

절연율(F/m) = (절연속도 × 밀도($c/m^2$)) / 전류의 힘(V/m)

## 3) 기계적 특성

① 휨 강도(Flexural strength) : 기판을 구부려서 파괴되는 하중을 구하는 시험으로써 기판의 강도를 비교 측정할 수 있다.

② 인장강도 : 기판을 양끝에서 서로 잡아당겨 파괴되는 하중을 구하는 시험으로써 기판의 인장 강도를 측정한다.

③ 휨률 및 비틀림률 : 기판이 휘거나 비틀림을 측정하는 것으로 기판이 받아들인 치수 그대로 측정하여 휨률 및 비틀림률을 계산한다.

④ 펀칭(Punching) 가공성 : 인쇄회로기판의 가공에 있어서 펀칭 가공성은 중요하다. 제품의 외관, press의 능력, 재질 선정의 기준 등이 중요한 시험이다. 각 온도별 press Punching 후 층간의 분리, Crack, 편성, 가루의 떨어지는 상태 등을 시험한다.

⑤ 동박의 분리 강도 : Soldering에서의 내열성과 함께 중요한 특성시험으로써 동박의 밀도성을 구하는 것이다. 실제부품의 중량 및 밀도와 동박회로의 폭, 길이와의 관계를 산출하는 기본적 항목이다.

### 4) 내열성

① 내열성 : 인쇄회로기판을 제조하는 공정 중에는 여러 종류의 조건에서 가열공정을 거치므로 이러한 열 조건에서 견딜 수 있는가. 또는 실제 이용 중에 부품으로부터 발생되는 발열온도로 인한 변색정도, 기판의 부풀음 한계온도 등을 시험하며 KS규격에서는 50×50(mm)의 시험판을 시험하도록 정하고 또한 UL규격은 UL인증에 대한 설명에서 기술하고 있다.

② 납땜 내열성 : 동박적층판은 높은 열을 가하면 기판과 동박 사이 또는 기판중간에 부풀음의 공간이 발생 한다. KS규격에서는 260℃의 땜납 위에 적층판 시험판을 띄우고 부풀음이 발생하기까지의 시간을 측정하도록 정하고 있다. 이 시험은 인쇄회로기판의 납땜조건을 결정하는 데 중요한 항목이다.

### 5) 화학적 특성

① 내약품성 : KS규격에서는 트리크로로 에칠렌내성, 청화소다내성 및 기타 내약품성을 시험 규정하고 있다.

② 흡수율 : 흡착성을 비교하는 것으로 KS규격에서는 시험판을 50℃ 24시간 건조한 후, 23℃의 열유수 중에 24시간 침적하며 그 급수율을 구하는 규정이 있다.

## 5 CAD 일반

### 가. CAD 시스템

#### 1) 기능에 따른 CAD 프로그램

① 범용 CAD
 ㉮ 분야에 관계없이 범용적으로 쓸 수 있으며, 사용자가 편리한 인터페이스를 조정할 수 있는 CAD 프로그램
 ㉯ AutoCAD, AutoCAD LT, IntelliCAD, FelixCAD, UniCAD 등

② AEC(Architectural Engineering Construction)
 ㉮ 건축 분야를 전문적으로 사용하는 CAD 프로그램
 ㉯ AutoCAD ADT, CAD Overlay, ArchiCAD 등

③ EDA(Electronic Design Automation)
 ㉮ 전자회로 등을 설계하기 위하여 만들어진 CAD 프로그램
 ㉯ OrCAD, PCAD 등

④ GIS(Geographical Information System)
 ㉮ 지리 관련 지도 제작 등을 만들기 위한 CAD 프로그램

㉯ AutoCAD MAP, OpenGIS, Autodesk World, Autoesk Ma 등
⑤ CNS/FMS
　㉮ 도로 등의 토목 설계 전용 CAD 프로그램
　㉯ Autodesk Civil/Survay, Eagle Point, Quick-Road 등
⑥ MDA(Mechanical Design Automation)
　㉮ 기계관련 설계 전용 CAD 프로그램
　㉯ MDT, Autodesk Inventor, SolidWorks, Solid Edge 등
⑦ CAM(Computer Aided Manufacturing)
　㉮ 기계 관련으로 도면을 목적으로 만들어 지는 것이 아닌 가공을 목적으로 만들어지는 프로그램(CAD와 개념이 비슷하며, 밀접한 관계를 갖는다.)
　㉯ MASTER CAM 등
⑧ 서드파티
　㉮ 범용 CAD 사용 시 어떠한 특정 분야에 대하여 특별히 많은 기능을 주는 CAD 프로그램으로 CAD용 유틸리티
　㉯ 진캐드, CIM CAD, 건CAD, 참한글 등
⑨ CGP(Computer Graphics)
　㉮ 컴퓨터 그래픽 전용 프로그램으로 보통 CG라고 함 CAD와도 데이터 호환 등 밀접한 관계를 맺고 있으며, 도면 출력이 아닌 이미지출력을 목적으로 만들어진 프로그램
　㉯ 3DS MAX, 3DS VIZ, Bryce 3D, Poser, Soft Image, Light Wave3D, Maya
⑩ PACS(Picture Archiving and Communication System)
　㉮ 의학에서 CT나 MRI에서 만들어진 이미지를 데이터 구조로 만들어주며, 가상 수술 등을 위한 의학 전용 CAD프로그램
　㉯ DICOM 등
⑪ 변형 CAD
　㉮ 일반적으로 단순한 CAD 기능뿐만이 아닌 다른 특정한 부가 기능을 갖고 있는 것, 예를 들면 CAD의 기능과 Office의 기능을 합한 것이나, CAD의 기능과 CG의 기능을 합한 기능을 보유한 프로그램처럼 단순히 CAD만을 위한 프로그램이 아니면서 CAD의 기능을 고스란히 보유하고 있는 프로그램
　㉯ Rino 3D, SmartSketch, Visio 등
⑫ 특수목적 CAD
　㉮ 보석세공을 위한 설계나 의류설계 등 특정 분야에만 적용하기 위해 만들어진 CAD 프로그램
　㉯ Jewel CAD 등
⑬ CASE
　㉮ 소프트웨어 공학 및 프로그램 설계를 위한 프로그램

㉯ Rose, Together, Visio Architect 등

### 2) 데이터 저장 장치의 종류와 특징
① 외장형 하드디스크 : 일련의 하드디스크가 들어 있는 케이스. 외장형 하드디스크 드라이브 삽입한다.
② 외장형 플로피디스크 : 드라이브 컴퓨터에 케이블로 연결하는 독립된 장치. 디스켓에서 데이터를 읽고 쓰는 데 사용한다.
③ 하드디스크 드라이브 : 컴퓨터 안에 있는 하드디스크에서 데이터를 읽고 쓰는 장치. 케이스에 들어 있다.
④ 외장형 하드디스크 드라이브 : 컴퓨터에 케이블로 연결하는 독립된 장치. 외장형 하드디스크에서 데이터를 읽고 쓰는 데 사용한다.
⑤ 디스켓 : 유연한 소형 자기 디스크가 들어 있는 단단한 케이스. 디스크에 데이터를 썼다가 지우고 다시 쓰는 것을 여러 차례 반복할 수 있다.
⑥ 메모리 카드리더 : 컴퓨터에 케이블이나 USB 커넥터를 통해 연결하는 독립된 장치. 메모리 카드의 데이터를 읽거나 데이터를 기록한다.
⑦ USB 메모리 : 플래시 메모리가 들어 있는 탈착 가능한 소형 케이스. 데이터를 이동, 운반, 저장할 수 있다.
⑧ 카세트 드라이브 : 카세트테이프에서 데이터를 읽고 기록하는 장치
⑨ 카세트 : 데이터를 기록하는 테이프가 들어 있는 단단한 케이스
⑩ DVD 기록기 / DVD 리코더 : 콤팩트디스크에 데이터를 기록하는 장치. 레이저를 이용하여 기록 또는 재 기록할 수 있다.

### 3) 입출력 인터페이스 파일의 종류와 특징
① GKS(Graphical Kernal System) : 2차원 그래픽 시스템을 위한 표준 규격
② IGES : 서로 다른 CAD/CAM 시스템 사이에서 도형정보를 옮기거나 공동 사용할 수 있도록 하기 위한 데이터 베이스의 표준 표시방식이다.(미국에서 시작하여 ISO 표준규격으로 제정)
③ DXF(Drawing eXchange Format) : 기계 또는 기구 쪽 CAD 시스템과의 ASCII 텍스트 형태의 인터페이스 파일 형식으로 블록의 정의, 선의 종류, 도면층의 정보, 문자의 유형, 치수의 유형, 좌표계 등의 모든 도면 요소를 갖는다. 그러므로 다른 프로그램 사이에 데이터를 입출력 할 수 있도록 도와준다.
④ STEP(STandard for the Exchange of Product model data) : 개별적인 생산 및 설계 시스템 간에 데이터 공유를 통한 유기적 연결을 위해 국제 표준기구에서 정한 생산 정보 모델에 대한 자료의 교환을 위한 표준
⑤ STL(Stereo Lithography) : 이 규격은 쾌속 조형의 표준입력파일 포맷으로 많이 사용되고 있으며, STL 파일은 내부처리 구조가 다른 CAD/CAM 시스템에서 쉽게 정보를 교환할 수 있는 장점을 가지고 있으나, 모델링 된 곡면은 정확히 삼각형 다면체로 옮길 수 없는 점과 이를

정확히 변환시키려면 용량이 많이 차지하는 단점도 있다.

⑥ CGI(Computer Graphic Interface) : 그래픽 기능과 Hardware driver간에 공유되어 각종 하드웨어를 컨트롤할 수 있도록 하는 표준 규격
⑦ CGM(Computer Graphic Metafile) : 다른 시스템에서 바로 이 파일을 이용하여 수정 편집이 가능 하도록 한 표준
⑧ NAPLPS(North Amerian Presentation Level Protocol Syntax) : 미국의 AT&T가 채택한 하드웨어 기준의 표준규격으로 문자와 도형으로 나타난 영상 자료를 전송할 때 필요한 코드 체계를 제정한 것

## 나. CAD 시스템의 입·출력 장치

### 1) 디스플레이 장치
① 음극선관(CRT) : CRT(Cathode Ray Tube)는 음극선관을 말하며 일명 브라운관이라고도 한다.
② LCD(Liquid Crystal Display) : 액정표시장치. 인가전압에 따른 액정 투과도의 변화를 이용하여 각종 장치에서 발생하는 여러 가지 전기적인 정보를 시각정보로 변화시켜 전달하는 전기소자이다.
③ PDP(Plasma Display Panel) : 기체 방전(플라스마) 현상을 이용한 평판 표시장치. PDP는 2장의 얇은 유리판 사이에 작은 셀을 다수 배치하고 그 상하에 장착된 전극(+ 와 −) 사이에서 가스(네온과 아르곤)방전을 일으켜 거기서 발생하는 자외선으로 자기 발광시켜 컬러 화상을 재현한다.

### 2) 그래픽 입력장치
① 키보드(keyboard)
② 마우스(Mouse)
③ 디지타이저(Digitizer) : 도면으로부터 좌표를 읽어 들이는 데 사용하며, 자기장이 분포되어 있는 평판에 위치 검출기를 위치시켜 도면의 위치에 대응하는 X, Y 좌표를 입력하거나 원하는 명령어를 선택하는 입력장치
④ 스캐너(Scanner) : 사진 또는 그림과 같이 종이 위의 도형의 정보를 그래픽 형태로 읽어 들여 컴퓨터에 전달하는 입력 장치. 이는 영상 처리나 전자 출판에 필수적인 도구
⑤ 라이트 펜(Light pen) : 모니터 장치에 부속된 일종의 수동 입력 및 교환 장치로서 감광 소자를 내장한 펜 모양 의 도구로 모니터에 지시를 하면 그 내용을 컴퓨터가 인식하게 하는 장치

### 3) 그래픽 출력 장치
① 프린터(Printer)
  ㉮ 충격식 프린터 : 도트 매트릭스 프린터, 라인 프린터, 활자식 프린터
  ㉯ 비충격식 프린터 : 레이저 빔 프린터, 잉크제트 프린터, 감열방식 프린터, 열전사 프린터

② 포토 플로터(Photo Plotter) : PCB 설계 후 곧바로 PCB를 제작할 수 있는 필름 출력이 가능한 장치로 EDA 툴에서 가장 많이 사용하는 출력장치

## 다. CAD 시스템에 의한 도형처리

### 1) CAD 시스템 좌표계

| 구분 | 기준점 | 입력방법 | 설명 |
|---|---|---|---|
| 절대좌표 | 원점(0,0) | X, Y | 원점으로부터 X, Y축 방향으로 이동 |
| 상대극좌표 | 먼저 지정된 좌표 | @거리〈방향 | 최종좌표(점)에서 거리와 각도를 이용하여 이동되어 지정된 X, Y축의 이동좌표 |
| 상대좌표 | 먼저 지정된 좌표 | 거리〈방향 | 최종좌표(점)에서 이동되어 지정된 X, Y축의 이동좌표 |
| 극좌표 | 원점(0,0) | @X, Y | 원점으로부터 거리와 각도를 이용하여 이동한 거리의 좌표 |

### 2) 도형의 작성 및 편집

① Line : 시작점과 다음 점으로 연결되어지는 점의 연결, LIne은 특정 위치를 연결하여 화면에 나타나게 해주는 역할을 하는 개체라 할 수 있다.
② Ellipse : 타원의 경우 필요한 것은 타원의 중심을 기준으로 장축 또는 단축의 길이와 각도가 필요하고, 이에 따른 나머지 축의 길이를 연결하는 선형 곡선으로 나타나게 된다. 이 경우 장축과 단축의 길이가 같게 되면 원이 된다.
③ Arc : Arc의 경우 타원을 그리는 방법에 시작점과 끝점이 추가로 이루어진다. Ellipse와 마찬가지로 장축과 단축의 길이가 같을 겨우 Arc가 된다.
④ Spline : Spline 자유곡선은 2D Nurbs라고도 한다. 특정한 치수로 표현이 불가능하다는 특징을 갖고 있다. Ellipse의 경우도 넓은 의미에서는 Spline이라 할 수 있지만, 결과적으로는 Ellipse의 경우 수치화가 가능하기 때문에 Spline에서 제외 되었다.
⑤ Solid : Solid는 면을 갖는 개체를 말한다. CAD프로그램 상에서 윈도우즈 폰트를 사용할 경우 면이 채워지는 것이나, 치수를 기입할 때 화살표 등이 이에 속한다.

### 3) 형상 모델링의 종류와 특징

① 와이어 프레임 모델 : 물체의 골격만을 표현하는 기법으로 가장 기본적인 모델링이다. 물체의 무게감이나 부피감, 실제감 등을 느끼기 어렵다.
② 솔리드 모델 : 상업적으로 가장 많이 사용되고 있는 가장 고급스러운 모델링이다. 덩어리감으로 입체를 생성하며, 물체의 성격과 부피 등의 물리적 성질까지 알 수 있다.
③ 다각형 표면 모델 : 기본적으로 형성된 와이어 프레임 위에 삼각형이나 사각형 같은 면을 입히는 방식으로 속은 비어 있고 겉면만 생성된 3차원 모델이다.

④ 3차원 스캔에 의한 모델 : 실제 사람의 얼굴이나 물체를 스캐닝하여 모델링하는 방법으로, 3차원 디지타이저와 3차원 레이저 스캐너가 있어야 한다.

⑤ 프랙탈 모델 : 선 표시에서 면으로 변화하는 상태를 자연스럽게 조작할 수 있는 새로운 질감 묘사 모델링 방식이다. 해안선이나 혹성의 표면, 산, 구름 등 표현하기 어렵고 복잡한 자연경관이나 형상 및 도면 등의 불규칙적인 성질을 가진 것들의 표현을 가능하게 하였다. Bryce 3D가 대표적인 프로그램이다.

⑥ 파티클 모델 : 일반적인 모델링 기법으로는 만들기 어려운 연기나 불, 수증기, 먼지 등의 미세한 부분을 작은 입자들을 이용하여 표현하는 모델링 방법이다.

⑦ 파라메트릭 모델 : 캐드 시스템에 많이 사용되는 기법으로, 공식에 의해 직선, 곡선, 표면 등의 그래픽 데이터를 처리하는 방식이다. 자동차, 항공기 등의 면 처리에 많이 사용된다.

# 2 최근기출문제

# Chapter 02 최근기출문제
## 2012년 1회

**01** 100[V]용 500[W] 전열기의 저항값은?

① 20[Ω]
② 24[Ω]
③ 28[Ω]
④ 32[Ω]

**해설**
- $P = VI$ 식에서 $I = \dfrac{P}{V} = \dfrac{500}{100} = 5[A]$
- $P = I^2 R$ 에 의해
  $R = \dfrac{P}{I^2} = \dfrac{500}{5^2} = \dfrac{500}{25} = 20[\Omega]$

**02** 전계효과트랜지스터(FET)에 대한 설명으로 옳지 않은 것은?

① BJT 보다 잡음특성이 양호하다.
② 소수 반송자에 의한 전류 제어형이다.
③ 접합형의 입력저항은 MOS형보다 낮다.
④ BJT보다 온도 변화에 따른 안정성이 높다.

**해설** 전계효과트랜지스터(FET)
- 다수 반송자의 흐름에 따라 변화 하는 단일 극성(unipolar)소자이며 게이트(Gate)의 역전압에 따라서 드레인(drain)에서 소스(source)로 흐르는 전류를 제어하는 전압제어 소자이다.
- FET는 트랜지스터(TR)의 단점을 개선한 것으로 입력 임피던스가 매우 높다.
- TR보다 잡음이 적다. 열 안정성이 좋다.
- 비교적 방사능 현상의 영향을 덜 받는다.
- BJT보다 이득 대역폭 적(積)이 작다.

**03** 연산증폭기에서 두 입력 단자가 접지되었을 때 두 출력 단자 사이에 나타나는 직류전압의 차는?

① 입력 오프셋 전압
② 출력 오프셋 전압
③ 입력 오프셋 전압 드리프트
④ 출력 오프셋 전압 드리프트

**해설**
- 입력 오프셋 전압 : 차동 출력을 0[V]로 만들기 위한 입력 직류전압이다.
- 출력 오프셋 전압 : OP-AMP에서 두 입력 단자를 접지 되었을 때 두 출력 단자 사이에 나타나는 직류전압의 차

**04** 자석에 의한 자기현상의 설명으로 옳은 것은?

① 자력은 거리에 비례한다.
② 철심이 있으면 자속 발생이 어렵다.
③ 자력선은 S극에서 나와 N극으로 들어간다.
④ 서로 다른 극 사이에는 흡인력이 작용한다.

**해설**
- 자기장의 방향은 그 점을 통과하는 자기력선의 방향으로 나타난다.
- 자기장의 크기는 그 점을 통과하는 자력선의 밀도를 나타낸다.
- 자석의 N극(+)에서 시작하여 S극(-)에서 끝난다.
- 자석의 N극(+)과 N극(+), 또는 S극(-)과 S극(-)은 반발하며, 교차되지는 않는다.

**05** 주파수 변조에 대한 설명으로 가장 적합한 것은?

① 신호파에 따라 반송파 진폭을 변화시키는 것
② 신호파에 따라 반송파의 위상을 변화시키는 것
③ 신호파에 따라 반송파의 주파수를 변화시키는 것
④ 신호파에 따라 펄스의 위상을 변화시키는 것

- 진폭 변조(AM) : 신호파(변조파) 진폭에 따라 반송파의 진폭을 변화시키는 변조방식
- 주파수 변조(FM) : 신호파(변조파)에 따라 반송파의 진폭은 일정하며 주파수만 변화시키는 변조방식
- 위상 변조(PM) : 신호파(변조파)에 따라 반송파의 위상을 변화시키는 변조방식
- 펄스변조(PCM) : 아날로그 신호를 압축 표본화하고 양자화 신호를 부호화한 디지털 신호

**06** 다음 그림과 같은 트랜지스터회로에서 $I_C$는 얼마인가? (단, $β_{DC}$는 50이다.)

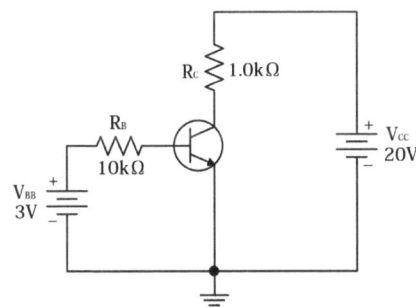

① 11.5[mA]   ② 11.5[μA]
③ 10.5[mA]   ④ 10.5[μA]

- 이미터 접지방식일 때
$β = \dfrac{\Delta I_C}{\Delta I_B}, \Delta I_C = β \times \Delta I_B$

$I_B = \dfrac{V_{BB} - V_{BE}}{R_B} = \dfrac{3 - 0.7}{10 \times 10^3}$
$= \dfrac{2.3}{10^4} = 230[μA]$
$I_C = I_B \times β = 230 \times 50 = 0.0115$
$= 11.5[mA]$

**07** 그림과 같은 트랜지스터회로에서 $V_{IN} = 0[V]$일 때 $V_{CE}$는 얼마인가?

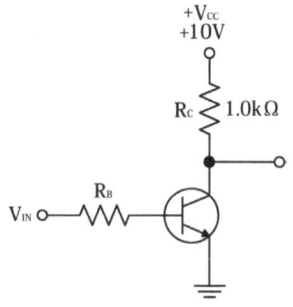

① 0[V]   ② 5[V]
③ 10[V]   ④ 15[V]

- $V_{IN}$ 0[V]가 입력되면 트랜지스터는 OFF 되어 출력에 +$V_{CC}$가 $R_C$에 의해 전압강하되어 출력된다. 약 10[V], 즉 NOT gate와 같은 역할을 한다.

**08** 부궤환 증폭기의 일반적인 특징에 속하지 않는 것은?

① 왜곡이 감소한다.
② 이득이 증가한다.
③ 잡음이 감소한다.
④ 주파수 대역폭이 넓어진다.

부궤환 증폭기
- 이득이 감소한다.(안정도 증가)
- 이득이 보통 -3[dB] 감소하므로 대역폭(BW)이 넓어지므로 주파수 특성이 개선된다.
- 일그러짐과 잡음이 감소한다.
- 입력 임피던스는 증가하고 출력 임피던스는 감소한다.

**09** 그림과 같은 회로에서 전류 I는 몇 [A] 인가?

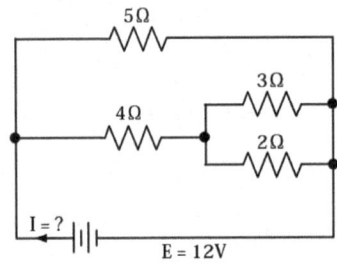

① 1.4
② 2.4
③ 4.4
④ 8.4

📖 먼저 직렬 4[Ω] + 병렬 3[Ω]과 6[Ω] = 6[Ω]이다.
$$R_t = \frac{5 \times 6}{5 + 6} = \frac{30}{11} = 2.72[\Omega]$$
$$I = \frac{V}{R_t} = \frac{12}{2.72} \fallingdotseq 4.4[A]$$

**10** 정현파 교류전압의 최대치와 실효치와의 관계는?

① 최대치 = $\frac{1}{\sqrt{2}}$ × 실효치

② 최대치 = $\sqrt{2}$ × 실효치

③ 최대치 = 2 × 실효치

④ 최대치 = $\frac{\pi}{\sqrt{2}}$ × 실효치

📖 정현파(사인파) 교류에서 실효값이란 직류가 하는 일과 동일한 열 효과를 나타내는 교류값을 말하며, 가장 일반적으로 사용되는 값이다. 최대전압은 최대치이므로 "$\sqrt{2}$ × 실효치"이다.

**11** 차동증폭기에 대한 설명으로 적합하지 않은 것은?

① 2개의 입력을 갖는다.
② 2개의 출력을 갖는다.
③ 직류증폭이 어렵다.
④ 공통성분제거비(CMRR)는 차동증폭기의 성능을 나타내는 것 중의 하나이다.

📖 차동증폭기(DIFF AMP)는 2개의 입력 신호의 차(差)를 증폭하는 것으로 직류에서 수 [MHz]까지의 응답이 요구되는 물리적 측정에서 차동 증폭기가 필요하다.

**12** 일반적인 반도체의 특성으로 적합하지 않은 것은?

① 불순물이 섞이면 저항이 증가한다.
② 매우 낮은 온도에서 절연체가 된다.
③ 전기적 전도성은 금속과 절연체의 중간적 성질을 가지고 있다.
④ 온도가 상승하면 저항이 감소한다.

📖 • 반도체는 불순물을 섞으면 저항이 감소하는 부(−)성 저항 특성을 갖으며, 도전율은 증가한다.
• 반도체는 에너지를 주면 전류가 흐르는 도체, 에너지를 주지 않으면 전류가 흐르지 않는 부도체이다.
• 불순물 반도체는 P형(+)과 N형(−)으로 분류한다.

**13** 다음 중 디지털 변조에 속하지 않는 것은?

① PM
② FSK
③ ASK
④ QAM

📖 • ASK(진폭편이 변조) : 진폭이 크면 1로 출력, 진폭이 작으면 0으로 출력
• FSK(주파수편이 변조) : 디지털 신호가 1이면 $f_1$ 주파수로, 0 이면 $f_2$의 주파수로 변환
• PSK(위상편이 변조) : 디지털 신호의 0, 1에 따라 0°, 180° 위상을 갖는 변조 방식
• QAM(직교진폭 변조) : 진폭 + 위상 = APK 변조

**14** 다음 설명에 가장 적합한 법칙은?

> 두 전하 사이에 작용하는 힘의 크기는 두 전하의 곱에 비례하고 두 전하 사이의 거리의 제곱에 반비례한다.

① 옴의 법칙
② 전자유도 법칙
③ 쿨롱의 법칙
④ 비오사바르의 법칙

해설 쿨롱의 법칙 : 두개의 대전체 사이에는 힘이 작용하는데, 즉 두 개의 점전하 $Q_1$과 $Q_2$ 사이에 작용하는 힘 F는 $Q_1$, $Q_2$의 곱에 비례하고 두 전하 사이 거리의 제곱($r^2$)에 반비례 한다.

**15** 주로 100[kHz] 이하의 저주파용 정현파 발진회로로 가장 많이 사용되는 것은?

① 블로킹 발진회로
② 수정 발진회로
③ 톱니파 발진회로
④ RC 발진회로

해설
- RC 발진회로 : 저주파 발진기이며, 보통 [Hz]∼1[MHz] 이하에서 발진
- LC 발진회로 : 보통 1[MHz] 이상에서 발진하는 동조형과 3소자발진기인 콜피츠, 하틀리, 클랩형 발진기로 분류
- 수정 발진기 : 수정편을 이용하여 발진을 구동시키며 보통 1[MHz]∼10[MHz] 이상에서 발진

**16** 다음 논리연산 명령어 중 누산기의 값이 변하지 않는 것은?(단, 여기서 X는 임의의 8bit 데이터이다.)

① CP X
② AND X
③ OR X
④ EX-OR X

해설 Complement : 논리 회로에서 인버터와 같은 기본적인 연산기로 이용되며, 음(−)수의 표현에 있어 1의 보수 또는 2의 보수를 구하는 데 이용할 수 있으며 누산기의 값이 변하지 않는다.

**17** 다음 중 "0"에서부터 "9"까지의 10진수를 4비트의 2진수로 표현하는 코드는?

① 아스키 코드
② 3-초과 코드
③ 레이 코드
④ BCD 코드

해설 BCD 코드(Binary Coded Decimal, 2진화 10진수) : 10진수 1자리를 2진수 4자리(bit)로 표현하는 가중치 코드, 8421 코드라고도 한다.

**18** 컴퓨터와 오퍼레이터 사이에 필요한 정보를 주고 받을 수 있는 장치는?

① 자기디스크
② 라인프린터
③ 콘솔
④ 데이터 셀

해설 콘솔 : 컴퓨터와 오퍼레이터 사이에 필요한 정보를 주고받을 수 있는 장치로서, 키보드와 CRT로 구성되어 있으며, 작동의 개시, 정지, 작업관리 등에 직접 관여한다.

**19** 주기적으로 재기록하면서 기억 내용을 보존해야 하는 반도체 기억장치는?

① SRAM
② EPROM
③ PROM
④ DRAM

해설 DRAM(Dynamic RAM) : 구조는 단순하지만 가격이 저렴하고 집적도가 높아 PC의 메모리로 이용되며, 휘발성 메모리이므로 재충전시간이 필요(동적, 일정시간 동안 기억)하다.

**20** 컴퓨터가 직접 인식하여 실행할 수 있는 언어로서, 2진수 "0" 과 "1" 만을 이용하여 명령어와 데이터를 나타내는 언어는?

① 기계어
② 어셈블리 언어
③ 컴파일러 언어
④ 인터프리터 언어

> 기계어 : 컴퓨터가 직접 해독할 수 있는 2진수로 나타내는 언어로 프로그래밍의 기본이 된다. 즉 컴퓨터를 작동시키기 위해 0과 1로 나타낸 컴퓨터 고유 명령 형식이다.

**21** 16진수 $(28C)_{16}$를 10진수로 변환한 것으로 옳은 것은?

① 626    ② 627
③ 628    ④ 652

> $(28C)_{16} = 2 \times 16^2 + 8 \times 16^1 + C \times 16^0$
> $= 512 + 128 + 12 = (652)_{10}$

**22** 프로그래밍에 사용하는 고급언어 중 절차지향언어에 포함되지 않는 것은?

① 코볼(COBOL)    ② C 언어
③ 자바(JAVA)      ④ 베이직(BASIC)

> JAVA : 객체지향프로그래밍 언어로 네트워크 기능의 구현이 용이하기 때문에, 인터넷 환경에서 가장 활발히 사용되는 프로그래밍 언어이다.

**23** 각 세그먼트를 하나의 프로그램이 되도록 연결하고, 어셈블러가 번역한 목적프로그램을 실행 모듈로 바꾸어 주는 프로그램은?

① 에디터          ② ASM
③ LINKER         ④ EXE2BIN

> LINKER : 각 세그먼트를 하나의 프로그램이 되도록 연결하고, 어셈블러가 번역한 목적 프로그램을 실행 모듈로 바꾸어 주는 프로그램

**24** 속도가 빠른 중앙처리장치와 속도가 느린 주기억장치 사이에 위치하며 두 장치간의 속도 차를 줄여 컴퓨터의 전체적인 동작 속도를 빠르게 하는 기억장치는?

① 캐시 메모리(Cache Memory)
② 가상 메모리(Virtual Memory)
③ 플래시 메모리(Flash Memory)
④ 자기버블 메모리(Magnetic Bubble Memory)

> 캐시 메모리(Cache Memory) : 속도가 빠른 중앙처리장치와 속도가 느린 주기억장치 사이에 위치하며 두 장치 간의 속도 차를 줄여 컴퓨터의 전체적인 동작 속도를 빠르게 하는 기억장치

**25** 다음 그림은 어떤 주소 지정 방식인가?

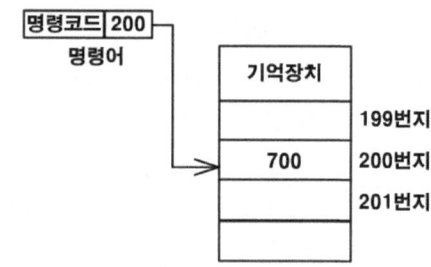

① 즉시주소(Immediate Address) 지정
② 직접주소(Direct Address) 지정
③ 간접주소(Indirect Address) 지정
④ 상대주소(Relative Address) 지정

> 직접 주소 지정 방식(Direct Addressing Mode) : 명령어의 오퍼랜드에 실제 데이터가 들어 있는 주소를 직접 갖고 있는 방식

**26** 명령어 형식에서 오퍼랜드(operand)부의 역할이라고 할 수 없는 것은?

① 레지스터 지정
② 명령어 종류 지정
③ 기억장치의 어드레스 지정
④ 데이터 자체의 표현

> 오퍼랜드는 레지스터 지정, 기억장치의 어드레스 지정, 데이터 자체의 표현의 역할을 한다.

**27** 컴퓨터 내부에서 문자를 표현하는 방식은?

① 팩 방식
② 아스키 코드 방식
③ 고정 소수점 방식
④ 부동 소수점 방식

> ASCII 코드(American Standard Code for Information Interchange Code) : 미국의 표준코드, 문자를 표시하기 위한 7비트 코드로서 영어 대문자, 소문자로 구별할 수 있으며, 가장 왼쪽의 한 비트는 코드의 오류 검출용 패리티 비트를 부가하여 8비트로 표시하고 데이터 통신에서 표준코드로 사용하며 개인용 컴퓨터에 사용한다.

**28** CAD시스템에 의한 제품 설계 및 도면 작성의 결과로 볼 수 없는 것은?

① 설계 과정의 능률 향상에 의한 도면의 품질 향상
② 설계 요소의 표준화로 원가 절감
③ 수치 계산 결과의 정확성 증가
④ 도면 형상의 자유로운 표현

> CAD 도입의 장점
> • 도면의 품질이 좋아진다.
> • 설계 과정에서 능률이 향상된다.
> • 수치 결과에 대한 정확성이 증가한다.
> • 설계의 표준화로 원가가 절감된다.

**29** 인쇄회로기판(PCB) 설계용 CAD에서 일반적인 배선 알고리즘이 아닌 것은?

① 스트립 접속법
② 고속 라인법
③ 인공지능 탐사법
④ 기하학적 탐사법

> PCB 설계용 CAD 프로그램의 일반적인 배선 알고리즘에는 스트립 접속법, 고속 라인법, 기하학적 탐사법 등이 있다.

**30** 다음 다이오드 중 정전압 용도로 쓰이는 것은?

① 일반 다이오드
② 제너 다이오드
③ 터널 다이오드
④ 포토 다이오드

> 제너 다이오드 : 제너 효과를 이용하여 전압을 일정하게 유지하는 작용을 하는 다이오드를 말한다.

**31** 도면으로부터 위치 좌표를 읽어 들이고, 메뉴를 선택하여 도면 작업을 하는데 사용할 심벌 등을 메뉴에 등록 시켜 놓고, 필요할 때 불러내어 그려 넣을 수 있도록 하는 장치는?

① 트랙 볼(Track Ball)
② 디지타이저(Digitizer)
③ 펜 플로터(Pen Plotter)
④ 이미지 스캐너(Image Scanner)

> 디지타이저(Digitizer) : 도면으로부터 좌표를 읽어 들이는 데 사용하며, 자기장이 분포되어 있는 평판에 위치 검출기를 위치시켜 도면의 위치에 대응하는 X, Y 좌표를 입력하거나 원하는 명령어를 선택하는 입력장치

**32** CAD용 소프트웨어의 구성이라고 볼 수 없는 것은?

① 그래픽 패키지
② 응용 프로그램
③ 응용 데이터베이스
④ MGA(Mono-chrome Graphic Adapter)

해설 MGA는 IBM사가 도입한 표준 비디오 디스플레이 카드이자 PC용 디스플레이 표준으로서 하드웨어 장치이다.

**33** 입·출력 장치로 모두 이용되고 있는 것은?

① 마우스
② 플로터
③ 터치스크린
④ 디지타이저와 스타일러스 펜

해설 터치스크린(touch screen) : 키보드를 사용하지 않고 화면(스크린)에 나타난 문자나 특정 위치에 사람의 손 또는 물체가 닿으면, 그 위치를 파악하여 저장된 소프트웨어에 의해 특정 처리를 할 수 있도록, 화면에서 직접 입력 자료를 받을 수 있게 한 화면을 말한다.

**34** 부품의 배치가 완료된 이후 핀(pin) 간의 배선 작업을 의미하는 것은?

① 웨이퍼
② 블로킹
③ 에칭
④ 라우팅

해설 Routing : 부품의 배치가 완료된 후 PIN 간의 배선 작업을 의미

**35** 3000[Ω] 저항을 배치하고 그 값을 표시한 것 중 가장 적절한 표시 방법은?

① 3000[Ω]
② 3[kΩ]
③ 3[μΩ]
④ 3[MΩ]

해설 1,000 = 1k, 1,000,000 = 1,000k = 1M
위 단위로 환산하면 3000[Ω] = 3[kΩ]

**36** 반도체 소자 중 전압의 크기에 따라 저항 값이 변하는 소자는?

① 배리스터
② 서미스터
③ 트랜지스터
④ 다이오드

해설 배리스터(varistor) : 전압-전류 특성이 비직선적인 저항 소자의 총칭. 전압에 따라 현저하게 저항 값이 변화하는 성질이 있다.

**37** 다층 프린트 배선에서 도금 관통구멍과 전기적 접속을 하지 않도록 하기 위하여 도금 관통구멍을 감싸는 부분에 도체 패턴의 도전재료가 없도록 한 영역을 무엇이라 하는가?

① 액세스 홀(Access hole)
② 클리어런스 홀(clearance hole)
③ 랜드리스 홀(Landless hole)
④ 위치결정 구멍(Location hole)

해설 클리어런스 홀(Clearance hole) : 프린트 배선에서 도금관통구멍과 전기적 접속을 하지 않도록 하기 위하여 도금 관통구멍을 감싸는 부분에 도체 패턴의 도전재료가 없도록 한 영역

**38** 전자 부품의 배치도를 작성할 때 고려해야 할 사항으로 옳지 않은 것은?

① 부품 상호간에 신호가 유도되지 않도록 한다.
② 균형 있게 배치한다.
③ 부품의 종류, 기호, 용량, 외형도, 핀의 위치, 극성 등을 표시하여야 한다.
④ IC의 경우는 모양을 판단할 수 있으므로 핀 번호를 표시하지 않아도 된다.

> 해설  부품의 배치도 작성 방법
> • 균형 있게 배치한다.
> • IC의 경우 1번 핀을 표시하여 오 삽입을 방지한다.
> • 부품 상호간에 신호가 유기되지 않도록 한다.
> • 조정이 필요한 부품은 조작이 용이한 위치에 배치하여야 한다.
> • 부품의 종류, 기호, 용량, 외형도, 핀의 위치, 극성 등을 표시하여야 한다.

**39** 다음 중 설계된 PCB 도면의 외곽 사이즈(size)가 1000×2000[mil]일 때, 이를 [mm]로 환산하면?

① $0.254 \times 0.508$[mm]
② $2.54 \times 5.08$[mm]
③ $25.4 \times 50.8$[mm]
④ $254 \times 508$[mm]

> 해설  1 inch = 2.54[cm] = 25.4[mm] = 1000mil
> 1000×2000[mil]일 때, 이를 [mm]로 환산하면
> 1000mil = 1 inch = 25.4[mm], 2000mil = 2 inch = 50.8[mm]

**40** 다음은 다층인쇄회로(PCB) 공정 중 한 단계이다. 무엇을 설명한 것인가?

> 적층(Lay up) 작업을 위해 1차로 내층 회로가 형성된 얇은 내층 원판(Thin Core CCL)을 층간접착제(PREPRAG)와 하나로 맞붙이는 작업

① 노광  ② 본딩
③ 절단  ④ 성형체

> 해설  Bonding (본딩) : 적층(Lay up) 작업을 위해 1차로 내층 회로가 형성된 얇은 내층 원판을 층간접착제와 하나로 맞붙이는 작업

**41** 수동소자로 전류의 흐름에 따라 자기에너지를 저장하며, 전류가 급하게 변화하는 것을 억제하기 위해 사용되는 소자는?

① 저항기어(R)  ② 가변저항기(VR)
③ 유도기(L)  ④ 콘덴서(C)

> 해설  유도기(코일) : 전류의 흐름에 따라 자기에너지를 저장하며, 전류가 급하게 변화하는 것을 억제하기 위해 사용되는 소자

**42** 5색으로 표시된 고정 저항의 색에 대한 설명으로 옳은 것은?

① 첫 번째 색-유효숫자
② 세 번째 색-10의 배수(곱수)
③ 네 번째 색-허용오차
④ 다섯 번째 색-정격전력[W]

> 해설
> 
> | 제1색띠 | 제2색띠 | 제3색띠 | 제4색띠 | 제5색띠 |
> |---|---|---|---|---|
> | 유효숫자 | | | 승수 | 허용오차 |

**43** 청사진으로 만들어진 전자 도면을 컴퓨터용 DATA 파일로 만들려면 다음 중 어떤 입력 장치가 필요한가?

① 마우스  ② 프린터
③ 플로터  ④ 스캐너

> 해설 스캐너 : 사진 또는 그림과 같이 종이 위의 도형의 정보를 그래픽 형태로 읽어 들여 컴퓨터에 전달하는 입력 장치

**44** 세라믹 콘덴서의 표면에 "102K"로 표기되어 있다면 이 콘덴서의 정전용량 값과 허용오차 값은?

① 용량 값 : 1000[pF], 허용오차 : ±10[%]
② 용량 값 : 1000[pF], 허용오차 : ±5[%]
③ 용량 값 : 100[pF], 허용오차 : ±20[%]
④ 용량 값 : 100[pF], 허용오차 : ±10[%]

> 해설
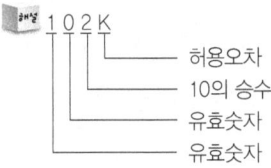

- 콘덴서의 기준 단위는 [pF] = $10^{-12}$
- $10 \times 10^2 \times 10^{-12} = 1000[pF]$
- 허용오차 K는 ±10[%]이다.

**45** 절연기판을 얇은 필름으로 만들어서 가요성과 유연성을 가지도록 한 인쇄회로기판(PCB)은?

① 플렉시블 PCB(flexible PCB)
② 다층면 PCB(multi-layer PCB)
③ 관통구 PCB(through-hole PCB)
④ 무관통구 PCB(non through-hole PCB)

> 해설 플렉시블 기판(Flexible Base material) : 유연성을 갖는 PCB로 절연기판이 얇은 폴리에스테르나 폴리이미드 필름에 동박을 입힌 기판

**46** 다음에 나타내는 부품은 무엇을 설명하고 있는가?

> 입력과 출력을 가지고 있으며, 전기를 가한 것만으로 출력에 일정한 관계를 갖는 소자로써 트랜지스터, IC, 다이오드, 연산증폭기 등이 있다.

① 능동 부품  ② 기타 부품
③ 수동 부품  ④ 보조 부품

> 해설
> - 능동부품(Active Component) : 트랜지스터(TR), 전계효과 트랜지스터(FET), 단접합 트랜지스터(UJT), IC, 연산증폭기(OPAMP) 등을 말하며, 능동소자는 증폭, 발진, 신호 변환 등의 기능을 갖는다.
> - 수동부품(Passive Component) : 전기 신호의 중계, 제어 등을 행하는 기구부품으로 저항기, 콘덴서, 커넥터, 소켓, 스위치 등이 수동소자에 속한다.

**47** 다음 중 전자통신기기의 패널을 설계 제도 유의할 점으로 옳은 것은?

① 전원 코드는 전면에 배치한다.
② 조작상 서로 연관이 있는 요소끼리 근접 배치한다.
③ 조작 빈도가 낮은 부품은 패널의 중앙이나 오른쪽에 배치한다.
④ 장치에 외부 접속기가 있을 경우 반드시 패널의 위에 배치한다.

> 해설 전자기기 패널 설계 시 유의 사항
> - 전원선이나 퓨즈박스 등은 배면에 배치한다.
> - 패널 부품은 크기를 고려하여 균형 있게 배치한다.

- 조작 시 서로 연관이 있는 요소끼리 근접 배치한다.
- 조작 빈도가 높은 부품은 패널의 중앙이나 오른쪽에 위치한다.

**48** PCB DESIGN에서 설계 오류를 검사하는 기능은?

① Netlist  ② Zoom
③ Edit  ④ DRC

> DRC(Design Rules Check) : 설계 규칙의 위배 유·무에 대한 검사 결과 데이터 파일

**49** 부품이 PCB에 삽입 될 때에 부품의 리드가 삽입되는 Hole 주위에 입혀지는 엷은 구리 판막의 명칭은?

① PAD
② TRACK
③ VIA
④ POLYGON(COPPER)

> Pad : 부품이 PCB에 삽입 될 때에 부품의 리드가 삽입되는 Hole 주위에 입혀지는 엷은 구리 판막

**50** CAD 프로그램의 이용 설계시 정확한 부품의 위치 및 배선결선을 위해 화면상의 점 혹은 선으로 나타내어진 가상의 좌표는?

① 어노테이트(Annotate)
② 프리퍼런스(Preference)
③ 폴리라인(Poly Line)
④ 그리드(Grid)

> 그리드(Grid) : CAD 프로그램의 이용 설계 시 정확한 부품의 위치 및 배선결선을 위해 화면상의 점 혹은 선으로 나타내어진 가상의 좌표

**51** 다음 중 A4 용지의 크기에 해당되는 것은?(단, A0 : 841mm ×1189mm)

① 594mm × 841mm
② 420mm × 594mm
③ 297mm × 420mm
④ 210mm x 297mm

> A1 : 594×841, A2 : 420×594, A3 : 297×420, A4 : 210×297

**52** PCB 제조 과정에서 프린트 배선판 상의 특정 영역에 하는 내열성 비폭 재료로 납땜 작업할 때 이 부분이 땜납이 붙지 않도록 하는 레지스트는?

① 포토 레지스트(photo resist)
② 솔더 레지스트(solder resist)
③ 에칭 레지스트(etching resist)
④ 도금 레지스트(plating resist)

> 솔더 레지스트(Solder resist) : PCB 제조 과정에서 프린트 배선판 상의 특정 영역에 하는 내열성 비폭 재료로 납땜 작업할 때 이 부분이 땜납이 붙지 않도록 하는 레지스트

**53** 물체의 실체 길이와 도면에서 축소 또는 확대하여 그리는 길이의 비율을 척도라 하는데 실물보다 작게 그리는 척도는?

① 축척  ② 실척
③ 배척  ④ NS

> - 축척 : 실물보다 작게 축소해서 그리는 것
> - 현척(실척) : 실물과 같은 크기로 그리는 것
> - 배척 : 실물보다 크게 확대해서 그리는 것
> - NS(Not to Scale) : 도면과 실물의 치수가 비례 척도가 아님을 뜻함

**54** PCB Artwork에서 배선하는 과정을 나타내는 용어는?

① route  ② line
③ hole   ④ point

> Routing : 부품의 배치가 완료된 후 PIN 간의 배선 작업을 의미

**55** 전자회로에서 부분 상호간에 전달되는 신호의 계통을 알기 쉽게 나타낸 선도로서 계통도 또는 구성도 라고 하는 것은?

① 블록도
② 회로도
③ 결선도
④ 배치도

> 계통도(블록도) : 전자회로에서 부분 상호간에 전달되는 신호의 계통을 알기 쉽게 나타낸 선도로서 계통도, 블록도라고 한다.

**56** 전자캐드의 특징 설명으로 틀린 것은?

① 회로의 설계에 적합하다.
② 기구의 설계에 적합하다.
③ 회로의 동작 검증이 용이하다.
④ 인쇄회로기판의 설계에 적합하다.

> 기구의 설계에 적합한 CAD는 전자CAD가 아닌 매커니컬 CAD이다.

**57** 전자 회로도를 작성 할 때 고려해야 할 사항에 대한 설명으로 옳지 않은 것은?

① 신호의 흐름은 도면의 왼쪽에서 오른쪽으로, 위에서 아래로 그린다.
② 주회로나 보조회로가 있는 경우는 주회로를 중심으로 그린다.
③ 보조회로는 주회로의 바깥쪽에, 전원회로는 맨 위쪽에 그린다.
④ 선과 선이 전기적으로 접속되는 곳은 '●' 표를 한다.

> 회로도 작성 시 고려사항
> • 신호의 흐름은 왼쪽에서 오른쪽으로, 위에서 아래로 작성한다.
> • 주회로와 보조회로가 있는 경우에는 주회로를 중심으로 설계한다.
> • 보조회로는 주회로의 바깥쪽에, 전원회로는 맨 아래에 작성한다.
> • 선과 선이 전기적으로 접속되는 곳은 "●" 표를 한다.

**58** CAD 작업에 의하여 만들어진 부품 간의 결선 정보, 부품 번호, 핀 번호 등의 데이터를 말하며, 이 데이터를 기초로 배선 패턴의 설계(Artwork)가 이루어지는 것은?

① CAM 데이터
② Silk 데이터
③ 네트리스트(Netlist)
④ 거버 데이터(Gerber Data)

> Netlist : PCB 상에서 상호 연결되어 있는 신호, 모듈, 핀의 명칭으로 회로 도면상의 연결 정보

**59** 다음 중 블록선도에서 사용하는 삼각형 도형이 사용되는 것은?

① 전원회로   ② 변조회로
③ 연산증폭기 ④ 복조회로

> 블록선도에서 삼각형은 증폭기 또는 연산 증폭기에 사용한다.

**60** 일반적인 고주파회로를 설계할 때 유의사항과 거리가 먼 것은?

① 배선의 길이는 가급적 짧게 한다.
② 배선이 꼬인 것은 코일로 간주한다.
③ 회로의 중요한 요소에는 바이패스 콘덴서를 삽입한다.
④ 유도 가능한 고주파 전송선은 다른 신호선과 평행되게 한다.

> 유도 가능한 고주파 전송선은 다른 신호선과 분리, 격리시킨다.

**ANSWER** 2012년 1회

| 01 | 02 | 03 | 04 | 05 | 06 | 07 | 08 | 09 | 10 |
|---|---|---|---|---|---|---|---|---|---|
| ① | ② | ② | ④ | ③ | ① | ③ | ② | ③ | ② |
| 11 | 12 | 13 | 14 | 15 | 16 | 17 | 18 | 19 | 20 |
| ③ | ① | ① | ③ | ④ | ① | ④ | ③ | ④ | ① |
| 21 | 22 | 23 | 24 | 25 | 26 | 27 | 28 | 29 | 30 |
| ④ | ③ | ③ | ① | ② | ② | ② | ④ | ③ | ② |
| 31 | 32 | 33 | 34 | 35 | 36 | 37 | 38 | 39 | 40 |
| ② | ④ | ③ | ④ | ② | ① | ② | ④ | ③ | ② |
| 41 | 42 | 43 | 44 | 45 | 46 | 47 | 48 | 49 | 50 |
| ③ | ① | ④ | ① | ① | ① | ② | ④ | ① | ④ |
| 51 | 52 | 53 | 54 | 55 | 56 | 57 | 58 | 59 | 60 |
| ④ | ② | ① | ① | ① | ② | ③ | ③ | ③ | ④ |

# Chapter 02 최근기출문제
## 2012년 2회

**01** "전자유도에 의하여 생기는 전압의 크기는 코일을 쇄교하는 자속의 변화율과 코일의 권선수의 곱에 비례한다."는 법칙은?

① 렌쯔의 법칙
② 패러데이의 법칙
③ 앙페르의 오른나사 법칙
④ 비오-사바르의 법칙

해설 패러데이의 법칙 : 전자유도에 의해 생기는 기전력의 크기는 코일을 쇄교하는 자속의 변화율과 코일의 권선수에 비례한다.

**02** T 플립플롭의 설명으로 옳지 않은 것은?

① 클럭 펄스가 가해질 때마다 출력상태가 반전한다.
② 출력파형의 주파수는 입력주파수의 1/2이 되기 때문에 2 분주회로 및 계수회로에 사용된다.
③ JK플립플롭의 두 입력을 묶어서 하나의 입력으로 만든 것이다.
④ 어떤 데이터의 일시적인 보존이나 디지털신호의 지연작용 등의 목적으로 사용되는 회로이다.

해설 T 플립플롭은 JK 플립플롭의 두 입력단자를 묶어서 만든 토글(toggle) 전용 플립플롭으로서 현재 상태 Q에 무관하게 입력 T=1이면 매 클럭(CLK)마다 출력이 반전(toggle)되는 플립플롭이다. 입력 T=0이면 보존 상태로 이전 출력이 그대로 유지 된다.

**03** 주파수가 서로 다른 두 정현파의 전압 실효값이 $E_1$, $E_2$이다. 이 두 정현파의 합성 전압의 실효값은?

① $E_1 + E_2$
② $E_1 - E_2$
③ $\sqrt{E_1^2 + E_2^2}$
④ $\dfrac{E_1 + E_2}{2}$

해설 두 정현파 교류 전압의 합성전압의 실효값(E)은 $\sqrt{E_1^2 + E_2^2}$ [V]

**04** 다음의 회로에서 출력전압 $V_o$는?

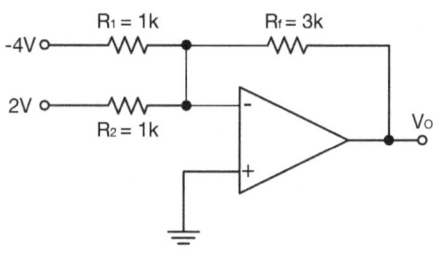

① $-2[V]$
② $2[V]$
③ $-6[V]$
④ $6[V]$

해설 OP-AMP를 이용한 가산기 회로로
$V_o = -\left[\left(-4\dfrac{3 \times 10^3}{1 \times 10^3}\right) + \left(2\dfrac{3 \times 10^3}{1 \times 10^3}\right)\right]$
$= 6[V]$

**05** 코일에 교류전압 코일의 100[V]를 가했을 때 10[A]의 전류가 흘렀다면 코일의 리액턴스 $[X_L]$는?

① 6[Ω]  ② 8[Ω]
③ 10[Ω]  ④ 12[Ω]

> 코일의 리액턴스는 교류에서의 저항성분(임피던스)라 한다.
> $Z = \dfrac{V}{I} = \dfrac{100}{10} = 10[\Omega]$

**06** 각각의 전기량이 $Q_1$, $Q_2$이고 거리가 R인 대전체 사이에 작용하는 힘 F는?(단, K는 비례상수이다.)

① $F = K\dfrac{Q_1 \cdot Q_2}{R^2}[N]$

② $F = K\dfrac{Q_1 \cdot Q_2}{R}[N]$

③ $F = K\dfrac{\sqrt{Q_1 \cdot Q_2}}{R}[N]$

④ $F = K\dfrac{Q_1 \cdot Q_2}{\sqrt{R}}[N]$

> 쿨롱의 법칙 : 두개의 대전체 사이에는 힘이 작용하는데, 즉 두 개의 점전하 $Q_1$과 $Q_2$ 사이에 작용하는 힘 F는 $Q_1$, $Q_2$의 곱에 비례하고 두 전하 사이 거리의 제곱($r^2$)에 반비례 한다.

**07** 이상적인 연산증폭기에 대한 설명으로 옳지 않은 것은?

① 입력 임피던스가 무한대이다.
② 동상신호제거비가 0이다.
③ 입력 오프셋 전류가 0이다.
④ 출력 임피던스가 0이다.

> 이상적인 연산증폭(op-amp)의 특징
> • 전압이득, 입력저항값, 대역폭은 무한대이다.
> • 출력저항과 지연응답, 오프셋은 0이다.
> • 특성변동 및 잡음이 없다.
> • 동위상신호제거비(CMRR)는 무한대이어야 한다.

**08** 진폭변조의 경우 변조 파형의 최대치를 45[mm], 최소치를 5[mm]라 하면 이 변조도는 몇 [%] 인가?

① 60  ② 70
③ 80  ④ 90

> 변조도 $m = \dfrac{A - B}{A + B} \times 100\%$
> $m = \dfrac{45 - 5}{45 + 5} \times 100 = 80\%$

**09** 가정용 전원으로 교류 220[V]를 사용할 때, 이 220[V]가 의미하는 것은?

① 순시값   ② 실효값
③ 최대값   ④ 평균값

> • 순시값 : 교류의 임의의 순간순간 변화 하는 값
> • 실효값 : 교류의 크기를 교류와 동일한 일을 하는 직류의 크기로 바꿔 나타낸 값
> • 최대값 : 순시값 중에서 가장 큰 값
> • 평균값 : 교류의 순시값의 1주기 동안의 평균을 취하여 교류의 크기를 나타낸 값

**10** 공진주파수가 6[kHz]의 병렬 공전회로에서 Q(Quality factor)가 60 이라면, 이 회로의 대역폭은?

① 100[Hz]  ② 150[Hz]
③ 200[Hz]  ④ 250[Hz]

> $Q = \dfrac{f_0 (공진 주파수)}{BW (대역폭)}$ 에서
> $BW = \dfrac{f_0}{Q} = \dfrac{6 \times 10^3}{60} = 100[Hz]$

**11** 다음 중 비오-사바르 법칙에 대한 관계는?

① 기전력과 회전력
② 전기와 전기장의 세기
③ 자석과 기전력의 변화
④ 전류와 자기장의 세기

📖 비오-사바르의 법칙은 도체의 미소 부분 $\Delta l[m]$에 흐르는 전류 $I[A]$에 의해서 생기는 자장의 세기 $\Delta H[A/m]$를 알 수 있는 법칙이다.

**12** 발진회로에서 증폭회로의 증폭도를 A, 궤환회로의 궤환률을 β라 할 때 발진 조건은?

① A = β
② A · β < 1
③ A · β ≥ 1
④ A · β = 0

📖 바크하우젠(Barkhausen)의 발진 조건 Aβ =1에서 Aβ < 1일 때 발진이 감쇠하고, Aβ > 1일 때 발진이 성장 지속된다.

**13** 기전력 E[V], 내부저항 r[Ω]이 되는 같은 전지 n 개를 직렬로 접속하고 외부저항 R[Ω]을 직렬로 접속하였을 때 흐르는 전류 I는 몇 [A] 인가?

① $I = \dfrac{nE}{R + nr}$
② $I = \dfrac{nE}{nR + r}$
③ $I = \dfrac{nE}{\dfrac{n}{R} + r}$
④ $I = \dfrac{nE}{R + \dfrac{n}{r}}$

**14** 전기 저항에서 어떤 도체의 길이를 4배로 하고 단면적을 1/4로 했을 때의 저항은 원래 저항의 몇 배가 되는가?

① 1
② 4
③ 8
④ 16

📖 전기저항 R은 길이(l)에 비례하고 단면적 A에 반비례 한다.
$R = \rho \dfrac{l}{A}[\Omega]$
$\therefore R = \rho \dfrac{4}{\dfrac{1}{4}} = 16\rho$

**15** 다음 중 전계효과트랜지스터(FET)의 3정수에 속하지 않는 것은?

① μ(증폭정수)
② $r_d$(드레인 저항)
③ $h_{fe}$(전류증폭율)
④ $g_m$(상호전달컨덕턴스)

📖 전계효과 트랜지스터(FET)의 3정수는 μ(증폭정수), $r_d$(드레인 저항), $g_m$(상호전달컨덕턴스)이 있으며, 3정수의 관계는 $\mu = r_d \cdot g_m$이 된다.

**16** 컴퓨터 내부에서 연산의 중간 결과를 일시적으로 기억 하거나 데이터의 내용을 이송할 목적으로 사용되는 임시 기억장치는?

① ROM
② I/O
③ buffer
④ register

📖 레지스터(Register) : 주기억장치로부터 읽어온 명령어나 데이터를 저장하거나 연산된 결과를 저장하는 공간이다.

**17** 마이크로프로세서의 순서제어 명령어로 나열된 것은?

① 로테이트 명령, 콜 명령, 리턴 명령
② 시프트 명령, 점프 명령, 콜 명령
③ 블록 서치 명령, 점프 명령, 리턴 명령
④ 점프 명령, 콜 명령, 리턴 명령

📖 마이크로프로세서의 순서제어 관한 명령에는 점프명령, 콜 명령, 리턴 명령이 있다.

**18** 서브루틴에서의 복귀어드레스가 보관되어 있는 곳은?

① 프로그램 카운터　② 스택
③ 큐　　　　　　　　④ 힙

> 해설　스택(Stack) : 스택은 데이터 입·출력이 한쪽으로만 접근할 수 있는 자료 구조로 서브루틴에서의 복귀 어드레스가 보관되어 있는 곳이다.

**19** C 언어에서 정수형 변수를 선언할 때 사용되는 명령어는?

① int　　　　　　② float
③ double　　　　④ char

> 해설　C언어의 변수 : 정수형(int), 실수형(float/double), 문자형(char)

**20** 4개의 존 비트와 4개의 숫자비트로 이루어져 있으며 영문 대문자를 포함하여 모든 문자를 표현할 수 있도록 한 범용 코드로서 대형 컴퓨터에 주로 사용하는 코드는?

① BCD 코드　　　② ASCII 코드
③ 그레이 코드　　④ EBCDIC 코드

> 해설　EBCDIC(Extended Binary Code Decimal Interchange Code) : 4개의 존 비트와 4개의 숫자비트로 이루어져 있으며 영문 대문자를 포함하여 모든 문자를 표현할 수 있도록 한 범용 코드로서 대형 컴퓨터에 주로 사용하는 코드이다.

**21** 버스란 MPU, Memory, I/O 장치들 사이에서 자료를 상호 교환하는 공동의 전송로를 말하는데 다음 중 양방향성 버스에 해당하는 것은?

① 주소 버스(Address Bus)
② 제어 버스(Control Bus)
③ 데이터 버스(Data Bus)
④ 입출력 버스(I/O Bus)

> 해설　데이터(Data) 버스 : 마이크로프로세서가 내·외부의 메모리와 데이터를 주고받는데 사용하는 양방향 신호선이다.

**22** 주어진 수의 왼쪽으로부터 비트 단위로 대응을 시켜 서로가 1 이면 결과를 1, 하나라도 0 이면 결과가 0 으로 연산처리 되는 명령은?

① OR　　　　② AND
③ EX-OR　　④ NOT

> 해설
> 
> | A | B | 결과 | | |
> |---|---|---|---|---|
> | | | OR | AND | XOR |
> | 0 | 0 | 0 | 0 | 0 |
> | 0 | 1 | 1 | 0 | 1 |
> | 1 | 0 | 1 | 0 | 1 |
> | 1 | 1 | 1 | 1 | 0 |

**23** 사용자의 요구에 따라 제조회사에서 내용을 넣어 제조하는 롬(ROM)은?

① PROM
② Mask ROM
③ EPROM
④ EEPROM

> 해설　Mask ROM : 컴퓨터 제조회사에서 필요한 자료를 제조 과정에서 기록하여 제공하는 ROM으로 읽기만 가능하다.

**24** 산술 시프트(Shift)에 관한 설명으로 옳은 것은?

① 좌측 시프트 후 유효 비트 1을 잃는 것을 오버플로우(overflow)라 한다.
② n비트 우측으로 시프트하면 $2^n$으로 곱한 결과가 된다.
③ n비트 좌측으로 시프트하면 $2^n$으로 나눈 결과가 된다.
④ 논리 시프트와는 달리 시프트 후 빈자리에 새로 들어오는 비트는 항상 0이다.

> 해설
> - n비트 좌측으로 시프트하면 $2^n$으로 곱한 결과가 된다.
> - n비트 우측으로 시프트하면 $2^n$으로 나눈 결과가 된다.
> - 시프트 후 빈자리에 새로 들어오는 비트가 항상 0인 것은 논리 시프트이다.

**25** 컴퓨터가 이해할 수 있는 언어로 변환 과정이 필요 없는 언어는?

① Assembly
② COBOL
③ Machine Language
④ LISP

> 해설
> 기계어 : 컴퓨터가 직접 해독할 수 있는 2진수로 나타내는 언어로 프로그래밍의 기본이 된다. 즉, 컴퓨터를 작동시키기 위해 0과 1로 나타낸 컴퓨터 고유 명령 형식이다.

**26** 순서도 작성 시 지키지 않아도 될 사항은?

① 기호는 창의성을 발휘하여 만들어 사용한다.
② 문제가 어려울 때는 블록별로 나누어 작성한다.
③ 기호 내부에는 처리 내용을 간단명료하게 기술한다.
④ 흐름은 위에서 아래로, 왼쪽에서 오른쪽으로 그린다.

> 해설 순서도의 작성방법
> - 위에서 아래로 내려가면서 작성한다.
> - 분기점이 있는 경우 왼쪽에서 오른쪽으로 작성한다.
> - 기호 내부에는 실행 내용을 간단, 명료하게 표시한다.
> - 과정이 길어 연속적인 표현이 어려울 때는 나누어 작성하고 연결 기호를 사용한다.

**27** 모든 명령어의 길이가 같다고 할 때, 수행시간이 가장 긴 주소 지정 방식은?

① 직접(direct) 주소지정 방식
② 간접(indirect) 주소지정 방식
③ 상대(relative) 주소지정 방식
④ 즉시(immediate) 주소지정 방식

> 해설 간접 주소 지정 방식(Indirect Addressing Mode) : 명령어 내의 주소부에 실제 데이터가 저장된 장소의 주소를 가진 기억장소의 주소를 표현한 방식

**28** KS의 부문별 분류 기호에서 전기 부문 기호로 옳은 것은?

① KS A    ② KS B
③ KS C    ④ KS D

> 해설 KS A : 기본, KS B : 기계, KS C : 전기, KS D : 금속

**29** 배선 알고리즘에서 하나의 기판상에서 종·횡의 버스를 결선하는 방법을 무엇이라 하는가?

① 저속 접속법    ② 스트립 접속법

③ 고속 라인법　④ 기하학적 탐사법

해설 스트립 접속법 : 기판상에서 종·횡의 버스를 결선하는 방법

**30** PCB 도면을 그래픽 출력장치로 인쇄할 경우 프린트 기판에 부품 정보를 나타내는 도면은?

① solder mask
② top silk screen
③ solder side pattern
④ component side pattern

해설 Top silk screen : PCB 도면을 그래픽 출력장치로 인쇄할 경우 프린트 기판에 부품 정보를 나타내는 도면

**31** 다음 중 CAD의 출력 장치가 아닌 것은?

① X-Y Plotter　② Monitor
③ Pen-Plotter　④ Tablet

해설 CAD 시스템의 출력장치 : 모니터, 프린터, X-Y 플로터, Pen 플로터 등

**32** 다음 중 제도 용지의 규격이 가장 큰 것은?

① A0　② A1
③ A2　④ A3

해설 A0 : 841×1189, A1 : 594×841, A2 : 420×594, A3 : 297×420

**33** 부품이나 단자의 납땜 장소로 사용되거나, 절연판을 관통구(through hole)에 도금 등의 방법으로 도체를 삽입하는 장소로 허용하는 도체 부분은?

① 패턴(pattern)　② 랜드(land)
③ 보드(board)　④ 마운트(mount)

해설 랜드 : 부품의 단자 또는 도체 상호간을 접속하기 위해 구멍 주위에 만든 특정한 도체 부분

**34** CAD 시스템을 도입하는 가장 큰 목적을 나타낸 것 중 옳지 않은 것은?

① 도면 작성의 자동화
② 작업시간 단축
③ 효율적 관리
④ 복잡한 명령과 실행

해설 CAD 도입의 장점
- 도면 작성의 자동화
- 작업시간 단축
- 효율적 관리
- 설계의 표준화로 원가 절감

**35** 저항값이 낮은 저항기로서 대전력용 및 표준저항기 등과 같이 고정밀도 저항기로 사용되는 저항기는?

① 탄소피막 저항기　② 솔리드 저항기
③ 권선 저항기　④ 모듈 저항기

해설 권선 저항기 : 저항 값이 낮은 저항기로서 대전력용 및 표준저항기 등과 같이 정밀도 저항기로 사용된다.

**36** 입력논리가 서로 상반될(같지 않을) 때 출력이 "1"이 되는 논리회로는?

① AND 게이트
② NAND 게이트
③ Exclusive-OR 게이트
④ NOR 게이트

해설 Exclusive-OR 게이트 : 입력이 모두 같을 때 출력이 0, 입력이 서로 다를 때는 출력이 1이 되는 논리회로

**37** 다음 중 캐드 시스템의 그래픽 작업 과정으로 가장 옳지 않은 것은?

① 자동 제도(automatic drafting)
② 기술적 분석(engineering analysis)
③ 기하학적 모델링(geometric modeling)
④ 자동 생산(automatic manufacturing)

　자동생산(Automatic Manufacturing)은 그래픽 작업 과정이 아닌 생산과정이다.

**38** 다음 기호의 명칭은?

① 가변 저항기　② 가변 콘덴서
③ 고정 저항　　④ 스위치

| 가변저항기 | 가변콘덴서 | 고정 저항 | 스위치 |
|---|---|---|---|

**39** 다음 기판 재질 중에서 내열성이 좋고 다층 기판 제작에 용이하며, 플렉시블(Flexible: 휨이나 절곡)한 기판 제작에 많이 사용되는 것은?

① 페놀(Phenol) 수지
② 에폭시(Epoxy) 수지
③ 폴리이미드 필름
④ 테프론(Teflon)

　플렉시블 기판(Flexible Base material) : 유연성을 갖는 PCB로 절연기판이 얇은 폴리에스테르나 폴리이미드 필름에 동박을 입힌 기판

**40** 도면으로부터 위치좌표를 읽거나 원하는 명령을 선택할 수 있는 장치는?

① 마우스(Mouse)
② 트랙볼(Track ball)
③ 디지타이저(Digitizer)
④ 이미지스캐너(Image scanner)

　디지타이저(Digitizer) : 도면으로부터 좌표를 읽어들이는 데 사용하며, 자기장이 분포되어 있는 평판에 위치 검출기를 위치시켜 도면의 위치에 대응하는 X, Y 좌표를 입력하거나 원하는 명령어를 선택하는 입력장치

**41** NAND 게이트가 내장된 14핀 DIP IC 에서 핀과 핀 사이의 간격은?

① 0.254[mm]　② 1.252[mm]
③ 2.25[mm]　　④ 2.54[mm]

　일반적인 DIP IC의 핀과 핀 사이의 간격은 100[mil] = 2.54[mm]이다.

**42** 다음 전자 부품 중 에너지의 공급을 받아 신호의 증폭, 발진, 변환 등의 능동적 기능을 수행하는 부품이 아닌 것은?

① 연산증폭기　② 트랜지스터
③ FET　　　　④ 콘덴서

• 능동부품(Active Component) : 트랜지스터(TR), 전계효과 트랜지스터(FET), 단접합 트랜지스터(UJT), IC, 연산증폭기(OPAMP) 등을 말하며, 능동소자는 증폭, 발진, 신호 변환 등의 기능을 갖는다.
• 수동부품(Passive Component) : 전기 신호의 중계, 제어 등을 행하는 기구부품으로 저항기, 콘덴서, 커넥터, 소켓, 스위치 등이 수동소자에 속한다.

**43** 세라믹 콘덴서의 표면에 105J로 표기되었을 때 정전 용량의 값은?

① 0.01[μF], ±10[%]
② 0.1[μF], ±10[%]
③ 1[μF], ±5[%]
④ 10[μF], ±5[%]

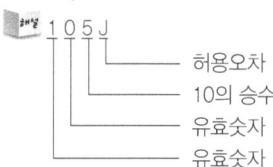

- 콘덴서의 기준 단위는 [pF] = 10⁻¹²
- 10 × 10⁵ × 10⁻¹² = 1[μF]
- 허용오차 J는 ±5[%]이다.

**44** CAD 시스템에서 회로도의 연결정보 및 기호에 정의된 정보 등을 추출하여 만들어지는 문자파일을 무엇이라 하는가?

① 네트리스트(netlist)
② 라이브러리(library)
③ 레퍼런스(reference)
④ 프리퍼런스(preference)

Netlist : PCB 상에서 상호 연결되어 있는 신호, 모듈, 핀의 명칭으로 회로 도면상의 연결 정보

**45** 회로도가 하나의 도면으로 작성하기에 클 경우 도면의 일부를 하위 페이지로 작성하는 도면의 구조는?

① 평면 구조
② 다면 구조
③ 계층 구조
④ 단일 구조

계층구조(Hierarchical Design) : 회로도가 하나의 도면으로 작성하기에 클 경우 도면의 일부를 하위 페이지로 작성하는 도면 구조

**46** 유연성이 있는 기판을 사용하여 제작된 PCB를 뜻하며 프린터의 헤드와 같은 부분에 적용되는 것은?

① 플렉시블 PCB
② 리지드 PCB
③ 다층 PCB
④ 단층 PCB

플렉시블 기판(Flexible Base material) : 유연성을 갖는 PCB로 절연기판이 얇은 폴리에스테르나 폴리이미드 필름에 동박을 입힌 기판

**47** 부품 중 2000000[Ω]의 저항을 배치하고 그 값을 표시한 것 중 가장 적절한 표시 방법은?

① 2000000[Ω]
② 2000[kΩ]
③ 2[μΩ]
④ 2[MΩ]

1,000 = 1k, 1,000,000 = 1,000k = 1M
위 단위로 환산하면 2000000[Ω] = 2000[kΩ] = 2[MΩ] 단위를 최종으로 정리하는 것이 가장 바람직한 표시 방법이다.

**48** 다음 중 전자 또는 통신기기 등의 전체적인 동작이나 기능을 블록으로 그려 도면에 표시한 것은?

① 회로도
② 접속도
③ 블록선도
④ 배선도

계통도 : 전자회로에서 부분 상호간에 전달되는 신호의 계통을 알기 쉽게 나타낸 선도로서 계통도 또는 블록선도라고 한다.

**49** CAD 활용 시 특징이 아닌 것은?

① 보다 많은 인력과 시간이 소요된다.
② 신제품 개발에 적극적으로 대처할 수 있다.
③ 수작업에 의존하던 디자인의 자동화가 이루어진다.
④ 정확하고 효율적인 작업으로 개발 기간이 단축된다.

📖 CAD 활용 시 특징
• 효율적 작업으로 인력 및 시간이 단축된다.
• 신제품 개발에 적극적으로 대처할 수 있다.
• 수작업에 의존하던 디자인의 자동화가 이루어진다.
• 정확하고 효율적인 작업으로 개발 기간이 단축된다.

**50** 일반적으로 도면 관리시 도면 번호를 기입하는 부분은?

① 부품란　　② 윤곽선
③ 표제란　　④ 드로잉 뒷면

📖 표제란(Title Block) : 도면관리 시 도면 번호를 기입하는 부분

**51** 인쇄회로 기판 설계시 랜드를 설계하려고 한다. D = 3.0[mm], d = 1.0[mm] 일 때 랜드의 최소 도체 나비[W]는?

① 0.5[mm]　　② 1[mm]
③ 1.5[mm]　　④ 2[mm]

📖 $d_1 - d_2 \geq 1.6mm$일 때 랜드의 최소 도체 너비[W] 계산식
$w \geq \dfrac{d_1 - d_2}{2} \times \dfrac{1}{2}$ 에
D = 3.0[mm], d = 1.0[mm]를 대입하면
$w \geq \dfrac{3-1}{2} \times \dfrac{1}{2} = 0.5[mm]$

**52** 다음 마일러 콘덴서의 용량은 얼마인가?

① 22000[pF]
② 224[pF]
③ 0.22[μF]
④ 22.4[μF]

📖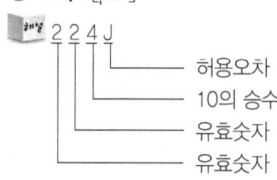

• 콘덴서의 기준 단위는 [pF] = $10^{-12}$
• $10 \times 10^4 \times 10^{-12} = 0.22[μF]$
• 허용오차 J는 ±5[%]이다.

**53** 다음 그림은 고정 저항기이다. 저항 색 띠가 그림과 같을 때 저항 값은 얼마인가?

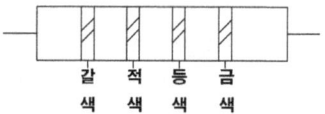

① 10[MΩ]　　② 330[Ω]
③ 220[Ω]　　④ 12[kΩ]

📖
| 제1색띠 | 제2색띠 | 제3색띠 | 제4색띠 |
|---|---|---|---|
| 갈색(1) | 적색(2) | 등색(103) | 금색(±5%) |

$12 \times 10^3 = 12000Ω = 12kΩ$, 오차 ±5%

**54** 다음 콘덴서 중 사용할 때 극성에 유의해야 하는 것은?

① 필름 콘덴서　　② 페이퍼 콘덴서

③ 마이카 콘덴서 ④ 전해 콘덴서

해설 전해 콘덴서 : 극성을 가지고 있으며 안정적인 대용량 전원 공급을 위해 사용되는 소자

**55** 다음 그림과 같이 표현하는 도면 표시 방법은?

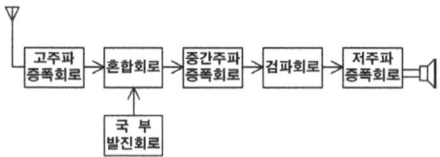

① 회로도
② 계통도
③ 배선도
④ 접속도

해설 계통도 : 전자회로에서 부분 상호간에 전달되는 신호의 계통을 알기 쉽게 나타낸 선도로서 계통도 또는 블록선도라고 한다.

**56** 물체의 실제 길이와 도면에서 축소 또는 확대하여 그리는 길이의 비율을 척도라 한다. 다음 중 비례 관계가 아님을 뜻하며, 도면과 실물의 치수가 비례하지 않을 때 사용하는 것은?

① 배척 ② NS
③ 실척 ④ 축척

해설 척도
• 축척 : 실물보다 작게 축소해서 그리는 것
• 현척(실척) : 실물과 같은 크기로 그리는 것
• 배척 : 실물보다 크게 확대해서 그리는 것
• NS(Not to Scale) : 도면과 실물의 치수가 비례 척도가 아님을 뜻함

**57** 다음 도면의 크기 중 A4의 크기에 해당하는 것은?

① 594mm × 841mm
② 420mm × 594mm
③ 297mm × 420mm
④ 210mm × 297mm

해설 A1 : 594×841, A2 : 420×594, A3 : 297×420, A4 : 210×297

**58** 인쇄기판 제조 공정 중 에칭 방법이 아닌 것은?

① 사진 부식법
② 드릴 가공법
③ 실크 스크린법
④ 오프셋 인쇄법

해설 에칭방법에는 사진부식법, 실크 스크린법, 오프셋 인쇄법을 사용한다.

**59** 다음 중 CAD Tool을 사용하여 Analog 회로의 PCB를 설계하고자 할 때, 험(Hum)이나 잡음(Noise) 등을 최소화하기 위해 가장 신중하게 패턴 설계가 요구되는 것은?

① 접지(Ground) 라인
② 버스(Bus) 라인
③ 신호(Signal) 라인
④ 바이어스(Bias) 라인

해설 Analog 회로 설계 시 Hum이나 Noise 등을 최소화하기 위해 접지(GND)라인을 신중하게 설계해야 한다.

**60** CAD용 컴퓨터의 데이터 버퍼에 대한 설명으로 옳은 것은?

① 출력작업이 이루어지는 동안에도 다른 작업을 행할 수 있다.
② 주변장치와 8 BIT 병렬 데이터 통신을 하기 위한 인터페이스다.
③ 사용자 정의 형상을 컴퓨터가 이해할 수 있는 수치로 나타낸다.
④ 36핀 커넥터로 되어 있다.

> CAD용 컴퓨터의 데이터 버퍼 : 입출력 데이터 등의 정보를 전송할 때 일시적인 데이터 저장 장소로 사용되는 기억장소로 출력작업이 이루어지는 동안에도 다른 작업을 행할 수 있다.

**ANSWER** 2012년 2회

| 01 | 02 | 03 | 04 | 05 | 06 | 07 | 08 | 09 | 10 |
|---|---|---|---|---|---|---|---|---|---|
| ② | ④ | ③ | ④ | ③ | ① | ② | ③ | ② | ① |
| 11 | 12 | 13 | 14 | 15 | 16 | 17 | 18 | 19 | 20 |
| ④ | ③ | ① | ④ | ③ | ④ | ④ | ② | ① | ④ |
| 21 | 22 | 23 | 24 | 25 | 26 | 27 | 28 | 29 | 30 |
| ③ | ② | ② | ① | ③ | ① | ② | ③ | ② | ② |
| 31 | 32 | 33 | 34 | 35 | 36 | 37 | 38 | 39 | 40 |
| ④ | ① | ② | ④ | ③ | ③ | ④ | ① | ③ | ③ |
| 41 | 42 | 43 | 44 | 45 | 46 | 47 | 48 | 49 | 50 |
| ④ | ④ | ③ | ① | ③ | ① | ④ | ③ | ① | ③ |
| 51 | 52 | 53 | 54 | 55 | 56 | 57 | 58 | 59 | 60 |
| ① | ③ | ④ | ④ | ② | ② | ④ | ② | ① | ① |

# Chapter 02 최근기출문제

## 2012년 3회

**01** 어떤 신호 증폭기의 입력전압(V1)의 S/N 비가 90, 출력전압(V2)의 S/N 비가 30 이라면 이 증폭기의 잡음지수는?

① 0.33
② 3
③ 3.33
④ 2700

해설 무잡음 상태의 잡음지수 F = 1
잡음지수(F) = $\dfrac{S_i/N_i(\text{입력 신호전압과 잡음전압비})}{S_o/N_o(\text{출력 신호전압과 잡음전압비})}$
$F = \dfrac{90}{30} = 3$

**02** BJT와 비교한 FET에 대한 설명으로 옳지 않은 것은?

① 입력임피던스가 높다.
② 잡음특성이 양호하다.
③ 이득대역폭 적이 크다.
④ 온도변화에 따른 안정성이 높다.

해설 전계효과트랜지스터(FET)
- 입력임피던스가 매우 높다.
- TR보다 잡음이 적다.
- 열 안정성이 좋다.
- 비교적 방사능 현상의 영향을 덜 받는다.
- BJT보다 이득 대역폭 적(積)이 작다.

**03** 코일의 성질이 아닌 것은?

① 전류의 변화를 안정시키려고 하는 성질
② 상호유도작용
③ 공진하는 성질
④ 전류누설작용

해설 코일은 교류신호를 차단하고 직류신호를 잘 통과시키는 소자로서 전류의 변화를 일정하게 흐르게 하므로 전류를 안정시키는 성질, 상호유도작용, 공진하는 역할을 한다.

**04** 다음 중 N형 반도체를 만드는데 사용되는 불순물의 원소는?

① 인듐(In)
② 비소(As)
③ 갈륨(Ga)
④ 알루미늄(Al)

해설
- P형 반도체를 만드는 불순물(acceptor) : 인듐(In), 갈륨(Ga), 붕소(B), 알루미늄(Al) 등
- N형 반도체를 만드는 불순물(donor) : 안티몬(Sb), 비소(As), 인(P) 등

**05** 다음 중 유도현상에 생기는 유도 기전력은 자속의 변화를 방해하려는 방향으로 발생하는 법칙은?

① 플레밍의 오른손법칙
② 비오-사바르의 법칙
③ 패러데이의 법칙
④ 렌쯔의 법칙

해설 렌쯔의 법칙(Lenz's Law) : 전자유도에 의하여 생긴 기전력방향, 즉 유도된 기전력에 의해 흐르는 전류의 방향은 자속의 증가 또는 감소를 방해하는 방향으로 발생한다. 이런 특성 때문에 반작용의 법칙이라고도 하며, 유도기전력의 크기 e를 나타내는 식에 음(−)의 기호를 붙여 표현 한다.

**06** 멀티바이브레이터에서 비안정, 단안정, 쌍안정의 구분은 무엇으로 결정되는가?

① 결합회로의 구성
② 전원 전류의 크기
③ 전원 전압의 크기
④ 바이어스 전압의 크기

해설 펄스를 생성하는 멀티바이브레이터는 결합회로의 구성에 따라 단안정, 비안정, 쌍안정 멀티바이브레이터로 구분된다.

**07** 디지털 변조방식이 아닌 것은?

① ASK
② FSK
③ PCM
④ QAM

해설 디지털 변조 방식
- ASK(진폭 편이 변조)
- FSK(주파수 편이 변조)
- PSK(위상 편이 변조)
- QAM(진폭+위상, APK 변조)

**08** 사인파 교류 전류의 최대값이 10[A]이면 반주기 평균값은?

① $\dfrac{10}{\sqrt{2}}[A]$  ② $\dfrac{10}{\pi}[A]$
③ $10\sqrt{2}\,[A]$  ④ $\dfrac{20}{\pi}[A]$

해설 전파 정류회로에 평균전압과 평균전류
평균전압값($V_{ave}$)
최대값 $\times \dfrac{2}{\pi} = \dfrac{2V_m}{\pi} = 0.637V_m[V]$

∴ 평균값 = 최대값 $\times \dfrac{2}{\pi}$
$= 10 \times \dfrac{2}{\pi} = \dfrac{20}{\pi}[A]$

**09** 평행한 두 전선에 전류를 흘려주면 두 전선 상호 간에 작용하는 전자력과 전선 간격(r)의 관계로 옳은 것은?

① r에 비례한다.  ② $r^2$에 비례한다.
③ r에 반비례한다.  ④ $r^2$에 반비례한다.

해설 힘 F(전자력)는 전선간격(거리 r)에 반비례한다.

**10** 트랜지스터(TR)이 EB접합과 CE접합 모두 순방향 바이어스 시 트랜지스터(TR)의 동작영역은?

① 포화영역  ② 활성영역
③ 차단영역  ④ 역활성영역

해설

| 동작영역 | EB 접합 | CB 접합 | 용도 |
|---|---|---|---|
| 포화상태 | 순 bias | 순 bias | 펄스, 스위칭 |
| 활성영역 | 순 bias | 역 bias | 증폭작용 |
| 차단영역 | 역 bias | 역 bias | 펄스, 스위칭 |
| 역활성영역 | 역 bias | 순 bias | 사용하지 않음 |

**11** 가정용 백열전등에 220[V]의 전압을 가하였더니 50[W]의 전력을 소비했다. 이 전등의 저항[Ω]은?

① 100[Ω]  ② 200[Ω]
③ 970[Ω]  ④ 1250[Ω]

해설
- $P = VI$식 에서
$I = \dfrac{P}{V} = \dfrac{50}{220} = 0.227[A]$
- $P = I^2R$에 의해
$R = \dfrac{P}{I^2} = \dfrac{50}{0.227^2} = 970[\Omega]$

**12** 다음 중 크로스오버 왜곡(Crossover Distortion)이 발생하는 전력증폭기는?

① A급 전력증폭기
② B급 전력증폭기
③ AB급 전력증폭기
④ C급 전력증폭기

> B급 전력증폭기는 하나의 npn 트랜지스터와 하나의 pnp 트랜지스터로 구성되어 두 개의 트랜지스터가 동작할 때 발생되는 전위장벽으로 인하여 크로스오버 왜곡이 발생한다.

**13** 도체에 전류 i가 흐를 때 도체 주위의 한 점 P에 생기는 자장의 세기는 도선 전류의 각 미소 부분에 생기는 자장의 세기의 합이라는 법칙은?

① 비오-사바르의 법칙
② 렌쯔의 법칙
③ 시타인 메쯔의 법칙
④ 주회 적분의 법칙

> 비오-사바르의 법칙은 도체의 미소 부분 $\Delta l[m]$에 흐르는 전류 $I[A]$에 의해서 생기는 자장의 세기 $\Delta H[A/m]$를 알 수 있는 법칙이다.

**14** 어떤 저항에 10[A]의 전류를 흘리면 20[W]의 전력이 소비 되었다. 이 저항에 20[A]의 전류를 흘리면 소비전력은 몇 [W] 인가?

① 10[W]      ② 20[W]
③ 40[W]      ④ 80[W]

> 전력(P) = $I^2R = \dfrac{V^2}{R}[W]$에서
> $P = I^2R$, $R = \dfrac{P}{I^2} = \dfrac{20}{10^2} = 0.2[\Omega]$
> $\therefore P = I^2R = 20^2 \times 0.2 = 80[W]$

**15** 정류회로에서 직류 출력전압이 100[V]이고, 교류(리플) 성분의 전압이 1.2[V]일 때, 맥동률은 몇 [%] 인가?

① 0.9[%]
② 1.0[%]
③ 1.2[%]
④ 1.5[%]

> 정류된 직류 출력 속에 포함된 교류분을 리플(ripple)이라 한다.(잡음)
> $r = \dfrac{\Delta v_{ac}}{V_{dc}} \times 100\%$
> $= \dfrac{1.2}{100} = 0.012 = 1.2[\%]$

**16** 자기 보수화 코드(Self Complement Code)가 아닌 것은?

① Excess-3 Code
② 2421 Code
③ 51111 Code
④ Gray Code

> • 자기 보수화 코드 : 어떤 코드의 1의 보수를 취한 값이 10진수의 9의 보수인 코드
> • 종류 : 3초과 코드, 2421 코드, 51111 코드, 84-2-1 코드 등

**17** 객체지향 언어이고 웹상의 응용 프로그램에 알맞게 만들어진 언어는?

① 포트란(FORTRAN)
② C
③ 자바(java)
④ SQL

> JAVA : 객체지향프로그래밍 언어로서 네트워크 기능의 구현이 용이하기 때문에, 인터넷 환경에서 가장 활발히 사용되는 프로그래밍 언어이다.

**18** 다음 기억장치 중 접근 시간이 빠른 것부터 순서대로 나열된 것은?

① 레지스터 – 캐시메모리 – 보조기억장치 – 주기억장치
② 캐시메모리 – 레지스터 – 주기억장치 – 보조기억장치
③ 레지스터 – 캐시메모리 – 주기억장치 – 보조기억장치
④ 캐시메모리 – 주기억장치 – 레지스터 – 보조기억장치

> 기억장치의 접근 시간 순서 : 레지스터 – 캐시메모리 – 주기억장치 – 보조기억장치

**19** 8진수 2374를 16진수로 변환한 값은?

① 3A2　　② 3C2
③ 4D2　　④ 4FC

> 8진수의 각 자리수를 3bit의 2진수로 표현한 후 4bit로 표현하면 16진수가 된다.

| 8진수 | 2 | 3 | 7 | 4 |
|---|---|---|---|---|
| 3bit | 010 | 011 | 111 | 100 |
| 4bit | 0100 | 1111 | 1100 | 0 |
| 16진수 | 4 | F | C | |

**20** 8비트로 부호와 절대치 표현 방법에 의해 27과 –27을 표현하면?

① 27 : 00011011, –27 : 10011011
② 27 : 10011011, –27 : 00011011
③ 27 : 00011011, –27 : 00011011
④ 27 : 10011011, –27 : 10011011

> 27을 8bit 2진수로 표현하면 (00011011)$_2$된다. –27은 부호비트에 1을 할당하면 (10011011)$_2$된다.

**21** 다음 중 범용레지스터에서 이용하며, 가장 일반적인 주소지정 방식은?

① 0-주소지정방식
② 1-주소지정방식
③ 2-주소지정방식
④ 3-주소지정방식

> 2–주소 명령어 : 오퍼랜드의 수가 2개인 명령어 형식, 범용 레지스터에 사용하며 가장 일반적인 주소지정방식

**22** 다음 중 데이터 전송 명령어에 해당하는 것은?

① MOV
② ADD
③ CLR
④ JMP

> MOV : 하나의 입력 자료를 갖는 단일 연산으로 전자계산기 내부에서 하나의 레지스터에 기억된 데이터를 다른 레지스터로 옮기는 데 이용된다.

**23** 연산 장치에 대한 설명으로 옳은 것은?

① 계산기에 필요한 명령을 기억한다.
② 연산 작용은 주로 가산기에서 한다.
③ 연산은 주로 10진법으로 한다.
④ 연산 명령을 해석한다.

> 연산장치(ALU, Arithmetic Logical Unit) : 덧셈, 뺄셈, 곱셈, 나눗셈의 산술 연산만이 아니라 AND, OR, NOT, XOR와 같은 논리연산을 하는 장치로 제어장치의 지시에 따라 연산을 수행하며 누산기, 가산기, 데이터 레지스터, 상태 레지스터로 구성된다.

**24** 컴퓨터의 중앙처리장치에서 제어장치에 해당하는 것은?

① 기억 레지스터
② 누산기
③ 상태 레지스터
④ 데이터 레지스터

> 해설  제어장치(Control Unit) : 프로그램 명령어를 해석하고, 해석된 명령의 의미에 따라 연산장치, 주기억 장치 등에게 동작을 지시하며 어드레스 레지스터, 기억 레지스터, 명령 레지스터, 명령 해독기, 명령 계수기 등으로 구성된다.

**25** 다음 중 순서도(flowchart)의 특징이 아닌 것은?

① 프로그램 코딩(coding)의 기초 자료가 된다.
② 프로그램 보관시 자료가 된다.
③ 오류 수정(debugging)이 용이하다.
④ 사용하는 언어에 따라 기호, 형태도 달라진다.

> 해설  순서도의 특징
> • 프로그램 코딩의 기초 자료가 된다.
> • 프로그램 보관 시 자료가 된다.
> • 오류 수정(debugging)이 용이하다.
> • 통일된 기호를 사용한다.

**26** 다음 논리 회로 중 Fan-out 수가 가장 많은 회로는?

① TTL        ② RTL
③ DTL       ④ CMOS

> 해설  Fan Out : 1개의 회로나 장치의 출력 단자에 접속해서 신호를 추출할 수 있는 최대 허용 출력선의 수를 말하며, CMOS는 50개 이상, TTL은 15개 정도이다.

**27** 연산결과가 양수(0) 또는 음수(1), 자리올림(carry), 넘침(overflow)이 발생했는가를 표시하는 레지스터는?

① 상태 레지스터
② 누산기
③ 가산기
④ 데이터 레지스터

> 해설  상태 레지스터(Status Register) : 컴퓨터의 연산 결과를 나타내는데 사용되며, 연산값의 부호 및 오버플로우 발생 유무를 표시한다.

**28** PCB를 제작하기 위한 파일로서 PCB 설계의 모든 정보가 들어있는 파일을 일반적으로 일컫는 것은?

① Gerber 파일
② Print 파일
③ BOM DATA 파일
④ Report 파일

> 해설  Gerber 파일 : PCB를 제작하기 위한 파일로서 PCB설계의 모든 정보가 들어 있고 PCB 설계의 최종 목적 파일로 필름의 생성을 위한 각 레이어 및 드릴 데이터 등을 추출하는 파일이다.

**29** CAD 시스템에서 도면화를 위한 표준 장치로서, 출력이 도형 형식일 때 정교한 표현을 위해 사용되는 것은?

① 모니터
② 플로터
③ 잉크젯 프린터
④ 레이저 프린터

**30** 도면이 구비하여야 할 기본요건으로 틀린 것은?

① 대상물의 도형과 함께 필요로 하는 크기, 모양, 자세, 위치의 정보를 포함하여야 한다.
② 대상물의 도형에 따른 크기 모양 등의 정보를 이해하기 쉬운 방법으로 표현하여야 한다.
③ 애매한 해석이 생기지 않도록 표면상 명확한 뜻을 가져야 한다.
④ 각 기술 분야의 입장에서 가능한 한 좁은 분야에 걸쳐 특이성을 가져야 한다.

📖 도면의 구비조건
- 대상물의 도형과 함께 필요로 하는 크기, 모양, 자세, 위치의 정보를 포함하여야 한다.
- 가능한 한 넓은 기술 분야에 걸쳐 적합성, 보편성을 가져야 한다.
- 복사 및 도면의 보존, 검색, 이용이 확실히 되도록 내용과 양식을 구비하여야 한다.
- 무역 및 기술의 국제 교류의 입장에서 국제성을 가져야 한다.

**31** PCB 설계에서 부품의 배치방법으로 틀린 것은?

① 부품은 회로도상의 신호 흐름을 따라서 배치한다.
② 커넥터는 PCB의 외곽 쪽에 배치한다.
③ 디지털 회로와 아날로그 회로는 분리하지 않고 배치한다.
④ 고전압부와 저전압부는 분리하여 배치한다.

📖 디지털 회로와 아날로그 회로는 분리 배치한다.

**32** 한쪽 방향으로만 전류를 통과시켜 교류를 직류로 바꾸는 소자는?

① 다이오드
② 트랜지스터
③ 전해 콘덴서
④ 전기장 효과 트랜지스터

📖 다이오드 : 전류를 한 방향으로만 흐르게 하고, 그 역방향으로 흐르지 못하게 하는 성질을 가진 반도체 소자

**33** 인쇄회로기판 설계시의 고려 사항과 거리가 먼 것은?

① 부품 배치
② 부품 높이와 배열
③ 부품의 가격
④ 부품 부착 간격

📖 인쇄회로기판(PCB)의 설계 시 부품의 배치, 높이와 배열, 간격 등에 주의하여 설계하여야 한다.

**34** 전기적 접속부위나 빈번한 착탈로 높은 전기적 특성이 요구되는 부위에 부분적으로 실시하는 도금은?

① 아연
② 은
③ 금
④ 구리

📖 Gold Plating(금 도금) : 전기적 접속부위나 빈번한 착탈로 높은 전기적 특성이 요구되는 부위에 고객의 요구에 따라 Connector에 삽입되는 PCB의 Contact Finger Area에만 부분적으로 실시하는 도금

**35** 컴퓨터 정보를 입력시키는 장치 중 도면으로부터 위치 좌표를 읽어 들이는데 사용하는 것은?

① 트랙볼
② 태블릿
③ 디지타이저
④ 이미지스캐너

> 디지타이저(Digitizer) : 도면으로부터 좌표를 읽어 들이는 데 사용하며, 자기장이 분포되어 있는 평판에 위치 검출기를 위치시켜 도면의 위치에 대응하는 X, Y 좌표를 입력하거나 원하는 명령어를 선택하는 입력장치

**36** 국제적으로 통일된 규격의 제정과 실천의 촉진을 위해 설립된 국제 표준화 기구는?

① ISO
② SNV
③ BS
④ ANSI

> ISO(International Organization for Standardization) : 국제 표준화기구

**37** 다음 설명과 같은 도면의 명칭은?

> 장치와 장치 사이의 접속 상태나 기능을 알아보기 쉽게 하기 위해 기호나 실제 모양을 배치하고 이들 사이를 연결한 도면이다.

① 접속도
② 부품배치도
③ 패턴도
④ 패널도

> 접속도 : 장치와 장치 사이의 접속 상태나 기능을 알아보기 쉽게 하기 위해 기호나 실제 모양을 배치하고 이들 사이를 연결한 도면

**38** 부품의 단자 또는 도체 상호간을 접속하기 위해 구멍 주위에 만든 특정한 도체 부분인 것은?

① 리드
② 납마스크
③ 패턴
④ 랜드

> 랜드 : 부품의 단자 또는 도체 상호간을 접속하기 위해 구멍 주위에 만든 특정한 도체 부분

**39** 전자 CAD로 작업한 파일을 저장할 수 있는 장치는?

① 스캐너
② 모니터
③ 마우스
④ 하드디스크

> 전자 CAD에서 작업된 파일은 보조기억장치인 하드디스크에 저장한다.

**40** 능동소자 중 pnpn 4층 구조로 3개의 pn접합이 애노드(A) 캐소드(K) 게이트(G) 등 3개의 전극으로 구성되어 있으며, 조광장치나 전동차의 전력조절 등에 사용되는 소자는?

① 다이오드
② 트랜지스터
③ SCR
④ FET

> SCR : PNPN 4층 구조로 3개의 PN접합이 애노드(A), 캐소드(K), 게이트(G)등 3개의 전극으로 구성되어 있으며, 조광장치나 전동차의 전력조절 등에 사용되는 소자이다.

**41** 설계자의 의도를 작업자에게 정확히 전달시켜 요구하는 물품을 만들게 하기 위하여 사용되는 도면은?

① 계획도
② 주문도
③ 견적도
④ 제작도

**42** 2SA562B 트랜지스터의 명칭에서 A의 용도는?

① PNP형 고주파용 TR
② PNP형 저주파용 TR
③ NPN형 고주파용 TR
④ NPN형 저주파용 TR

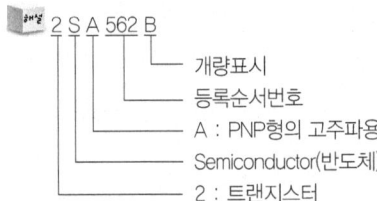

- 개량표시
- 등록순서번호
- A : PNP형의 고주파용
- Semiconductor(반도체)
- 2 : 트랜지스터

**43** PCB의 일반적인 특징 중 틀린 것은?

① 대량 생산의 효과가 높다.
② 오배선의 우려가 없다.
③ 대량생산 단가가 높다.
④ 소형 경량화에 기여한다.

인쇄회로기판(PCB)의 장점
- 대량 생산의 효과가 높다.
- 제품의 균일성과 신뢰성이 높다.
- 제품의 소형, 경량화에 기여한다.
- 오 배선의 우려가 없고, 생산 단가가 저렴하다.

**44** PCB의 제조 공정 중에서 원하는 부품을 삽입하거나, 회로를 연결하는 비아(Via)를 기계적으로 가공하는 과정은?

① 라미네이트
② 노광
③ 드릴
④ 도금

**45** 표준화 유형 중 기업 또는 공장에서 심의하고 규정하여 기업 또는 공장 내부에서 적용되는 표준은?

① 단체 표준
② 사내 표준
③ 국가 표준
④ 국제 표준

사내표준 : 기업 또는 공장에서 심의하고 규정하여 기업 또는 공장 내부에서 적용되는 표준

**46** 다음 그림과 같이 전자 제품의 전체적인 동작이나 기능을 간단한 기호나 직사각형과 문자로 그린 도면의 명칭은?

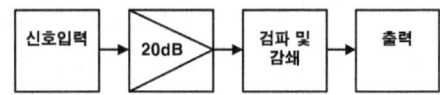

① 배치도
② 블록도
③ 배선도
④ 결합도

계통도 : 전자회로에서 부분 상호간에 전달되는 신호의 계통을 알기 쉽게 나타낸 선도로서 블록도라고도 한다.

**47** 다음 전자 부품 중 전해콘덴서의 심벌은?

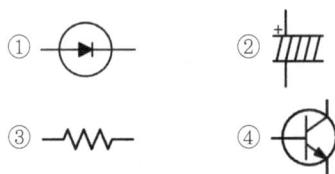

① 다이오드, ② 전해콘덴서, ③ 저항, ④ 트랜지스터

**48** 회로기판이 움직여야 하는 경우나 부품의 삽입시 회로 기판의 굴곡을 요하는 경우에 유연성이 있어야 하는데 폴리에스테르나 폴리이미드 필름에 동박을 접착한 얇은 필름으로 만든 기판은?

① 세라믹 인쇄회로기판
② 플렉시블 인쇄회로기판
③ 유리에폭시 인쇄회로기판
④ 콤퍼지트재 인쇄회로기판

> 플렉시블 기판(Flexible Base material) : 유연성을 갖는 PCB로 절연기판이 얇은 폴리에스테르나 폴리이미드 필름에 동박을 입힌 기판

**49** 다음과 같은 기호가 뜻하는 것은?

① 스위치  ② 퓨즈
③ 유도기  ④ 안테나

| 안테나 | 스위치 | 퓨즈 | 유도기 |
|---|---|---|---|
|  | | | |

**50** 다음은 PCB 설계시 사용되는 단위에 관한 것이다. ( ) 안에 알맞은 숫자는?

2.54mm는 ( )mil이다.

① 1       ② 10
③ 100    ④ 1000

> 1 inch = 2.54[cm] = 25.4[mm] = 1000mil이므로, 10으로 나누면 2.54[mm] = 100mil이 된다.

**51** 주문할 사람에게 물품의 내용 및 가격 등을 설명하기 위해 견적서에 첨부하는 도면의 명칭은?

① 주문도
② 승인도
③ 견적도
④ 설명도

**52** 전자 기기의 패널(panel)은 장치의 모든 기능을 표현하는 얼굴이다. 설계 제도시 유의사항으로 틀린 것은?

① 패널 부품은 크기를 고려하여 균형 있게 배치한다.
② 조작상 서로 연관이 있는 요소끼리 근접 배치한다.
③ 전원 코드는 전면에 배치한다.
④ 조작 빈도가 높은 부품은 패널의 중앙이나 오른쪽에 배치한다.

> 전원선이나 퓨즈박스 등은 배면에 배치한다.

**53** PCB 판이 평형을 유지하지 못하고, 구부러진 상태를 나타내는 용어는?

① 돌기(bump)
② 트위스트(twist)
③ 휨(bow)
④ 결각(indentation)

> 휨(bow) : PCB 판이 평형을 유지하지 못하고, 구부러진 상태를 나타내는 용어

**54** 부품을 적정한 상태로 동작시키는데 필요한 기본적인 조건을 정격이라 하는데, 다음 중 정격에 속하지 않는 것은?

① 주파수
② 인가전압
③ 임피던스
④ 사용 장소의 온도, 습도

> 해설 정격이란 부품을 적정한 상태로 동작시키는 데 필요한 기본적 조건이며 인가전압, 전류, 전력, 주파수, 사용 장소의 온도, 습도 또는 이들의 조건을 말한다. 조건 이외의 임피던스, 출력, 모터의 회전수 등은 정격에 들어가지 않고 공칭이라고 한다.

**55** 인쇄회로기판(PCB)의 설계 시 발열 부품에 대한 대책으로 틀린 것은?

① 일반적으로 내열 온도는 85℃ 이하에서 사용하는 것이 바람직하다.
② 발열 부품은 한 곳에 집중 배치하여, 부분적 영향을 받도록 하는 것이 유리하다.
③ 공기의 흐름을 파악하여, 열에 약한 부품은 공기의 유입 부분에, 열에 강한 부품은 출구 쪽에 배치한다.
④ 실장 면적은 부품을 PCB에 밀착하여 배치하는 경우에 납땜 시 온도의 영향을 작게 설계하는 것이 요구된다.

> 해설 발열부품에 대한 설계 시 고려사항
> • 일반적으로 내열 온도는 85℃ 이하에서 사용하는 것이 바람직하다.
> • 실장면적은 부품을 인쇄회로기판에 밀착하여 배치하는 경우에 납땜 시 온도 영향을 작게 설계하는 것이 중요하다.
> • 부품배치는 부품의 내열성을 고려해서 배치해야 하고 온도 분포가 균일하게 되어야 한다.
> • 공기 흐름을 고려한 후에 열에 약한 부품(IC, Tr, 콘덴서)은 가능한 공기 유입 부분에 배치하고, 열에 강한 부품(저항, 트랜스)은 출구 쪽에 배치한다.

**56** 전자캐드로 작성된 도면의 요소를 지우는 기능에 해당하는 것은?

① ZOOM
② SAVE
③ DELETE
④ EDIT

> 해설 전자캐드로 작성된 도면의 편집과 관련된 기능
> • ZOOM : 화면의 확대, 축소 기능
> • SAVE : 저장
> • DELETE : 삭제
> • EDIT : 편집

**57** 전기 회로망에서 전압을 분배하거나 전류의 흐름을 방해하는 역할을 하는 소자는?

① 콘덴서
② 수정 진동자
③ 저항
④ LED

> 해설 저항 : 전기 회로망에서 전압을 분배하거나 전류의 흐름을 방해하는 역할을 하는 소자

**58** 전자 CAD를 이용한 설계의 효율성으로 틀린 것은?

① 제품의 신뢰성이 떨어진다.
② 제품의 개발에 필요한 시간을 줄이고, 공정을 간소화 할 수 있어 원가가 절감된다.
③ 설계 변경과 시간을 단축할 수 있어 생산성이 향상된다.
④ 설계 데이터의 보관이 비교적 용이하다.

> **[해설]** CAD 도입의 장점
> - 제품의 신뢰성이 높아진다.
> - 설계 과정에서 능률이 향상된다.
> - 보관 및 보안성이 좋아진다.
> - 설계의 표준화로 원가가 절감된다.

**59** CAD 시스템에서 도면 작업에 주로 사용되는 회로 소자의 도 기호와 PCB용 패턴 및 문자들을 제공하여 작업의 효율을 향상시키는 것은?

① LIBRARY
② NRTLIST
③ TREELIST
④ ANNOTATE

> **[해설]** 전자 CAD는 회로도면 및 인쇄회로기판(PCB)의 설계에 빈번히 사용되는 회로 소자의 도 기호와 PCB용 Footprint 및 문자 등을 제공하여 작업의 효율을 크게 향상시키는 라이브러리(Library)를 포함한다.

**60** CAD의 특징으로 틀린 것은?

① 시장 경쟁력 감소
② 설계의 능률화
③ 제조의 정확성
④ 인력의 효율화

> **[해설]** 납기에 신속히 대응할 수 있어 시장 경쟁력을 향상시킨다.

**ANSWER** 2012년 3회

| 01 | 02 | 03 | 04 | 05 | 06 | 07 | 08 | 09 | 10 |
|---|---|---|---|---|---|---|---|---|---|
| ② | ③ | ④ | ② | ④ | ① | ③ | ④ | ③ | ① |
| 11 | 12 | 13 | 14 | 15 | 16 | 17 | 18 | 19 | 20 |
| ③ | ② | ① | ④ | ③ | ④ | ③ | ③ | ④ | ① |
| 21 | 22 | 23 | 24 | 25 | 26 | 27 | 28 | 29 | 30 |
| ③ | ① | ② | ① | ④ | ④ | ① | ① | ② | ④ |
| 31 | 32 | 33 | 34 | 35 | 36 | 37 | 38 | 39 | 40 |
| ③ | ① | ③ | ③ | ③ | ③ | ① | ④ | ④ | ③ |
| 41 | 42 | 43 | 44 | 45 | 46 | 47 | 48 | 49 | 50 |
| ④ | ① | ③ | ③ | ② | ② | ② | ② | ④ | ③ |
| 51 | 52 | 53 | 54 | 55 | 56 | 57 | 58 | 59 | 60 |
| ③ | ③ | ③ | ③ | ② | ③ | ③ | ① | ① | ① |

# Chapter 02 최근기출문제
## 2013년 1회

**01** B급 푸시풀 증폭기에 대한 설명 중 옳은 것은?

① 최대 양극효율은 33.6[%]이다.
② 고주파 전압증폭용으로 널리 쓰인다.
③ 우수고조파가 상쇄되어 찌그러짐이 적다.
④ 출력변성기의 철심이 직류에 의해 포화된다.

▶ B급 푸시풀(Push-pull) 증폭기 특징
- 입력 신호가 없을 때는 콜렉터 전류가 흐르지 않으므로 소비전력이 적고 효율이 높다.(78.5%)
- 우수고조파가 상쇄되어 찌그러짐이 적다.
- 출력 트랜스의 직류 자화를 받지 않으므로 자기 포화(磁氣飽和)에 의한 비직선 왜곡을 제거할 수 있다.
- 푸시풀 증폭회로에서 트랜지스터를 대칭적으로 접속하여 교번 동작 시킨 후 큰 출력을 합하여 얻게하는 회로로서 동작점을 차단점 0 바이어스점에서 잡는다.(정특성 곡선에서 동작점은 컬렉터 전류의 차단점에 설정한다.)
- +상측파와 −하측파가 교차하는 교차점에서 크로스오버 왜곡(Crossover distortion) 일그러짐이 발생 한다.

**02** 40[dB]의 전압이득을 가진 증폭기에 10[mV]의 입력에 가하면 출력전압은 몇 [V] 인가?

① 0.1[V]  ② 1[V]
③ 10[V]  ④ 100[V]

▶ 이득(Gain) = $20 \log_{10} \frac{V_0}{V_i}$ [dB]
40[dB] = 100배이므로 $V_i$ = 1[V]가 된다.

**03** 저항 R=5[Ω], 인덕턴스 L=100[mH], 정전용량 C=100[μF]의 RLC 직렬회로에 60[Hz]의 교류전압을 가할 때 회로의 리액턴스 성분은?

① 저항
② 유도성
③ 용량성
④ 임피던스

▶ $X_L = \omega L = 2\pi f$
$= 2 \times 3.14 \times 60 \times 100 \times 10^{-3} = 37.65[\Omega]$
$X_C = \frac{1}{wC} = \frac{1}{2\pi fc}$
$= \frac{1}{6.26 \times 60 \times 100 \times 10^{-6}} = 26.53[\Omega]$
∴  〉 $X_C$ 이므로 유도성이다.

**04** 구형파의 입력을 가하여 폭이 좁은 트리거 펄스를 얻는데 사용되는 회로는?

① 미분회로
② 적분회로
③ 발진회로
④ 클리핑회로

▶
- 회로구성 : 미분회로는 입력에 C 직렬로 구성하고 출력 측에 R 병렬로 구성된 회로이다.
- 신호 인가 : 입력 측에 구형파를 넣으면 출력은 시간에 따라 이득이 감소하는 트리거 펄스파를 CR시정수 값에 따라 얻을 수 있다.

**05** 쌍안정 멀티바이브레이터에 대한 설명 중 적합하지 않은 것은?

① 플립플롭회로이다.
② 분주기, 2진 계수회로 등에 많이 사용된다.
③ 입력 트리거 펄스 1개마다 1개의 출력 펄스를 얻는다.
④ 저항과 병렬로 연결되는 스피드업(speed up) 콘덴서가 2개 쓰인다.

**해설** 쌍안정 멀티바이브레이터(Bistable MV)는 2개의 안정 상태를 가지며 2개의 트리거(trigger) 펄스에 의해 하나의 구형파를 발생시킬 수 있다(2 : 1). 이 회로를 플립플롭(Flip-flop)이라고 하며 기억장치 등에 사용된다.

**06** 펄스의 상승 부분에서 진동의 정도를 말하며 높은 주파수 성분에 공진하기 때문에 생기는 것은?

① Sag                ② Storage Time
③ Under Shoot       ④ Ringing

**해설** 링깅(Ringing) : 펄스는 짧은 순간에 상승했다 떨어지는 신호에서 10%~90%의 상승시간 중에서 최고점인 100%에서 90%로 떨어지면서 진동을 일으키며 공진하기 때문에 생긴다.

**07** 회로에서 $V_o$를 구하면 몇 [V]인가?(단, $I_2 \gg I_B$, $V_{BE}=0.6[V]$, $I_C \approx I_E$임)

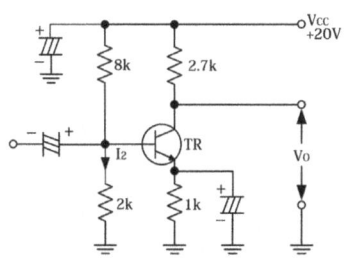

① 9.82[V]           ② 10.82[V]
③ 11.82[V]          ④ 12.82[V]

**해설** 전류궤환 바이어스 회로이다.
$$V_B = \frac{R_2}{R_1 + R_2}V_{CC}$$
$$= \frac{2 \times 10^3}{8 \times 10^3 + 2 \times 10^3} \times 10 = 4[V]$$
$$V_E = V_B - V_{BE} = 4 - 0.6 = 3.4[V]$$
$I_C \cong I_E$이므로 다음과 같다.
$$I_C = I_E = \frac{V_E}{R_E} = \frac{3.4}{1 \times 10^3} = 3.4[mA]$$
$$V_C = R_C I_C = 2.7 \times 10^3 \times 3.4 \times 10^{-3}$$
$$= 9.18[V]$$
$$V_o = V_{CC} - R_C I_C = 20 - 9.18 = 10.82[V]$$

**08** 자기인덕턴스가 $L_1$, $L_2$ 이고, 상호인덕턴스가 M, 결합계수가 1일 때의 관계는?

① $L_1 L_2 = M$         ② $L_1 L_2 > M$
③ $\sqrt{L_1 L_2} > M$   ④ $\sqrt{L_1 L_2} = M$

**해설** 두 코일간의 유도결합의 정도를 나타내는 양으로서 다음과 같이 정의되는 결합계수(Coefficient of coupling) k를 쓴다.
$$k = \frac{M}{\sqrt{L_1 L_2}}$$에서, k = 1이므로
$$\therefore M = \sqrt{L_1 L_2}$$ 이다.

**09** R-L 직렬회로의 시정수에 해당되는 것은?

① $\frac{1}{2R}$         ② $2R$
③ $\frac{R}{L}$          ④ $\frac{L}{R}$

**해설** R-L 직렬회로의 시정수
$$\tau = \frac{L}{R}[sec]$$

**10** 이상적인 펄스 파형 최대 진폭 Amax의 90[%] 되는 부분에서 10[%] 되는 부분까지 내려가는데 소요되는 시간은?

① 지연시간  ② 상승시간
③ 하강시간  ④ 오버슈트 시간

> 하강시간(fall time) : 펄스의 진폭이 90[%] 되는 부분에서 10[%] 되는 부분까지 하강하는데 걸리는 시간

**11** 저항을 R이라고 하면 컨덕턴스 G[℧]는 어떻게 표현 되는가?

① $R^2$  ② $R$
③ $\dfrac{1}{R^2}$  ④ $\dfrac{1}{R}$

> 컨덕턴스(conductance) : 저항의 역수로 전류가 흐르기 쉬운 정도를 나타낸다.

**12** 클리퍼(clipper)에 대한 설명으로 가장 옳은 것은?

① 임펄스를 증폭하는 회로이다.
② 톱니파를 증폭하는 회로이다.
③ 구형파를 증폭하는 회로이다.
④ 파형의 상부 또는 하부를 일정한 레벨로 잘라내는 회로이다.

> • 클램핑 회로 : 입력신호의 최대값(상단레벨)을 특정값인 (+), (−)값으로 고정시키는 회로로 직류성분을 재생하는 목적으로 쓰인다.
> • 클리퍼 회로 : 입력 파형에 대한 상단 파형을 자르는 피크 클리퍼, 파형의 하단을 자르는 베이스 클리퍼로 구분한다.
> • 리미트 회로 : 입력신호의 상·하단을 제한하는 진폭 제한기라고도 한다.
> • 슬라이서 회로 : 리미터의 특별한 경우로서 입력신호 중에서 폭이 매우 좁게 (+) 일부분 혹은 (−) 일부분 토막을 추출하는 회로이며, 인가되는 전압의 극성은 서로 동일하다.

**13** 전압안정화 회로에서 리니어(linear) 방식과 스위칭(switching) 방식의 장·단점 비교가 옳은 것은?

① 효율은 리니어 방식보다 스위칭 방식이 좋다.
② 회로구성에서 리니어 방식은 복잡하고 스위칭 방식은 간단하다.
③ 중량은 리니어 방식은 가볍고 스위칭 방식은 무겁다.
④ 전압정밀도는 리니어 방식은 스위칭 방식은 좋다.

> | 구분 | 특징 |
> |---|---|
> | 리니어 방식 | • 직류(DC)출력이 건전지에 가깝게 양질이다.<br>• 적은 부품으로 간단하다.<br>• 소출력 회로에 많이 사용된다.<br>• 발열이 심하며, 효율이 낮다. |
> | 스위칭 방식 | • 직류 속에 잡음이 있다.<br>• 많은 부품으로 구성되어 회로가 복잡하다.<br>• 대전력용으로 많이 사용된다.<br>• 효율이 높다. |

**14** 집적회로(IC)의 특징으로 적합하지 않은 것은?

① 대전력용으로 주로 사용
② 소형경량
③ 고 신뢰도
④ 경제적

> 집적회로(IC) : R, D, TR 등의 부품을 내부에 칩화, 소형, 경량화 하여 작은 전력으로 구동할 수 있는 회로에 사용되며 신뢰도가 높다. 따라서 대량생산에 적합하도록 설계 되었고 크기를 줄이기 위하여 주로 부품 L, C는 외부 회로에서 연결하여 사용하도록 설계 되었다.

**15** 어떤 정류기 부하양단의 직류전압이 300[V]이고, 맥동률이 2[%]이면 교류성분의 실효값은?

① 2[V]  ② 4.24[V]
③ 6[V]  ④ 8.48[V]

> 해설 맥동율 : 정류된 직류전압 속의 교류성분
> $$r = \frac{\Delta\sqrt{(출력파형 \ 속의 \ 교류성분의 \ 실효값)}}{V_d(직류출력값)} \times 100\%$$
> $$2 = \frac{\chi}{300} \times 100$$
> $$\chi = \frac{2 \times 300}{100} = 6[V]$$

**16** 다음 중 연산증폭회로에서 되먹임 콘덴서로 변경한 것은?

① 미분기 회로  ② 적분기 회로
③ 가산기 회로  ④ 감산기 회로

**17** 명령어 내의 주소부에 실제 데이터가 저장된 장소의 주소를 가진 기억장소의 주소를 표현한 방식은?

① 즉시 주소 지정방식
② 직접 주소 지정방식
③ 암시적 주소 지정방식
④ 간접 주소 지정방식

> 해설 간접 주소 지정 방식(Indirect Addressing Mode) : 명령어 내의 주소부에 실제 데이터가 저장된 장소의 주소를 가진 기억장소의 주소를 표현한 방식

**18** 프로그램에 대한 설명으로 틀린 것은?

① 컴퓨터가 이해할 수 있는 언어를 프로그래밍 언어라 한다.
② 프로그램을 작성하는 일을 프로그래밍이라 한다.
③ 프로그래밍 언어에는 C, 베이직, 포토샵 등이 있다
④ 컴퓨터가 행동하도록 단계적으로 지시하는 명령문의 집합체를 프로그램이라 한다.

> 해설 포토샵은 프로그래밍 언어가 아닌 컴퓨터 그래픽 프로그램이다.

**19** 컴퓨터의 연산 결과를 나타내는데 사용되며, 연산값의 부호 및 오버플로우 발생 유무를 표시하는 레지스터는?

① 데이터 레지스터
② 상태 레지스터
③ 누산기
④ 연산 레지스터

> 해설 상태 레지스터(Status Register) : 컴퓨터의 연산 결과를 나타내는데 사용되며, 연산값의 부호 및 오버플로우 발생 유무를 표시한다.

**20** C 언어의 변수명으로 적합하지 않은 것은?

① KIM50
② ABC
③ 5P0P
④ E1B2U3

> 해설 C언어 변수명 규칙
> - 변수명으로 사용할 수 있는 문자는 알파벳, 숫자, _ 세가지이다.
> - 변수명의 첫 글자는 숫자가 될 수 없다(알파벳 또는 _로 시작).
> - 변수명은 최대 32자까지다.
> - 예약어를 변수명으로 사용할 수 없다.
> - 알파벳 대문자와 소문자는 서로 다른 것으로 구분된다.

**21** 중앙처리장치 중 제어장치의 기능으로 가장 알맞은 것은?

① 정보를 기억한다.
② 정보를 연산한다.
③ 정보를 연산하고, 기억한다.
④ 명령을 해석하고, 실행한다.

> 제어장치(Control Unit) : 프로그램 명령어를 해석하고, 해석된 명령의 의미에 따라 연산장치, 주기억 장치 등에게 동작을 지시한다.

**22** 다음 명령어 형식 중 틀린 것은?

| 연산자 | Address 1 | Address 2 |

① 주소부는 2개로 구성되어 있다.
② 명령어 형식은 명령코드부와 operand(주소)부로 되어 있다.
③ 주소부는 동작 지시 뿐 아니라 주소부의 형태를 함께 표현한다.
④ 주소부는 처리할 데이터가 어디에 있는지를 표현한다.

> • 주소부는 2개로 구성되어 있다.
> • 명령어 형식은 명령코드부와 Operand(주소)부로 되어 있다.
> • 주소부는 처리할 데이터가 어디에 있는지를 표현한다.

**23** 운영체제의 종류가 아닌 것은?

① MS-DOS   ② WINDOWS
③ UNIX     ④ P-CAD

> P-CAD는 운영체제가 아닌 EDA(Electronic Design Automation), 전자회로 등을 설계하기 위하여 만들어진 CAD 프로그램이다.

**24** 논리함수 (A + B)(A + C)를 불 대수에 의해 간략화 한 것은?

① A + BC
② AB + C
③ AC + BC
④ AB + BC

> $(A+B)(A+C) = AA + AB + AC + BC$  ∵ $AA = A$
> $= A(1+B+C) + BC$  ∵ $1+B+C = 1$
> $= A + BC$

**25** 기억장치의 주소를 4비트(bit)로 구성할 경우 나타낼 수 있는 최대 경우의 수는?

① 8    ② 16
③ 32   ④ 64

> 4비트(bit)로 구성할 최대의 경우의 수는 $2^4 = 16$

**26** 제어장치 중 다음에 실행될 명령어의 위치를 기억하고 있는 레지스터는?

① 범용 레지스터
② 프로그램 카운터
③ 메모리 버퍼 레지스터
④ 번지 해독기

> 프로그램 카운터(Program Counter) : 기억장치에 기억된 명령이 순서대로 중앙 처리 장치에서 실행될 수 있도록 그 주소를 지정해 주는 레지스터

**27** 다음 10진수 756.5를 16진수로 옳게 표현한 것은?

① 2F4.8   ② 2E4.8
③ 2F4.5   ④ 2E4.5

해설
- 정수 부분을 16으로 나눈다.

```
16 ) 756  - 4
16 )  47  - F(15)
       2
```

- 소수 부분의 소수점의 자리를 16으로 곱한다.
  0.5 × 16 = 8.0
- 결과는 $(756.5)_{10} = (2F4.8)_{16}$이 된다.

**28** 미국 표준 코드로서 Data 통신에 많이 사용되는 자료의 표현 방식은?

① BCD 코드
② ASCII 코드
③ EBCDIC 코드
④ GRAY 코드

해설 ASCII 코드(American Standard Code for Information Interchange Code) : 미국의 표준코드, 문자를 표시하기 위한 7비트 코드로서 영어 대문자, 소문자로 구별할 수 있으며, 가장 왼쪽의 한 비트는 코드의 오류 검출용 패리티 비트를 부가하여 8비트로 표시하고 데이터 통신에서 표준코드로 사용하며 개인용 컴퓨터에 사용한다.

**29** 다음 중 NS가 뜻하는 것은?

① 축적을 나타냄
② 배척을 나타냄
③ 실척을 나타냄
④ 비례척이 아님

해설 척도
- 축척 : 실물보다 작게 축소해서 그리는 것
- 현척(실척) : 실물과 같은 크기로 그리는 것
- 배척 : 실물보다 크게 확대해서 그리는 것
- NS(Not to Scale) : 도면과 실물의 치수가 비례척도가 아님을 뜻함

**30** 일반적인 고주파회로를 설계할 때 유의사항과 거리가 먼 것은?

① 배선의 길이는 가급적 짧게 한다.
② 배선이 꼬인 것은 저항으로 간주한다.
③ 회로의 중요한 요소에는 바이패스 콘덴서를 삽입한다.
④ 유도 가능한 고주파 전송선로는 다른 신호선과 평행하지 않게 한다.

해설 배선이 꼬인 것은 코일로 간주한다.

**31** 네트리스를 생성하기 위한 준비단계로 볼 수 없는 것은?

① DRC 실행 확인
② Annotation 실행 확인
③ 프로젝트 생성의 이상 여부 확인
④ 거버파일 생성 확인

해설 Netlist : PCB상에서 상호 연결되어 있는 신호, 모듈, 핀의 명칭으로 회로도면상의 연결 정보이며, Gerber 파일은 PCB를 제작하기 위한 파일로서 PCB설계의 모든 정보가 들어 있고 PCB 설계의 최종 목적 파일로 필름의 생성을 위한 각 레이어 및 드릴 데이터 등을 추출하는 파일이다.

**32** 트랜지스터에 2 S A 735 라고 표시되어 있을 때 A가 나타내는 것은?

① pnp형 고주파용
② pnp형 저주파용
③ npn형 고주파용
④ npn형 저주파용

해설
- 2 : 트랜지스터
- S : 반도체
- A : PNP형의 고주파용(C는 NPN형의 고주파용)
- 735 : 등록순서번호

**33** 세라믹 콘덴서의 부품 표면에 102J로 표시된 경우 용량은?

① 1[μF]　　② 0.1[μF]
③ 0.01[μF]　④ 0.001[μF]

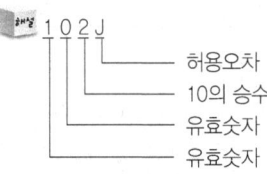

- 콘덴서의 기준 단위는 [pF] = $10^{-12}$
- $10 \times 10^2 \times 10^{-12} = 0.001[\mu F]$
- 허용오차 J는 ±5[%] 이다.

**34** 다음 고정저항에 대한 설명 중 옳지 않은 것은?

① 탄소 피막 저항 : 탄소 저항이라고도 하며 가격이 저렴하여 일반적으로 사용된다.
② 권선 저항 : 저항값이 높은 저항기로 소전력용으로 사용된다.
③ 모듈 저항 : 메탈 글레이즈를 사용한 저항기를 모듈화한 것이다.
④ 솔리드 저항 : 기계적 내구성이 크고 고저항에서도 단선될 염려가 없다.

권선 저항기 : 저항 값이 낮은 저항기로서 대전력용 및 표준저항기 등과 같이 정밀도 저항기로 사용된다.

**35** 디지털 회로도면의 제도 방법으로 옳지 않은 것은?

① 여러 가닥의 배선이 같은 방향으로 이동할 때는 버스선을 이용한다.
② 아날로그 부분과 전위레벨이 다르므로, 도면에서 이들 회로를 격리하여 그린다.
③ 아날로그 부분의 유도현상 영향을 고려하여 전원선을 함께 그린다.
④ D/A 변환기 출력부에 디지털 성분 제거를 위한 저역통과 필터를 접속한다.

아날로그 부분의 유도현상을 고려하여 전원선은 분리하여 그린다.

**36** 다음 KS(Korean Industrial Standards) 부분별 기호 중 전기 부분을 나타내는 기호는?

① KS A　　② KS B
③ KS C　　④ KS D

KS A : 기본, KS B : 기계, KS C : 전기, KS D : 금속

**37** 표준 도형을 등록해 놓고 변동 부분의 수치를 입력하면 도형이 수치에 맞도록 변하게 하는 것은?

① 수치제어 장치　② 파라메트릭 설계
③ 오토 라우팅 설계　④ 자동 제도 시스템

파라메트릭 설계 : 표준 도형을 등록해 놓고 변동 부분의 수치를 입력하면 도형이 수치에 맞도록 변하게 하는 제도 시스템

**38** 인쇄회로기판의 제조공정에서 접착이 용이하도록 처리된 작업 패널 위에 드라이 필름(Photo Sensitive Dry Film Resist : 감광성 사진 인쇄 막)을 일정한 온도와 압력으로 압착 도포하는 공정을 무엇이라 하는가?

① 스크러빙(Scrubbing : 정면)

② 노광
③ 라미네이션(Lamination)
④ 현상

> 해설 Scrubbing(스크러빙, 정면) : 도금된 동박 상에 발생된 산화 막이나 지문 등을 제거하고, Dry Film이 잘 접착 되도록 동박 면을 거칠게 해주는 공정

**39** 다음 그림에서 콘덴서 용량과 오차값으로 옳은 것은?

① 0.047μF ±0.25%
② 0.047μF ±0.5%
③ 0.47μF ±0.25%
④ 0.47μF ±0.5%

> 해설
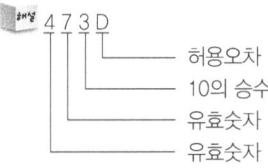
- 콘덴서의 기준 단위는 [pF] = $10^{-12}$
- $47 \times 10^3 \times 10^{-12} = 0.047[\mu F]$
- 허용오차 D는 ±0.5[%] 이다.

**40** 인쇄회로기판을 설계할 때의 유의하여야 할 사항 중 옳지 않은 것은?

① 기판 구성시 부품의 배치는 일반적으로 회로도를 중심으로 배치함을 원칙으로 한다.
② 부품의 부피와 피치(pitch)를 확인하여 적절한 부착 위치를 설정한다.
③ 배선은 최대한 길게 하는 것이 다른 배선이나 부품의 영향을 적게 받는다.
④ 취급하는 전력 용량, 주파수 대역 및 신호 형태별로 기판을 나누거나 커넥터를 분리하여 설계한다.

> 해설 PCB 패턴 설계 시 유의사항
> - 기판 구성 시 부품의 배치는 일반적으로 회로도를 중심으로 배치함을 원칙으로 한다.
> - 부품의 부피와 피치(pitch)를 확인하여 적절한 부착 위치를 설정한다.
> - 패턴은 가능한 한 짧고 굵게 한다.
> - 취급하는 전력 용량, 주파수 대역 및 신호 형태별로 기판을 나누거나 커넥터를 분리하여 설계한다.

**41** 다음 중 도면의 효율적 관리를 위해 마이크로필름을 이용하는 이유가 아닌 것은?

① 종이에 비해 보존성이 좋다.
② 재료비를 절감시킬 수 있다.
③ 통일된 크기로 복사할 수 있다.
④ 복사 시간이 짧지만 복원력이 낮다.

> 해설 마이크로필름은 복사 시간이 짧고, 복원력도 높다.

**42** PCB Artwork에서 하나의 부품을 배치하였을 때, 부품이 갖는 특성 요소와 거리가 먼 것은?

① 부품 색깔
② 부품 번호
③ 부품 치수
④ 부품 명

> 해설 PCB Artwork에서 하나의 부품을 배치하였을 때, 부품이 갖는 특성 요소는 부품 번호, 부품 치수, 부품 명, 부품의 값 등의 정보를 나타낸다.

**43** 인쇄회로기판에서 부품의 단자 또는 도체 상호 간을 접속하기 위해 구멍(Hole)의 주위에 만든 특정한 도체 부분이 납땜이 될 수 있도록 처리하는 것은?

① 실크스크린
② Drill(구멍 가공)
③ 패턴
④ 납 마스크

　**해설** 납 마스크 : 부품의 접속을 위하여 납이 묻어야 할 부분을 말한다.

**44** CAD 시스템의 입력 장치로 사용될 수 없는 것은?

① 키보드　　　　② 마우스
③ 디지타이저　　④ 플로터

　**해설**
- 입력장치 : 키보드, 마우스, 디지타이저, 이미지 스캐너, 라이트 펜 등
- 출력장치 : 모니터, 프린터, 플로터, 포토 플로터 등

**45** 그림과 같이 4색으로 표시되어 있을 때 저항 값은?

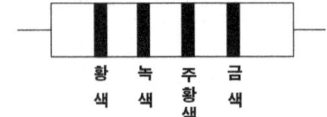

① 25[kΩ]　　　　② 35[kΩ]
③ 45[kΩ]　　　　④ 65[kΩ]

　**해설**

| 제1색띠 | 제2색띠 | 제3색띠 | 제4색띠 |
|---|---|---|---|
| 황색(4) | 녹색(5) | 주황색($10^3$) | 금색(±5%) |

$45 \times 10^3 = 45000Ω = 45kΩ$, 오차 ±5%

**46** 그림과 같은 부품 기호와 관련 있는 것은?

① 제너 다이오드
② 터널 다이오드
③ 정류 다이오드
④ 가변용량 다이오드

　**해설**

| 제너 다이오드 | 터널 다이오드 | 정류 다이오드 | 가변용량 다이오드 |
|---|---|---|---|
|  | | | |

**47** 다음 중 디스플레이(display) 장치로 볼 수 없는 것은?

① 모니터
② LCD 모니터
③ 디지타이저
④ 비디오프로젝터

　**해설** 디지타이저(Digitizer) : 도면으로부터 좌표를 읽어 들이는 데 사용하며, 자기장이 분포되어 있는 평판에 위치 검출기를 위치시켜 도면의 위치에 대응하는 X, Y 좌표를 입력하거나 원하는 명령어를 선택하는 입력장치

**48** PCB에서 잡음 방지 대책에 대한 설명으로 옳지 않은 것은?

① 가능한 패턴을 짧게 배선한다.
② 패턴을 최대한 굵게 배선한다.
③ 패턴을 가늘게 배선하고, 단층 기판이 다층 기판보다 노이즈가 덜 심하다.

④ 아날로그 회로와 디지털 회로 부분은 분리하여 실장 배선한다.

📝 PCB 잡음 방지 대책
  • 가능한 한 패턴을 짧게 배선한다.
  • 패턴을 최대한 굵게 배선한다.
  • 단층기판 보다는 전원과 GND를 분리할 수 있는 다층기판을 사용한다.
  • 아날로그 회로와 디지털 회로 부분은 분리하여 실장 배선한다.

**49** 다음 중 프린트 기판의 종류라고 할 수 없는 것은?

① 종이페놀기판
② 세라믹기판
③ 유리 에폭시기판
④ 알루미늄 도금기판

📝 인쇄회로 기판의 재질에 따라 종이페놀수지, 유리 에폭시수지, 세라믹(Ceramic)기판, Metal기판, Teflon기판 등이 있다.

**50** 능동 부품(active component)의 능동적 기능이라고 볼 수 없는 것은?

① 신호의 증폭    ② 신호의 발진
③ 신호의 중계    ④ 신호의 변환

📝 능동부품(Active Component) : 트랜지스터(TR), 전계효과 트랜지스터(FET), 단접합 트랜지스터(UJT), IC, 연산증폭기(OPAMP) 등을 말하며, 능동소자는 증폭, 발진, 신호 변환 등의 기능을 갖는다.

**51** 축적이 1/2인 도면에서 부품기호가 1cm의 길이를 가졌다면 실제의 부품 길이는?

① 3cm        ② 2cm
③ 0.5cm      ④ 1cm

📝 축적은 실물보다 작게 축소해서 그리는 것이므로 1/2로 작게 축소해서 그린 길이가 1[cm] 이므로, 실제의 크기는 축소해서 그린 길이에 2배를 하면 2[cm]가 된다.

**52** 다음 전기, 전자용 부품의 기호 중 퓨즈에 해당하는 것은?

①    ②

③    ④

📝 ① : 저항, ② 퓨즈, ③ 다이오드, ④ 제너다이오드

**53** 인쇄회로기판(PCB) 설계 후 최종적으로 추출 되는 데이터 파일 중 인쇄회로기판을 제작할 수 있는 데이터 파일은?

① DXF 파일
② EDIF 파일
③ Projet 파일
④ Gerber 파일

📝 Gerber 파일 : PCB를 제작하기 위한 파일로서 PCB설계의 모든 정보가 들어 있고 PCB 설계의 최종 목적 파일로 필름의 생성을 위한 각 레이어 및 드릴 데이터 등을 추출하는 파일이다.

**54** 손으로 그린 스케치를 CAD 시스템으로 입력할 때 필요한 장치는?

① 마우스(Mouse)
② 트랙볼(Track ball)
③ 디지타이저(Digitizer)
④ 이미지 스캐너(Image scanner)

📝 이미지 스캐너 : 사진 또는 그림과 같이 종이 위의 도형의 정보를 그래픽 형태로 읽어 들여 컴퓨터에 전달하는 입력 장치

**55** 전자CAD 프로그램 중 스케메틱(Schematic)에서 새로운 부품을 생성하고자 할 때 필요 없는 것은?

① 부품의 외형  ② 부품의 이름
③ 부품의 핀 이름  ④ 부품의 참조기호

> 해설 새로운 부품을 생성하고자 할 경우 부품의 이름, 부품의 핀 이름, 부품의 참조기호가 필요하다.

**56** 다음 중 설계 진행 과정을 눈으로 바로 확인 가능한 장치는?

① 모니터  ② 하드 디스크
③ CPU  ④ 메모리

> 해설 모니터 : 컴퓨터에서의 출력정보를 문자, 도형, 기호 등의 영상으로 표시하는 장치이다.

**57** CAD 시스템을 사용하여 얻을 수 있는 특징이 아닌 것은?

① 도면의 품질이 좋아진다.
② 도면 작성 시간이 길어진다.
③ 설계 과정에서 능률이 향상된다.
④ 수치 결과에 대한 정확성이 증가한다.

> 해설 CAD 시스템을 사용하면 설계 과정에서 능률이 향상되고, 설계의 표준화로 원가가 절감된다.

**58** 회로를 그릴 때에 불러서 쓰기 위해 도 기호들을 만들어 저장해 두는 파일은?

① 라이브러리(Library)
② 시스템(System)
③ 배치(Batch)
④ 편집(Edit)

> 해설 전자 CAD는 회로도면 및 인쇄회로기판(PCB)의 설계에 빈번히 사용되는 회로소자의 도 기호와 PCB용 Footprint 및 문자 등을 제공하여 작업의 효율을 크게 향상시키는 라이브러리(Library)를 포함한다.

**59** 회로도 작성시 물리적인 관련이나 연결이 아닌 부품 사이에 나타내는 선은?

① 실선  ② 파선
③ 치수선  ④ 일점쇄선

> 해설 회로도 작성 시 물리적인 관련이나 연결이 있는 부품 사이는 파선으로 나타낸다.

**60** 회로도 작성시 선과 선이 전기적으로 접속되는 지점에 표시하는 것은?

① Junction  ② Bus entry
③ No connect  ④ Alias

> 해설 회로도 작성 시 선과 선이 전기적으로 접속되는 지점에 Junction으로 접속점을 표시한다.

**ANSWER** 2013년 1회

| 01 | 02 | 03 | 04 | 05 | 06 | 07 | 08 | 09 | 10 |
|---|---|---|---|---|---|---|---|---|---|
| ③ | ② | ② | ① | ④ | ② | ④ | ④ | ④ | ③ |
| 11 | 12 | 13 | 14 | 15 | 16 | 17 | 18 | 19 | 20 |
| ④ | ④ | ① | ① | ③ | ② | ④ | ③ | ② | ③ |
| 21 | 22 | 23 | 24 | 25 | 26 | 27 | 28 | 29 | 30 |
| ④ | ③ | ④ | ② | ② | ② | ① | ② | ④ | ② |
| 31 | 32 | 33 | 34 | 35 | 36 | 37 | 38 | 39 | 40 |
| ④ | ① | ④ | ④ | ③ | ③ | ② | ② | ② | ④ |
| 41 | 42 | 43 | 44 | 45 | 46 | 47 | 48 | 49 | 50 |
| ④ | ① | ④ | ④ | ④ | ① | ③ | ③ | ④ | ③ |
| 51 | 52 | 53 | 54 | 55 | 56 | 57 | 58 | 59 | 60 |
| ② | ② | ④ | ④ | ① | ① | ② | ① | ② | ① |

# Chapter 02 최근기출문제
## 2013년 2회

**01** 그림과 같은 회로에 대한 것으로 옳은 것은?

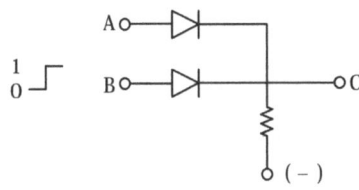

① 정논리 AND  ② 부논리 AND
③ 정논리 OR  ④ 부논리 OR

> OR(논리합) : 입력 A, B 중 어느 하나라도 1이면 출력 C는 1이 출력되는 논리회로

**02** 그림의 파형 A, B 가 AND 게이트를 통과했을 때의 출력 파형은?

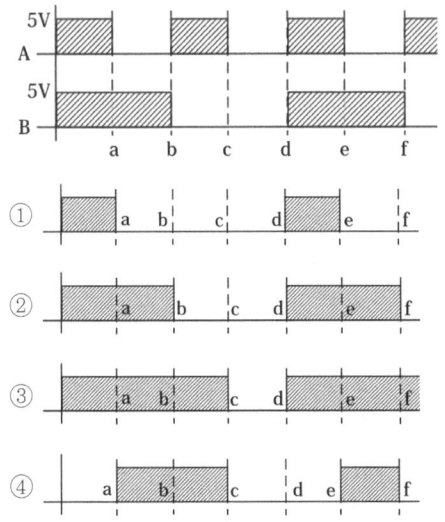

**03** 트라이액(TRIAC)에 관한 설명 중 옳지 않은 것은?

① 쌍방향성 소자이다.
② 교류 제어에 사용한다.
③ (+) 또는 (−)전류로 통전시킬 수 있다.
④ 게이트 전압을 가변하여 부하전류를 조절한다.

> 트라이액(TRIAC) : 스위칭소자로서 그 구성은 실리콘제어정류소자(SCR) 2개를 서로 대칭적으로 구성된 3단자 쌍방향 교류제어로 사용되며, 게이트 전압으로 T2, T1인 주전류를 제어한다.

**04** 500[W]의 전력을 소비하는 전열기를 10시간 동안 연속하여 사용했을 때의 소비된 전력량은 몇 [kWh] 인가?

① 50[kWh]  ② 10[kWh]
③ 5[kWh]  ④ 1[kWh]

> 소비전력량(Pt) = 500 × 10 = 5000[Wh] = 5[kWh]

**05** 트랜지스터의 특성에 대한 설명 중 옳지 않은 것은?

① 트랜지스터는 전류를 증폭하는 소자이다.
② 트랜지스터의 전류 이득은 $h_{fe}$로 일반적으로 표기한다.

③ 트랜지스터의 전류 이득은 컬렉터의 전류에 따라 변한다.
④ 트랜지스터의 전류 이득은 접합부의 온도가 증가하면 감소한다.

**06** 회로에서 다음과 같은 조건일 때 동작 상태를 가장 잘 나타낸 것은?(단, $R_1 = R_2 = R_3 = R$이고, $R > R_f$이다.)

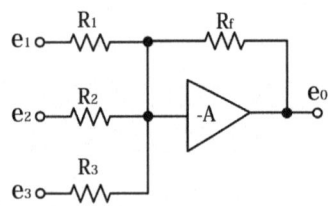

① 반전 가산 증폭기
② 반전 가산 감쇄기
③ 반전 차동 증폭기
④ 반전 차동 감쇄기

해설 $e_0 = -\dfrac{R_f}{R}ei$이므로

$= -\left(\dfrac{R_f}{R_1}e_1 + \dfrac{R_f}{R_2}e_2 + \dfrac{R_f}{R_3}e_3\right)$ ―― a

식 a에서 $R_1 = R_2 = R_3 = R$이라면
$e_0 = -\dfrac{R_f}{R}(e_1 + e_2 + e_3)$이며 R값이 크므로 출력은 반전 가산되어 감쇄한다.

**07** 그림과 같이 회로에 입력을 주었을 때 출력 파형은 어떻게 되는가?

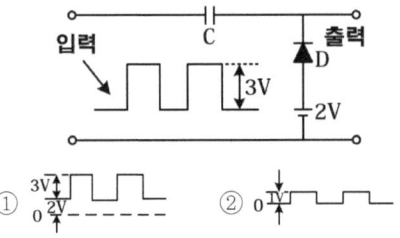

③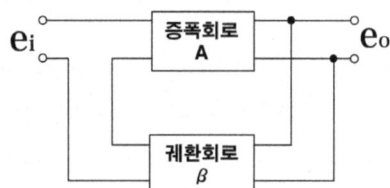

해설 • 클램핑 회로 : 입력신호의 최대값(상단레벨)을 특정값인 +, - 값으로 고정시는 회로로 직류성분을 재생하는 목적으로 쓰인다.
• 파형 해석: 입력에 구형파전압 3V을 클램핑회로인 다이오드와 직류전압(2V)이 순방향으로 구성되었으므로 출력은 입력 구형파 3V가 2V 높게 부가 되어 출력된다.

**08** 다음 그림과 같은 부궤환증폭기의 일반적인 특성이 아닌 것은?

① 부궤환증폭기의 동작은 $|1-A\beta| < 1$인 때를 말한다.
② 부궤환을 충분히 시켰을 때, 즉 $A\beta \gg 1$ 이면 주파수 특성이 좋아진다.
③ 비직선 일그러짐을 감소시킨다.
④ 잡음을 감소시킨다.

해설 부궤환 증폭기
• 이득이 감소한다.(안정도 증가)
• 이득이 보통 -3[dB] 감소하므로 대역폭(BW)이 넓어져 주파수 특성이 개선된다.
• 일그러짐과 잡음이 감소한다.
• 입력 임피던스는 증가하고 출력 임피던스는 감소한다.

**09** 전자 유도에 의한 유도 기전력의 방향을 정하는 법칙은?

① 렌쯔의 법칙

② 패러데이 법칙
③ 앙페르의 법칙
④ 플레밍의 오른손 법칙

> 해설 렌쯔의 법칙(Lenz's Law)은 전자유도에 의하여 생긴 기전력방향, 즉 유도된 기전력에 의해 흐르는 전류의 방향은 자속의 증가 또는 감소를 방해하는 방향으로 발생한다. 이런 특성 때문에 반작용의 법칙이라고도 하며, 유도기전력의 크기 e를 나타내는 식에 음(−)의 기호를 붙여 표현한다.

**10** 전류의 흐름을 방해하는 소자를 무엇이라 하는가?

① 전압
② 전류
③ 저항
④ 콘덴서

> 해설 저항(Resistance)
> • 전기회로에서 전류의 흐름을 방해하는 작용을 한다.
> • 기호 : R, 단위 : 옴(Ohm, [Ω])

**11** 정보가 부호화되어 있는 변조방식은?

① PAM
② PWM
③ PCM
④ PPM

> 해설 펄스변조방식
> • 펄스 진폭변조(PAM) : 펄스 신호레벨에 따라서 펄스 진폭을 변화시킨다.
> • 펄스 폭변조(PWM) : 펄스 신호레벨에 따라서 펄스 폭을 변화시킨다.
> • 펄스 위치변조(PPM) : 펄스 신호레벨에 따라서 펄스 위치를 변화시킨다.
> • 펄스 부호변조(PCM) : 펄스 신호레벨에 따라서 펄스열 부호(2진수)을 변화시킨다.(디지털 방식)

**12** 어떤 증폭기의 전압 증폭도가 20일 때 전압이득은?

① 10[dB]
② 13[dB]
③ 20[dB]
④ 26[dB]

> 해설 전압이득($A_v$) = $20 \log_{10} \dfrac{V_0}{V_i} [dB]$
> ∴ $20 \log_{10} 20 = 26[dB]$

**13** 다음 중 이상적인 연산증폭기의 특성으로 적합하지 않은 것은?

① 입력저항이 무한대이다.
② 동상신호제거비가 0이다.
③ 입력 오프셋 전압이 0이다.
④ 오픈 루프 전압이득이 무한대이다.

> 해설 이상적인 연산증폭(op-amp)의 특징
> • 전압이득, 입력저항값, 대역폭은 무한대이다.
> • 출력저항과 지연응답, 오프셋은 0이다.
> • 특성변동 및 잡음이 없다.
> • 동위상신호제거비(CMRR)은 무한대이어야 한다.

**14** 쌍안정 멀티바이브레이터에 대한 설명으로 적합하지 않은 것은?

① 구형파 발생회로이다.
② 2개의 트랜지스터가 동시에 ON 한다.
③ 입력펄스 2개마다 1개의 출력펄스를 얻는 회로이다.
④ 플립플롭 회로이다.

> 해설 쌍안정 멀티바이브레이터(Bistable MV) : 2개의 안정 상태를 가지며 2개의 트리거(trigger) 펄스에 의해 하나의 구형파를 발생시킬 수 있다.(2 : 1). 이 회로를 플립플롭(Flip-flop)이라고 하며 기억장치 등에 사용된다.

**15** 과변조(over modulation)한 전파를 수신하면 어떤 현상이 발생하는가?

① 음성파 출력이 크다.
② 음성파 전력이 작다.
③ 검파기가 과부하 된다.
④ 음성파가 많이 일그러진다.

📖 변조(Modulation)
- 100%변조 : m = 1인 경우, 포락선 최소점이 0[V]일 때이다.
- 부족변조 : m 〈 1인 경우이다.
- 과변조 : m 〉 1인 경우이며 일그러짐이 발생한다.

**16** JK 플립플롭에서 클록펄스가 인가되고 J, K 입력이 모두 1일 때 출력은?

① 1
② 반전
③ 0
④ 변함없음

📖 JK 플립플롭(JK flip-flop) : RS 플립플롭에서는 세트 펄스와 리셋 펄스가 동시에 오면 불안정 상태를 나타내지만, JK 플립플롭에서는 그런 경우 출력이 반전하도록 되어 있다.

**17** 순서도는 일반적으로 표시되는 정도에 따라 종류를 구분하게 되는데 다음 중 순서도 종류에 해당되지 않는 것은?

① 시스템 순서도(system flowchart)
② 일반 순서도(general flowchart)
③ 세부 순서도(detail flowchart)
④ 실체 순서도(entity flowchart)

📖 순서도의 종류
- 시스템 순서도 : 단위 프로그램을 하나의 단위로 하여 업무의 전체적인 처리 과정의 흐름을 나타낸 순서도
- 프로그램 순서도 : 프로그램의 논리적인 작업 순서를 나타낸 순서도
  - 일반 순서도 : 프로그램의 기본 골격(프로그램의 전개 과정)만을 나타낸 순서도
  - 세부 순서도 : 기본 처리 단위가 되는 모든 항목을 프로그램으로 바로 나타낼 수 있을 정도까지 상세하게 나타낸 순서도

**18** 다음은 어떤 명령어 실행 주기인가?(단, EAC : 끝자리 올림과 누산기라는 의미)

$q_1C_2t_0$ : MAR ← MBR(AD)
$q_1C_2t_1$ : MBR ← M
$q_1C_2t_2$ : EAC ← AC + MBR

① 덧셈(ADD)    ② 뺄셈(SUB)
③ 로드(LDA)    ④ 스토어(STA)

📖 메모리 버퍼(MBR)의 내용을 불어와 누산기(AC)와 더한 것을 누산기(AC)에 적재(LOAD)하는 명령어 실행주기이다.

**19** 다음 중 고정 소수점 표현 방식의 설명으로 옳은 것은?

① 부호, 지수부, 가수부로 구성되어 있다.
② 2의 보수 표현 방법을 많이 사용한다.
③ 매우 큰 수와 작은 수를 표시하기에 편리하다.
④ 연산이 복잡하고 시간이 많이 걸린다.

📖
- 컴퓨터 내부에서 정수를 표현할 때 사용하는 형식으로 2바이트(16비트) 정수형과 4바이트(32비트) 정수형이 있다.
- 부호부에는 정수부가 양수이면 0을, 음수이면 1을 표시한다. 2의 보수 표현 방법을 많이 사용한다.

**20** 2진수 100100을 2의 보수(2's complement)로 변환한 것은?

① 011100
② 011011
③ 011010
④ 010101

📖 2의 보수는 주어진 2진수를 모두 부정을 취하여 1의 보수로 바꾼다. 1의 보수에 1을 더하면 2의 보수가 된다. 즉 2의 보수는 1의 보수보다 1이 크다.
∴ 100100 → 011011(1의 보수) + 1 → 011100(2의 보수)

**21** BCD코드 0001 1001 0111을 10진수로 나타내면?

① 195
② 196
③ 197
④ 198

📖 BCD 코드의 각 자리수를 10진수로 변환한다.

| 0001 | 1001 | 0111 |
|------|------|------|
| 1    | 9    | 7    |

**22** 다음 카르노 맵의 표현이 바르게 된 것은?

| AB\CD | 00 | 01 | 11 | 10 |
|-------|----|----|----|----|
| 00    | 1  | 1  | 1  | 1  |
| 01    | 0  | 1  | 1  | 0  |
| 11    | 0  | 1  | 1  | 0  |
| 10    | 0  | 1  | 1  | 0  |

① $Y = \overline{A}\overline{B} + D$
② $Y = A\overline{B} + \overline{D}$
③ $Y = \overline{A}\overline{B} + \overline{D}$
④ $Y = AB + \overline{D}$

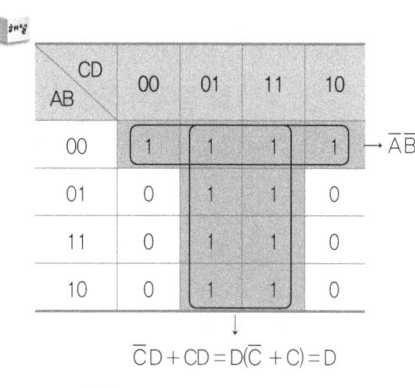

| AB\CD | 00 | 01 | 11 | 10 |
|-------|----|----|----|----|
| 00    | 1  | 1  | 1  | 1  | → $\overline{A}\overline{B}$
| 01    | 0  | 1  | 1  | 0  |
| 11    | 0  | 1  | 1  | 0  |
| 10    | 0  | 1  | 1  | 0  |

$\overline{C}D + CD = D(\overline{C} + C) = D$
∴ $Y = \overline{A}\overline{B} + D$

**23** 다음 중 객체 지향 언어에 속하지 않는 것은?

① COBOL
② Delphi
③ Power Builder
④ JAVA

📖 객체지향언어 종류 : JAVA, C++, Delpi, Power Builder, C# 등

**24** 다음 중 C언어의 관계연산자가 아닌 것은?

① ≪
② ﹥=
③ ==
④ ﹥

📖 C언어 관계 연산자

| 기호 | 연산자 의미 | 관계식 |
|------|-------------|--------|
| ﹥   | ~보다 크다. | a ﹥ b |
| ﹥=  | ~보다 크거나 같다. | a ﹥= b |
| ﹤   | ~보다 작다. | a ﹤ b |
| ﹤=  | ~보다 작거나 같다. | a ﹤= b |
| ==   | 같다. | a == b |
| !=   | 다르다. | a != b |

**25** 컴퓨터의 기억장치에서 번지가 지정된 내용은 어느 버스를 통해서 중앙처리장치로 가는가?

① 제어 버스  ② 데이터 버스
③ 어드레스 버스  ④ 입출력 포트 버스

▣ 데이터(Data) 버스 : 입·출력시키는 데이터 및 기억장치에 써넣고 읽어내는 데이터의 전송 통로

**26** 채널(channel)의 종류로 옳게 묶인 것은?

① 다이렉트(direct) 채널과 멀티플렉서 채널
② 멀티플렉서 채널과 블록 멀티플렉서 채널
③ 실렉터 채널과 스트로브(strobe) 채널
④ 스트로브 채널과 다이렉트 채널

▣ • 셀렉터 채널(Selector) : 하나의 입·출력 장치를 선택하면 전송이 종료될 때 까지 계속 동작하여, 채널은 그 장치의 전용선으로 동작한다.
• 멀티플렉서 채널(Multiplexer Channel) : 직렬형으로 비교적 입·출력 장치 가동 시에 여러 개 동작하는 채널, 바이트 멀티플렉서 채널(저속), 블록 멀티플렉서 채널(고속)이 있다.

**27** 가상기억장치(virtual memory)의 개념으로 가장 적합한 것은?

① 기억장치를 분할한다.
② data를 미리 주기억장치에 넣는다.
③ 많은 data를 주기억장치에서 한 번에 가져오는 것을 의미한다.
④ 프로그래머가 필요로 하는 주소공간보다 작은 주기억 장치의 컴퓨터가 큰 기억장치를 갖는 효과를 준다.

▣ 가상기억장치(Virtual Memory) : 제한된 주기억장치의 용량을 초과하여 사용하기 위하여 보조기억장치의 기억공간을 사용자의 주기억장치가 확장된 것과 같이 사용하는 방법이다.

**28** 컴퓨터의 주기억장치와 주변장치 사이에서 데이터를 주고 받을 때, 둘 사이의 전송속도 차이를 해결하기 위해 전송할 정보를 임시로 저장하는 고속 기억장치는?

① Address  ② Buffer
③ Channel  ④ Register

▣ 버퍼(Buffer) : 컴퓨터의 주기억장치와 주변장치 사이에서 데이터를 주고받을 때, 둘 사이의 전송속도 차이를 해결하기 위해 전송할 정보를 임시로 저장하는 고속 기억장치

**29** 전자회로 부품 중 능동 부품이 아닌 것은?

① 다이오드  ② 트랜지스터
③ 집적회로  ④ 저항

▣ • 능동부품(Active Component) : 트랜지스터(TR), 전계효과 트랜지스터(FET), 단접합 트랜지스터(UJT), IC, 연산증폭기(OPAMP) 등을 말하며, 능동소자는 증폭, 발진, 신호 변환 등의 기능을 갖는다.
• 수동부품(Passive Component) : 전기 신호의 중계, 제어 등을 행하는 기구부품으로 저항기, 커넥터, 소켓, 스위치 등이 수동소자에 속한다.

**30** 세라믹 콘덴서에서 표면에 숫자 223의 용량은?(단, K는 허용오차 범위)

① 0.022[μF]

② 0.22[μF]
③ 22[μF]
④ 220[μF]

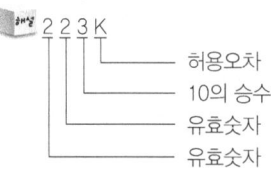

- 콘덴서의 기준 단위는 [pF] = $10^{-12}$
- $22 \times 10^3 \times 10^{-12} = 0.022[μF]$
- 허용오차 K는 ±10[%]

**31** 전자부품 기호 중 실리콘 제어 정류소자 (SCR)의 기호는?

①   ②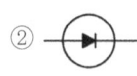
③   ④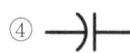

① 트랜지스터, ② 다이오드, ③ 실리콘 제어정류기(SCR), ④ 콘덴서

**32** 다음 그림에서 도면의 축소나 확대, 복사작업과 복사도면의 취급 편의를 위한 것은?

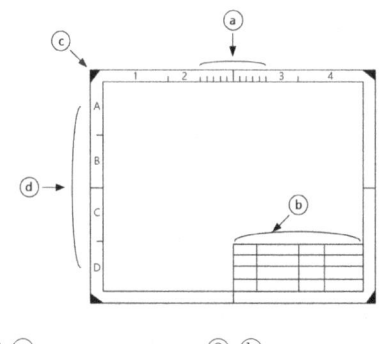

① ⓐ　② ⓑ
③ ⓒ　④ ⓓ

ⓐ 비교눈금, ⓑ 타이틀 블록, ⓒ 설계창 모서리, ⓓ 윤곽선이며, 이 중 비교눈금은 도면에서 축소나 확대, 복사의 작업과 이들의 복사도면을 취급할 때 편의를 위한 표시이다.

**33** CAD 시스템에서 사용되는 좌표 중 거리와 각도로 위치를 나타내는 좌표계는?

① 극 좌표계
② 상대 좌표계
③ 절대 좌표계
④ 사용자 좌표계

극 좌표계 : 원점으로부터 거리와 각도를 이용하여 이동한 거리의 좌표

**34** 다음 중 탄소막이 있어, 도체의 전기적인 흐름을 방해하는 작용을 하는 소자는?

① 트랜지스터
② 저항
③ 탄탈 콘덴서
④ 트랜스포머

저항 : 도체의 전기적인 흐름을 방해하는 작용을 하는 소자

**35** 다음 중 회로도 그리기 작업 중에 하는 일이 아닌 것은?

① Footprint 입력
② Geber 데이터 출력
③ Netlist 파일의 생성
④ ERC(Electronic Rule Check)

Gerber Data : PCB를 제작하기 위한 파일로서 PCB설계의 모든 정보가 들어 있고 PCB 설계의 최종 목적 파일로 필름의 생성을 위한 각 레이어 및 드릴 데이터 등을 추출하는 파일이다.

**36** 인쇄회로기판(PCB)의 제작공정에 사용되는 원판을 낭비 없이 분할하여 사용하고자 한다. 원판의 크기가 1020×1220일 때, 404×507의 규격으로 분할하면 최대 몇 장의 분할이 가능한가?(단, 타겟가이드(여백)는 무시한다.)

① 4장
② 6장
③ 8장
④ 9장

> 404 × 3 = 1212, 507 × 2 = 1014이므로 3 × 2 = 6장으로 분할이 가능하다.

**37** 다음 중 CAD 시스템의 입력장치가 아닌 것은?

① 키보드
② 디지타이저
③ 라이트 펜
④ 플로터

> • 입력장치 : 키보드, 마우스, 디지타이저, 이미지 스캐너, 라이트 펜 등
> • 출력장치 : 모니터, 프린터, 플로터, 포토 플로터 등

**38** 인쇄 회로 기판(PCB)의 특징이 아닌 것은?

① 소형 경량화에 기여한다.
② 제품의 균일성과 신뢰성이 높다.
③ 제조의 표준화와 자동화를 기할 수 있다.
④ 소량 다품종 생산인 경우에는 제조 단가가 낮아진다.

> 소량 다품종 생산인 경우에는 제조과정이 늘어나기 때문에 제조 단가가 높아진다.

**39** 고밀도의 배선이나 차폐가 필요한 경우에 사용하는 적층 형태의 PCB는?

① 단면 PCB
② 양면 PCB
③ 다층면 PCB
④ 바이폴라 PCB

> 다층 PCB(Multi Layer Board) : 내층과 외층 회로를 가진 입체 구조의 PCB 입체 배선에 의한 고밀도 부품 실장이 가능하다.

**40** 다음 중 도면을 사용 목적으로 분류한 것은?

① 스케치도, 원도, 복사도
② 연필제도, 먹물제도, 착색도
③ 조립도, 공정도, 부품도, 접속도, 배선도, 배치도
④ 계획도, 주문도, 승인도, 제작도, 견적도, 설명도

> 도면의 사용 목적에 따른 분류 : 견적도, 제작도, 주문도, 승인도, 계획도, 설명도 등

**41** 전자 회로도를 작성하는 일반적인 규칙의 설명으로 틀린 것은

① 선의 교차는 가능한 적게 한다.
② 정해진 기호(symbol)와 문자로 그린다.
③ 대각선과 곡선은 가능한 직선으로 그린다.
④ 물리적으로 연결된 것은 실선으로 그린다.

> 회로도 작성시 고려사항
> • 선의 교차가 적고 부품이 도면 전체에 안배되도록 그린다.
> • 정해진 기호(Symbol)와 문자로 그린다.
> • 대각선과 곡선은 가능한 한 직선으로 그린다.
> • 회로도 작성 시 물리적인 관련이나 연결이 있는 부품 사이에는 파선으로 나타낸다.

**42** 다음 중 회로도면의 설계 순서로 옳은 것은?

① 부품의 참조번호 지정 → 회로도면 디자인 → 도면의 오류검사 → 설계도면의 저장
② 회로도면 디자인 → 부품의 참조번호 지정 → 도면의 오류검사 → 설계도면의 저장
③ 부품의 참조번호 지정 → 도면의 오류검사 → 회로도면 디자인 → 설계도면의 저장
④ 회로도면 디자인 → 도면의 오류검사 → 부품의 참조번호 지정 → 설계도면의 저장

**43** 형상 모델링 중 데이터 구조가 간단하고 처리속도가 가장 빠른 모델링은?

① 와이어프레임 모델링
② 서피스 모델링
③ 솔리드 모델링
④ CSG 모델링

> 와이어 프레임 모델링 : 물체의 골격만을 표현하는 기법으로 가장 기본적이고 처리 속도가 가장 빠른 모델링이다. 물체의 무게감이나 부피감, 실재감 등을 느끼기 어렵다.

**44** 다음은 무엇에 대한 설명인가?

> 제품이나 장치 등을 그리거나 도안할 때, 필요한 사항을 제도 기구를 사용하지 않고 프리핸드(free hand)로 그린 도면

① 복사도(copy drawing)
② 스케치도(sketch drawing)
③ 원도(original drawing)
④ 트레이스도(traced drawing)

> 스케치도 : 제품이나 장치 등을 그리거나 도안할 때 필요한 사항을 제도 기구를 사용하지 않고 프리핸드로 그린 도면

**45** 프린트 기판(PCB) 제작공정 중 도금공정이 아닌 것은?

① PSR 인쇄
② 전해 동 도금
③ 전해 땜납 도금
④ 외층부식

**46** 다음 중 CAD 시스템의 1밀(mil)과 같은 길이는?

① $\frac{1}{10}$ inch
② $\frac{1}{100}$ inch
③ $\frac{1}{1000}$ inch
④ $\frac{1}{10000}$ inch

> mil : 1/1000inch를 단위로 사용하는 것으로 부품의 리드의 피치나 PCB의 패턴의 간격 등에 주로 사용하는 단위이다.

**47** 전자기기에서 각 구성부품의 부착 또는 접속 방법으로 배선 설계시에 고려되어야 할 사항으로 옳은 것은?

① 신호의 통로인 배선은 될 수 있는 대로 길게 한다.
② 전원 회로 등 신호와 관계없는 배선은 짧게 한다.
③ 배선 상호간의 유도, 간섭이 가급적 적게 되도록 한다.
④ 오접속 방지와 보수, 점검의 편의를 고려할 필요가 없다.

📖 인쇄회로기판(PCB) 설계 시 유의사항
- 기판 구성 시 부품의 배치는 일반적으로 회로도를 중심으로 배치함을 원칙으로 한다.
- 부품의 부피와 피치(pitch)를 확인하여 적절한 부착위치를 설정한다.
- 배선은 가급적 짧게 하여 다른 배선이나 부품의 영향을 적게 받도록 한다.
- 배선설계 시 배선 상호간의 유도, 간섭이 가급적 적게 되도록 한다.
- 전력용량, 주파수 대역 및 신호 형태별로 기판을 나누거나 커넥터를 분리하여 설계한다.

**48** 제도에서 물체의 실제 길이와 도면에서 축소 또는 확대 하여 그리는 길이의 비율인 척도 중에서 실물보다 작게 그리는 것을 무엇이라 하는가?

① 실척   ② NS
③ 배척   ④ 축척

📖 척도
- 축척 : 실물보다 작게 축소해서 그리는 것
- 현척(실척) : 실물과 같은 크기로 그리는 것
- 배척 : 실물보다 크게 확대해서 그리는 것
- NS(Not to Scale) : 도면과 실물의 치수가 비례 척도가 아님을 뜻함

**49** 12kΩ ±5% 저항 값의 색깔 표시로 적합한 것은?

① 흑색, 갈색, 황색, 은색
② 자색, 적색, 녹색, 회색
③ 황색, 녹색, 주황색, 백색
④ 갈색, 적색, 주황색, 금색

📖

| 제1색띠 | 제2색띠 | 제3색띠 | 제4색띠 |
|---|---|---|---|
| 1(갈색) | 2(적색) | K=10³(주황) | 금색(±5%) |

12×10³ = 12000Ω = 12kΩ, 오차 ±5%

**50** 다음 중 극성을 갖는 콘덴서는?

① 전해 콘덴서
② 세라믹 콘덴서
③ 마일러 콘덴서
④ 반고정 세라믹 콘덴서

📖 전해 콘덴서 : 극성을 가지고 있으며 안정적인 대용량 전원 공급을 위해 사용되는 소자

**51** 내용에 따른 도면의 분류에서 제품의 전체적인 순서와 상태를 나타내는 도면으로서, 특히 복잡한 구조를 알기 쉽게 하고, 각 단위 또는 부품의 관련이 나타나도록 그린 도면은?

① 상세도(detail drawing)
② 공정도(process drawing)
③ 조립도(assembly drawing)
④ 부분조립도(partial assembly drawing)

📖 조립도 : 제품의 전체적인 순서와 상태를 나타내는 도면으로서, 특히 복잡한 구조를 알기 쉽게 하고, 각 단위 또는 부품의 관련이 나타나도록 그린 도면

**52** 다음 중 EX-OR 게이트의 기호로 옳은 것은?

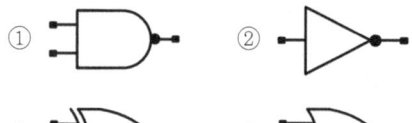

📖 ① NAND, ② NOT, ③ EX-OR, ④ NOR

**53** 다음 제도용구 중 선, 원주 등을 같은 길이로 분할하는데 사용되는 것은?

① 축척자
② 형판
③ 디바이더
④ 자유곡선자

해설 디바이더 : 치수를 옮기거나, 선, 원주 등을 분할하거나 연장할 때 사용한다.

**54** GUI(Graphic user interface) 환경에서 사용되는 응용 프로그램에서의 기본 입력장치로 화면상의 커서나 문서, 그림의 일부 또는 전부를 복사 및 이동시킬 때 사용하는 것은?

① 이미지 스캐너
② 마우스
③ 디지타이저
④ 플로터

**55** CAD 시스템에서 회로도는 단순한 부품의 접속이 아니라 전자 회로에서의 규칙이 매우 중요하다. 다음 중 전자 회로에서의 검사 항목으로 보기 힘든 것은?

① 회로의 오배선
② 입·출력 신호의 접속관계
③ 전원의 극성
④ 신호선의 길이

해설 DRC(Design Rules Check)
- 설계 규칙의 위배 유·무에 대한 검사 결과 데이터 파일
- 검사항목으로는 회로의 오배선, 입출력 신호의 접속관계, 전원의 극성 등

**56** CAD 시스템을 사용하여 얻을 수 있는 특징이 아닌 것은?

① 설계과정에서 능률이 높아져 품질이 좋아진다.
② 설계요소의 표준화로 도면작성 시간이 길어지고 원가가 많이 든다.
③ 컴퓨터를 통한 계산으로 수치결과에 대한 정확성이 증가한다.
④ 설계제도의 표준화와 규격화로 경쟁력이 향상된다.

해설 설계의 표준화로 작성 시간이 단축되고 원가가 절감된다.

**57** 다음 부품 심벌의 이름은?

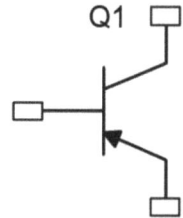

① NPN 트랜지스터
② NMOS FET
③ PNP 트랜지스터
④ Triac

해설

| NPN TR | MOS FETT | PNP TR | TRIAC |
| --- | --- | --- | --- |

**58** 전기용 기호(KSC 0102)의 적용범위에 속하지 않는 것은?

① 기본기호
② 전력용 기호
③ 전기, 통신용 기호
④ 시퀀스 기호

> 전기용 기호(KSC 0102)의 적용범위
> • 기본 기호 : 일반적인 전기회로의 접속관계를 표시하는 기호
> • 전력용 기호 : 전기, 기계, 기구의 접속관계를 표시하는 기호
> • 전기, 통신용 기호 : 전기, 통신장치, 기기의 접속관계를 표시하는 기호

**59** 회로도를 작성할 때 옳지 않은 것은?

① 대각선과 곡선은 가급적 피한다.
② 신호의 흐름은 왼쪽에서 오른쪽으로 그린다.
③ 선의 교차가 많고 부품이 도면의 한 쪽으로 모이도록 그린다.
④ 주 회로와 보조 회로가 있는 경우에는 주 회로를 중심으로 그린다.

> 선의 교차가 적고, 부품이 도면 전체에 안배되도록 그린다.

**60** 인쇄회로 기판에서 부품 또는 회로의 상호 접속을 위하여 형성한 동박선 및 동박을 무엇이라 하는가?

① Solder Land
② Pattern
③ Slit
④ Solder Resistor

> 패턴(Pattern) : 부품의 단자 또는 도체 상호간을 접속하기 위하여 배선된 선을 말한다.

### ANSWER — 2013년 2회

| 01 | 02 | 03 | 04 | 05 | 06 | 07 | 08 | 09 | 10 |
|---|---|---|---|---|---|---|---|---|---|
| ③ | ① | ④ | ③ | ④ | ② | ① | ① | ① | ③ |
| 11 | 12 | 13 | 14 | 15 | 16 | 17 | 18 | 19 | 20 |
| ③ | ④ | ② | ② | ④ | ② | ④ | ① | ② | ① |
| 21 | 22 | 23 | 24 | 25 | 26 | 27 | 28 | 29 | 30 |
| ③ | ① | ① | ① | ② | ② | ④ | ② | ④ | ① |
| 31 | 32 | 33 | 34 | 35 | 36 | 37 | 38 | 39 | 40 |
| ③ | ① | ② | ② | ② | ② | ④ | ④ | ③ | ④ |
| 41 | 42 | 43 | 44 | 45 | 46 | 47 | 48 | 49 | 50 |
| ④ | ② | ① | ② | ① | ③ | ③ | ④ | ④ | ① |
| 51 | 52 | 53 | 54 | 55 | 56 | 57 | 58 | 59 | 60 |
| ③ | ③ | ③ | ② | ② | ② | ③ | ④ | ③ | ② |

# Chapter 02 최근기출문제
## 2013년 3회

**01** 다음 그림과 같은 회로의 명칭은?

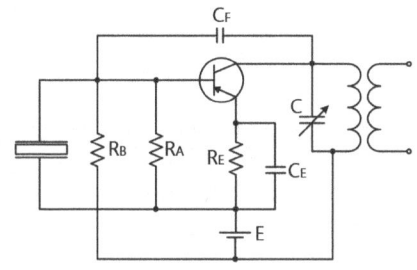

① 피어스 C-B형 발진회로
② 피어스 B-E형 발진회로
③ 하틀리 발진회로
④ 콜피츠 발진회로

> 트랜지스터를 이용한 수정발진회로는 수정(x-tal) 편을 트랜지스터 베이스(B), 이미터(E), 컬렉터(C), 단자의 접속점에 따라 이름을 부여한다. 그림의 회로는 수정 진동자(회로에서 좌측에 있는 기호)가 트랜지스터 베이스(B), 이미터(E) 접속되어 회로 구성되어 있으므로 피어스(Pierce) B-E형 발진기라 부른다.

**02** FET의 핀치오프(Pinch-off) 전압이란?

① 드레인 전류가 포화일 때의 드레인-소스간의 전압
② 드레인 전류가 0인 때의 드레인-소스 간의 전압
③ 드레인 전류가 0인 때의 게이트-드레인간의 전압
④ 드레인 전류가 0인 때의 게이트-소스 간의 전압

> 게이트와 소스간 역전압을 서서히 증가시키면 내부의 전류 통로인 채널(전하층)이 증가하면서 드레인전류가 0 이 될 때의 게이트와 소스간 역전압을 핀치오프전압(pinch off volt)이라 한다.

**03** JK 플립플롭을 이용한 비동기식 계수기의 오동작에 대한 설명으로 적합한 것은?

① 오동작과 클록 주파수와는 관련 없다.
② 클록 주파수가 높을수록 오동작 가능성이 크다.
③ 클록 주파수가 낮을수록 오동작가능성이 크다.
④ 직렬로 연결된 플립플롭의 수가 많을수록 오동작의 가능성이 적다.

> 비동기형(Asynchronous type) 계수기는 플립플롭을 직렬(종속)로 구성하고 클럭펄스는 첫단 플립플롭에만 입력을 인가하고 다음 단 플립플롭에는 첫단 출력이 입력으로 사용되는 방식으로 플립플롭 마다 클럭 입력이 다른 (비동기)방식이기 때문에 주파수가 높으면 오동작 가능성이 크다.

**04** 증폭기에서 바이어스가 적당하지 않으면 일어나는 현상으로 옳지 않은 것은?

① 이득이 낮다.
② 전력 손실이 많다.

③ 파형이 일그러진다.
④ 주파수 변화 현상이 일어난다.

🔍 바이어스전압이 이상적인 전압보다 크거나 작으면 동작점 위치가 변화 되므로 입력 전압에 비례한 출력을 얻을 수 없고 파형의 일그러짐과 전력 손실을 가져온다.

**05** 열전자 방출 재료의 구비조건으로 옳지 않은 것은?

① 일함수가 적을 것
② 융점이 낮을 것
③ 방출효율이 좋을 것
④ 가공, 공작이 용이할 것

🔍 재료의 구비조건
- 일함수가 작을 것
- 융점이 높을 것
- 방출 효율이 좋을 것
- 진공 속에서 증발이 안 될 것
- 가공 및 공작이 용이할 것

**06** 트랜지스터와 비교하여 전계효과 트랜지스터(FET)에 관한 설명 중 옳지 않은 것은?

① 다수 캐리어 제어 방식이다.
② 게이트 전압 제어로 드레인 전류를 제어한다.
③ 출력 임피던스가 매우 높다.
④ 열적으로 안정된 동작을 한다.

🔍 전계효과트랜지스터(FET)
- 입력임피던스가 매우 높다.
- TR보다 잡음이 적다.
- 열 안정성이 좋다.
- 비교적 방사능 현상의 영향을 덜 받는다.
- BJT보다 이득 대역폭 적(積)이 작다.

**07** 다음과 같은 회로에서 출력 $V_o$는?

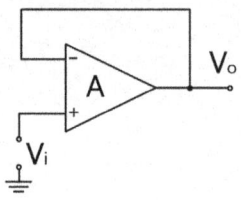

① ∞
② 1
③ $V_i$
④ $-V_i$

🔍 전압 플로워(Voltage follower)의 구성은 반전 입력과 출력 단자와 궤환시킨다. 비반전 입력(+)에 신호를 인가하면 입력신호($V_i$)가 출력($V_o$)에 동상으로 따라오는 회로 이다. 즉, $V_i = V_o$가 된다.

**08** 직렬형 정전압 회로의 특징에 대한 설명 중 옳지 않은 것은?

① 과부하시 전류가 제한된다.
② 경부하시 효율이 병렬에 비하여 훨씬 크다.
③ 출력 전압의 안정 범위가 비교적 넓게 설계된다.
④ 증폭단을 증가시킴으로써 출력저항 및 전압 안정계수를 매우 작게 할 수 있다.

🔍 정전압회로
- 직렬 정전압 안정화 회로 : 제어용 TR과 부하 저항 RL이 직렬로 구성되며, 전압제어용 회로로서 경부하 시 효율은 높다. 기준전압을 설정하는 제너 다이오드 전압에 따라 전압 범위를 설정할 수 있어 전압 설정범위가 크다.
- 병렬 정전압 안정화 회로 : 부하저항과 병렬로 구성되어 있으며 소비전력이 크므로 효율이 직렬형 보다 낮고 전류제어용이다.

**09** 다음 중 제너 다이오드를 사용하는 회로는?

① 검파회로　　② 전압안정회로
③ 고주파발진회로　　④ 고압정류회로

> 제너 다이오드는 내부 임계전압 범위에 따른 순방향 전압을 유지하고 그 이상 혹은 이하의 전압이 걸리면 제너브레이크다운(제너 항복)으로 역으로 급격한 전류를 흘리며 순방향 전류흐름을 차단하므로 기준전압 이상의 전압변동에 따른 전압안정 및 회로를 보호할 수 있다.

**10** Y 결선의 전원에서 각상의 전압이 100[V]일 때 선간 전압은?

① 약 100[V]　　② 약 141[V]
③ 약 173[V]　　④ 약 200[V]

> 교류의 3Ø의 Y결선 $V_l = \sqrt{3}$
> $V_P = V_l \times$ 각 상전압
> $= \sqrt{3} \times 100[V] \fallingdotseq 173[V]$

**11** 다음 중 집적회로(Integrated Circuit)의 장점이 아닌 것은?

① 신뢰성이 높다.
② 대량 생산할 수 있다.
③ 회로를 초소형으로 할 수 있다.
④ 주로 고주파 대전력용으로 사용된다.

> 집적회로(Integrated circuit)는 전력출력이 작아도 되는 소형·경량의 회로에 적합하며, 신뢰성이 특히 중요시된다.

**12** 이상형 병렬 저항형 CR발진회로의 발진주파수는?

① $f_o = \dfrac{1}{2\pi\sqrt{6}\,CR}$

② $f_o = \dfrac{1}{2\pi\sqrt{6CR}}$

③ $f_o = \dfrac{1}{2\pi LC}$

④ $f_o = \dfrac{\sqrt{6}}{2\pi CR}$

> 이상형 CR발진회로 콜렉터에서 3단 CR로 구성하여 입력 베이스에 양되먹임 되어 위상이 180°와 트랜지스터의 역위상 180°가 가산된 360° 정현파 출력을 얻는 발진기로서 발진 조건 및 주파수는 다음과 같다.
> • 발진을 지속하기 위해서는 AV ≥ −29로 한다.
> • $A_v = -\dfrac{R_f}{R_1} \geq -29$.
> $f_o = \dfrac{1}{2\pi\sqrt{6}\,CR}$ (C직렬회로)이다.

**13** 다음 중 플립플롭 회로와 같은 것은?

① 클리핑회로
② 무안정 멀티바이브레이터회로
③ 단안정 멀티바이브레이터회로
④ 쌍안정 멀티바이브레이터회로

> 쌍안정 멀티바이브레이터(Bistable MV) : 2개의 안정 상태를 가지며 2개의 트리거(trigger) 펄스에 의해 하나의 구형파를 발생시킬 수 있다(2:1). 이 회로를 플립플롭(Flip-flop)이라고 하며 기억장치 등에 사용된다.

**14** 100[Ω]의 저항에 10[A]의 전류를 1분간 흐르게 하였을 때의 발열량은?

① 36[kcal]　　② 72[kcal]
③ 144[kcal]　　④ 288[kcal]

> H = 0.24I²Rt[cal]
> = 0.24 × 10² × 100 × 1 × 60
> = 144,000[cal] = 144[kcal]

**15** 고전압 고전류를 얻기 위해서는 다음 중 어느 정류 회로가 좋은가?

① 반파정류기
② 단상 양파정류기
③ 브리지정류기
④ 배전압 반파정류기

> 브리지정류기는 다이오드 4개에 각각 분배되어 역전압비가 작아지므로 고전압 고전류에 적합하다.

**16** 다음 중 저주파 발진기로 가장 적합한 것은?

① CR 발진기
② 콜피츠 발진기
③ 수정 발진기
④ 하틀리 발진기

**17** 2진수 11010.11110를 8진수와 16진수로 올바르게 변환한 것은?

① $(32.74)_8$, $(D0.F)_{16}$
② $(32.74)_8$, $(1A.F)_{16}$
③ $(62.72)_8$, $(D0.F)_{16}$
④ $(62.72)_8$, $(1A.F)_{16}$

> • 2진수를 3bit의 BCD 코드로 묶은 후 8진수로 변환한다.

| 011 | 010 | . | 111 | 100 |
|---|---|---|---|---|
| 3 | 2 | . | 7 | 4 |

$(11010.11110)_2 = (32.74)_8$

> • 2진수를 4bit의 BCD 코드로 묶은 후 16진수로 변환한다.

| 0001 | 1010 | . | 1111 |
|---|---|---|---|
| 1 | A | . | F |

$(11010.11110)_2 = (1A.F)_{16}$

**18** ADD 명령을 사용하여 1을 덧셈하는 것과 같이 해당 레지스터의 내용에 1을 증가시키는 명령어는?

① DEC      ② INC
③ MUL      ④ SUB

> INC : ADD 명령을 사용하여 1을 덧셈하는 것과 같이 해당 레지스터의 내용에 1을 증가시키는 명령어

**19** 다음 중 C 언어의 자료형과 거리가 먼 것은?

① integer    ② double
③ char       ④ short

> C언어 기본 자료형 : int, short, long, char, double 등

**20** 다음 중 제어장치의 역할이 아닌 것은?

① 명령을 해독한다.
② 두수의 크기를 비교한다.
③ 입출력을 제어한다.
④ 시스템 전체를 감시 제어한다.

> 제어장치 기능
> • 주기억장치에 기억된 프로그램의 순서에 따라 명령을 해독하여 필요한 장치에 신호를 보낸다.
> • 해독된 명령은 입출력장치, 주기억장치, 보조기억장치 등에 제어신호를 보내 작동되며, 컴퓨터의 모든 장치는 반드시 제어장치가 지시한 신호에 의해서만 작동한다.

**21** 마이크로프로세서의 구성요소가 아닌 것은?

① 제어 장치    ② 연산 장치
③ 레지스터     ④ 분기 버스

> 마이크로프로세서는 중앙처리장치의 기능을 집적화한 것으로서, 제어장치(명령어 해석 및 실행), 레지스터, 연산장치(ALU) 등의 기본 구성을 갖는다.

**22** 8비트로 부호와 절대값 방법으로 표현된 수 42를 한 비트씩 좌우측으로 산술 시프트 하면?

① 좌측 시프트 : 42, 우측 시프트 : 42
② 좌측 시프트 : 84, 우측 시프트 : 42
③ 좌측 시프트 : 42, 우측 시프트 : 21
④ 좌측 시프트 : 84, 우측 시프트 : 21

해설 Shift
- 입력 데이터의 모든 비트를 좌측 또는 우측으로 자리를 옮기는 것으로, 이동 방향에 따라 오른쪽 시프트와 왼쪽 시프트 두 가지가 있다.
- 42 왼쪽 시프트 : 먼저 2진수로 변환 101010, 한 비트 좌측 시프트 하면 10101000이 되므로 84가 된다.
- 42 오른쪽 시프트 : 먼저 2진수로 변환 101010, 한 비트 우측 시프트하면 101010이 되므로 21이 된다.

**23** 불 대수의 기본 정리 중 틀린 것은?

① $x + x \cdot y = y$
② $x \cdot (x + y) = x$
③ $\overline{(x \cdot y)} = \overline{x} + \overline{y}$
④ $x \cdot (y + z) = x \cdot y + x \cdot z$

해설 $x + x \cdot y = x(1+y) = x \because 1+y = 1$

**24** 다음 중 설명이 바르게 된 것은?

① 자심(magnetic core)은 보조기억장치로 사용된다.
② 자기디스크, 자기 테이프는 주기억장치로 사용된다.
③ DRAM은 SRAM보다 용량이 크고 속도가 빠르다.
④ 누산기는 사칙연산, 논리연산 등의 중간 결과를 기억한다.

해설 누산기(Accumulator) : 연산장치를 구성하는 중심이 되는 레지스터로서 사칙연산, 논리연산 등의 결과와 인터럽트 신호를 기억한다.

**25** 입출력 장치에 대한 설명으로 옳지 않은 것은?

① 대표적인 출력장치로는 프린터, 모니터, 플로터 등이 있다.
② 스캐너는 그림이나 사진, 문서 등을 이미지 형태로 입력하는 장치이다.
③ 광학마크판독기(OMR)는 특정한 의미를 지닌 굵고 가는 막대로 이루어진 코드를 판독하는 입력장치이며 판매시점 관리시스템에 주로 사용한다.
④ 디지타이저는 종이에 그려져 있는 그림, 차트, 도형, 도면 등을 판 위에 대고 각각의 위치와 정보를 입력하는 장치이며 CAD/CAM 시스템에 사용한다.

해설 특정한 의미를 지닌 굵고 가는 막대로 이루어진 코드를 판독하는 입력장치이며 판매시점 관리시스템에 주로 사용하는 것은 바코드와 관련된 설명이다.

**26** 연산에 관계되는 상태와 인터럽트(interrupt) 신호를 기억하는 것은?

① 가산기
② 누산기
③ 상태 레지스터
④ 보수기

해설 누산기(Accumulator) : 연산장치를 구성하는 중심이 되는 레지스터로서 사칙연산, 논리연산 등의 결과와 인터럽트 신호를 기억한다.

**27** 순서도를 사용함으로써 얻을 수 있는 효과가 아닌 것은?

① 프로그램 코딩의 직접적인 자료가 된다.
② 프로그램을 다른 사람에게 쉽게 인수, 인계할 수 있다.
③ 프로그램의 내용과 일 처리 순서를 한 눈에 파악할 수 있다.
④ 오류가 발생했을 때 그 원인을 찾아 수정하기가 어렵다.

> 프로그램의 정확성 여부를 판단하는 자료가 되며, 오류가 발생 하였을 때 그 원인을 찾아 수정하기가 쉽다.

**28** ROM에 대한 설명 중 틀린 것은?

① 비휘발성 소자이다.
② 내용을 읽어내는 것만이 가능하다.
③ 사용자가 작성한 프로그램이나 데이터를 저장하고 처리 할 수 있다.
④ 시스템 프로그램을 저장하기 위해 많이 사용된다.

> ROM(Read Only Memory) : 한번 기록한 정보에 대해 오직 읽기만을 허용하도록 설계된 비휘발성 기억장치이며, 시스템 프로그램을 저장하는데 사용한다.

**29** 다음 중 자기유도 및 상호유도 작용과 밀접한 소자는?

① 코일   ② 저항
③ 콘덴서  ④ 다이오드

> 유도기(코일) : 전류의 흐름에 따라 자기에너지를 저장하며, 전류가 급하게 변화하는 것을 억제하기 위해 사용되는 소자

**30** 다음 중 CAD 시스템의 입력장치가 아닌 것은?

① 포토플로터
② 디지타이저
③ 마우스
④ 라이트 펜

> • 입력장치 : 키보드, 마우스, 디지타이저, 이미지 스캐너, 라이트 펜 등
> • 출력장치 : 모니터, 프린터, 플로터, 포토 플로터 등

**31** 한쪽 측면에만 리드(lead)가 있는 패키지 소자는?

① SIP(Single Inline Package)
② DIP(Dual Inline Package)
③ SOP(Small Out line Package)
④ TQFP(Then Quad Flat Package)

> SIP(Single In-line Package) : 한쪽 측면에만 Lead가 있는 패키지 소자

**32** 전자기기의 패널 설계 시 유의하여야 할 사항으로 옳지 않은 것은?

① 전원 코드는 배면에 배치한다.
② 패널 부품은 크기를 고려하여 균형 있게 배치한다.
③ 조작상 서로 연관이 있는 요소끼리 근접 배치한다.
④ 장치에 외부와 연결되는 접속기가 있을 경우에는 될 수 있는 대로 패널의 배면에 배치한다.

> 전자기기 패널 설계 시 유의 사항
> - 전원선이나 퓨즈박스 등은 배면에 배치한다.
> - 패널 부품은 크기를 고려하여 균형있게 배치한다.
> - 조작 시 서로 연관이 있는 요소끼리 근접 배치한다.
> - 조작 빈도가 높은 부품은 패널의 중앙이나 오른쪽에 위치한다.
> - 장치의 외부와 연결되는 커넥터는 PCB 외곽 쪽에 배치한다.

## 33. PCB 제작 공정에 사용하기 위한 파일에 속하지 않는 것은?

① DXF 파일
② HPGL 파일
③ gerber 파일
④ schematic 파일

> Schematic 파일은 회로도면의 설계파일이다.

## 34. X-Y 플로터 등에서 처리 속도가 느린 주변기기와 컴퓨터 시스템의 중간에서 시스템의 효율을 높일 수 있는 것은?

① 중간 증폭
② 데이터 버퍼
③ 마우스
④ 연산 장치

> CAD용 컴퓨터의 데이터 버퍼 : X-Y 플로터 등에서 처리 속도가 느린 주변기기와 컴퓨터 시스템의 중간에서 시스템의 효율을 높일 수 있다.

## 35. 전자부품의 심벌기호 중에 정전압 다이오드(제너 다이오드)는?

①
②
③
④

> ① 다이오드, ② LED, ③ 터널다이오드, ④ 제너다이오드

## 36. PCB 아트워크 작업에서 포토 플로터를 작동시키는 명령의 사실상의 표준포맷으로, 대부분의 인쇄 기판 CAD의 최종 목적으로 출력하는 파일은?

① 필름 형식(film format)
② 배선 형식(router format)
③ 거버 형식(gerber format)
④ 레이어 형식(layer format)

> 거버형식(Gerber Format) : PCB 아트워크 작업에서 포토 플로터를 작동시키는 명령의 사실상의 표준포맷으로, 대부분의 인쇄기판 CAD의 최종 목적으로 출력하는 파일

## 37. 핀의 배열이 두 줄로 평행하게 배열되어있는 부품을 지칭하는 용어로 우수한 열 특성을 갖고 있는 IC 외형은?

① SMD
② SIP
③ DIP
④ PLCC

> DIP(Dual In-line Package) : 핀의 배열이 두 줄로 평행하게 배열되어 있는 부품을 지칭하는 용어로 우수한 열 특성을 가지고 있다.

## 38. artwork 필름을 제작할 때, PCB 제조 공정에서의 치수 변화를 보정하는 작업을 무엇이라 하는가?

① repairing
② plotting
③ scaling
④ modifying

> Scaling : Artwork 필름을 제작할 때, PCB 제조 공정에서의 치수변화를 보정하는 작업

**39** 제도 용지에 연필로 직접 그린 그림이나 컴퓨터로 작성한 최초의 도면은?

① 원도
② 트레이스도
③ 복사도
④ 축로도

🔖 도면 성격에 따른 분류
- 원도 : 제도 용지에 직접 연필로 작성한 도면, 컴퓨터가 작성한 최초 도면
- 트레이스도 : 원도 위에 트레이싱지를 놓고 그린 도면
- 복사도 : 트레이스도를 원본으로 복사한 도면
- 스케치도 : 제품이나 장치 등을 그리거나 도안할 때 필요한 사항을 제도 기구를 사용하지 않고 프리핸드로 그린 도면

**40** 제도의 목적을 달성하기 위한 도면의 요건으로 옳지 않은 것은?

① 대상물의 도형과 함께 필요로 하는 크기, 모양, 자세, 위치의 정보를 포함하여야 한다.
② 도면의 정보를 명확하게 하기 위하여 복잡하고 어렵게 표현하여야 한다.
③ 가능한 한 넓은 기술 분야에 걸쳐 정합성, 보편성을 가져야 한다.
④ 복사 및 도면의 보존, 검색, 이용이 확실히 되도록 내용과 양식을 구비하여야 한다.

**41** 전자기기의 패널을 설계 제도할 때 유의해야 할 사항으로 옳은 것은?

① 전원 코드는 배면에 배치한다.
② 패널 부품은 크기를 고려하지 않고 배치한다.
③ 조작 빈도가 낮은 부품은 패널의 중앙이나 오른쪽에 배치한다.
④ 장치의 외부와 연결되는 접속기가 있을 경우 가능한 패널의 위에 배치한다.

🔖 전자기기 패널 설계 시 유의 사항
- 전원선이나 퓨즈박스 등은 배면에 배치한다.
- 패널 부품은 크기를 고려하여 균형있게 배치한다.
- 조작 시 서로 연관이 있는 요소끼리 근접 배치한다.
- 장치의 외부와 연결되는 커넥터는 PCB 외곽 쪽에 배치한다.

**42** 한국산업표준(KS)에 의한 부분별 기호의 대분류 중 전기 부문의 분류 기호는?

① KSA
② KSB
③ KSC
④ KSD

🔖 KSA : 기본, KSB : 기계, KSC : 전기, KSD : 금속

**43** 표제란에 축척이 1/2로 되어 있을 때, 실제 물체의 길이가 50[mm]인 경우 도면에 표시되는 길이는?

① 5[mm]
② 25[mm]
③ 50[mm]
④ 100[mm]

🔖 50[mm] × 1/2[축척] = 25[mm]

**44** CAD 소프트웨어의 실행 화면에서 커서의 좌표 위치나 사용 중인 도면 층의 이름 등 각종 정보가 표시되는 부분은?

① 상태줄
② 명령 영역
③ 그리기 영역
④ 도구 아이콘

🔖 상태줄 : CAD 소프트웨어의 실행 화면에서 커서의 좌표 위치나 사용 중인 도면층의 이름 등 각종 정보가 표시되는 부분

**45** 도면의 종류 중 사용목적에 따른 분류에 해당하지 않는 것은?

① 계획도  ② 제작도
③ 견적도  ④ 조립도

> 해설 도면의 사용 목적에 따른 분류 : 견적도, 제작도, 주문도, 승인도, 계획도, 설명도 등

**46** PCB 설계의 입력 데이터로 사용되는 필수 파일로 패키지 명, 부품 명, 네트 명, 네트와 연결된 부품 핀, 네트와 핀, 부품 속성 등에 대한 정보를 갖고 있는 파일로 옳은 것은?

① 보고서 (Report) 파일
② 네트리스트(Netlist) 파일
③ 거버(Gerber) 파일
④ 데이터 변환(DXF) 파일

> 해설 Netlist : PCB상에서 상호 연결되어 있는 신호, 모듈, 핀의 명칭으로 회로 도면상의 연결 정보

**47** 인쇄회로기판(PCB)을 사용하여 전자기기를 제작하였을 때 얻어지는 일반적인 특징 설명 중 옳지 않은 것은?

① 오배선의 우려가 많다.
② 대량 생산의 효과가 높다.
③ 회로의 특성이 안정화된다.
④ 제품의 균일성과 신뢰성이 높다.

> 해설 오배선의 우려가 없다.

**48** 인쇄회로기판(PCB)의 제작시 사용하는 동박의 두께는 일반적으로 어느 것을 가장 많이 사용하는가?

① 0.8~1.2[mm]
② 35~104[μm]
③ 104~207[μm]
④ 0.01~0.1[mm]

> 해설 동박은 무게(두께)의 단위인 온스(oz)를 사용한다. 35μm 두께의 동박을 가로(1ft)×세로(1ft) 크기로 잘라내었을 때의 무게가 1온스가 되는 것을 기준으로 동박의 종류를 나타낸다. 일반적으로 사용하는 동박 두께는 1oz(35μm), 2oz(70μm), 3oz(105μm)이다.

**49** 레이저 빔 프린터와 같은 고속 프린터의 속도를 표시할 때 사용하는 단위는?

① CPS  ② LPM
③ PPM  ④ BPS

> 해설 레이저 빔 프린터와 같은 고속 프린터의 속도를 표시할 때 사용하는 단위는 분당 페이지 출력 속도를 의미하는 PPM(Page Per Minute)이다.

**50** 다음 중 데이터 저장장치에 속하지 않는 것은?

① FDD  ② CRT
③ HDD  ④ CD-RW

> 해설 CRT(Cathode Ray Tube)는 음극선관을 말하며 일명 브라운관이라고도 한다. 따라서, 저장 장치가 아닌 출력장치에 해당된다.

**51** 모니터의 신호 방식에 따른 분류에 속하지 않는 것은?

① 아날로그(analog) 방식
② 디지털(digital) 방식
③ 멀티싱크(multi sync) 방식
④ 오프라인(off-line) 방식

> 해설 모니터의 신호 방식에 따른 분류 : 아날로그 방식, 디지털 방식, 멀티싱크 방식

**52** 다음 기호의 명칭은?

① 가변 저항기
② 가변 콘덴서
③ 고정 저항
④ 스위치

| 가변저항기 | 가변콘덴서 | 고정저항 | 스위치 |
|---|---|---|---|
| ⌇⌇ |  | ⌇⌇ | ─╱─ |

**53** 부품 배치도의 작성 방법에 대한 설명으로 옳지 않은 것은?

① 균형 있게 배치한다.
② IC의 경우 1번 핀을 표시한다.
③ 부품 상호간 신호가 유도되도록 한다.
④ 조정이 필요한 부품은 조작이 용이하도록 배치하여야 한다.

부품 상호간에 신호가 유도되지 않도록 한다.

**54** 전자 CAD에서 부품을 복사, 붙여 넣거나 편집하는 기능이 있는 메뉴는?

① File 메뉴
② Edit 메뉴
③ Help 메뉴
④ Option 메뉴

전자 CAD의 Edit 메뉴에는 잘라내기, 복사하기, 붙이기, 삭제하기 이동하기, 회전하기 등의 편집 명령이 포함되어 있다.

**55** 다음 중 CAD의 특징으로 볼 수 없는 것은?

① 작성된 도면의 정보를 기계에 직접 적용시킬 수 있다.
② 직선과 곡선의 처리, 도형과 그림의 이동, 회전 등이 자유롭다.
③ 3차원 도형을 임의의 방향으로 표현할 수 있고, 숨은 선의 처리가 용이하다.
④ 자주 쓰는 도형, 부품 등을 매크로에 정의하여 쓸 수 있으나, 하나의 도면을 다시 재생할 수는 없다.

CAD는 자주 쓰는 도형, 부품 등을 매크로 정의하여 쓸 수 있으며, 하나의 도면을 다시 작업을 행할 수 있다.

**56** 회로도 작성 시 고려할 사항으로 옳지 않은 것은?

① 신호의 흐름은 도면의 왼쪽에서 오른쪽으로, 위에서 아래로 그린다.
② 주회로와 보조회로가 있는 경우에는 주회로를 중심으로 그린다.
③ 대각선과 곡선은 최단거리 기준으로 자주 사용하여야 한다.
④ 선과 선이 전기적으로 접속되는 곳에는 '●' 표시를 한다.

회로도 작성 시 고려사항
- 신호의 흐름은 왼쪽에서 오른쪽으로, 위에서 아래로 작성한다.
- 주회로와 보조회로가 있는 경우에는 주회로를 중심으로 설계한다.
- 보조회로는 주회로의 바깥쪽에, 전원회로는 맨 아래에 작성한다.
- 선과 선이 전기적으로 접속되는 곳은 Junction(●)으로 접속점을 표시한다.

**57** 다음 중 설계자의 의도를 작업자에게 전달시켜 요구하는 물품을 정확하게 만들기 위해 사용되는 도면은?

① 공정도   ② 설명도
③ 승인도   ④ 제작도

　제작도 : 설계자의 의도를 작업자에게 정확히 전달시켜 요구하는 물품을 만들게 하기 위하여 사용되는 도면

**58** 다음 그림의 논리 게이트 명칭은?

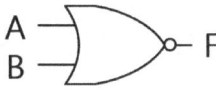

① AND gate   ② OR gate
③ NAND gate  ④ NOR gate

| AND | OR | NAND | NOR |
|---|---|---|---|

**59** 마일러 콘덴서에는 용량치가 숫자로 쓰여 있다. 104K 는 얼마인가?

① 0.01[μF], ±10%
② 0.1[μF], ±10%
③ 1[μF], ±10%
④ 10[μF], ±10%

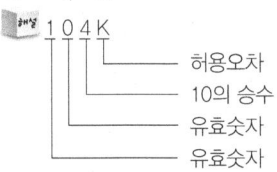

- 콘덴서의 기준 단위는 [pF] = $10^{-12}$
- $10 \times 10^4 \times 10^{-12} = 0.1[μF]$
- 허용오차 K는 ±10[%]

**60** 「컴퓨터 지원 설계」의 약자로 옳은 것은?

① CAD   ② CAM
③ CAE   ④ CNC

　CAD(Computer Aided Design) : 컴퓨터 지원 설계

**ANSWER** 2013년 3회

| 01 | 02 | 03 | 04 | 05 | 06 | 07 | 08 | 09 | 10 |
|---|---|---|---|---|---|---|---|---|---|
| ② | ④ | ② | ④ | ② | ③ | ③ | ① | ② | ③ |
| 11 | 12 | 13 | 14 | 15 | 16 | 17 | 18 | 19 | 20 |
| ④ | ① | ④ | ③ | ③ | ① | ② | ② | ① | ② |
| 21 | 22 | 23 | 24 | 25 | 26 | 27 | 28 | 29 | 30 |
| ④ | ④ | ① | ④ | ③ | ③ | ④ | ③ | ① | ① |
| 31 | 32 | 33 | 34 | 35 | 36 | 37 | 38 | 39 | 40 |
| ① | ④ | ② | ④ | ② | ④ | ③ | ③ | ① | ② |
| 41 | 42 | 43 | 44 | 45 | 46 | 47 | 48 | 49 | 50 |
| ① | ③ | ② | ① | ④ | ② | ① | ② | ③ | ③ |
| 51 | 52 | 53 | 54 | 55 | 56 | 57 | 58 | 59 | 60 |
| ④ | ② | ② | ③ | ④ | ③ | ④ | ④ | ② | ① |

# Chapter 02 최근기출문제
## 2014년 1회

**01** 멀티바이브레이터의 비안정, 단안정, 쌍안정이라고 말하는 것은 무엇으로 결정하는가?

① 전원의 크기
② 바이어스 전압의 크기
③ 저항의 크기
④ 결합회로의 구성

>해설 펄스를 생성하는 멀티바이브레이터는 결합회로의 구성에 따라 단안정, 비안정, 쌍안정 멀티바이브레이터로 구분된다.

**02** 정현파의 파고율은 얼마인가?

① $\sqrt{2}$
② $\dfrac{2}{\pi}$
③ $\dfrac{\pi}{2\sqrt{2}}$
④ $\dfrac{\pi}{2}$

>해설 평균값 = 최대값 × $\dfrac{2}{\pi}$, 최대값 = 실효값 × $\sqrt{2}$

**03** 다음 사이리스터 중 단방향성 소자는?

① TRIAC
② DIAC
③ SSS
④ SCR

>해설 사이리스터(thyristor)
>• 단방향성 소자 : Shockley 다이오드, SCR, SCS, GTO 등
>• 쌍방향성 소자 : DIAC, TRIAC, SSS 등

**04** 도체에 전압이 가해졌을 때 흐르는 전류의 크기는 가해진 전압에 비례한다는 법칙은?

① 줄의 법칙
② 옴의 법칙
③ 중첩의 법칙
④ 키르히호프의 전류의 법칙

>해설 옴(Ohm 법칙) : 도체에 흐르는 전류(I)는 전압(V)에 비례하고 저항(R)에 반비례 한다.
>∴ $I = \dfrac{V}{R}[A]$, $V = IR[V]$, $R = \dfrac{V}{I}[\Omega]$

**05** 저역통과 RC 회로에서 시정수가 의미하는 것은?

① 응답의 상승 속도를 표시한다.
② 응답의 위치를 결정해 준다.
③ 입력의 진폭 크기를 표시한다.
④ 입력의 주기를 결정해 준다.

>해설 저역통과 RC 회로에서 시정수 τ = RC는 응답상승 속도를 표시한다.

**06** 다음 중 이상적인 연산증폭기의 특징으로 적합하지 않은 것은?

① 입력임피던스가 무한대이다.
② 출력임피던스가 무한대이다.
③ 주파수 대역폭이 무한대이다.
④ 오픈 루프 이득이 무한대이다.

> **해설** 이상적인 연산증폭(op-amp)기의 특징
> - $A_V = \infty$ (전압이득은 무한대이다.)
> - $R_i = \infty$ (입력 저항값은 무한대이다.)
> - $R = 0$ (출력 저항은 0이다.)
> - $BW = \infty$ (대역폭은 무한대이다.), 지연응답은 0이다.
> - offset = 0(오프셋 0이다.), 특성변동 및 잡음없다.
> - 잡음이 없으며 입력이 0일 때 출력도 0일 것
> - 동위상신호제거비(CMRR)
>   $= \dfrac{A_d \text{(차동 이득)}}{A_c \text{(동위상 이득)}} = \infty$ 일 것

**07** 다음 중 FET에 대한 설명으로 적합하지 않은 것은?

① 입력임피던스가 매우 높다.
② 전압제어형 트랜지스터이다.
③ BJT 보다 잡음특성이 양호하다.
④ 베이스, 드레인, 게이트 전극이 있다.

> **해설** 전계효과트랜지스터(FET) : 다수 반송자의 흐름에 따라 변화하는 단일 극성 소자이며 게이트(Gate)의 역전압에 따라서 드레인(drain)에서 소스(source)로 흐르는 전류를 제어하는 전압제어 소자이다.

**08** 쌍안정 멀티바이브레이터의 결합저항에 병렬로 접속한 콘덴서의 목적은?

① 증폭도를 높이기 위한 것이다.
② 스위칭 속도를 높이는 동작을 한다.
③ 트랜지스터의 이미터 전위를 일정하게 한다.
④ 트랜지스터의 베이스 전위를 일정하게 한다.

> **해설** 결합소자 중 저항과 병렬로 구성된 콘덴서(C)의 목적은 스위칭 속도를 높이는 동작을 한다.

**09** 고정 바이어스 회로를 사용한 트랜지스터의 $\beta$가 50이다. 안정도 S는 얼마인가?

① 49  ② 50
③ 51  ④ 52

> **해설** 고정 바이어스 안정도 $S = 1 + \beta$
> $\therefore S = 1 + 50 = 51$

**10** 수정 진동자의 직렬공진주파수를 $f_O$, 병렬공진주파수를 $f_S$라 할 때 수정진동자가 안정한 발진을 하기 위한 리액턴스 성분의 주파수 $f$의 범위는?

① $f_O < f < f_S$   ② $f_O < f_S < f$
③ $f_S < f < f_O$   ④ $f = f_S = f_O$

> **해설** 수정 진동자는 압전효과(piezo effect)를 이용한 것으로 수정 결정에 압력 또는 비튼 힘이 작용함으로써 결정이 상대하는 두개의 면에 전압이 발생하는 현상으로서 이것을 대신하여 전압을 가하여 압력을 가한 것과 같은 효과에 따라 진동하며 수정 자체의 고유진동수의 안정된 주파수값을 얻을 수 있다. 리액턴스가 유도성이 되는 범위는 $f_O < f < f_S$인 주파수 범위가 좁아 발진 주파수가 매우 안정하기 때문에 많이 사용된다.

**11** 다음 중 저주파 증폭기의 핵심 능동소자로 알맞은 것은?

① 저항      ② 콘덴서
③ 코일      ④ 트랜지스터

> **해설**
> - 능동부품(Active Component) : 트랜지스터(TR), 전계효과 트랜지스터(FET), 단접합 트랜지스터(UJT), IC, 연산증폭기(OPAMP) 등을 말하며, 능동소자는 증폭, 발진, 신호 변환 등의 기능을 갖는다.
> - 수동부품(Passive Component) : 전기 신호의 중계, 제어 등을 행하는 기구부품으로 저항기, 커넥터, 소켓, 스위치 등이 수동소자에 속한다.

**12** 다음 회로에서 $R_1 = R_f$일 때 적합한 명칭은?

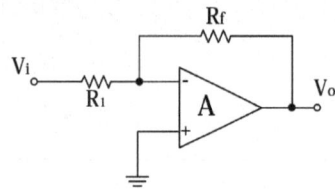

① 적분기
② 감산기
③ 부호변환기
④ 전류증폭기

> 해설 OP-AMP, R을 이용한 회로로서 보통 입력 저항 Ri 와 출력 궤환저항 Rf 조건에 따라 반전 증폭기로 많이 사용되나, 문제의 조건에는 R = R, 출력은 −Vi이므로 부호 변환기 회로이다.

**13** 일반적으로 크로스 오버 일그러짐은 증폭기를 어느 급으로 사용했을 때 생기는가?

① A급 증폭기
② B급 증폭기
③ 증폭기
④ AB급 증폭기

> 해설 B급 증폭기는 하나의 npn 트랜지스터와 하나의 pnp 트랜지스터로 구성되어 두 개의 트랜지스터가 동작할 때 발생되는 전위장벽으로 인하여 크로스오버 왜곡이 발생한다.

**14** 반송파전력이 100[W]이고, 변조도 60[%]로 진폭변조 시키면 피변조파의 전력은 몇 [W]인가?

① 50[W]
② 100[W]
③ 118[W]
④ 136[W]

> 해설
> $P_m = P_C + P_U + P_L$
> $= P_C + P_C \dfrac{m^2}{4} + P_C \dfrac{m^2}{4} [W]$
> $= P_C \left(1 + \dfrac{m^2}{4} + \dfrac{m^2}{4}\right) = P_C \left(1 + \dfrac{m^2}{2}\right)[W]$
> $= P_C \left(1 + \dfrac{m^2}{2}\right)[W]$
> $\therefore P_m = 100\left(1 + \dfrac{0.6^2}{2}\right) = 118[W]$

**15** 연산증폭기에서 차동 출력을 0[V]가 되도록 하기 위하여 입력단자 사이에 걸어주는 것은?

① 입력 오프셋 전압
② 출력 오프셋 전압
③ 입력 오프셋 전류
④ 입력 오프셋 전류 드리프트

> 해설
> • 입력 오프셋 전압 : 차동 출력을 0[V]로 만들기 위한 입력 직류전압
> • 출력 오프셋 전압 : OP-AMP에서 두 입력 단자를 접지 되었을 때 두 출력 단자 사이에 나타나는 직류전압의 차

**16** 다음 (    ) 안에 들어갈 내용으로 알맞은 것은?

> D 플립플롭은 1개의 S-R 플립플롭과 1개의 (    ) 게이트로 구성할 수 있다.

① AND
② OR
③ NOT
④ NAND

> 해설 D 플립플롭은 1개의 S-R 플립플롭과 1개의 NOT 게이트로 구성할 수 있다.

**17** 후입선출(LIFO) 동작을 수행하는 자료구조는?

① RAM
② ROM
③ STACK
④ QUEUE

▶ 스택(Stack) : 스택은 데이터 입·출력이 한쪽으로만 접근 할 수 있는 자료 구조이다. 스택에서 가장 나중에 들어간 데이터가 제일 먼저 나오게 된다. 그래서 스택을 LIFO(Last In First Out) 구조라고 한다.

**18** 중앙처리장치(CPU)를 구성하는 주요 요소로 올바르게 짝지어진 것은?

① 연산장치와 보조기억장치
② 입·출력장치와 보조기억장치
③ 연산장치와 제어장치
④ 제어장치와 입·출력장치

▶ CPU(중앙처리장치)의 구성 : 프로그램 명령어를 실행하는 일을 담당하는 중앙처리장치는 제어장치, 연산장치, 레지스터들의 세 부분으로 구성된다.

**19** 명령어는 전자계산기의 동작을 수행시키기 위한 비트들의 집합으로 나누어진다. 각 명령은 어떻게 구성되는가?

① 오퍼레이션코드와 실행프로그램
② 오퍼랜드와 목적프로그램
③ 오퍼레이션코드와 소스코드
④ 오퍼레이션코드와 오퍼랜드

▶ 명령어는 명령부(명령코드부, OP code)와 처리부(피연산자부, operand)로 구성되어 있다.

**20** 순서도를 작성하는 방법으로 틀린 것은?

① 처리순서의 방향은 아래에서 위로, 오른쪽에서 왼쪽 화살표로 표시한다.
② 논리적 타당성을 확보할 수 있도록 작성한다.
③ 처리과정을 간단명료하게 표시한다.
④ 순서도가 길거나 복잡할 경우 기능별로 분할한 후 연결 기호를 사용하여 연결한다.

▶ 순서도의 작성방법
• 위에서 아래로 내려가면서 작성한다.
• 논리적 타당성을 확보할 수 있도록 작성한다.
• 기호 내부에는 실행 내용을 간단, 명료하게 표시한다.
• 과정이 길어 연속적인 표현이 어려울 때는 나누어 작성하고 연결 기호를 사용한다.

**21** 컴퓨터 기억용량의 1K 바이트는 몇 바이트인가?

① 1000
② 1001
③ 1024
④ 1212

▶ Kbyte = $2^{10}$ = 1024byte

**22** 데이터 처리 과정 및 프로그램 결과가 출력되는 전반적인 처리과정의 흐름을 일정한 기호를 사용하여 나타낸 것을 무엇이라 하는가?

① 순서도
② 수식도
③ 로그
④ 분석도

▶ 순서도(Flowchart) : 컴퓨터로 처리해야 할 작업과정을 약속된 기호를 사용하여 순서대로 일관성 있게 그림으로 나타낸 것

**23** 다음 스위치 회로를 불 대수로 표현하면?

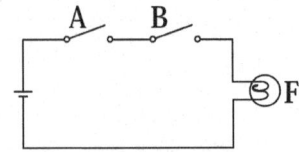

① F = A + B  ② F = A · $\overline{B}$
③ F = A · B  ④ F = $\overline{A}$ · B

📖 A, B 모두 스위치가 닫힐 때 F가 점등된다. 즉, 입력 A, B 모두 1일 때 출력 F가 1이 되는 논리식으로 AND(논리곱)로 나타낼 수 있다.

**24** 다음 중 일반적으로 가장 적은 bit로 표현 가능한 데이터는?

① 영상 데이터  ② 문자 데이터
③ 숫자 데이터  ④ 논리 데이터

📖 논리데이터는 0과 1로 표현되는 1bit의 데이터이다.

**25** 10진수 0.375를 2진수로 변환하면?

① $(0.11)_2$
② $(0.011)_2$
③ $(0.110)_2$
④ $(0.111)_2$

📖 소수점의 자리를 2로 곱하여 소수점의 자리가 0이 될 때까지 곱한다.
0.375 × 2 = 0.75, 0.75 × 2 = 1.5, 0.5 × 2 = 1.0
∴ $(0.375)_{10}$ = $(0.011)_2$

**26** 논리식 F = $\overline{A}BC + A\overline{B}C + ABC + AB\overline{C}$를 카르노맵에 의해 간소화 시킨 식은?

① F = AB + BC
② F = A + AC
③ F = AB + BC
④ F = BC + AC

📖 F = $\overline{A}BC + A\overline{B}C + ABC + AB\overline{C}$
= BC($\overline{A}$ + A) + AC($\overline{B}$ + C)
= BC + AC ∵ $\overline{A}$ + A = 1, $\overline{B}$ + B = 1

**27** 상태 레지스터 중 2진 연산의 수행 결과 나타난 자리올림 또는 내림 상태를 판별하는 것은?

① Z(zero) 비트  ② C(carry) 비트
③ S(sign) 비트  ④ P(parity) 비트

📖 Carry 비트 : 상태 레지스터 중 2진 연산의 수행 결과 나타난 자리올림 또는 내림 상태를 판별하는 것

**28** 데이터 처리를 위하여 연산 능력과 제어 능력을 가지도록 하나의 칩 안에 연산 장치와 제어 장치를 집적시킨 것은?

① 컴퓨터
② 레지스터
③ 누산기
④ 마이크로프로세서

📖 마이크로프로세서 : 데이터 처리를 위하여 연산 능력과 제어 능력을 가지도록 하나의 칩 안에 연산장치와 제어장치를 집적시킨 것

**29** PCB를 가공할 때에는 부품 부착용 구멍(hole)을 만들며, 이 구멍은 부품과 배선과의 접속이 가능하도록 원형이나 사각형 등의 모양으로 부품이나 단자의 납땜 장소로 사용되는 것은?

① 랜드(land)
② 스루 홀(through hole)

③ 액세스 홀(access hole)
④ 트랙(track)

> 해설 랜드(Land) : PCB를 가공할 때에는 부품 부착용 구멍을 만들며, 이 구멍은 부품과 배선과의 접속이 가능하도록 원형이나 사각형 등의 모양으로 부품이나 단자의 납땜 장소로 사용되는 것

**30** 인쇄회로기판이 갖추어야 할 특성과 거리가 먼 것은?

① 온도 상승에 대하여 변화가 적어야 한다.
② 납땜 시 가열 등에 의해서는 안정되어야 한다.
③ 기계적 강도를 갖추고, 가공이 용이해야 한다.
④ 공정 중 약물 처리에 대해 특성이 변화하여야 한다.

> 해설 공정 중 약물 처리에 대해 특성이 변하지 않아야 한다.

**31** 회전각도와 저항값 변화율에 따라 A형, B형, C형으로 구분되며, 포텐쇼미터(Potentiometer)라고 하는 소자는?

① 탄소피막 저항
② 금속피막 저항
③ 가변저항
④ 권선저항

> 해설 가변저항기 : 회전각도와 저항값 변화율에 따라 A형, B형, C형으로 구분되며, 포텐셔미터라고도 한다.

**32** A4 용지의 크기를 올바르게 나타낸 것은?

① 841×1189[mm]
② 594×841[mm]
③ 420×594[mm]
④ 210×297[mm]

> 해설 A0 : 841×1189, A1 : 594×841, A2 : 420×594, A3 : 297×420, A4 : 210×297

**33** 회로를 CAD로 작성한 후 전기적인 연결 상태를 검증하는 것은?

① ERC(Electrical Rule Check)
② LRC(Line Rule Check)
③ CRC(Circuit Rule Check)
④ SRC(Schematic Rule Check)

> 해설 ERC(Electrical Rules Check) : 전기적인 연결 상태를 검증하는 것

**34** 인쇄회로기판의 고밀도화를 촉진하는 요인이 아닌 것은?

① via 홀의 소형화
② 전자회로의 단순화
③ 부품의 SMT화
④ 인쇄회로기판의 다층화

> 해설 인쇄회로기판의 고밀도화를 촉진하는 요인
> • via 홀의 소형화
> • 부품의 SMT화
> • 인쇄회로기판의 다층화
> • 제품의 소형화 등

**35** PCB 제조 공정에서 소정의 배선 패턴만 남기고 다른 부분의 패턴을 제거하는 공정은?

① 천공
② 노광
③ 에칭
④ 도금

> 해설 에칭 : PCB 제조 공정에서 소정의 배선 패턴만 남기고 다른 부분의 패턴을 제거하는 공정

**36** PCB 제조 공정에서 구리를 제거하기 위한 에칭액은?

① 염화나트륨
② 염화제이철
③ 크롬황산
④ 수산화나트륨

> 📖 도체 패턴을 만들기 위하여 절연기판상의 도체의 불필요 부분을 화학적 또는 전기적으로 제거해야 하는 데 이때 사용하는 에칭액은 염화제이철($FeCl_3$)이다.

**37** 다음 중 부품의 특성을 표시해야 하는 내용으로 가장 거리가 먼 것은?

① 부품 값
② 허용 오차
③ 정격 전압
④ 부품의 분류

> 📖 전자, 통신용 부품의 정격과 특성의 표시는 부품의 정격전력, 정격전압, 저항값 및 허용오차의 범위를 색 또는 문자로 표시한다.

**38** 제도 용지에 직접 연필로 작성한 도면이나 컴퓨터로 작성한 최초의 도면을 무엇이라 하는가?

① 스케치도
② 복사도
③ 트레이스도
④ 원도

> 📖
> • 원도 : 제도 용지에 직접 연필로 작성한 도면, 컴퓨터가 작성한 최초 도면
> • 트레이스도 : 원도 위에 트레이싱지를 놓고 그린 도면
> • 복사도 : 트레이스도를 원본으로 복사한 도면
> • 스케치도 : 제품이나 장치 등을 그리거나 도안할 때 필요한 사항을 제도 기구를 사용하지 않고 프리핸드로 그린 도면

**39** PCB 상에서 상호 연결되어 있는 신호, 모듈, 핀의 명칭으로 회로 도면상의 연결 정보를 무엇이라 하는가?

① Netlist
② Footprint
③ Partlist
④ Libraries

> 📖 Netlist : PCB상에서 상호 연결되어 있는 신호, 모듈, 핀의 명칭으로 회로 도면상의 연결정보

**40** 단면인쇄회로기판 설계 시 출력 데이터 파일의 내용이 아닌 것은?

① Drill Data
② Top Silk Screen
③ Solder Side Pattern
④ Inner Layer Pattern

> 📖 Inner Layer Pattern은 단면 인쇄회로기판이 아닌 다층기판의 데이터 파일이다.

**41** 유연성을 갖는 PCB로 절연기판이 얇은 필름으로 만들어진 것은?

① 페놀 단면 PCB
② 에폭시 PCB
③ 플렉시블 PCB
④ 메탈 PCB

> 📖 플렉시블 기판(Flexible Base material) : 유연성을 갖는 PCB로 절연기판이 얇은 폴리에스테르나 폴리이미드 필름에 동박을 입힌 기판

**42** 패턴 설계 시 유의사항으로 옳지 않은 것은?

① 패턴은 가급적 굵고 짧게 해야 한다.
② 패턴 사이의 간격을 최대한 붙여 놓는다.
③ 배선은 가급적 짧게 하는 것이 다른 배선이나 부품의 영향을 적게 받는다.

④ 전력용량, 주파수 대역 및 신호 형태별로 기판을 나누거나 커넥터를 분리하여 설계한다.

> 해설 배선 사이의 간격은 최대한 이격거리를 유지하여 배선하고, 패턴 사이의 간격을 떼어 놓거나 차폐를 행한다.

**43** 인쇄회로기판(PCB)을 제조 할 때 사용되는 제조 공정이 아닌 것은?

① 사진 부식법  ② 실크 스크린법
③ 오프셋 인쇄법  ④ 대역 용융법

> 해설 인쇄회로기판(PCB)의 제조 방법에는 사진 부식법, 실크 스크린법, 오프셋 인쇄법 등이 있다.

**44** 다음 기호의 명칭으로 옳은 것은?

① NPN type transistor
② PNP type transistor
③ Photo type transistor
④ Diode type transistor

> 해설

| PNP TR | NPN TR |
|---|---|
|  |  |

**45** 일반적으로 회로도를 설계할 때 고려해야 할 사항으로 거리가 먼 것은?

① 대각선과 곡선은 가급적 피한다.

② 주 회로와 보조 회로가 있는 경우에는 주 회로를 중심으로 그린다.
③ 수동 소자를 중심으로 그리고, 능동 소자는 회로의 외곽에 그린다.
④ 신호의 흐름은 도면의 왼쪽에서 오른쪽으로, 위에서 아래로 그린다.

> 해설 회로도 작성 시 고려사항
> • 신호의 흐름은 왼쪽에서 오른쪽으로, 위에서 아래로 작성한다.
> • 주회로와 보조회로가 있는 경우에는 주회로를 중심으로 설계한다.
> • 대각선과 곡선은 가능한 한 직선으로 그린다.
> • 도면은 IC, 트랜지스터, 특수 반도체, 표시장치 등의 주요 능동소자를 중심으로 그린다.

**46** 전자회로설계에서 전체적인 동작이나 기능의 계통도로 그린 것은?

① 상세도  ② 접속도
③ 블록도  ④ 기초도

> 해설 전자회로에서 부분 상호간에 전달되는 신호의 계통을 알기 쉽게 나타낸 선도로서 계통도, 블록선도라고 한다.

**47** 인쇄회로기판의 설계 요소 중 패턴 설계시 유의할 점으로 옳지 않은 것은?

① 패턴 사이의 간격은 차폐를 행한다.
② 일정 어스 방식으로 설계한다.
③ 패턴은 가늘고 길게 한다.
④ 배선은 짧게 한다.

> 해설 PCB 패턴 설계 시 유의사항
> • 패턴 사이의 간격은 차폐를 행한다.
> • 일점 어스 방식으로 설계한다.
> • 패턴은 가능한 한 짧고 굵게 한다.
> • 취급하는 전력 용량, 주파수 대역 및 신호 형태별로 기판을 나누거나 커넥터를 분리하여 설계한다.

**48** 전자 회로도나 블록도(Block diagram)와 같이 기호 (Symbol)와 글자로만 도면이 이루어질 경우, 치수의 의미가 없거나 도면과 실물의 치수가 비례하지 않을 때 척도 난의 표기로 옳은 것은?

① 실척
② NC
③ NS
④ 배척

> 도면에서의 크기와 물체의 실제 크기의 비
> • 축척 : 실물보다 작게 축소해서 그리는 것
> • 현척(실척) : 실물과 같은 크기로 그리는 것
> • 배척 : 실물보다 크게 확대해서 그리는 것
> • NS(Not to Scale) : 도면과 실물의 치수가 비례 척도가 아님을 뜻함

**49** 인쇄회로기판(PCB) 설계 시 고주파 부품 및 노이즈(noise)에 대한 대책으로 옳지 않은 것은?

① 아날로그, 디지털 혼재 회로에서 접지선은 분리한다.
② 전원용 라인필터는 연결부위에 가깝게 배치한다.
③ 고주파 부품은 일반회로 부분과 분리하여 배치하도록 하고, 가능하면 차폐를 실시하여 영향을 최소화 하도록 한다.
④ 부품의 리드는 가급적 길게 하여 안테나 역할을 하도록 한다.

> 부품은 세워서 배치하지 않으며, 가급적 부품의 다리를 짧게 배선한다.

**50** 다음 콘덴서의 정전용량 값과 허용오차는?

① 정전용량 : 0.001[μF], 허용오차 : ±0.1[%]
② 정전용량 : 0.001[μF], 허용오차 : ±1[%]
③ 정전용량 : 0.0001[μF], 허용오차 : ±10[%]
④ 정전용량 : 0.0001[μF], 허용오차 : ±20[%]

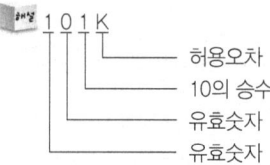

• 콘덴서의 기준 단위는 [pF] = $10^{-12}$
• $10 \times 10^1 \times 10^{-12} = 0.0001[μF]$
• 허용오차 K는 ±10[%]이다.

**51** 인쇄회로기판 가공에 사용되는 용어 중 부품의 단자 또는 도체 상호간을 접속하기 위하여 구멍 주위에 만든 특정한 도체 부분을 무엇이라 하는가?

① 랜드(Land)
② 마운트(Mount)
③ 패턴(Pattern)
④ 홀(Hole)

> 랜드(Land) : 부품의 단자 또는 도체 상호간을 접속하기 위해 구멍 주위에 만든 특정한 도체 부분

**52** 전자 CAD 패키지에 포함되어 있지 않은 프로그램은?

① 인쇄회로기판 설계용 프로그램
② 회로 시뮬레이션용 프로그램
③ 회로설계(Schematic)용 프로그램
④ 부품 가공 데이터 작성용 프로그램

  전자CAD 패키지는 인쇄회로기판 설계용 프로그램, 회로 시뮬레이션용 프로그램, 회로설계(Schematic)용 프로그램 등으로 구성된다.

**53** 다음 중 PCB 설계 후 곧바로 PCB를 제작할 수 있는 필름 출력이 가능한 장치는?

① X-Y 플로터
② Photo 플로터
③ Gerber Editor
④ Ink jet 프린터

  포토 플로터(Photo Plotter) : PCB 설계 후 곧바로 PCB를 제작할 수 있는 필름 출력이 가능한 장치

**54** 사진이나 그림, 문서, 도표 등을 컴퓨터에 디지털화하여 입력하는 장치는?

① 터치스크린   ② 스캐너
③ 키보드     ④ 플로터

  스캐너(Scanner) : 사진 또는 그림과 같이 종이 위의 도형의 정보를 그래픽 형태로 읽어 들여 컴퓨터에 전달하는 입력 장치

**55** 다음 중 표면실장형 부품 패키지 형태가 아닌 것은?

① SMD   ② DIP
③ SOP   ④ TQFP

  표면실장 부품 패키지
  • SOP(Small-Outline Package)
  • TQFP(Thin Quad Flat Package)
  • QFP(Quad Flat Package)
  • PLCC(Plastic Leaded Chip Carrier)

**56** 수정 진동자를 나타내는 도 기호(symbols)는?

①    ②

③    ④

  ① 다이오드, ② 수정 진동자, ③ 전해콘덴서, ④ 변조기, 복조기

**57** Through hole에 대한 설명으로 옳은 것은?

① 층간의 상호 절연을 위한 것이다.
② 홀의 한쪽이 층 내부에 묻혀 있다.
③ 신호의 접지를 위한 홀이다.
④ 부품면과 동박면을 도통하기 위한 것이다.

  Through Hole : 부품면과 동박면을 도통하기 위한 것

**58** 다음 중 설계파일의 저장장치와 관련이 없는 것은?

① CD-RW
② 스캐너
③ 하드디스크
④ 플로피디스크

  스캐너는 사진 또는 그림과 같이 종이 위의 도형의 정보를 그래픽 형태로 읽어 들여 컴퓨터에 전달하는 입력 장치이다.

**59** 다음 전자 소자 중 수동 소자는?

① 다이오드
② 트랜지스터
③ 용량기
④ 집적회로

- 능동부품(Active Component) : 트랜지스터(TR), 전계효과 트랜지스터(FET), 단접합 트랜지스터(UJT), IC, 연산증폭기(OPAMP) 등을 말하며, 능동소자는 증폭, 발진, 신호 변환 등의 기능을 갖는다.
- 수동부품(Passive Component) : 전기 신호의 중계, 제어 등을 행하는 기구부품으로 저항기, 콘덴서(용량기), 커넥터, 소켓, 스위치 등이 수동소자에 속한다.

**60** 다음 프린터 종류 중 비 충격(non-impact) 프린터는?

① 활자 프린터
② 도트 프린터
③ 스트로크 프린터
④ 레이저 빔 프린터

비충격식 프린터
- 레이저 빔 프린터
- 잉크제트 프린터
- 감열방식 프린터
- 열전사 프린터

| ANSWER | | | | | | | | | 2014년 1회 |
|---|---|---|---|---|---|---|---|---|---|
| 01 | 02 | 03 | 04 | 05 | 06 | 07 | 08 | 09 | 10 |
| ④ | ① | ④ | ② | ① | ② | ④ | ② | ③ | ① |
| 11 | 12 | 13 | 14 | 15 | 16 | 17 | 18 | 19 | 20 |
| ④ | ③ | ② | ③ | ① | ③ | ③ | ③ | ④ | ① |
| 21 | 22 | 23 | 24 | 25 | 26 | 27 | 28 | 29 | 30 |
| ③ | ① | ③ | ④ | ② | ④ | ② | ④ | ① | ④ |
| 31 | 32 | 33 | 34 | 35 | 36 | 37 | 38 | 39 | 40 |
| ③ | ④ | ① | ② | ③ | ② | ④ | ② | ① | ④ |
| 41 | 42 | 43 | 44 | 45 | 46 | 47 | 48 | 49 | 50 |
| ③ | ② | ④ | ① | ③ | ③ | ③ | ③ | ④ | ③ |
| 51 | 52 | 53 | 54 | 55 | 56 | 57 | 58 | 59 | 60 |
| ① | ④ | ② | ② | ② | ② | ④ | ② | ③ | ④ |

# Chapter 02 최근기출문제
## 2014년 2회

**01** 최대값이 Im[A]인 전파정류 정현파의 평균값은?

① $\sqrt{2}\, I_m[A]$
② $\dfrac{I_m}{\pi}[A]$
③ $\dfrac{2I_m}{\pi}[A]$
④ $\dfrac{I_m}{2}[A]$

해설) 교류회로의 평균값이란 정현파 교류전압의 파형은 + 파형과 − 파형이 서로 대칭이므로, 1주기값을 평균하면 0이 된다. 따라서 평균값 계산은 반주기 동안의 교류전압 또는 교류전류의 평균값은 다음과 같다.

| 구분 | 평균치 | 실효치 |
|---|---|---|
| 정현파 | $\dfrac{2I_m}{\pi} = 0.637 I_m[A]$ | $\dfrac{I_m}{\sqrt{2}}$ |
| 전파정류 | $\dfrac{2I_m}{\pi} = 0.637 I_m[A]$ | $\dfrac{I_m}{\sqrt{2}}$ |
| 반파정류 | $\dfrac{I_m}{\pi}[A]$ | $\dfrac{I_m}{2}$ |

**02** 굵기가 균일한 전선의 단면적이 S[m²]이고, 길이가 ℓ[m]인 도체의 저항은 몇 [Ω]인가?(단, ρ는 도체의 고유저항이다.)

① $R = \rho\dfrac{S}{l}[\Omega]$
② $R = \rho\dfrac{l}{S}[\Omega]$
③ $R = l\dfrac{S}{\rho}[\Omega]$
④ $R = lS\rho[\Omega]$

해설) 전기저항 R은 길이 ℓ에 비례하고 단면적(A)에 반비례한다.
∴ $R = \rho\dfrac{l}{A}[\Omega]$

**03** 주파수가 100[MHz]인 반송파를 3[kHz]의 신호파로 FM 변조했을 때 최대 주파수 편이가 ±15[kHz] 이면 변조 지수는?

① 3
② 5
③ 10
④ 15

해설) 변조지수 $mf = \dfrac{\Delta f_c}{f_s} = \dfrac{15 \times 10^3}{3 \times 10^3} = 5$

**04** 반도체소자 중 정전압회로에서 전압조절(VR)과 같은 동작 특성을 갖는 것은?

① 서미스터
② 바리스터
③ 제너다이오드
④ 트랜지스터

해설) 제너 다이오드는 내부 임계전압 범위에 따른 순방향 전압을 유지하고 그 이상 혹은 이하의 전압이 걸리면 제너브레이크다운(제너 항복)으로 역으로 급격한 전류를 흘리며 순방향 전류흐름을 차단하므로 기준전압 이상의 전압변동에 따른 전압안정 및 회로를 보호할 수 있다.

**05** PN 접합 다이오드에 가한 역방향 전압이 증가할 때 옳은 것은?

① 저항이 감소한다.
② 공핍층의 폭이 감소한다.
③ 공핍층 정전용량이 감소한다.
④ 다수캐리어의 전류가 증가한다.

> 해설 pn 접합에 역바이어스를 증가시키면 내부 공핍층(공간 전하영역)이 증가하게 되면서 반송자(정공, 전자)의 흐름이 없고, 전류가 흐를 수 없게 된다.

**06** 트랜지스터의 컬렉터 역포화 전류가 주위온도의 변화로 12[μA]에서 112[μA]로 증가되었을 때 컬렉터 전류의 변화가 0.71[mA]이었다면 이 회로의 안정도계수는?

① 1.2    ② 6.3
③ 7.1    ④ 9.7

> 해설 안정계수 $S = \dfrac{\Delta IC}{\Delta I_{CO}} = 1 + \beta$
> $\therefore S = \dfrac{0.71 \times 10^{-3}}{(112 \times 10^{-6}) - (12 \times 10^{-6})} = 7.1$

**07** 시미트 트리거 회로의 입력에 정현파를 넣었을 경우 출력파형은?

① 톱니파    ② 삼각파
③ 정현파    ④ 구형파

> 해설 슈미트 트리거 회로는 정현파 신호 입력을 받아서 구형파 출력을 만드는 회로로서 TTL에 사용한다.

**08** 펄스의 주기 등은 일정하고 그 진폭을 입력신호 전압에 따라 변화시키는 변조방식은?

① PAM    ② PFM
③ PCM    ④ PWM

> 해설 펄스변조방식
> • 펄스 진폭변조(PAM) : 펄스 신호레벨에 따라서 펄스 진폭을 변화시킨다.
> • 펄스 폭변조(PWM) : 펄스 신호레벨에 따라서 펄스 폭을 변화시킨다.
> • 펄스 위치변조(PPM) : 펄스 신호레벨에 따라서 펄스 위치를 변화시킨다.
> • 펄스 부호변조(PCM) : 펄스 신호레벨에 따라서 펄스열 부호(2진수)을 변화시킨다.(디지털 방식)

**09** 720[kHz]인 반송파를 3[kHz]의 변조신호로 진폭 변조했을 때 주파수 대역폭 B는 몇 [kHz] 인가?

① 3[kHz]    ② 6[KHz]
③ 8[kHz]    ④ 10[kHz]

> 해설 $f_H$(상측파대) = $f_c + f_s$ = 720 + 3 = 723[kHz]
> $f_L$(하측파대) = $f_c - f_s$ = 720 - 3 = 717[kHz]
> $\therefore BW = f_H - f_L = 723 - 717 = 6[kHz]$

**10** 크로스오버 일그러짐은 어디에서 생기는 증폭방식인가?

① A급    ② B급
③ C급    ④ AB급

> 해설 B급 전력증폭기는 하나의 npn 트랜지스터와 하나의 pnp 트랜지스터로 구성되어 두 개의 트랜지스터가 동작할 때 발생되는 전위장벽으로 인하여 크로스오버 왜곡이 발생한다.

**11** 그림의 회로에서 결합계수가 k일 때 상호인덕턴스 M은?

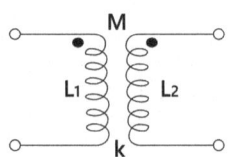

① $M = k\sqrt{L_1 L_2}$    ② $M = kL_1 L_2$

③ $M = \dfrac{k}{\sqrt{L_1 L_2}}$  ④ $M = \dfrac{k}{L_1 L_2}$

**해설** 두 코일간의 유도결합의 정도를 나타내는 양으로서 다음과 같이 정의되는 결합계수(Coefficient of coupling) k를 쓴다.

$k = \dfrac{M}{\sqrt{L_1 L_2}}$

∴ $M = k\sqrt{L_1 L_2}$ 이다.

## 12 10[V]의 전압이 100[V]로 증폭되었다면 증폭도는?

① 20[dB]  ② 30[dB]
③ 40[dB]  ④ 50[dB]

**해설** 이득(Gain) $= 20 \log_{10} \dfrac{V_0}{V_i} [dB]$

∴ $G = 20 \log_{10} \dfrac{100}{10} = 20[dB]$

## 13 RC결합 저주파증폭회로의 이득이, 높은 주파수에서 감소되는 이유는?

① 증폭기 소자의 특성이 변화하기 때문에
② 결합 커패시턴스의 영향 때문에
③ 부성저항이 생기기 때문에
④ 출력회로의 병렬 커패시턴스 때문에

**해설**
- RC결합 저주파 증폭회로에서는 출력회로 내의 병렬 커패시터 때문에 고주파에서 이득이 감소한다.
- 출력간의 임피던스 정합(매칭)이 어렵고 손실은 많으나 주파수 특성이 평탄하여 저주파 증폭회로에 주로 사용된다.

## 14 이상형 CR 발진회로의 CR을 3단 계단형으로 조합할 경우, 컬렉터 측과 베이스 측의 총 위상 편차는 몇 도인가?

① 90°  ② 120°
③ 180°  ④ 360°

**해설** 이상형 CR발진회로 콜렉터에서 3단 CR로 구성하여 입력 베이스에 양되먹임 되어 위상이 180°와 트랜지스터의 역위상 180°가 가산된 360° 정현파 출력을 얻는 발진기로서 발진 조건 및 주파수는 다음과 같다.

- 발진을 지속하기 위해서는 AV ≥ −29로 한다.
- $A_v = -\dfrac{R_f}{R_1} \geq -29$.
- $f_o = \dfrac{1}{2\pi\sqrt{6}\,CR}$ (C직렬회로)이다.

## 15 다음과 같은 회로의 명칭은?

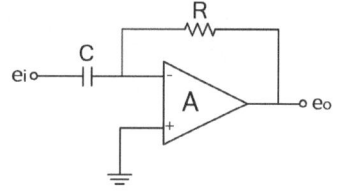

① 부호 변환기
② 전류 증폭기
③ 적분기
④ 미분기

**해설**
- 미분기(HPF) : 입력에 콘덴서, 궤환에 저항으로 구성
- 적분기(LPF) : 입력에 저항, 궤환에 콘덴서로 구성

## 16 N형 반도체의 다수 반송자는?

① 정공  ② 도너
③ 전자  ④ 억셉터

**해설** N형 반도체 : 순수한 진성반도체인 게르마늄(Ge), 실리콘(Si) 등에 5족의 불순물 원자인 안티몬(Sb), 비소(As), 인(P) 등을 넣으면 공유결합을 하고 한 개의 과잉 전자(−)를 발생시킨다. 이렇게 과잉 전자를 제공한 불순물을 도너(donor)라 하며, 다수 반송자는 전자(−)에 해당한다.

**17** 컴퓨터 회로에서 Bus Line을 사용하는 가장 큰 목적은?

① 정확한 전송
② 속도 향상
③ 레지스터 수의 축소
④ 결합선 수의 축소

> 컴퓨터 회로에서 버스 라인은 결합선 수의 축소를 위하여 사용한다.

**18** 가상기억장치(virtual memory)에서 주기억장치의 내용을 보조기억장치로 전송하는 것을 무엇이라 하는가?

① 로드(Load)
② 스토어(Store)
③ 롤아웃(Roll-out)
④ 롤인(Roll-in)

> 롤아웃(roll-out) : 다중 프로그램 구조를 갖는 컴퓨터 시스템에서 우선 순위가 높은 작업(job)이 들어오면, 우선 순위가 낮은 작업은 주기억장치로부터 외부의 보조기억장치로 전송된다. 그 대신에 보조기억장치에서 주기억장치로 우선 순위가 높은 프로그램이 전송되어 와서 실행된다. 여기서 우선 순위가 낮은 작업이 주기억장치에서 외부의 보조기억장치로 전송되는 것을 롤아웃이라고 한다.

**19** 마이크로컴퓨터에서 오퍼랜드가 존재하는 기억장치의 어드레스를 명령 속에 포함시켜 지정하는 주소 지정방식은?

① 직접 어드레스 지정방식
② 이미디어트 어드레스 지정방식
③ 간접 어드레스 지정방식
④ 레지스터 어드레스 지정방식

> 직접 주소 지정 방식(Direct Addressing Mode) : 명령어의 오퍼랜드에 실제 데이터가 들어 있는 주소를 직접 갖고 있는 방식

**20** 다음 중 8421 코드는?

① BCD 코드
② Gray 코드
③ Biquinary 코드
④ Excess-3 코드

> BCD 코드(Binary Coded Decimal, 2진화 10진수) : 10진수 1자리를 2진수 4자리(bit)로 표현하는 가중치 코드, 8421 코드라고도 한다.

**21** 기억장치의 성능을 평가할 때 가장 큰 비중을 두는 것은?

① 기억장치의 용량과 모양
② 기억장치의 크기와 모양
③ 주기억장치의 용량과 접근속도
④ 기억장치의 모양과 접근속도

> 기억장치의 성능을 평가할 때 가장 큰 비중을 두는 것은 기억장치의 용량과 접근 속도이다.

**22** 다음 논리회로에서 출력이 0 이 되려면, 입력 조건은?

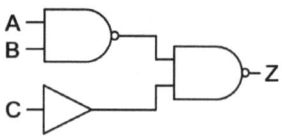

① A = 1, B = 1, C = 1
② A = 1, B = 1, C = 0
③ A = 0, B = 0, C = 0
④ A = 0, B = 1, C = 1

해설 $Z = \overline{(A \cdot B)} \cdot C = (A \cdot B) + \overline{C}$ 이므로 이 식에 보기를 대입하면 ①, ②, ③의 경우는 결과가 1이 되고, ④의 경우만 결과가 0이 된다.

**23** 비가중치 코드이며 연산에는 부적합하지만 어떤 코드로 부터 그 다음의 코드로 증가하는데 하나의 비트만 바꾸면 되므로 데이터의 전송, 입·출력 장치 등에 많이 사용되는 코드는?

① BCD 코드
② Gray 코드
③ ASCII 코드
④ Excess-3 코드

해설 그레이 코드(Gray Code) : 비가중치 코드이며 연산에는 부적합하지만 어떤 코드로부터 그 다음의 코드로 증가하는데 하나의 비트만 바꾸면 되므로 데이터의 전송, 입·출력 장치 등에 많이 사용한다.

**24** 단항(Unary) 연산을 행하는 것은?

① OR
② AND
③ SHIFT
④ 4칙 연산

해설
• 단항연산 : MOVE, Shift, Rotate, Complement
• 이항연산 : 사칙연산, OR, AND, EX-OR

**25** 데이터 전송 속도의 단위는?

① bit        ② byte
③ baud    ④ binary

해설 Baud : 매 초당 몇 번의 신호 변화가 있었는지 혹은 매 초당 몇 번의 다른 상태로 변화가 있었는지를 나타내는 신호 속도의 단위이다.

**26** 명령어의 기본적인 구성요소 2가지를 옳게 짝지은 것은?

① 기억장치와 연산장치
② 오퍼레이션 코드와 오퍼랜드
③ 입력장치와 출력장치
④ 제어장치와 논리장치

해설 명령어는 명령부(명령코드부, OP code)와 처리부(피연산자부, operand)로 구성되어 있다.

**27** 누산기(accumulator)에 대한 설명으로 올바른 것은?

① 상태 신호를 발생시킨다.
② 제어 신호를 발생시킨다.
③ 주어진 명령어를 해독한다.
④ 연산의 결과를 일시적으로 기억한다.

해설 누산기(Accumulator) : 연산에 관계되는 상태와 인터럽트 신호를 기억한다.

**28** 데이터의 입·출력 전송이 중앙처리장치의 간섭없이 직접 메모리 장치와 입·출력 장치사이에서 이루어지는 인터페이스는?

① DMA
② FIFO
③ 핸드쉐이킹
④ I/O 인터페이스

해설 DMA(Direct Memory Access) : 데이터의 입·출력 전송이 중앙처리장치의 간섭없이 직접 메모리 장치와 입·출력 장치 사이에서 이루어지는 인터페이스

**29** 인쇄회로기판의 임피던스에 대한 설명으로 옳지 않은 것은?

① 회로의 폭과 층간 두께의 영향을 가장 많이 받는다.
② 임피던스의 단위는 옴[Ω]이다.
③ 고속의 신호전송을 위해서는 유전상수가 작은 재료를 사용한다.
④ 전송 신호의 손실을 최소화하기 위해 유전손실이 높은 재료를 사용한다.

> 임피던스의 단위는 옴[Ω]이며, 회로의 폭과 층간 두께의 영향을 가장 많이 받으며, 고속의 신호전송을 위해서는 유전상수가 작은 재료를 사용하며, 전송 신호의 손실을 최소화하기 위해 유전 손실이 낮은 재료를 사용한다.

**30** KS C의 중분류에 속하지 않는 것은?

① 정보기기, 데이터 저장매체
② 통신 전자기기 및 부품
③ 전기일반
④ 진공관 및 전구

> • KS 전기전자부문(C) : 전기전자일반/측정, 시험용 기계기구/전기, 전자재료/전선, 케이블, 전로용품/전기, 기계기구/전기응용 기계기구/전기, 전자, 통신부품/전구, 조명기구/배선, 전기기기/반도체, 디스플레이/기타
> • 정보기기, 데이터 저장매체는 KS 정보부문(X)에 속한다.

**31** 회로도의 설계과정에서 부품간의 선 연결정보를 생성하는 파일은?

① 거버(Gerber) 파일
② 네트리스트(Netlist) 파일
③ DRC(Design Rule Check) 파일
④ ERC(Electric Rule Check) 파일

> Netlist : PCB상에서 상호 연결되어 있는 신호, 모듈, 핀의 명칭으로 회로 도면상의 연결 정보

**32** 전자제도에서 정격과 특성을 표시할 때는 KS C 0806의 규정에 의하여 표시된다. 다음은 전자제도에서 색과 숫자의 관계를 표시하였다. 올바르지 못한 것은?

① 검정색 = 0    ② 주황색 = 3
③ 녹색 = 5    ④ 흰색 = 7

| 검정색 | 갈색 | 적색 | 주황색 | 황색 | 초록색 | 청색 | 보라색 | 회색 | 흰색 |
|---|---|---|---|---|---|---|---|---|---|
| 0 | 1 | 2 | 3 | 4 | 5 | 6 | 7 | 8 | 9 |

**33** 다음 전자캐드 용어 중 옳지 않은 것은?

① CAM : Computer Aided Manufacturing
② CAD : Computer Aided Design
③ CAE : Computer Aided Epoxy
④ DRC : Design Rule Check

> CAE : Computer Aieded Engineering(컴퓨터 지원공학)

**34** 다음 중 전자부품의 명칭과 기호가 정확하게 표시한 것은?

① ⌇⌇⌇ : 코일
② ⋀⋁⋀ : 콘덴서
③ ⫽ : 저항
④ ⊥ : IC

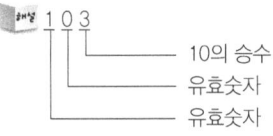

**35** 세라콘덴서의 표면에 103이 표시되어 있을 때 이 콘덴서의 정전용량은 몇 [μF] 인가?

① 0.1[μF]   ② 0.01[μF]
③ 0.001[μF]   ④ 1[μF]

해설 103
- 10의 승수
- 유효숫자
- 유효숫자

- 콘덴서의 기준 단위는 [pF] = $10^{-12}$
- $10 \times 10^3 \times 10^{-12}$ = 0.01[μF]

**36** 다음 중 전자기기 패널을 설계 제도할 때 유의할 사항이 아닌 것은?

① 전원코드는 배치에서 제외 할 수 있다.
② 패널부품은 크기를 고려하여 균형 있게 배치한다.
③ 조작 시 서로 연관이 있는 요소끼리 근접 배치한다.
④ 조작빈도가 높은 부품은 패널의 중앙이나 오른쪽에 위치한다.

해설 전원선이나 퓨즈박스 등은 배면에 배치한다.

**37** 다음 중에서 수동 부품(소자)인 것은?

① 트랜지스터   ② 전자관
③ 다이오드   ④ 콘덴서

해설 • 능동부품(Active Component) : 트랜지스터(TR), 전계효과 트랜지스터(FET), 단접합 트랜지스터(UJT), IC, 연산증폭기(OPAMP) 등을 말하며, 능동소자는 증폭, 발진, 신호 변환 등의 기능을 갖는다.
• 수동부품(Passive Component) : 전기 신호의 중계, 제어 등을 행하는 기구부품으로 저항기, 커넥터, 소켓, 스위치 등이 수동소자에 속한다.

**38** 전자회로를 설계하는 과정에서 10[Ω]/5[W] 저항을 기판에 실장(배치)하여야 하는데, 10[Ω]/5[W] 저항의 부피가 커서 1[W] 저항을 이용한 구성방법으로 옳은 것은?

① 50[Ω] 5개 직렬접속
② 100[Ω] 5개 직렬접속
③ 50[Ω] 5개 병렬접속
④ 100[Ω] 5개 병렬접속

해설 병렬 접속은 R/n이므로 50/5 = 10[Ω]이 된다. 그러므로 50[Ω]의 저항 5개를 병렬로 접속하면 된다.

**39** 인쇄회로 기판의 패턴을 설계할 때 유의해야할 사항으로 옳지 않은 것은?

① 패턴은 굵고 짧게 한다.
② 배선은 길게 하는 것이 좋다.
③ 패턴사이의 간격을 차폐 한다.
④ 커넥터를 분리 설계 한다.

해설 배선은 가급적 짧게 하는 것이 다른 배선이나 부품의 영향을 적게 받는다.

**40** 20mil을 [mm] 단위로 환산한 값으로 적합한 것은?

① 0.127[mm]   ② 0.254[mm]
③ 0.381[mm]   ④ 0.508[mm]

해설 1 inch = 2.54[cm] = 25.4[mm] = 1000[mil]
25.4[mm] = 1000[mil], 50으로 나누면 0.508[mm] = 20[mil]

**41** 다음 중 SMD(Surface Mount Device)타입의 패드를 Plane 층, Inner 및 Bottom면에 연결할 때, 패드에서 일정 거리의 트랙을 끌고 나온 후 비아를 사용하여 타 Layer에 연결하여 주는 것은?

① 레이어
② 팬인
③ 팬아웃
④ 랜드

> 팬아웃(Fanout) : SMD(Surface Mount Device) 타입의 패드를 Plane층, Inner 및 Bottom면에 연결할 때, 패드에서 일정 거리의 트랙을 끌고 나온 후 비아를 사용하여 타 Layer에 연결하여 주는 것

**42** CAD시스템에서 사용되는 입력장치로만 나열된 것은?

① 키보드, 마우스, 스캐너
② 디지타이저, 스캐너, 플로터
③ 터치스크린, 프린터, 마우스
④ 스캐너, 프린터, 플로터

> • 입력장치 : 키보드, 마우스, 디지타이저, 이미지 스캐너, 라이트 펜 등
> • 출력장치 : 모니터, 프린터, 플로터, 포토 플로터 등

**43** 다음 중 서로 다른 CAD 프로그램 사이에 도면 파일을 교환하는 규격으로 옳은 것은?

① DXF   ② STEP
③ IGES  ④ OHP

> DXF(Drawing Exchange Format) : 서로 다른 컴퓨터 지원 설계(CAD) 프로그램 간에 설계 도면 파일을 교환하는 데 업계 표준으로 사용되는 파일 형식

**44** 다음 중 전자제도(CAD)에 대한 특징으로 옳지 않은 것은?

① 설계과정에서 능률이 높아진다.
② 한번 저장한 도면은 수정하기가 어렵다.
③ 설계요소의 표준화로 도면 작성 시간이 단축된다.
④ 컴퓨터의 정확한 계산으로 인하여 수치 결과에 대한 정확성이 증가한다.

> 설계의 변경이 용이하다.

**45** 반도체 소자의 형명 중 "2SC1815Y"는 어떤 소자인가?

① 단접합 트랜지스터
② 터널다이오드
③ 전해콘덴서
④ 트랜지스터

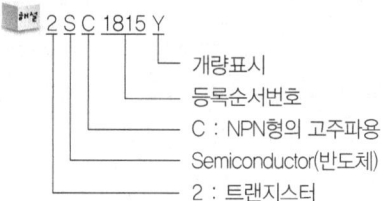

**46** PCB의 제조를 위한 필름 제조와 마스터 포토 툴을 생성하는 세계적 표준의 파일 형식은?

① 네트리스트 파일
② 거버 파일
③ 라이브러리 파일
④ DXF 파일

> Gerber File : PCB를 제작하기 위한 파일로서 PCB 설계의 모든 정보가 들어 있고 PCB 설계의 최종 목적 파일로 필름의 생성을 위한 각 레이어 및 드릴 데이터 등을 추출하는 파일이다.

**47** 전자캐드 시스템의 입력장치 중 X, Y 좌표를 입력하거나 원하는 명령어를 선택할 수 있는 입력장치는?

① 스캐너
② 디지타이저
③ 마우스
④ 트랙볼

> 디지타이저(Digitizer) : 도면으로부터 좌표를 읽어 들이는 데 사용하며, 자기장이 분포되어 있는 평판에 위치 검출기를 위치시켜 도면의 위치에 대응하는 X, Y 좌표를 입력하거나 원하는 명령어를 선택하는 입력장치

**48** 다음 중 컴퍼스로 그리기 어려운 원호나 곡선을 그릴 때 사용되는 제도용구는?

① 디바이더
② T자
③ 운형자
④ 형판

> 운형자 : 컴퍼스로 그리기 어려운 원호나 곡선을 그릴 때 사용되는 제도 기구

**49** 다음 중 전자회로, 인쇄회로 기판(PCB)등을 설계하기 위하여 만들어진 CAD 프로그램과 밀접한 것은?

① CAE
② EDA
③ FMS
④ PACS

> EDA(Electronic Design Automation) : 전자회로 등을 설계하기 위하여 만들어진 CAD 프로그램으로 OrCAD, PCAD 등이 있다.

**50** KS의 부문별 기호에서 기본적인 내용에 관계되는 분류기호는?

① KS A  ② KS B
③ KS C  ④ KS D

> KSA : 기본, KSB : 기계, KSC : 전기, KSD : 금속

**51** 전자 회로도 작성 시 유의사항 중 옳지 않은 것은?

① 대각선과 곡선은 가급적 피한다.
② 도면 기호와 접속선의 굵기는 원칙적으로 같게 한다.
③ 선의 교차가 적고 부품이 도면 전체에 고루 분포 되도록 그린다.
④ 신호의 흐름은 도면의 오른쪽에서 왼쪽으로 아래에서 위로 그린다.

> 회로도 작성 시 고려사항
> • 신호의 흐름은 왼쪽에서 오른쪽으로, 위에서 아래로 작성한다.
> • 기호와 접속선의 굵기는 같게 하며, 0.3~0.5mm로 한다.
> • 선의 교차가 적고 부품이 도면 전체에 안배되도록 그린다.
> • 대각선과 곡선은 가능한 한 직선으로 그린다.

**52** 블록선도에 사용되지 않는 도형은?

① 원형    ② 직사각형
③ 정사각형  ④ 삼각형

> 블록선도 작성 시 유의사항
> • 블록은 정사각형, 삼각형, 직사각형이 사용된다.
> • 신호의 흐름은 왼쪽에서 오른쪽으로, 위에서 아래로 그린다.
> • 화살표는 신호가 전달되는 방향을 나타낸다.
> • 삼각형은 증폭기 또는 연산 증폭기에 사용한다.

**53** 다음 특수 반도체 소자의 기호 명칭은?

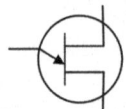

① 다이액(DIAC)
② 트랜지스터(TR)
③ 트라이액(TRIAC)
④ 단일 접합 트랜지스터(UJT)

| 다이액 | 트랜지스터 | 트라이액 | UJT |
|--------|------------|----------|-----|

**54** 인쇄회로기판에 배치될 부품의 위치와 형태 등에 대한 부품 배치도의 설명으로 옳지 않은 것은?

① 부품은 균형 있게 배치한다.
② 부품 상호 간에 신호가 유도되지 않도록 한다.
③ 인쇄회로기판의 점퍼선은 부품으로 간주하지 않으며 표시하지 않는다.
④ 부품의 종류, 기호, 용량, 외형도, 핀의 위치, 극성 등을 표시하여야 한다.

회로도에는 없는 점퍼선은 부품으로 간주하여 부품 배치도에 표시해야 한다.

**55** 척도에서 실물의 크기보다 작게 그리는 것은?

① 현척   ② 축척
③ 배척   ④ 실척

척도
- 축척 : 실물보다 작게 축소해서 그리는 것
- 현척(실척) : 실물과 같은 크기로 그리는 것
- 배척 : 실물보다 크게 확대해서 그리는 것
- NS(Not to Scale) : 도면과 실물의 치수가 비례 척도가 아님을 뜻함

**56** 다음 회로의 명칭은?

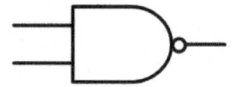

① OR GATE       ② AND GATE
③ NAND GATE    ④ EX-OR GATE

| OR | AND | NAND | EX-OR |
|----|-----|------|-------|

**57** 다음 중 인쇄기판의 제조 공법으로 부적합한 것은?

① 정전 부식법
② 사진 부식법
③ 실크 스크린법
④ 오프셋 인쇄법

인쇄회로기판(PCB)의 제조 방법에는 사진 부식법, 실크 스크린법, 오프셋 인쇄법 등을 사용한다.

**58** 축척 1/25의 도면에서 도면상 길이가 2[mm]일 때, 실제 길이는?

① 1.25[mm]    ② 2[mm]
③ 12.5[mm]    ④ 50[mm]

축척은 실물보다 작게 축소해서 그리는 것으로 1/25로 축소한 결과가 2[mm]이므로, 실제의 크기는 25 × 2[mm] = 50[mm]이다.

**59** 그림과 같은 부품 기호에 대한 명칭은?

① 다이오드
② 저항
③ 수정진동자
④ 코일

| 다이오드 | 저항 | 수정진동자 | 코일 |
|---|---|---|---|
| ▶▏ | ⌇⌇ | ┤□├ | ⌒⌒ |

**60** PCB 인쇄 기판 제조 공정에 사용되는 에칭 방법이 아닌 것은?

① 납 마스크법
② 사진 부식법
③ 실크 스크린법
④ 오프셋 인쇄법

에칭 방법에는 사진 부식법, 실크 스크린법, 오프셋 인쇄법이 있다.

### ANSWER 2014년 2회

| 01 | 02 | 03 | 04 | 05 | 06 | 07 | 08 | 09 | 10 |
|---|---|---|---|---|---|---|---|---|---|
| ③ | ② | ② | ③ | ③ | ③ | ④ | ① | ② | ② |
| 11 | 12 | 13 | 14 | 15 | 16 | 17 | 18 | 19 | 20 |
| ① | ① | ④ | ③ | ④ | ③ | ④ | ③ | ① | ① |
| 21 | 22 | 23 | 24 | 25 | 26 | 27 | 28 | 29 | 30 |
| ③ | ④ | ② | ③ | ③ | ② | ④ | ① | ④ | ① |
| 31 | 32 | 33 | 34 | 35 | 36 | 37 | 38 | 39 | 40 |
| ② | ④ | ③ | ① | ② | ① | ④ | ③ | ① | ④ |
| 41 | 42 | 43 | 44 | 45 | 46 | 47 | 48 | 49 | 50 |
| ③ | ① | ① | ② | ④ | ② | ② | ③ | ② | ① |
| 51 | 52 | 53 | 54 | 55 | 56 | 57 | 58 | 59 | 60 |
| ④ | ① | ④ | ③ | ② | ③ | ① | ④ | ③ | ① |

# Chapter 02 최근기출문제
## 2014년 3회

**01** T 플립플롭의 설명으로 옳지 않은 것은?

① 클록 펄스가 가해질 때마다 출력상태가 반전한다.
② 출력파형의 주파수는 입력주파수의 1/2이 되기 때문에 2 분주회로 및 계수회로에 사용된다.
③ JK 플립플롭의 두 입력을 묶어서 하나의 입력으로 만든 것이다.
④ 어떤 데이터의 일시적인 보존이나 디지털신호의 지연 작용 등의 목적으로 사용되는 회로이다.

> 해설 T 플립플롭은 JK 플립플롭의 두 입력단자를 묶어서 만든 토글(toggle) 전용 플립플롭으로 현재 상태 Q에 무관하게 입력 T=1이면 매 클럭(CLK)마다 출력이 반전(toggle)되는 플립플롭이다. 입력 T=0 이면 보존상태로 이전 출력이 그대로 유지된다.

**02** 그림은 연산회로의 일종이다. 출력을 바르게 표시한 것은?

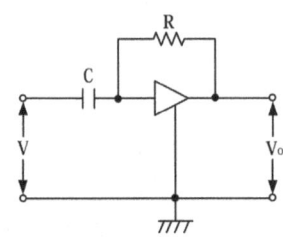

① $V_O = \dfrac{1}{CR}\int_0^t v\,dt$

② $V_O = -\dfrac{1}{CR}\int_0^t v\,dt$

③ $V_O = -RC\dfrac{dv}{dt}$

④ $V_O = RC\dfrac{dv}{dt}$

> 해설
> • 미분기(HPF) : 입력에 콘덴서, 궤환에 저항으로 구성
> $$V_O = -RC\dfrac{dv_i}{dt}$$
> • 적분기(LPF) : 입력에 저항, 궤환에 콘덴서으로 구성
> $$V_O = -\dfrac{1}{RC}\int_0^t v_i\,dt$$

**03** 트랜지스터가 정상 동작(전류 증폭)을 하는 영역은?

① 포화 영역(saturation region)
② 항복 영역(breakdown region)
③ 활성 영역(active region)
④ 차단 영역(cutoff region)

> 해설

| 동작영역 | EB 접합 | CB 접합 | 용도 |
|---|---|---|---|
| 포화상태 | 순 bias | 순 bias | 펄스, 스위칭 |
| 활성영역 | 순 bias | 역 bias | 증폭작용 |
| 차단영역 | 역 bias | 역 bias | 펄스, 스위칭 |
| 역활성영역 | 역 bias | 순 bias | 사용하지 않음 |

**04** 다음과 같은 연산증폭기의 출력 e₀는?

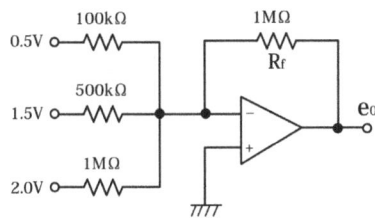

① $-6[V]$  ② $-10[V]$
③ $-15[V]$  ④ $-20[V]$

> op-amp, R 이용한 가산기 회로
>
> $e_0 = -\dfrac{R_f}{R}ei$ 이므로
>
> $= -\left(\dfrac{R_f}{R_1}e_1 + \dfrac{R_f}{R_2}e_2 + \dfrac{R_f}{R_3}e_3\right)$ ---- ⓐ
>
> 위 식 ⓐ에서
>
> $e_0 = -\left(\dfrac{1\times 10^6}{100\times 10^3}\times 0.5 + \dfrac{1\times 10^6}{500\times 10^3}\right.$
>
> $\left.\times 1.5 + \dfrac{1\times 10^6}{1\times 10^6}\times 2.0\right)$
>
> $\therefore = -(5+3+2) = -10[V]$

**05** 4[Ω]의 저항과 8[mH]의 인덕턴스가 직렬로 접속된 회로에 60[Hz], 100[V]의 교류 전압을 가하면 전류는 약 몇 [A]인가?

① 20[A]
② 25[A]
③ 30[A]
④ 35[A]

> $Z = R + X_L$
> $= R + jwL = \sqrt{R^2 + (wL)^2}$
> $= \sqrt{R^2 + wL^2} = \sqrt{4^2 + (2\times 3.14 \times 60)^2}$
> $= \sqrt{4^2 + 3^2} = \sqrt{25} = 5[\Omega]$
> $\therefore I = \dfrac{V}{Z} = \dfrac{100}{5} = 20[A]$

**06** 다음 중 억셉터(acceptor)에 속하지 않는 것은?

① 붕소(B)
② 인듐(In)
③ 게르마늄(Ge)
④ 알루미늄(Al)

> • P형 반도체를 만드는 불순물(acceptor) : 인듐(In), 갈륨(Ga), 붕소(B), 알루미늄(Al) 등
> • N형 반도체를 만드는 불순물(donor) : 안티몬(Sb), 비소(As), 인(P) 등

**07** PN 접합 다이오드의 기본 작용은?

① 증폭작용  ② 발진작용
③ 발광작용  ④ 정류작용

> PN 접합 다이오드는 애노드(anode)에서 캐소드(cathode)방향으로 전류가 흐르는 단방향성이고 정류작용을 기본으로 하여 정류회로에 많이 사용된다.

**08** 다음과 같은 연산증폭기의 기능으로 가장 적합한 것은?(단, $R_i = R_f$ 이고 연산증폭기는 이상적이다.)

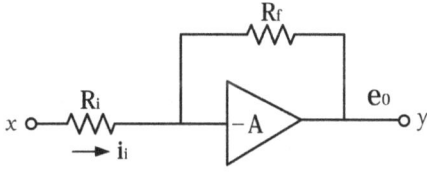

① 적분기  ② 미분기
③ 배수기  ④ 부호변환기

> 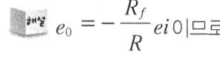 이므로
>
> 이때 저항 $R_i = R_f$에 따라 반전된 $e_i$ 출력($-e_i$)을 얻으므로 부호변환 회로이다.

**09** 이상적인 연산증폭기에 대한 설명으로 옳지 않은 것은?

① 대역폭은 일정하다.
② 출력저항은 0이다.
③ 전압이득은 무한대이다.
④ 입력저항은 무한대이다.

📖 이상적인 연산증폭(op-amp)의 특징
- 전압이득, 입력저항값, 대역폭은 무한대이다.
- 출력저항과 지연응답, 오프셋은 0이다.
- 특성변동 및 잡음이 없다.
- 동위상신호제거비(CMRR)은 무한대이어야 한다.

**10** A급 저주파 증폭기의 최대 효율은 몇 [%] 인가?

① 25[%]     ② 50[%]
③ 78.5[%]     ④ 100[%]

📖 저주파 증폭기
- A급 : 일그러짐(왜율)이 가장 작고 원음에 가깝게 재생 하므로 직선성이 좋으며, 효율은 50[%]로 가장 적다.(입력 신호가 없을 때도 콜렉터 전류가 흐른다.)
- B급 : 일그러짐이 두 번째로 크며, 효율은 78.5% 정도로 높다.(입력 신호가 없을 때 콜렉터 전류는 흐르지 않는다.)
- AB급 : B급에서 발생하는 일그러짐인 +상측파와 -하측파가 교차하는 교차점에서 일그러짐(크로스 오버 왜곡)을 개선하는 특징이 있으며 가청주파대역 에서는 들을 수 없다.
- C급 : 일그러짐이 가장 크지만 효율은 78.5%~100% 정도로 높다.

**11** J-K Flip-Flop에서 입력이 J=1, K=1일 때 Clock pulse가 계속 들어오면 출력의 상태는?

① Toggle     ② Set
③ Reset     ④ 동작불능

📖 RS-F/F(RS 플립플롭)의 Set와 Reset 입력이 모두 1인 경우 출력은 불확실한 상태로서 이러한 상태를 개선시킨 JK-F/F(JK 플립플롭)으로 JK 입력 모두 1일 때에 출력은 반전(Toggle)출력으로 가 된다.

**12** 직렬형 정전압 회로의 특징에 대한 설명으로 틀린 것은?

① 경부하 시 효율이 병렬에 비하여 훨씬 크다.
② 과부하 시 전류가 제한된다.
③ 출력전압의 안정 범위가 비교적 넓게 설계된다.
④ 증폭단을 증가시킴으로써 출력저항 및 전압 안정계수를 매우 작게 할 수 있다.

📖 정전압 회로
- 직렬 정전압 안정화 회로 : 제어용 TR과 부하저항 RL이 직렬로 구성되며, 전압제어용 회로로서 경부하 시 효율은 높다. 기준전압을 설정하는 제너 다이오드 전압에 따라 전압 범위를 설정할 수 있어 전압 설정범위가 크다.
- 병렬 정전압 안정화 회로 : 부하저항과 병렬로 구성되어 있으며 소비전력이 크므로 효율이 직렬형 보다 낮고 전류제어용 이다.

**13** 정류회로의 직류전압이 300[V]이고, 리플전압이 3[V] 이었다. 이 회로의 리플률은 몇 [%] 인가?

① 1[%]     ② 2[%]
③ 3[%]     ④ 5[%]

📖 맥동률 : 정류된 직류전압 속의 교류성분
$$r = \frac{\Delta(\text{출력파형 속의 교류성분의 실효값})}{V_d(\text{직류출력값})} \times 100\%$$
$$= \frac{3}{300} \times 100 = 1[\%]$$

**14** 변조도 "m > 1"일 때 과변조(over modulation) 전파를 수신하면 어떤 현상이 생기는가?

① 검파기가 과부하 된다.
② 음성파 전력이 커진다.
③ 음성파 전력이 작아진다.
④ 음성파가 많이 일그러진다.

해설 변조(Modulation)
• 100%변조 : m = 1인 경우, 포락선 최소점이 0[V]일 때이다.
• 부족변조 : m < 1인 경우이다.
• 과변조 : m > 1인 경우이며 일그러짐이 발생한다.

**15** 자체 인덕턴스 0.2[H]의 코일에 흐르는 전류를 0.5초 동안에 10[A]의 비율로 변화시키면 코일에 유도되는 기전력은?

① 2[V]    ② 3[V]
③ 4[V]    ④ 5[V]

해설 $v = L\dfrac{\Delta I}{\Delta i} = 0.2 \times \dfrac{10}{0.5} = 4[V]$

**16** 이미터 접지 증폭회로에서 바이어스 안정지수 S는 얼마인가?(단, 고정 바이어스임)

① β            ② 1 + β
③ 1 − β        ④ 1 − α

해설 • 트랜지스터 이미터 접지시 전류 증폭률(β)
$= \dfrac{\Delta I_C}{\Delta I_B}, \ \beta = \dfrac{\alpha}{1-\alpha}$
• 트랜지스터 베이스 접지시 전류 증폭률(α)
$= \dfrac{\Delta I_C}{\Delta I_E}, \ \alpha = \dfrac{\beta}{1+\beta}$
• 고정 바이어스 안정도 S = 1 + β
• 안정계수 $S = \dfrac{\Delta I_C}{\Delta I_{CO}} = 1 + \beta$, S는 작을수록 좋다.

**17** 다음 그림은 순서도의 기호를 나타낸 것이다. 무엇을 나타내는 기호인가?

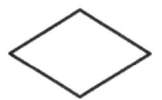

① 처리     ② 판단
③ 터미널   ④ 준비

해설

| 처리 | 판단 | 터미널 | 준비 |
|------|------|--------|------|
|  | | | |

**18** 정적인 기억소자 SRAM은 무슨 회로로 구성되어 있는가?

① COUNTER
② MOSFET
③ ENCODER
④ FLIPFLOP

해설 SRAM(static random access memory) : 플립플롭 방식의 메모리 장치를 가지고 있는 RAM의 하나이다. 전원이 공급되는 동안만 저장된 내용을 기억하고 있다.

**19** 다음 회로의 출력 결과로 맞는 것은?(단, A, B는 입력, Y는 출력이다.)

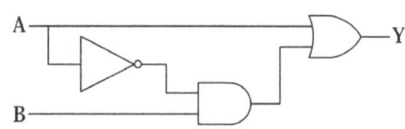

① $Y = \overline{A} + \overline{B}$     ② $Y = A + (\overline{A} + B)$
③ $Y = \overline{A + B}$                ④ $Y = A + B$

해설 $Y = \overline{A} \cdot B + A = A + B$

**20** 마이크로프로세서의 내부 구성요소 중 산술 연산과 논리연산 동작을 수행하는 것은?

① PC   ② MAR
③ IR   ④ ALU

📖 연산장치(ALU) : 덧셈, 뺄셈, 곱셈, 나눗셈의 산술 연산만이 아니라 AND, OR, NOT, XOR와 같은 논리연산을 하는 장치로 제어장치의 지시에 따라 연산을 수행하며 누산기, 가산기, 데이터 레지스터, 상태 레지스터로 구성된다.

**21** 프로그램에서 자주 반복하여 사용되는 부분을 별도로 작성한 후 그 루틴이 필요할 때마다 호출하여 사용하는 것으로, 개방된 서브 루틴이라고도 하는 것은?

① 매크로   ② 레지스터
③ 어셈블러  ④ 인터럽트

📖 매크로(Macro) : 프로그램에서 자주 반복하여 사용되는 부분을 별도로 작성한 후 그 루틴이 필요할 때 마다 호출하여 사용하는 것으로, 개방된 서브루틴이라고도 한다.

**22** 16진수 D27을 2진수로 변환하면?

㉮ 110101110010   ㉯ 110100100111
㉰ 011111010010   ㉱ 011100101101

📖 (D27)₁₆을 2진수 4비트로 표현한다.

| 16진수 | D | 2 | 7 |
|---|---|---|---|
| 2진수 | 1101 | 0010 | 0111 |

**23** 컴퓨터에서 보수(complement)를 사용하는 가장 큰 이유는?

① 가산과 승산을 간단히 하기 위해
② 감산을 가산의 방법으로 처리하기 위해
③ 가산의 결과를 정확히 하기 위해
④ 감산의 결과를 정확히 하기 위해

📖 컴퓨터에서 보수(complement)를 사용하는 가장 큰 이유는 감산을 가산의 방법으로 처리하기 위해서이다.

**24** 컴퓨터 시스템에서 자료를 처리하는 최소 단위는?

① 바이트(byte)
② 비트(bit)
③ 워드(word)
④ 니블(Nibble)

📖 • 비트(bit) : 0과 1로 표현되는 데이터의 최소 단위이며 논리 데이터로 표현
• 바이트(byte) : 1개의 문자나 수를 기억하는 데이터 단위로서 8개의 비트로 구성
• 워드(word) : 몇 개의 바이트의 모임으로, 하나의 기억 장소에 기억되는 데이터 범위를 의미
• 항목(field) : 정보의 전달을 위한 최소한의 문자의 집단

**25** 다음 중 "0"에서부터 "9"까지의 10진수를 4비트의 2진수로 표현하는 코드는?

① 아스키 코드   ② 3-초과 코드
③ 그레이 코드   ④ BCD 코드

📖 BCD 코드(Binary Coded Decimal, 2진화 10진수) : 10진수 1자리를 2진수 4자리(bit)로 표현하는 가중치 코드, 8421 코드라고도 한다.

**26** 다음 중 컴퓨터를 구성하는 기본 소자의 발전 과정을 순서대로 옳게 나열한 것은?

① Tube → TR → IC
② Tube → IC → TR

③ TR → IC → Tube
④ IC → TR → Tube

| 세대 구분 | 제1세대 | 제2세대 | 제3세대 | 제4세대 |
|---|---|---|---|---|
| 회로 구성 소자 | 진공관 (Tube) | TR, DIODE | IC | LSI, VLSI |

**27** 다음 ( ) 안에 들어갈 용어로 알맞은 것은?

> 마이크로프로세서에서 버스 요구 사이클(bus request cycle)은 주변장치가 CPU로부터 버스 사용을 허락받아 CPU의 간섭 없이 독자적으로 메모리와 데이터를 주고받는 방식인 ( ) 동작에 필요하다.

① interrupt  ② polling
③ DMA  ④ MAR

> DMA(Direct Memory Access) : 데이터의 입·출력 전송이 중앙처리장치의 간섭 없이 직접 메모리 장치와 입, 출력 장치 사이에서 이루어지는 인터페이스

**28** 다음 중 인간 중심 언어인 고급 언어가 아닌 것은?

① BASIC  ② COBOL
③ FORTRAN  ④ ASSEMBLY

> • 저급 언어 : 컴퓨터 이해하기 쉽게 작성된 프로그래밍 언어로, 일반적으로 기계어와 어셈블리어를 일컫는다.
> • 고급 언어 : 사람이 알기 쉽도록 써진 프로그래밍 언어로서, 저급 프로그래밍 언어보다 가독성이 높고 다루기 간단하다는 장점이 있다. BASIC, FORTRAN, COBOL, ALGOL, C, PL/I, C++, JAVA 등이 있다.

**29** 다음 중 인쇄회로기판의 특징이 아닌 것은?

① 대량 생산의 효과가 높다.
② 제품의 소형, 경량화에도 기여한다.
③ 소량, 다품종 생산에는 제조 단가가 낮아진다.
④ 제조의 표준화와 자동화를 기할 수 있다.

> 인쇄회로기판(PCB)의 단점
> • 설계에 의하여 제작된 PCB는 설계의 변경이 어렵다.
> • 다른 회로에 사용하기가 어렵다.
> • 소형, 다품종 생산에는 제조 단가가 높아진다.

**30** 다음 중 컴퍼스로 그리기 어려운 원호나 곡선을 그릴 때 사용되는 제도 기구는?

① T자
② 삼각자
③ 운형자
④ 축척자

> 운형자 : 컴퍼스로 그리기 어려운 원호나 곡선을 그릴 때 사용되는 제도 기구

**31** PCB 설계 시 부품배치 방법으로 옳지 않은 것은?

① 버스 라인의 흐름에 주의하여 IC를 배치한다.
② 배선이 많은 부품들은 기판의 외곽으로 배치한다.
③ 커넥터 주변은 배선을 위한 충분한 공간을 확보한다.
④ 극성 있는 부품은 삽입오류를 방지하기 위해 취급방향을 통일한다.

> 배선이 많은 부품들은 기판의 중앙에 배치한다.

**32** 회로도의 작성방법으로 옳지 않은 것은?

① 정해진 도 기호를 명확하면서도 간결하게 그려야 한다.
② 신호의 흐름은 도면의 오른쪽에서 왼쪽으로 한다.
③ 전체적인 배치와 균형이 유지되게 그려야 한다.
④ 신호의 흐름은 위에서 아래로 흐르게 한다.

> 회로도 작성 시 고려사항
> - 신호의 흐름은 왼쪽에서 오른쪽으로, 위에서 아래로 작성한다.
> - 정해진 기호(Symbol)와 문자로 그린다.
> - 주회로와 보조회로가 있는 경우에는 주회로를 중심으로 설계한다.
> - 선의 교차가 적고 부품이 도면 전체에 안배되도록 그린다.

**33** 다음 중 반도체 집적회로의 외형 패키지가 아닌 것은?

① PLCC 패키지    ② SSUP 패키지
③ DIP 패키지     ④ TQFP 패키지

> 반도체 집적화회로(IC) 패키지
> - SOP(Small Outline Package)
> - QFP(Quad Flat Package)
> - TQFP(Thin Quad Flat Package)
> - PLCC(Plastic Lead Chip Carrier)
> - DIP(Dual In-line Package)

**34** 전자부품은 크게 능동부(active component)과 수동 부품(passive component)으로 나눌 수 있는데 다음 중 능동 부품이 아닌 것은?

① 다이오드(diode)   ② 트랜지스터(TR)
③ 집적회로(IC)     ④ 저항기(R)

> - 능동부품(Active Component) : 트랜지스터(TR), 전계효과 트랜지스터(FET), 단접합 트랜지스터(UJT), IC, 연산증폭기(OPAMP) 등을 말하며, 능동소자는 증폭, 발진, 신호 변환 등의 기능을 갖는다.
> - 수동부품(Passive Component) : 전기 신호의 중계, 제어 등을 행하는 기구부품으로 저항기, 커넥터, 소켓, 스위치 등이 수동소자에 속한다.

**35** 제조가 완료된 PCB를 전기적, 광학적으로 검사하기 위한 과정은?

① CAD    ② CAM
③ CAE    ④ CAT

> CAT(Computer Aided Testing) : 제조가 완료된 PCB를 전기적, 광학적으로 검사하기 위한 과정

**36** 다음 집적회로의 종류 중 집적도(소자 수)가 가장 많은 것은?

① LSI    ② SSI
③ MSI    ④ VLSI

> 집적도(소자 수)에 따른 IC 분류
> - SSI(Small Scale IC, 소규모 집적회로) : 100개 이하
> - MSI(Medium Scale IC, 중간 규모 집적회로) : 100~1000개
> - LSI(Large Scale IC, 고밀도 집적회로) : 1,000~10,000개
> - VLSI(Very Large Scale IC, 초고밀도 집적회로) : 10,000~1,000,000개
> - ULSI(Ultra Large Scale IC, 초초고밀도 집적회로) : 1,000,000개 이상

**37** 도면을 내용에 따라 분류했을 때 여러 개의 전자 제품이 상호 접속된 상태를 나타내는 도면은?

① 부품도    ② 공정도

③ 부분조립도   ④ 전자회로도

해설 전자회로도 : 여러 개의 전자 제품이 상호 접속된 상태를 나타내는 도면

**38** 제도 용지에서 A3 용지의 규격으로 옳은 것은?(단, 단위는 mm)

① 210 × 297
② 297 × 420
③ 420 × 594
④ 594 × 841

해설 A1 : 594×841, A2 : 420×594, A3 : 297×420, A4 : 210×297

**39** 다음 중 전자 CAD용 프로그램(EDA 툴)이 아닌 것은?

① OrCAD
② CADSTAR
③ AutoCAD
④ Altium Designer

해설 AutoCAD는 기계 또는 건축, 토목 등에 사용하는 매커니컬 CAD이다.

**40** 세라믹 콘덴서의 외부에 103의 숫자가 적혀 있다. 이 콘덴서의 용량은?

① 1[μF]
② 0.1[μF]
③ 0.01[μF]
④ 0.001[μF]

해설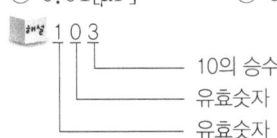

- 콘덴서의 기준 단위는 [pF] = $10^{-12}$
- $10 \times 10^3 \times 10^{-12} = 0.01[μF]$

**41** 다음 중 새로운 부품을 생성하고자 할 때, 반드시 거쳐야 하는 과정이 아닌 것은?

① 부품의 정의   ② 부품 디자인
③ 부품의 핀 배치  ④ 부품의 크기 변경

해설 새로운 부품을 생성하고자 할 경우 부품의 이름, 부품의 핀 배치, 부품의 참조값, 부품의 심볼(디자인), 부품의 값 등이 필요하다.

**42** 수정(Crystal) 진동자의 기호로 맞는 것은?

①    ②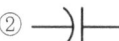

③    ④

해설 ① 저항, ② 콘덴서, ③ 트랜지스터, ④ 수정(Crystal) 진동자

**43** 다음 중 전자통신기기의 패널을 설계·제도할 때 유의할 점으로 옳은 것은?

① 전원 코드는 전면에 배치한다.
② 조작상 서로 연관이 있는 요소끼리 근접 배치한다.
③ 조작 빈도가 낮은 부품은 패널의 중앙이나 오른쪽에 배치한다.
④ 장치에 외부 접속기가 있을 경우 반드시 패널의 위에 배치한다.

해설 전자기기 패널 설계 시 유의 사항
- 전원선이나 퓨즈박스 등은 배면에 배치한다.
- 조작 시 서로 연관이 있는 요소끼리 근접 배치한다.
- 조작 빈도가 높은 부품은 패널의 중앙이나 오른쪽에 위치한다.
- 장치의 외부와 연결되는 커넥터는 PCB 외곽 쪽에 배치한다.

**44** 다음 중 출력장치로 볼 수 없는 것은?

① 마우스  ② 플로터
③ 프린터  ④ 모니터

- 입력장치 : 키보드, 마우스, 디지타이저, 이미지 스캐너, 라이트 펜 등
- 출력장치 : 모니터, 프린터, 플로터 등

**45** 제도에서 사용하는 길이의 단위로 옳은 것은?

① mm(밀리미터)  ② cm(센티미터)
③ m(미터)  ④ km(킬로미터)

제도의 단위 : 제도에서 치수의 기입은 KS 0113에 정해진 규칙에 따르며, 길이는 모두 mm(밀리미터) 단위로 기입하되 단위 기호는 기입하지 않는다.

**46** 인쇄회로기판(PCB) 설계용 CAD에서 일반적인 배선 알고리즘이 아닌 것은?

① 스트립 접속법  ② 고속 라인법
③ 인공지능 탐사법  ④ 기하학적 탐사법

PCB 설계용 CAD 프로그램의 일반적인 배선 알고리즘 : 스트립 접속법, 고속 라인법, 기하학적 탐사법 등이 사용되고 있다.

**47** 다음 중 PCB 레이아웃 설계 과정이 아닌 것은?

① 회로도면 설계
② 부품배치
③ Spice 시뮬레이션
④ Post Processing

Spice 시뮬레이션은 회로 설계의 검증 프로그램이며, PCB 레이아웃 설계의 필수 과정은 아니다.

**48** 다음 기호의 명칭으로 옳은 것은?

① SCR  ② Triac
③ UJT  ④ Zener Diode

| SCR | TRIAC | UJT | ZENER DIODE |
| --- | --- | --- | --- |

**49** 다음 중 검출용 기구가 아닌 것은?

① 근접 스위치  ② 실렉트 스위치
③ 광전 스위치  ④ 압력 스위치

- 근접 스위치 : 기계적인 접촉 대신, 비접촉 동작으로 같은 스위칭 작용을 하게 한 센서
- 광전 스위치 : 빛의 변화를 일으키는 물체가 있다면 금속 뿐 아니라 고체·액체·기체 모든 것이 가능한 검출기. 산업용 로봇이나 자동화 기기의 제어용 센서로 이용
- 압력 스위치 : 액체 또는 기압의 압력이 설정치 이상 또는 이하에 달하면 전기접점을 개폐하는 스위치
- 실렉트 스위치 : 복수의 효과나 입력 중에서 하나를 선택하는 스위치

**50** 도면을 작성할 때 실물보다 작게 그리는 척도는?

① 실척  ② 현척
③ 축척  ④ 배척

척도
- 축척 : 실물보다 작게 축소해서 그리는 것
- 현척(실척) : 실물과 같은 크기로 그리는 것
- 배척 : 실물보다 크게 확대해서 그리는 것
- NS(Not to Scale) : 도면과 실물의 치수가 비례 척도가 아님을 뜻함

**51** 인쇄회로기판 설계 시 랜드를 설계하려고 한다. D=3.0[mm], d=1.0[mm]일 때 랜드의 최소 도체 너비[W]는?

① 0.5[mm]  ② 1[mm]
③ 1.5[mm]  ④ 2[mm]

해설 $d_1 - d_2 \geq 1.6mm$일 때 랜드의 최소 도체 너비[W] 계산식
$w \geq \dfrac{d_1 - d_2}{2} \times \dfrac{1}{2}$에
D = 3.0[mm], d = 1.0[mm]를 대입하면
$w \geq = \dfrac{3-1}{2} \times \dfrac{1}{2} = 0.5[mm]$

**52** 다음 중 도면으로부터 좌표를 읽어 들이는 데 사용하며, 자기장이 분포되어 있는 평판에 위치 검출기를 위치시켜 도면의 위치에 대응하는 X, Y 좌표를 입력하거나 원하는 명령어를 선택하는 입력장치는?

① 디지타이저  ② 이미지 스캐너
③ 마우스     ④ 포토 플로터

해설 디지타이저(Digitizer) : 도면으로부터 좌표를 읽어 들이는 데 사용하며, 자기장이 분포되어 있는 평판에 위치 검출기를 위치시켜 도면의 위치에 대응하는 X, Y 좌표를 입력하거나 원하는 명령어를 선택하는 입력장치

**53** 다음 그림과 같이 표현하는 도면 표시방법은?

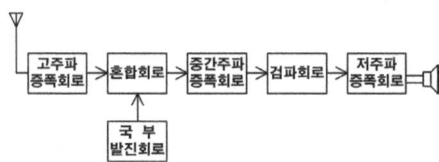

① 회로도  ② 계통도
③ 배선도  ④ 접속도

해설 계통도 : 전자회로에서 부분 상호간에 전달되는 신호의 계통을 알기 쉽게 나타낸 선도로서 계통도 또는 블록선도라고 한다.

**54** 회로도 작성 시 고려사항 중 옳지 않은 것은?

① 주회로와 보조회로가 있는 경우에는 보조회로를 중심으로 설계한다.
② 회로도는 주요 능동소자를 중심으로 그린다.
③ 대칭으로 동작하는 회로는 접지를 기준으로 대칭되게 그린다.
④ 선의 교차가 적고 부품이 회로도 전체에 안배되도록 그린다.

해설 회로도 작성 시 고려사항
• 주회로와 보조회로가 있는 경우에는 주회로를 중심으로 설계한다.
• 회로도는 주요 능동소자를 중심으로 그린다.
• 대칭으로 동작하는 회로는 접지를 기준으로 대칭되게 그린다.
• 선의 교차가 적고 부품이 도면 전체에 안배되도록 그린다.

**55** PCB 설계 시 전자부품의 피치가 100[mil]이었다면, 이를 mm로 환산하면?

① 0.254[mm]   ② 2.54[mm]
③ 0.0254[mm] ④ 0.00254[mm]

해설 1 inch = 2.54[cm] = 25.4[mm] = 1000mil
∴ 100[mil] = 2.54[mm]

**56** 여러 나라의 공업규격 중에서 국제표준화 기구의 규격을 나타내는 것은?

① ISO  ② ANSI
③ JIS  ④ DIN

해설 ISO(International Organization for Standardization)
: 국제 표준화기구

**57** PCB Artwork에서 부품을 꽂는 부분의 동박면은?

① hole    ② point
③ pad     ④ line

해설 Pad : PCB Artwork에서 부품을 꽂는 부분의 동박면

**58** CAD용 컴퓨터의 데이터 버퍼에 대한 설명으로 옳은 것은?

① 출력작업이 이루어지는 동안에도 다른 작업을 행할 수 있다.
② 주변장치와 8BIT 병렬 데이터 통신을 하기 위한 인터페이스다.
③ 사용자 정의 형상을 컴퓨터가 이해할 수 있는 수치로 나타낸다.
④ 36핀 커넥터로 되어 있다.

해설 CAD용 컴퓨터의 데이터 버퍼 : 입출력 데이터 등의 정보를 전송할 때 일시적인 데이터 저장 장소로 사용되는 기억장소로 출력작업이 이루어지는 동안에도 다른 작업을 행할 수 있다.

**59** 쌍방향성 다이오드(다이액)의 기호는?

① 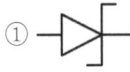   ②
③ 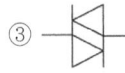   ④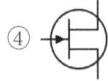

해설 ① 제너다이오드, ② 트랜지스터, ③ 쌍방향 다이오드(다이액), ④ FET

**60** 패드와 패드를 연결하면서 트랙의 층을 변경할 때 생기는 원형 동박의 명칭을 무엇이라고 하는가?

① 드릴     ② 랜드
③ 솔더 마스크   ④ 비아

해설 Via : 패드와 패드를 연결하면서 트랙의 층을 변경할 때 생기는 원형 동박

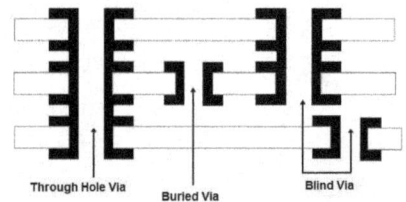

Through Hole Via    Buried Via    Blind Via

• Buried Via hole : 내층과 내층을 연결하는 hole
• Blind Via hole : 내층과 외층을 연결하는 hole
• Through Via hole : 외층과 외·내층의 연결을 관통하는 hole

**ANSWER** 2014년 3회

| 01 | 02 | 03 | 04 | 05 | 06 | 07 | 08 | 09 | 10 |
|---|---|---|---|---|---|---|---|---|---|
| ④ | ③ | ③ | ② | ① | ③ | ④ | ④ | ① | ② |
| 11 | 12 | 13 | 14 | 15 | 16 | 17 | 18 | 19 | 20 |
| ① | ② | ① | ④ | ③ | ② | ② | ④ | ④ | ④ |
| 21 | 22 | 23 | 24 | 25 | 26 | 27 | 28 | 29 | 30 |
| ① | ② | ② | ② | ④ | ① | ③ | ④ | ③ | ③ |
| 31 | 32 | 33 | 34 | 35 | 36 | 37 | 38 | 39 | 40 |
| ② | ② | ② | ④ | ④ | ④ | ④ | ② | ③ | ③ |
| 41 | 42 | 43 | 44 | 45 | 46 | 47 | 48 | 49 | 50 |
| ④ | ④ | ② | ② | ① | ④ | ③ | ④ | ② | ③ |
| 51 | 52 | 53 | 54 | 55 | 56 | 57 | 58 | 59 | 60 |
| ① | ① | ② | ① | ② | ① | ③ | ① | ③ | ④ |

# Chapter 02 최근기출문제
## 2015년 1회

**01** 다이오드-트랜지스터 논리회로(DTL)의 특징이 아닌 것은?

① 소비전력이 적다.
② 잡음여유도가 크다.
③ 응답속도가 비교적 빠르다.
④ 저속도 및 중속도에서 동작이 안정하다.

> DTL(Diode Transistor Logic)는 논리구조로는 NAND게이트 이며 출력 분기수인 팬-아웃(fan-out) RTL 다음으로 작다. 소비전력이 작으며, 저속도 및 중속도에서 동작이 안정하나 잡음여유도가 크다.

**02** 전동기에서 전기자에 흐르는 전류와 자속, 회전방향의 힘을 나타내는 법칙은?

① 렌츠의 법칙
② 플레밍 왼손 법칙
③ 플레밍 오른손 법칙
④ 앙페르의 오른손 법칙

> • 플레밍의 오른손법칙 : 자장(S극과 N극) 내에 도체를 놓고 운동시키면 기전력 e가 전류 방향으로 발생한다.(발전기의 원리)
> • 플레밍의 왼손법칙 : 자장(S극과 N극) 내에 도체를 놓고 전류를 흘리면 힘 F가 작용하여 도체가 움직이게 되는데 이와 같이 자장과 전류 사이에 작용하는 힘을 전자력이라 한다.(전동기의 원리)

**03** 이미터 접지회로에서 $I_B = 10[\mu A]$, $I_C = 1[mA]$ 일 때 전류증폭률 β는 얼마인가?

① 10   ② 50
③ 100   ④ 120

> • 트랜지스터 이미터 접지시 전류 증폭률(β)
> $= \dfrac{\Delta I_C}{\Delta I_B}$, $\beta = \dfrac{\alpha}{1-\alpha}$
> ∴ 전류증폭률(β) $= \dfrac{1 \times 10^{-3}}{10 \times 10^{-6}} = 100$

**04** 5[μF]의 콘덴서에 1[kV]의 전압을 가할 때 축적되는 에너지 [J]는?

① 1.5[J]   ② 2.5[J]
③ 5.5[J]   ④ 10[J]

> C 만의 회로 $W = \dfrac{1}{2}V^2 C[J]$
> ∴ $W = 0.5(1 \times 10^3)^2 \times (5 \times 10^{-6}) = 2.5[J]$

**05** 펄스 증폭회로의 설명으로 틀린 것은?

① 저역특성이 양호하면 새그가 감소한다.
② 결합콘덴서를 크게 하면 새그가 감소한다.
③ 고역특성이 양호하면 입상의 기울기가 개선된다.
④ 고역보상이 지나치면 언더슈트가 발생한다.

- 펄스 증폭회로에서는 결합콘덴서를 크게 하므로 저주파 특성이 양호하며 펄스에서 나타나는 새그가 감소한다.
- 고역특성이 양호하면, 입상의 기울기가 개선되고 고역보상이 지나치면 오버슈트가 발생한다.

## 06 이상적인 연산증폭기의 주파수 대역폭으로 가장 적합한 것은?

① 0~100 [kHz]
② 100~1000 [kHz]
③ 1000~2000 [kHz]
④ 무한대(∞)

▶ 이상적인 연산증폭(op-amp)의 특징
- 전압이득, 입력저항값, 대역폭은 무한대이다.
- 출력저항과 지연응답, 오프셋은 0이다.
- 특성변동 및 잡음이 없다.
- 동위상신호제거비(CMRR)은 무한대이어야 한다.

## 07 9[μF]의 같은 콘덴서 3개를 병렬로 접속하면 콘덴서의 합성용량은?

① 3[μF]         ② 9[μF]
③ 27[μF]        ④ 81[μF]

▶ 병렬접속시 콘덴서의 합성용량($C_t$) = $C_1 + C_2 + ..... + C_n$
∴ $C_t = 9 \times 3 = 27[μF]$

## 08 자체 인덕턴스가 10[H]인 코일에 1[A]의 전류가 흐를 때 저장되는 에너지는?

① 1[J]          ② 5[J]
③ 10[J]         ④ 20[J]

▶ L만의 회로 $W = \frac{1}{2}I^2 L [J]$
∴ $W = 0.5(1)^2 \times (10) = 5[J]$

## 09 N형 반도체를 만드는 불순물은?

① 붕소(B)       ② 인듐(In)
③ 갈륨(Ga)      ④ 비소(As)

▶ • P형 반도체를 만드는 불순물(acceptor) : 인듐(In), 갈륨(Ga), 붕소(B), 알루미늄(Al) 등
- N형 반도체를 만드는 불순물(donor) : 안티몬(Sb), 비소(As), 인(P) 등

## 10 연산 증폭기의 설명으로 틀린 것은?

① 직렬 차동 증폭기를 사용하여 구성한다.
② 연산의 정확도를 높이기 위해 낮은 증폭도가 필요하다.
③ 차동 증폭기에서 TR 특성의 불일치로 출력에 드리프트가 생긴다.
④ 직류에서 특정 주파수 사이의 되먹임 증폭기를 구성, 일정한 연산을 할 수 있도록 한 직류 증폭기이다.

▶ op-amp 구성
- 연산 증폭기는 입력단에 직렬 차동 증폭기를 사용한다. 입력의 차동 증폭기에서 TR 특성의 불일치가 출력의 드리프트(drift)가 생긴다.
- 직류에서 특성 주파수 사이의 되먹임 증폭기를 구성하고, 일정한 연산을 할 수 있도록 한 직류 증폭기이다.
- 연산의 정확도를 높이기 위해 높은 증폭도가 필요하다.

## 11 TR을 A급 증폭기(활성영역)로 사용할 때 바이어스 상태를 옳게 표현한 것은?

① B-E : 순방향 Bias, B-C : 순방향 Bias
② B-E : 역방향 Bias, B-C : 역방향 Bias

③ B-E : 순방향 Bias, B-C : 역방향 Bias
④ B-E : 역방향 Bias, B-C : 순방향 Bias

> • 활성영역 – 입력 BE : 순 Bias, 출력 B-C : 역 Bias
> • 포화영역 – 입력 BE : 순 Bias, 출력 B-C : 순 Bias
> • 차단영역 – 입력 BE : 역 Bias, 출력 B-C : 역 Bias

**12** 진공관에서 음극 표면의 상태가 고르지 못해 전자의 방사가 시간적으로 일정하지 않아 발생하는 잡음으로 가청 주파수대에서만 일어나는 잡음은?

① 열잡음  ② 산탄 잡음
③ 플리커 잡음  ④ 트랜지스터 잡음

> 플리커 잡음(flicker noise)
> • 도전율의 변화에 의해 생기는 잡음으로 주파수가 낮은 가청주파수 20hz~20khz대에서 발생된다.
> • 진공관(Vacuum tube)에서 음극 표면의 상태가 고르지 못해 전자의 방사가 시간적으로 일정하지 않아 발생하며, 반도체에서는 표면 상태가 영향을 준다.

**13** 평활회로의 출력 전압을 일정하게 유지시키는데 필요한 회로는?

① 안정화(정전압)회로
② 브리지정류회로
③ 전파정류회로
④ 정류회로

> 전압변동 되는 평활전압을 TR, Zener Diode 등을 사용하여 정전압 안정화 회로를 구성 하여 안정된 전압을 얻는다.

**14** 주파수 변조 방식에 대한 설명으로 가장 적합한 것은?

① 반송파의 주파수를 신호파의 크기에 따라 변화시킨다.
② 신호파의 주파수를 반송파의 크기에 따라 변화시킨다.
③ 반송파와 신호파의 위상을 동시에 변화시킨다.
④ 신호파의 크기에 따라 반송파의 크기를 변화시킨다.

> • 진폭변조 회로(AM) : 신호파(변조파) 진폭에 따라 반송파의 진폭을 변화시키는 변조방식
> • 주파수변조 회로(FM) : 신호파(변조파)에 따라 반송파의 진폭은 일정하며 주파수만 변화시키는 변조방식
> • 위상변조 회로(PM) : 신호파(변조파)에 따라 반송파의 위상을 변화시키는 변조방식
> • 펄스변조 회로(PCM) : 아날로그 신호를 압축 표본화하고 양자화 신호를 부호화한 디지털 신호

**15** 다음 회로에서 공진을 하기 위해 필요한 조건은?

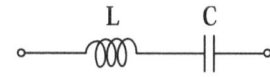

① $\omega L = \dfrac{1}{\omega C^3}$  ② $\omega L = \dfrac{1}{\omega C}$
③ $\omega L = \omega C$  ④ $\dfrac{1}{\omega L} = \omega C^2$

> 공진 효과 : 유도 리액턴스($X_L$)는 주파수의 증가와 더불어 증대되나 용량 리액턴스($X_C$)는 주파수가 증가함에 따라 감소한다. 이러한 서로 반대되는 특성 때문에 어떠한 LC결합에 대해서도 하나가 증가하면 다른 하나가 감소하므로 $X_L = X_C$가 되는 주파수가 있게 된다. 이와 같이 크기는 같고 부호가 서로 반대인 리액턴스를 갖는 경우를 공진되었다고 하며, 그때의 교류 회로를 공진 회로라 한다. 따라서 LC공진 조건은 $X_L = X_C$, $\omega L = \dfrac{1}{\omega C}$

**16** 다음 연산증폭기 회로에서 Z = 50[kΩ], $Z_f$ = 500[kΩ] 일 때 전압증폭도($A_v$)는?

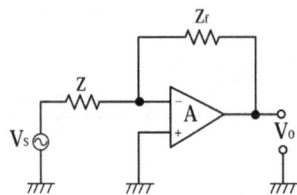

① 0.5    ② -0.5
③ 10     ④ -10

📖 op-amp 이용한 반전 증폭기로서
$$v_0 = -\frac{Z_f}{Z}V_s = -\frac{500}{50}V_s = -10$$

**17** 읽기 전용 메모리로서 전원이 끊어져도 기억된 내용이 소멸되지 않는 비휘발성 메모리는?

① ROM           ② I/O
③ control Unit  ④ register

📖 ROM(Read Only Memory) : 한번 기록한 정보에 대해 오직 읽기만을 허용하도록 설계된 비휘발성 기억장치이며, 시스템 프로그램을 저장하는데 사용한다.

**18** 마이크로프로세서(Microprocessor)를 이용하여 컴퓨터를 설계할 때의 장점이 아닌 것은?

① 소비전력의 증가
② 제품의 소형화
③ 시스템 신뢰성 향상
④ 부품의 수량 감소

📖 마이크로프로세서를 이용하여 회로를 설계하면 소비전력의 감소, 제품의 소형화, 시스템의 신뢰성 향상, 부품의 수량 감소 등의 장점이 있다.

**19** 데이터를 중앙처리장치에서 기억장치로 저장하는 마이크로 명령어는?

① $\overline{LOAD}$     ② $\overline{STORE}$
③ $\overline{FETCH}$    ④ $\overline{TRANSFER}$

📖 Store instruction : 데이터를 주기억 장치에 기억시키는 명령

**20** 서브루틴의 복귀 주소(Return Address)가 저장되는 곳은?

① Stack
② Program Counter
③ Data Bus
④ I/O Bus

📖 서브루틴(Subroutine) : 프로그램 가운데 하나 이상의 장소에서 필요할 때마다 되풀이해서 사용할 수 있는 부분적 프로그램. 실행 후에는 메인 루틴이 호출한 장소로 되돌아간다. 되돌아 갈 복귀 주소를 저장해 놓아야 하는데 이때 사용되는 것이 스택(stack)이다. 독립적으로 쓰는 일은 없고 메인 루틴과 결합하여 기능을 수행한다.

**21** 다음 C 프로그램의 실행 결과는?

```
void main()
{
  int a, b, tot;
  a = 200;
  b = 400;
  tot = a + b;
  printf("두 수의 합 =%d\n", tot);
}
```

① tot              ② 600
③ 두 수의 합 = 600    ④ 두 수의 합 = tot

📖 tot = a(200) + b(400) = 600이므로, 출력문은 "두 수의 합 = 600"

## 22 마이크로프로세서에서 누산기(accumulator)의 용도는?

① 연산 결과를 일시적으로 삭제
② 오퍼레이션 코드를 인출
③ 오퍼레이션의 주소를 저장
④ 연산 결과를 일시적으로 저장

> 해설 누산기(Accumulator) : 연산에 관계되는 상태와 인터럽트 신호를 기억한다.

## 23 컴퓨터의 주변장치에 해당되는 것은?

① 연산장치   ② 제어장치
③ 주기억장치   ④ 보조기억장치

> 해설 보조기억장치 : 컴퓨터의 중앙처리장치가 아닌 외부에서 프로그램이나 데이터를 보관하기 위한 기억장치를 말한다. 주기억장치보다 속도는 느리지만 많은 자료를 영구적으로 보관할 수 있다.

## 24 자료의 단위가 작은 크기에서 큰 크기순으로 나열된 것은?

① 니블 〈 비트 〈 바이트 〈 워드 〈 풀워드
② 비트 〈 니블 〈 바이트 〈 하프워드 〈 풀워드
③ 비트 〈 바이트 〈 하프워드 〈 풀워드 〈 니블
④ 풀워드 〈 더블워드 〈 바이트 〈 니블 〈 비트

> 해설
> • 비트(bit) : 0과 1로 표현되는 데이터의 최소 단위이며 논리 데이터로 표현
> • 니블(nibble) : 1바이트의 절반, 즉 4비트를 하나의 단위로 한 것
> • 바이트(byte) : 1개의 문자나 수를 기억하는 데이터 단위로서 8개의 비트로 구성
> • 워드(word) : 몇 개의 바이트의 모임으로, 하나의 기억 장소에 기억되는 데이터 범위를 의미

## 25 명령어의 오퍼랜드 부분과 프로그램카운터의 내용이 더해져 실제 데이터의 위치를 찾는 주소지정방식을 무엇이라 하는가?

① 직접주소 지정 방식
② 간접주소 지정 방식
③ 상대주소 지정 방식
④ 레지스터주소 지정 방식

> 해설 상대주소 지정방식(Relative Addressing Mode) : 프로그램 카운터가 명령의 주소 부분과 더해져서 유효 주소가 결정되는 방법으로, 명령의 주소 부분은 보통 부호를 포함한 수이며, 음수(2의 보수 표현)나 양수 둘 다 될 수 있다.

## 26 코드 내에 패리티 비트(parity bit)가 있어 전송 시에 오류 검사가 가능한 코드는?

① ASCII 코드
② gray 코드
③ EBCDIC 코드
④ BCD 코드

> 해설 ASCII 코드(American Standard Code for Information Interchange Code) : 미국의 표준코드, 문자를 표시하기 위한 7비트 코드로서 영어 대문자, 소문자로 구별할 수 있으며, 가장 왼쪽의 한 비트는 코드의 오류 검출용 패리티 비트를 부가하여 8비트로 표시하고 데이터 통신에서 표준코드로 사용하며 개인용 컴퓨터에 사용한다.

## 27 플립플롭으로 구성되는 레지스터는 어떤 기능을 수행 하는가?

① 기억   ② 연산
③ 입력   ④ 출력

> 해설 컴퓨터는 저장 기능도 지녀야 하는데, 1비트의 정보를 저장하는 회로를 플립플롭(flip-flop)이라 한다.

**28** 2진수 (11001)₂에서 1의 보수는?

① 00110  ② 00111
③ 10110  ④ 11110

> 2진수 (11001)₂의 1의 보수 : 11001 → 00110

**29** 도면에서 표제란(Title panel)의 위치로 옳은 것은?

① 오른쪽 아래  ② 오른쪽 위
③ 왼쪽 아래   ④ 왼쪽 위

> 표제란(Title panel)은 도면의 오른쪽 아래 구석에 위치한다.

**30** 거버(Gerber) 파일에 관한 설명 중 틀린 것은?

① 거버 형식은 파일 파라미터와 기능 명령의 2가지 요소로만 되어 있다.
② PCB 필름과 마스터 포토 툴을 생성하는데 쓰이는 표준이다.
③ 거버 형식은 단순히 회로의 이미지를 만드는데 필요한 정보를 포함한다.
④ 인터프리터를 이용하여 포토 플로터나 레이저 이미지를 필름이나 다른 미디어에 이미지를 생성하도록 하는 형식이다.

> 거버 포맷 형식은 여러 개가 있는데 크게 2가지 범주로 나누면 래스터 방식과 벡터 방식이 있다.

**31** PC CAD의 도입에 따른 장점이 아닌 것은?

① PCB 재료의 원가 절감을 할 수 있다.
② 회로의 오류 및 오차를 줄일 수 있다.
③ 정확하고 효율적인 작업으로 개발기간이 단축된다.
④ 제품에 대한 신뢰도가 향상되고 불량률이 저하된다.

> 설계의 표준화로 원가 절감의 효과는 있으나 PCB 재료의 원가 절감 여부는 관련이 없다.

**32** 다음 중 설계 규칙 검사를 나타내는 용어는?

① Back Annotate  ② DRC
③ Netlist        ④ Export

> DRC(Design Rules Check) : 설계 규칙의 위배 유·무에 대한 검사 결과 데이터 파일로서, 각 요소간의 최소 간격, 금지영역 조사, 회로의 오배선, 전원의 극성, 입출력 신호의 접속관계 등을 체크한다.

**33** Layout 작업 시 실장밀도를 높이기 위해 고려해야 할 사항이 아닌 것은?

① 도면의 크기
② 사용부품의 치수
③ 배선폭과 배선간격
④ Through Hole의 위치와 치수

> Layout 작업 시 실장밀도를 높이기 위해서 고려해야 할 사항은 사용 부품의 치수, 배선폭과 배선간격, Through Hole의 위치와 치수 등이다.

**34** A/D변환기 회로와 같이 아날로그와 디지털 부분이 같이 있는 경우 도면에서 회로를 격리하고 접지 등 전원선을 별도로 그리는 것이 일반적인데, 다음 중 어떤 현상을 고려해야 하기 때문인가?

① 유도 현상   ② 발진 현상
③ 스위칭 현상 ④ 증폭 현상

해설 유도현상을 고려하여 A/D 변환기 회로와 같이 아날로그와 디지털 부분이 같이 있는 경우 도면에서 회로를 격리하고 접지 등 전원선을 별도로 그리는 것이 일반적이다.

**35** 전자캐드(CAD)에 주로 사용되는 출력장치로 적합한 것은?

① 레이저 프린터, 스캐너, 포토 플로터
② 포토 플로터, X-Y 플로터, 타블렛
③ 레이저 프린터, 포토 플로터, X-Y 플로터
④ ZIP 드라이브, 레이저 프린터, 스캐너

해설 CAD 시스템의 출력장치 : 모니터, 프린터, X-Y 플로터, 포토 플로터 등

**36** PCB 제조공정은 어떤 방법에 의해 소정의 배선만 남기고, 다른 부분의 패턴을 제거할 것인가 하는 점이 중요하다. 다음 중 대표적으로 사용되는 에칭(패턴제거방법)방법이 아닌 것은?

① 사진 부식법    ② 실크 스크린
③ 플렉시블 인쇄법  ④ 오프셋 인쇄법

해설 인쇄회로기판(PCB)의 제조 공정 중 에칭 방법에는 사진 부식법, 실크 스크린법, 오프셋 인쇄법 등을 사용한다.

**37** 자기장이 분포되어 있어 평판에 버튼커서 또는 스타일러스 펜이라고 불리는 위치 검출기를 이동시켜 도면위치에 대응하는 X, Y 좌표를 입력하는 장치는?

① 트랙볼
② X-Y 플로터

③ 디지타이저
④ 이미지 스캐너

해설 디지타이저(Digitizer) : 도면으로부터 좌표를 읽어 들이는 데 사용하며, 자기장이 분포되어 있는 평판에 위치 검출기를 위치시켜 도면의 위치에 대응하는 X, Y 좌표를 입력하거나 원하는 명령어를 선택하는 입력장치

**38** 시퀀스 제어용 기호와 설명이 옳게 짝지어진 것은?

① PT : 계기용 변압기
② TS : 과전류 계전기
③ OCR : 텀블러 스위치
④ ACB : 유도 전동기

해설 PT : 계기용 변압기, TS : 전환 스위치, OCR : 과전류 계전기, ACB : 기중 차단기

**39** 다음 그림은 세라믹/콘덴서이다. 용량 값은?

① 0.01[μF]
② 10[μF]
③ 1000[μF]
④ 0.0001[μF]

해설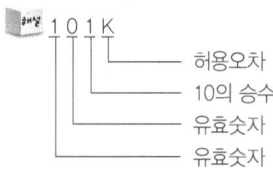

- 콘덴서의 기준 단위는 [pF] = $10^{-12}$
- $10 \times 10^1 \times 10^{-12} = 0.0001[μF]$
- 허용오차 K는 ±10[%] 이다.

**40** 드레인(D) 소스(S) 게이트(G) 3개의 전극으로 구성되어 있으며 n채널과 p채널로 나누는 부품은?

① PUT  ② FET
③ SCR  ④ 트랜지스터

📖 FET(field effect transistor) : 전계 효과 트랜지스터. 트랜지스터의 일종이지만 구조가 다르고 동작 원리도 다르다. 일반 트랜지스터가 전류를 증폭시키는 데 비해 FET는 전압을 증폭시킨다. 드레인, 소스, 게이트 3개의 전극으로 구성되어 있으며 n채널과 p채널 2가지 형태로 되어있다.

**41** PCB에서 패턴의 폭이 10[mm], 두께가 2[mm]이고 길이가 3[cm]일 때 패턴의 저항(R)은?(단, 20[℃]에서 구리의 저항률은 $1.72 \times 10^{-8}[\Omega]$이다.)

① $0.258 \times 10^{-6} [\Omega]$
② $2.58 \times 10^{-8} [\Omega]$
③ $5.16 \times 10^{-6} [\Omega]$
④ $5.16 \times 10^{-8} [\Omega]$

📖 인쇄회로기판 패턴에 따른 저항(R) 계산
$R = \rho \times L / W \times t$
- $\rho$ : 도체의 고유저항 = $1.72 \times 10^{-8}[\Omega]$
- L : 패턴 길이 = 30[mm]
- W : 패턴 폭 = 10[mm]
- t : 동박 두께 = 2[mm]

$\therefore R = \dfrac{1.72 \times 10^{-8} \times 30}{10 \times 2}$
$= 2.58 \times 10^{-8}[\Omega]$

**42** 다음 중 사용 부품이나 소자를 실물 크기로 기호화 하고, 단자와 단자 사이를 선으로 직접 연결하는 접속 도면을 무엇이라 하는가?

① 연속선 접속도  ② 피드선 접속도
③ 고속도형 접속도  ④ 기선 접속도

📖 연속선 접속도 : 사용 부품이나 소자를 실물 크기로 기호화 하고, 단자와 단자 사이를 선으로 직접 연결하는 접속 도면

**43** 전자응용기기의 전체적인 동작이나 기능을 나타내는 블록도를 그리고자 할 때의 설명으로 틀린 것은?

① 블록은 직사각형으로 그리며 선의 굵기는 0.3~0.5m 정도로 한다.
② 블록안에는 전자 소자의 명칭이나 기능 등을 간단하게 표시한다.
③ 블록도의 신호는 오른쪽에서 왼쪽 방향으로 흐르도록 한다.
④ 블록도에는 전원 및 보조 회로를 포함하여 그리기도 한다.

📖 블록도 작성 시 유의사항
- 블록은 정사각형, 삼각형, 직사각형이 사용된다.
- 신호의 흐름은 왼쪽에서 오른쪽으로, 위에서 아래로 그린다.
- 블록안에는 전자 소자의 명칭이나 기능 등을 간단하게 표시한다.
- 블록도에는 전원 및 보조 회로를 포함하여 그리기도 한다.

**44** 전자 CAD를 사용하는 기능이라고 보기 어려운 것은?

① 회로도를 쉽게 수정할 수 있다.
② 효율적인 부품배치 및 배선이 용이하다.
③ 부품을 스캔하여 모델링 할 수 있다.
④ 부품과 선간에 이루어지는 상호간섭과 같은 잡음의 발생을 최소화 할 수 있다.

📖 보기 ③항은 전자 CAD를 사용하는 기능과는 거리가 멀다.

**45** 출력 장치인 펜 플로터 중 전기, 전자, 통신 분야에서 배선도, 접속도 등의 선도를 그리는 경우에 주로 사용 되는 것은?

① X-Y형
② 드럼(drum)형
③ 잉크젯(Inkjet)형
④ 플레이트 베드(plate bed)형

해설 X-Y형 : 출력 장치인 펜 플로터 중 전기, 전자, 통신 분야에서 배선도, 접속도 등의 선도를 그리는 경우에 주로 사용

**46** 전자 CAD 프로그램에서 편집 기능 명령과 거리가 먼 것은?

① 이동        ② 복사
③ 붙이기      ④ 호출

해설 전자캐드로 작성된 도면의 편집과 관련된 기능 : 저장, 이동, 복사, 붙이기, 삭제 등

**47** 다층 PCB 구조에서 층과 층을 통과하여 신호 패턴을 연결하는데, 이 때 층간을 접속하기 위한 것은?

① Pad hole     ② Land hole
③ Pin hole     ④ Via hole

해설 Via Hole : 다층 PCB 구조에서 층과 층을 통과하여 신호 패턴을 연결하는데, 이 때 층간을 접속하기 위한 것

**48** 도면작성 후 PCB Artwork 또는 시뮬레이션을 하기 위해 부품 간의 연결 정보를 가지고 있는 데이터 파일이 생성 되는데, 이 파일의 명칭은?

① Library      ② NetIist
③ Component    ④ Symbol

해설 Netlist : PCB상에서 상호 연결되어 있는 신호, 모듈, 핀의 명칭으로 회로도면상의 연결 정보

**49** 고주파를 사용하는 회로도를 설계 시 유의할 점이 아닌 것은?

① 배선의 길이는 될 수 있는 대로 짧아야 한다.
② 회로의 중요 요소에는 바이패스 콘덴서를 붙여야 한다.
③ 배선이 꼬인 것은 코일로 간주되므로 주의해야 한다.
④ 유도될 수 있는 고주파 전송 선로는 다른 신호선과 평행하게 한다.

해설 유도 가능한 고주파 전송선은 다른 신호선과 분리, 격리시킨다.

**50** PCB의 설계 시 고주파 부품 및 노이즈에 대한 대책 방법으로 옳은 것은?

① 부품을 세워 사용한다.
② 가급적 표면 실장형 부품(SMD)을 사용한다.
③ 고주파 부품을 일반회로와 혼합하여 설계한다.
④ 아날로그와 디지털 회로는 어스 라인을 통합한다.

해설 PCB 노이즈 대책 방법
- 아날로그, 디지털 혼재 회로에서는 어스 라인을 분리한다.
- 고주파 부품을 일반회로와 분리하여 설계한다.
- 가급적 표면실장형 부품(SMD)을 사용한다.
- 가능한 한 배선을 굵고 짧게 배선하고, 부품은 세워서 배치하지 않는다.

**51** PCB 설계 시 제품의 케이스(CASE)에 의해 제약을 받지 않는 것은?

① 높이 제한
② 부품실장 금지대
③ 패턴의 금지대
④ 패턴의 폭

> 제품의 케이스에 의해 제약을 받는 것에는 부품의 높이, 부품실장 금지대, 패턴의 금지대, PCB 크기 등이 있다.

**52** CAD 시스템 좌표계가 아닌 것은?

① 역학 좌표   ② 절대 좌표
③ 상대 좌표   ④ 극 좌표

> CAD 시스템 좌표계 : 절대 좌표, 상대 좌표, 극 좌표, 상대 극좌표 등

**53** 전기 신호의 중계, 제어 등을 행하는 기구 부품(electro-mechanical component)이 아닌 것은?

① 커넥터   ② 소켓
③ 스위치   ④ 다이오드

> 다이오드는 증폭, 발진, 신호 변환 등의 기능을 갖는 능동소자이다.

**54** 다음은 반도체 소자의 형명을 나타낸 것이다. 3번째 항의 문자 A는 무엇을 나타내는가?

( 2 S A 562 B )

① NPN형 저주파   ② PNP형 저주파
③ PNP형 고주파   ④ NPN형 고주파

> 2 S A 562 B
>      └ 개량표시
>     └ 등록순서번호
>    └ A : PNP형의 고주파용
>   └ Semiconductor(반도체)
>  └ 2 : 트랜지스터

**55** 다음 (　) 안에 알맞은 용어는?

전자 CAD 사용자가 다른 schematic 페이지에 심벌을 생성할 수 있다. 이러한 심벌을 (　)이라고 부른다.

① 적층   ② 본딩
③ 프리플레그   ④ 계층구조블럭

> 계층구조 블록은 계층구조 블록에 연결되어 있는 종속 회로도를 의미하며 계층이 낮은 방향으로만 수직 연결된다.

**56** 다음 5색 저항의 저항 값과 오차가 옳은 것은?

| 제1색띠 | 제2색띠 | 제3색띠 | 제4색띠 | 제5색띠 |
|---|---|---|---|---|
| 갈색 | 검정색 | 검정색 | 적색 | 갈색 |

① 10[kΩ], ±5%
② 100[kΩ], ±5%
③ 10[kΩ], ±1%
④ 100[kΩ], ±1%

> | 제1색띠 | 제2색띠 | 제3색띠 | 제4색띠 | 제5색띠 |
> |---|---|---|---|---|
> | 갈색 (1) | 검정색 (0) | 검정색 (0) | 적색 ($10^2$) | 갈색 (±1%) |
> 
> $100 \times 10^2 = 10000Ω = 10kΩ$, 오차 ±1%

**57** 주문 받은 사람이 주문한 사람과 검토를 거쳐서 승인을 받아 계획 및 제작을 하는데 기초가 되는 도면은?

① 제작도  ② 주문도
③ 승인도  ④ 견적도

> 승인도 : 주문받은 사람이 주문한 사람과 검토를 거쳐서 승인을 받아 계획 및 제작을 하는 데 기초가 되는 도면

**58** 인쇄회로기판 설계 시에 사용하는 단위가 아닌 것은?

① mm  ② grid
③ inch  ④ mils

> mil : $\frac{1}{1000}$ inch를 단위로 사용하는 것으로 부품의 리드의 피치나 PCB의 패턴의 간격 등에 주로 사용하는 단위이다.
> 1 inch = 2.54[cm] = 25.4[mm] = 1000mil

**59** 인쇄회로기판 설계 시 배선에 흐르는 전류량에 따라 고려할 사항으로 옳은 것은?

① 기판의 재질과 두께
② 배선의 폭과 동박의 두께
③ 동박의 두께와 배선의 모양
④ 배선의 배열과 기판의 두께

> 인쇄회로기판 설계 시 배선에 흐르는 전류량에 따라 배선의 폭과 동박의 두께를 고려해야 한다.

**60** 플렉시블 PCB의 재료로 사용하는 것은?

① 종이페놀 인쇄회로기판
② 유리에폭시 인쇄회로기판
③ 세라믹 인쇄회로기판
④ 폴리이미드 필름 인쇄회로기판

> 폴리이미드 필름 : 내열성이 좋고, 다층 기판 제작에 용이하며, 플렉시블(Flexible, 휨이나 절곡)한 기판 제작에 사용된다.

**ANSWER** 2015년 1회

| 01 | 02 | 03 | 04 | 05 | 06 | 07 | 08 | 09 | 10 |
|---|---|---|---|---|---|---|---|---|---|
| ③ | ② | ③ | ② | ④ | ④ | ③ | ② | ④ | ② |
| 11 | 12 | 13 | 14 | 15 | 16 | 17 | 18 | 19 | 20 |
| ③ | ③ | ① | ① | ② | ④ | ① | ① | ② | ① |
| 21 | 22 | 23 | 24 | 25 | 26 | 27 | 28 | 29 | 30 |
| ③ | ④ | ② | ③ | ① | ① | ① | ① | ① | ① |
| 31 | 32 | 33 | 34 | 35 | 36 | 37 | 38 | 39 | 40 |
| ① | ② | ① | ① | ③ | ② | ③ | ① | ① | ② |
| 41 | 42 | 43 | 44 | 45 | 46 | 47 | 48 | 49 | 50 |
| ② | ① | ③ | ① | ④ | ④ | ② | ④ | ② | ② |
| 51 | 52 | 53 | 54 | 55 | 56 | 57 | 58 | 59 | 60 |
| ④ | ① | ③ | ③ | ④ | ③ | ③ | ② | ② | ④ |

# Chapter 02 최근기출문제
## 2015년 2회

**01** 다음 중 증폭회로를 구성하는 수동소자에서 자유전자의 온도에 의하여 발생하는 잡음은?

① 산탄 잡음　② 열잡음
③ 플리커 잡음　④ 트랜지스터 잡음

> 열잡음(thermal noise)은 R, L, C, 수동소자에서 자유전자의 불규칙한 운동은 온도에 비례하여 강해진다. 유효 주파수 범위에 걸쳐 거의 일정한 에너지 스펙트럼을 갖는 화이트 노이즈이며 $\Delta f[Hz]$의 대역 내에 포함되는 잡음 전압의 실효값은
> $E_n = \sqrt{4kTRB\Delta f}\ [V]$로 주어진다.

**02** 수정발진기의 특징 중 가장 큰 장점은?

① 발진이 용이하다.
② 주파수 안정도가 높다.
③ 발진세력이 강하다.
④ 소형이며 잡음이 적다.

> • LC발진회로는 보통 1[MHz] 이상에서 발진하는 동조형과 3소자발진기인 콜피츠, 하틀리, 클랩형 발진기로 분류된다.
> • 수정발진기는 수정편을 이용하여 발진을 구동시키며 보통 1[Mz]~10[MHz] 이상에서 발진하며 안정된 발진으로 많이 쓰이고 있으며 피어스-BE형, 피어스-BC형으로 분류한다.

**03** 입력 전압이 500[mV] 일 때 5[V]가 출력되었다면 전압 증폭도는?

① 9배　② 10배
③ 90배　④ 100배

> 전압이득(AV)= $20 \log_{10} \dfrac{V_0}{V_i}[dB]$
> $= 20 \log_{10} \dfrac{5}{500 \times 10^{-3}}$
> $\therefore 20 \log_{10} \dfrac{5}{500 \times 10^{-3}} = 10$배

**04** JK 플립플롭의 J입력과 K입력을 묶어서 1개의 입력 형태로 변경한 것은?

① RS 플립플롭
② D 플립플롭
③ T 플립플롭
④ 시프트 레지스터

> T 플립플롭은 JK 플립플롭의 두 입력단자를 묶어서 만든 토글(toggle) 전용 플립플롭으로서 현재 상태 Q에 무관하게 입력 T = 1이면 매 클럭(CLK)마다 출력이 반전(toggle)되는 플립플롭이다. 입력 T = 0이면 보존 상태로 이전 출력이 그대로 유지된다.

**05** 그림과 같은 2단궤환 증폭회로에서 궤환전압 $V_f$는?

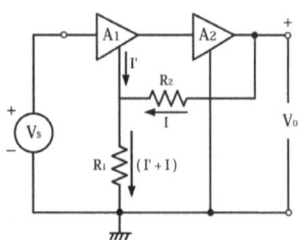

① $V_f = \dfrac{R_2}{R_1 + R_2} V_o$

② $V_f = \dfrac{R_1 \cdot R_2}{R_1 + R_2} V_o$

③ $V_f = \dfrac{R_1}{R_2} V_o$

④ $V_f = \dfrac{R_1}{R_1 + R_2} V_o$

해설
$v_f = v_s$
$v_f = v_0 \beta$
$\therefore v_f = v_0 \dfrac{R_1}{R_1 + R_2}$
$A_v = \dfrac{v_0}{v_s} = \dfrac{R_1 + R_2}{R_1} = 1 + \dfrac{R_2}{R_1}$

## 06 다음 중 펄스의 시간적 관계의 기본 조작이 아닌 것은?

① 정형  ② 선택
③ 비교  ④ 변이

해설 파형 정형 회로는 임의의 파형에 대하여 어떤 기준 전압 레벨의 이상 또는 이하의 파형만을 잘라내는 작업을 클리핑(clipping)이라 하며 이러한 회로를 클리핑 회로 또는 클리퍼(clipper)라고 한다.

## 07 저항 20[Ω]인 도체에 100[V]의 전압을 가할 때, 그 도체에 흐르는 전류는 몇 [A]인가?

① 0.2  ② 0.5
③ 2    ④ 5

해설 $I = \dfrac{V}{R}[A] \therefore I = \dfrac{100}{20} = 5[A]$

## 08 반도체의 다수캐리어로 옳게 짝지어진 것은?

① P형의 정공, N형의 전자
② P형의 정공, N형의 정공
③ P형의 전자, N형의 전자
④ P형의 전자, N형의 정공

해설
- P형 반도체[억셉터, 정공(+)] : 인듐(In), 갈륨(Ga), 붕소(B), 알루미늄(Al) 등
- N형 반도체[도너, 전자(−)] : 안티몬(Sb), 비소(As), 인(P) 등

## 09 3단자 레귤레이터의 특징이 아닌 것은?

① 입력 전압이 출력 전압보다 높다.
② 방열이 필요 없다.
③ 회로의 구성이 간단하다.
④ 전력 손실이 높다.

해설 정전압 IC(3단자 레귤레이터) 입력전압이 출력전압 보다 높아야 하며, 내부 회로 구성이 비교적 간단하고 전력 손실이 높다. 열적으로 안정을 위하여 방열판을 부착하여 사용 하도록 권장한다.

## 10 트랜지스터가 스위치로 ON/OFF 기능을 하고 있다면 어떤 영역을 번갈아 가면서 동작하는가?

① 포화영역과 차단영역
② 활성영역과 포화영역
③ 포화영역과 항복영역
④ 활성영역과 차단영역

해설

| 동작영역 | EB 접합 | CB 접합 | 용도 |
|---|---|---|---|
| 포화상태 | 순 bias | 순 bias | 펄스, 스위칭 |
| 활성영역 | 순 bias | 역 bias | 증폭작용 |
| 차단영역 | 역 bias | 역 bias | 펄스, 스위칭 |
| 역활성영역 | 역 bias | 순 bias | 사용하지 않음 |

**11** 그림과 같은 발진기에서 A점과 B점의 파형을 옳게 나타낸 것은?

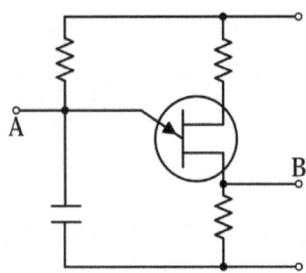

① A : 펄스,  B : 펄스
② A : 톱니파, B : 펄스
③ A : 톱니파, B : 톱니파
④ A : 펄스,  B : 톱니파

> 해설 UJT 특성은 전류의 증가에 따라 전압이 감소하는 부성 저항(negative resistance)특성을 가지며, 이 특성을 이용하면 발진기로서 매우 유용하게 사용될 수 있다. 이미터 입력에 톱니파 인가 시 출력인 베이스에서는 펄스파를 얻는 UJT 이장 발진기로 이용 된다.

**12** 전원주파수가 60[Hz] 일 때 3상 전파정류회로의 리플 주파수는?

① 90[Hz]
② 120[Hz]
③ 180[Hz]
④ 360[Hz]

> 해설 정류 방식별 맥동주파수(60Hz인 경우)

| 정류 방식 | 맥동 주파수 |
| --- | --- |
| 단상 반파 정류회로 | 1상×60Hz = 60[Hz] |
| 단상 전파 정류회로 | 1상×120Hz = 120[Hz] |
| 3상 반파 정류회로 | 3상×60Hz = 180[Hz] |
| 3상 전파 정류회로 | 3상×120Hz = 360[Hz] |

**13** 어떤 정류회로의 무부하 시 직류 출력전압이 12[V]이고, 전부하 시 직류 출력전압이 10[V]일 때 전압변동률은?

① 5[%]  ② 10[%]
③ 20[%]  ④ 40[%]

> 해설 전압변동률
> $$\Delta V = \frac{무부하시\ 전압 - 부하시\ 전압}{부하시\ 전압} \times 100[\%]$$
> $$= \frac{12-10}{10} \times 100 = 20[\%]$$

**14** 그림과 같은 4개의 콘덴서회로의 합성 정전용량은 얼마인가?(단, 각 콘덴서의 값은 4[μF]이다.)

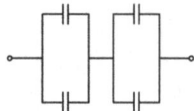

① 4[μF]  ② 8[μF]
③ 12[μF] ④ 16[μF]

> 해설 병렬 합성용량
> $C_{P1} = C_1 + C_2 = 8[uF]$
> $C_{P2} = C_3 + C_4 = 8[uF]$
> 병렬 구성된 $C_{P1}$과 $C_{P2}$ 2개가 직렬로 구성됨에 따라서
> $C_{s-p}$(직·병렬 합성 용량) $= \dfrac{1}{C_{P1}} + \dfrac{1}{C_{P2}}$
> $= \dfrac{C_{P1} \times C_{P2}}{C_{P1} + C_{P2}} = \dfrac{64}{16} = 4[uF]$

**15** 회로에서 입력단자와 출력단자가 도통되는 상태는?

① $V_S > V_A$, $V_S < V_B$
② $V_S > V_A$, $V_S > V_B$
③ $V_S < V_A$, $V_S > V_B$
④ $V_S < V_A$, $V_S < V_B$

> 파형 정형회로의 일부인 슬라이서(slicer) 회로로서 + 전압 레벨 일부분과 − 전압 레벨 일부분의 출력전압이 작아지도록 한 것으로 다시 증폭해주어야 한다. 보통 증폭기능을 겸한 슬라이서 회로에는 시미트 트리거가 사용된다.

**16** UJT를 이용한 기본 발진회로일 때 발진주기 τ는?(단, n는 스탠드 오프비이다.)

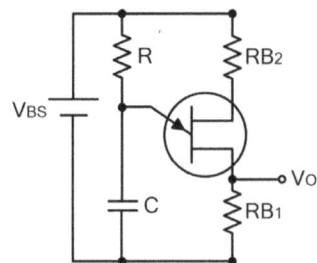

① $\tau = RC$
② $\tau = 0.69RC$
③ $\tau = 2.3RC \cdot \log(\frac{1}{1-\eta})$
④ $\tau = RC \cdot \log(\frac{\eta}{1-\eta})$

> UJT의 이미터에 구성된 시정수 RC에 따른 발진주기 다음과 같다.
> $\tau = 2.3RC \cdot \log\left(\frac{1}{1-\eta}\right)$

**17** 16진수 $(5C)_{16}$을 10진수로 변환하면?

① 72        ② 86
③ 92        ④ 96

> $(5C)_{16} = 5 \times 16^1 + C \times 16^0 = 80 + 12 = 92$

**18** 전자계산기의 특징이 아닌 것은?

① 기억하는 능력이 크다.
② 창의적 능력이 있다.
③ 계산은 빠르고 정확하다.
④ 논리적 판단 및 비교능력이 있다.

> 전자계산기의 특징 : 입력된 데이터를 고속으로 처리하여 필요한 결과를 추출할 수가 있고, 논리적 판단 및 비교능력이 있으며 또한 기억하는 능력이 크다.

**19** 사칙연산 명령이 내려지는 장치는?

① 입력장치        ② 제어장치
③ 기억장치        ④ 연산장치

> 제어장치(Control Unit) : 프로그램 명령어를 해석하고, 해석된 명령의 의미에 따라 연산장치, 주기억 장치 등에게 동작을 지시하며 어드레스 레지스터, 기억 레지스터, 명령 레지스터, 명령 해독기, 명령 계수기 등으로 구성된다.

**20** $F = (A, B, C, D) = \Sigma(0, 1, 4, 5, 13, 15)$이다. 간략화 하면?

① $F = A'C' + BC'D + ABD$
② $F = AC + B'CD + ABD$
③ $F = A'C' + ABD$
④ $F = AC + A'B'D$

> 4변수 카르노맵

| AB\\CD | 00 | 01 | 11 | 10 |
|---|---|---|---|---|
| 00 | 0 | 4 | 12 | 8 |
| 01 | 1 | 5 | 13 | 9 |
| 11 | 3 | 7 | 15 | 11 |
| 10 | 2 | 6 | 14 | 10 |

$$F = \overline{ABCD} + \overline{AB}C\overline{D} + \overline{A}BC\overline{D} + \overline{A}\overline{B}CD + AB\overline{C}D + ABCD$$
$$= \overline{A}\overline{C}(\overline{B}\overline{D} + B\overline{D} + \overline{B}D + BD) + ABD(\overline{C} + C)$$
$$= \overline{A}\overline{C}(\overline{B}(\overline{D} + D) + B(\overline{D} + D)) + ABD$$
$$= \overline{A}\overline{C} + ABD$$

**21** 데이터의 구성 체계에 속하지 않는 것은?

① 비트   ② 섹터
③ 필드   ④ 레코드

　해설　자료 구성의 단계 : 비트 〈 바이트 〈 워드 〈 항목 〈 레코드 〈 파일 〈 데이터베이스

**22** CPU의 내부 동작에서 실행하고자 하는 명령의 번지를 지정한 후 명령 레지스터에 불러오기까지의 기간은?

① 명령 사이클(Instruction cycle)
② 기계 사이클(Machine cycle)
③ 인출 사이클(Fetch cycle)
④ 실행 사이클(Execution cycle)

　해설　인출 사이클(Fetch Cycle) : 명령어를 주기억장치에서 CPU의 명령어 레지스터로 해독하는 단계이다.

**23** 배타적(Exclusive) OR 게이트를 나타내는 논리식은?

① $Y = A \cdot \overline{B}$
② $Y = \overline{A} \cdot A\overline{B}$
③ $Y = \overline{A}B + \overline{B}$
④ $Y = \overline{A}B + A\overline{B}$

　해설　배타적 논리합(Exclusive-OR) : 입력이 모두 같을 때는 출력이 0이 되고, 입력이 서로 다를 때는 출력이 1이 되는 논리회로

**24** 불 대수의 표현이 올바른 것은?

① $A + 1 = 1$
② $A \cdot 1 = 1$
③ $A \cdot A = 1$
④ $A + A = 1$

　해설　
• 항등법칙 : $A + 1 = 1$, $A \cdot 1 = A$
• 동일법칙 : $A \cdot A = A$, $A + A = A$

**25** 연산 결과가 양인지 음인지, 또는 자리올림(carry)이나 오버플로우(overflow)가 발생 했는지를 기억하는 장치는?

① 가산기(adder)
② 누산기(accumulator)
③ 데이터레지스터(data register)
④ 상태레지스터(status register)

　해설　상태 레지스터(Status Register) : 컴퓨터의 연산 결과를 나타내는데 사용되며, 연산값의 부호 및 오버플로 발생 유무를 표시한다.

**26** 불 대수에서 하나의 논리식과 다른 논리식 사이에서 AND는 OR로, OR은 AND로, 0은 1로, 1은 0으로 변환하는 원리는?

① 쌍대의 원리
② 불 대수의 원리
③ 드모르간의 원리
④ 교환법칙의 원리

　해설　쌍대의 원리 : 불 대수에서 하나의 논리식과 다른 논리식 사이에서 AND는 OR로, OR은 AND로, 0은 1로, 1은 0으로 변환하는 원리

**27** 어떤 마이크로프로세서가 1100 0110 0101 1110의 주소 버스를 접하고 있다. 이

상태는 메모리의 몇 page에 출입하고 있는 것인가?

① 37　　② 124
③ B53C　　④ C65E

> 해설 컴퓨터에서 2진수를 이용하여 표현할 때 너무 많은 자리를 차지하기 때문에, 2진수 4개를 묶어서 16진수로 만들어 표기한다.

| 2진수 | 1100 | 0110 | 0101 | 1110 |
|---|---|---|---|---|
| 16진수 | C | 6 | 5 | E |

**28** 마이크로프로세서를 구성하고 있는 버스에 해당하지 않는 것은?

① 데이터 버스　　② 번지 버스
③ 제어 버스　　④ 상태 버스

> 해설 마이크로프로세서를 구성하고 있는 버스
> • 데이터(Data) 버스
> • 주소(Address) 버스
> • 신호(Signal) 버스
> • 제어(Control) 버스

**29** 25.4[mm]는 몇 [inch]에 해당하는가?

① 1[inch]　　② 10[inch]
③ 100[inch]　　④ 1000[inch]

> 해설 1inch = 2.54[cm] = 25.4[mm] = 1000mil

**30** 다음 중 극성을 갖고 있고, 안정적인 대용량 전원 공급을 위해 사용되는 소자는?

① 저항
② 브리지 다이오드
③ 전해 콘덴서
④ 세라믹 콘덴서

> 해설 전해 콘덴서 : 극성을 가지고 있으며 안정적인 대용량 전원 공급을 위해 사용되는 소자

**31** 원점으로부터 X, Y축 방향으로 이동된 거리의 좌표를 무엇이라 부르는가?

① 상대좌표　　② 절대좌표
③ 극좌표　　④ 상대극좌표

> 해설 절대좌표 : 원점으로부터 X, Y축 방향으로 이동된 거리의 좌표

**32** 실제 치수가 30[mm]의 물건을 2/1의 배척으로 그렸을 때 도면에 기입하는 치수로 옳은 것은?

① 15[mm]　　② 30[mm]
③ 60[mm]　　④ 120[mm]

> 해설 배척이 2/1이라도 실제의 물건의 길이인 30[mm]로 도면에 표시한다.

**33** PCB 설계 시 4층 기판으로 설계할 때 사용하지 않는 층은?

① 납땜면　　② 전원면
③ 접지면　　④ 내부면

> 해설 PCB 4층 기판의 구성 : TOP 신호(납땜면), 전원면, 접지면, BOTTOM 신호(납땜면)

**34** A3 size 도면의 크기 [mm]는?

① 297 × 420　　② 496 × 210
③ 396 × 320　　④ 696 × 520

> 해설 A1 : 594×841, A2 : 420×594, A3 : 297×420, A4 : 210×297

**35** 다음 중 전자 CAD의 데이터 파일이 아닌 것은?

① 거버(Gerber)
② 부품리스트(PART LIST)
③ 프린트 기판 재료(Print Board Material)
④ 배선정보(NET LIST)

　프린트 기판 재료는 전자 CAD 데이터 파일에 포함되지 않는다.

**36** 다음 논리 게이트의 명칭으로 옳은 것은?

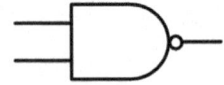

① OR　　② NAND
③ AND　　④ NOR

| OR | NAND | AND | EX-OR |
|---|---|---|---|

**37** 부품을 삽입하지 않고, 다른 층간을 접속하기 위하여 사용되는 도금 도통 홀을 의미하는 것은?

① 비아 홀(Via hole)
② 키 슬롯(Key slot)
③ 외층(External layer)
④ 엑세스 홀(Access hole)

　Via : 패드와 패드를 연결하면서 트랙의 층을 변경할 때 생기는 원형 동박

**38** 노이즈 대책용으로 사용될 콘덴서의 구비 조건과 거리가 먼 것은?

① 내압이 낮을 것
② 절연 저항이 클 것
③ 주파수 특성이 양호할 것
④ 자기공진 주파수가 높은 주파수 대역일 것

　노이즈 대책용 콘덴서 구비조건
　• 내압이 높을 것
　• 절연 저항이 클 것
　• 주파수 특성이 양호할 것
　• 자기공진 주파수가 높은 주파수 대역일 것

**39** 회로도를 설계할 때 고려해야 할 사항 중 틀린 것은?

① 선의 교차가 적고 부품이 도면 전체에 고루 분포되게 그린다.
② 물리적인 관련이나 연결이 있는 부품 사이에는 실선으로 그린다.
③ 대칭으로 동작하는 회로는 접지를 기준으로 대칭되게 그린다.
④ 주 회로와 보조회로가 있는 경우에는 주 회로를 중심으로 그린다.

　회로도 작성 시 물리적인 관련이나 연결이 있는 부품 사이에는 파선으로 나타낸다.

**40** 일반적으로 전자캐드(CAD)에서 회로도를 그리는 프로그램을 통칭하는 용어는?

① CAM　　② Layout
③ Gerber　　④ Schematic

　Schematic : 일반적으로 전자캐드(CAD)에서 회로도를 그리는 프로그램을 통칭

**41** 검도의 목적으로 옳지 않은 것은?

① 도면 척도의 적절성
② 표제란에 필요한 내용
③ 조립 가능 여부
④ 판매 가격의 적절성

> 해설 검도의 목적 : 도면 척도의 적절성, 표제란에 필요한 내용, 조립 가능 여부 등

**42** 기능에 따라 CAD 프로그램을 분류할 때 전자 계열 분류의 약자는?

① AEC    ② EDA
③ MDA    ④ GIS

> 해설 EDA(Electronic Design Automation) : 전자회로 등을 설계하기 위하여 만들어진 CAD 프로그램으로 OrCAD, PCAD 등이 있다.

**43** 부품의 단자 또는 도체 상호간을 접속하기 위해 구멍 주위에 만든 특정한 도체 부분은?

① 리드    ② 납마스크
③ 패턴    ④ 랜드

> 해설 랜드 : 부품의 단자 또는 도체 상호간을 접속하기 위해 구멍 주위에 만든 특정한 도체 부분

**44** 전자 및 통신제도의 개요에 대한 설명으로 옳지 않은 것은?

① 기기, 부품 상호간에 전기적 흐름을 잘 이해하여야 한다.
② 수동부품과 능동부품은 상호 간섭 작용이 발생하므로 별도의 회로도 작성이 요구된다.
③ 도면에는 많은 부품 기호가 있기 때문에 부품 동작특성을 알아야 한다.
④ 사용되는 부품의 종류가 다양하므로 부품의 외형, 치수, 특성을 정확히 이해하여야 한다.

> 해설 저항, 콘덴서, 코일과 같은 수동부품은 독자적으로 동작하지 않고 능동부품인 트랜지스터나 집적회로(IC)에 부속되어 전자회로가 동작하므로 별도의 회로도를 작성하지 않는다.

**45** 다음 중 인쇄회로 기판에서 적층 형태의 종류에 해당되지 않는 것은?

① 다각형 PCB    ② 단면 PCB
③ 양면 PCB      ④ 다층면 PCB

> 해설 PCB 적층 형태에 따라 단면, 양면, 다층면 PCB 등으로 분류한다.

**46** DXF 파일의 섹션이 아닌 것은?

① 헤더(Header) 섹션
② 블록(Block) 섹션
③ 테이블(Table) 섹션
④ 글로벌(Global) 섹션

> 해설 DXF파일의 섹션에는 HEADER섹션, TABLE섹션, BLOCK섹션, ENTITY섹션 등이 있다.

**47** 다음 중 전자 CAD에서 DRC로 할 수 없는 기능은?

① 부품용량의 정확성
② 금지영역 조사
③ 올바르지 못한 배선
④ 각 요소 간의 최소 간격

> 해설 DRC(Design Rules Check) : 설계 규칙의 위배 유·무에 대한 검사 결과 데이터 파일로서, 각 요소간의 최소 간격, 금지영역 조사, 회로의 오배선, 전원의 극성, 입출력 신호의 접속관계 등을 체크한다.

**48** 전자회로에 사용되는 전자소자 중 수동소자(부품)가 아닌 것은?

① 고정저항기
② 초크코일
③ 전해콘덴서
④ 트랜지스터

- 능동부품(Active Component) : 트랜지스터(TR), 전계효과 트랜지스터(FET), 단접합 트랜지스터(UJT), IC, 연산증폭기(OPAMP) 등을 말하며, 능동소자는 증폭, 발진, 신호 변환 등의 기능을 갖는다.
- 수동부품(Passive Component) : 전기 신호의 중계, 제어 등을 행하는 기구부품으로 저항기, 콘덴서, 커넥터, 소켓, 스위치 등이 수동소자에 속한다.

**49** 다음 중 인쇄회로기판의 제작순서가 옳은 것은?

① 사양관리 → CAM작업 → 드릴 → 노광
② 사양관리 → 노광 → CAM작업 → 드릴
③ CAM작업 → 드릴 → 노광 → 사양관리
④ CAM작업 → 사양관리 → 노광 → 드릴

**50** 기본 회로도 작성요령 중 틀린 것은?

① 접속선은 중단할 수 있다.
② 가능하면 수직·수평선 보다는 사선을 많이 사용하여야 한다.
③ 너무 긴 선이나 외부 사이의 접속선은 가급적 사용하지 않는다.
④ 회로도는 좌에서 우로 읽어 나갈 수 있게 배열하여야 한다.

가능하면 사선보다 수직, 수평선을 많이 사용한다.

**51** 회로 접속 상태가 명확하고 회로 추적이 용이하므로 착오에 의한 오배선을 방지할 수 있는 기본적인 도면은?

① 기선 접속도
② 피드선 접속도
③ 연속선 접속도
④ 고속도형 접속도

연속선 접속도 : 회로 접속 상태가 명확하고 회로 추적이 용이하므로 착오에 의한 오배선을 방지할 수 있는 기본적인 도면

**52** PCB 설계에서 부품의 배치방법으로 틀린 것은?

① 커넥터는 PCB의 외곽 쪽에 배치한다.
② 고전압부와 저전압부는 분리하여 배치한다.
③ 부품은 회로도상의 신호 흐름을 따라서 배치한다.
④ 디지털 회로와 아날로그 회로는 분리하지 않고 배치한다.

디지털 회로와 아날로그 회로는 분리 배치한다.

**53** 다음 전자 부품 기호의 명칭으로 옳은 것은?

① 트랜지스터(TR)
② 다이액(DIAC)
③ 제너 다이오드(Zener Diode)
④ 전기장 효과 트랜지스터(FET)

| 트랜지스터 | 다이액 | 제너 다이오드 | FET |
|---|---|---|---|
| ⟋| ⟋| ⟋| ⟋|

**54** 컴퓨터로 설계하는 CAD 시스템 도입의 목적이 아닌 것은?

① 시간의 효율적 관리
② 설계비용 절감
③ 활용분야 협의성
④ 도면의 품질 향상

📖 CAD 도입의 장점
• 도면의 품질이 좋아진다.
• 설계 과정에서 능률이 향상된다.
• 수치 결과에 대한 정확성이 증가한다.
• 보관 및 보안성이 좋다.
• 설계의 표준화로 원가가 절감된다.

**55** CAD 시스템에서 도면화를 위한 표준 장치로서, 출력이 도형 형식일 때 정교한 표현을 위해 사용되는 것은?

① 플로터　　　② 모니터
③ 잉크젯 프린터　④ 레이저 프린터

📖 플로터 : CAD 시스템에서 도면화를 위한 표준 장치로서, 출력이 도형 형식일 때 정교한 표현을 위해 사용되는 것

**56** PCB 제조 과정에서 프린트 배선판 상의 특정 영역에 도포하는 내열성 비폭 재료로 납땜 작업 시 이 부분에 땜납이 붙지 않도록 하는 역할을 하는 것은?

① 포토 레지스트(photo resist)
② 에칭 레지스트(etching resist)
③ 솔더 레지스트(solder resist)
④ 도금 레지스트(plating resist)

📖 솔더 레지스트(Solder resist) : PCB 제조 과정에서 프린트 배선판 상의 특정 영역에 하는 내열성 비폭 재료로 납땜 작업할 때 이 부분이 땜납이 붙지 않도록 하는 레지스트

**57** 제도 도면에 반드시 그려야 할 사항이 아닌 것은?

① 재단마크
② 표제란
③ 중심마크
④ 윤곽선

📖 제도도면에 반드시 그려야 할 사항 : 표제란, 중심마크, 윤곽선, 비교눈금 등

**58** 블록선도에서 삼각형도형이 사용되는 것은?

① 전원회로
② 변조회로
③ 연산증폭기
④ 복조회로

📖 삼각형은 증폭기 또는 연산 증폭기에 사용한다.

**59** 전자캐드의 일반적인 특징에 관한 설명으로 틀린 것은?

① 기구의 설계에 적합하다.
② 회로의 설계에 적합하다.
③ 회로의 동작 검증이 용이하다.
④ 인쇄회로기판의 설계에 적합하다.

📖 기구의 설계에 적합한 CAD는 전자CAD가 아닌 매커니컬 CAD이다.

**60** 다음 마일러 콘덴서의 용량으로 가장 적합한 것은?

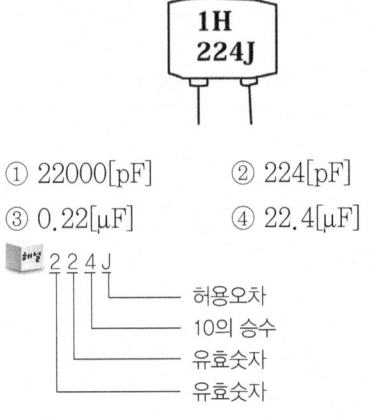

① 22000[pF]  ② 224[pF]
③ 0.22[μF]   ④ 22.4[μF]

해설 2 2 4 J
　　　│ │ │ └ 허용오차
　　　│ │ └── 10의 승수
　　　│ └──── 유효숫자
　　　└────── 유효숫자

• 콘덴서의 기준 단위는 [pF] = $10^{-12}$
• $10 \times 10^4 \times 10^{-12} = 0.22[\mu F]$
• 허용오차 J는 ±5[%] 이다.

| ANSWER | | | | | | | | | 2015년 2회 |
|---|---|---|---|---|---|---|---|---|---|
| 01 | 02 | 03 | 04 | 05 | 06 | 07 | 08 | 09 | 10 |
| ② | ② | ② | ③ | ④ | ① | ④ | ① | ② | ① |
| 11 | 12 | 13 | 14 | 15 | 16 | 17 | 18 | 19 | 20 |
| ② | ④ | ③ | ① | ① | ③ | ③ | ② | ② | ③ |
| 21 | 22 | 23 | 24 | 25 | 26 | 27 | 28 | 29 | 30 |
| ② | ③ | ④ | ① | ④ | ① | ④ | ④ | ① | ③ |
| 31 | 32 | 33 | 34 | 35 | 36 | 37 | 38 | 39 | 40 |
| ② | ② | ④ | ① | ③ | ② | ① | ① | ② | ④ |
| 41 | 42 | 43 | 44 | 45 | 46 | 47 | 48 | 49 | 50 |
| ④ | ② | ④ | ② | ① | ③ | ① | ④ | ① | ② |
| 51 | 52 | 53 | 54 | 55 | 56 | 57 | 58 | 59 | 60 |
| ③ | ④ | ② | ③ | ① | ③ | ① | ③ | ① | ③ |

# Chapter 02 최근기출문제
## 2015년 3회

**01** 회로의 전원 $V_S$가 최대전력을 전달하기 위한 부하 저항 $R_L$의 값은?

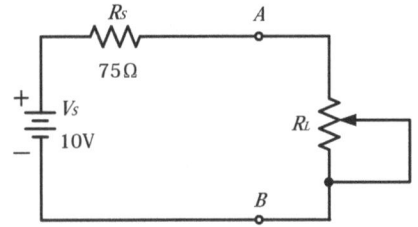

① 25[Ω]
② 50[Ω]
③ 75[Ω]
④ 100[Ω]

　최대 전력 전달 조건은 $R_S = R_L$이다.

**02** 이상적인 다이오드를 사용하여 그림에 나타낸 기능을 수행할 수 있는 클램프회로를 만들 수 있는 것은?(단, $V_i$ = 입력파형, $V_o$ = 출력파형이다.)

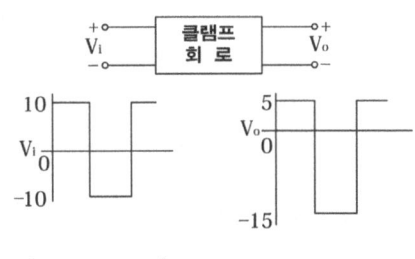

①

②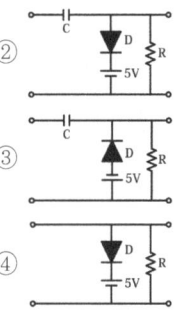

　클램프회로로 입력시 C에 +Vm이 충전되며, 다시 −Vm이 입력되므로 다이오드(D)는 역바이어스로 OFF가 되므로 출력전압은 −2Vm 까지 내려가며, 최대값은 +5V로 고정시킨다. 따라서, 보기 ②와 같이 D와 5V가 A → K → + → −

**03** 평활회로에서 리플율을 줄이는 방법은?

① R과 C를 적게 한다.
② R과 C를 크게 한다.
③ R을 크게, C를 적게 한다.
④ R을 적게, C를 크게 한다.

　부하측 RC필터는 R과 C를 크게 할수록 출력 전압의 맥동은 적어진다.

**04** 슈미트 트리거(schmitt trigger)회로는?

① 톱니파 발생회로　② 계단파 발생회로
③ 구형파 발생회로　④ 삼각파 발생회로

　슈미트 트리거(schmitt trigger) 회로는 정현파 신호 입력을 받아서 구형파 출력을 만드는 회로로서 TTL에 사용한다.

**05** PLL회로에서 전압의 변화를 주파수로 변화하는 회로를 무엇이라 하는가?

① 공진 회로
② 신시싸이저 회로
③ 슈미트 트리거 회호
④ 전압제어 발진기(VCO)

> 해설 PLL(Phase Lock Loop)
> • 출력의 궤환 신호(Feedback signal)를 입력신호와 비교하여 출력신호가 일정한 값이 될 수 있도록 제어하는 궤환 시스템 이다.
> • 기본적으로 위상검출기(PD), 저역필터(LPF), 전압제어 발진기(VCO)로 구성되어 있다.

**06** 실리콘 제어 정류기(SCR)의 게이트는 어떤 형의 반도체인가?

① N형 반도체   ② P형 반도체
③ PN형 반도체  ④ NP형 반도체

> 해설 실리콘 제어 정류기(SCR)는 PNPN 4층 구조로 A, K, G는 각각 애노드(anode), 캐소드(cathode), 게이트(gate)단자로서 단방향 전류소자이며, 전류는 항상 애노드에서 캐소드로 흐른다.

**07** 전류와 전압이 비례 관계를 갖는 법칙은?

① 키르히호프의 법칙
② 주울의 법칙
③ 렌츠의 법칙
④ 옴의 법칙

> 해설 옴의 법칙 : 도체에 흐르는 전류는 전압에 비례하고 저항에 반비례한다.

**08** 쌍안정 멀티바이브레이터에 관한 설명으로 틀린 것은?

① 부궤환을 하는 2단 비동조 증폭회로로 구성된다.
② 능동소자로 트랜지스터나 IC가 주로 이용된다.
③ 플립플롭회로도 일종의 쌍안정 멀티바이브레이터이다.
④ 입력 틀리거 펄스 2개마다 1개의 출력 펄스가 얻어지는 회로이다.

> 해설 쌍안정 멀티바이브레이터(Bistable MV)는 2개의 안정 상태를 가지며 2개의 트리거(trigger) 펄스에 의해 하나의 구형파를 발생시킬 수 있다(2 : 1). 이 회로를 플립플롭(Flip-flop)이라고 하며 기억장치 등에 사용된다.

**09** 다음 중 정현파 발진기가 아닌 것은?

① LC 반결합 발진기
② CR 발진기
③ 멀티바이브레이터
④ 수정 발진기

> 해설
> • 비 정현파 발진기 : 단안정 멀티바이브레이터, 비안정 멀티바이브레이터, 쌍안정 멀티바이브레이터 등이 있다.
> • 정현파 발진기 : 이상형 CR발진회로, LC발진회로, 수정 발진기로 분류한다.

**10** 다음 회로의 설명 중 틀린 것은?

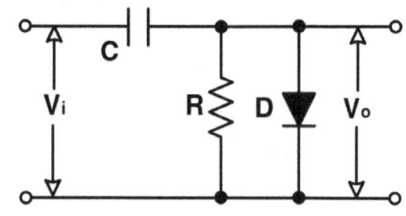

① 음 클램프 회로이다.
② 입력 펄스의 파형이 상승시 다이오드가 동작한다.

③ C가 충전되는 동안 저항(R) 값은 무한대다.
④ 입력 펄스 파형이 하강시 C가 충전된다.

**해설** 콘덴서 C에 Vm이 충전되며, -Vm이 인가되면 다이오드가 역바이어스 되어 off가 되므로 -2Vm까지 내려간다. 출력파형을 0V 이하로 유지시키는 음(minus) 클램프 회로이다.

**11** 단측파대(single side band) 통신에 사용되는 변조 회로는?

① 컬렉터 변조회로　② 베이스 변조회로
③ 주파수 변조회로　④ 링 변조회로

**해설** SSB 통신방식
- 진폭 변조에 의해서 생긴 상하측파대 중 어느 한쪽만을 이용하는 방식이다.
- 변조방식은 평형변조(다이오드 2개 사용) 또는 링 변조기(다이오드 4개 사용)를 통하여 상하측파를 얻고 대역통과필터(BPF)통해 SSB신호를 검출한다.

**12** 전계효과트랜지스터(FET)에 대한 설명으로 틀린 것은?

① BJT 보다 잡음특성이 양호하다.
② 소수 반송자에 의한 전류 제어형이다.
③ 접합형의 입력저항은 MOS형보다 낮다.
④ BJT 보다 온도 변화에 따른 안정성이 높다.

**해설** 전계효과트랜지스터(FET)
- 다수 반송자의 흐름에 따라 변화 하는 단일 극성(unipolar)소자이며 게이트(Gate)의 역전압에 따라서 드레인(drain)에서 소스(source)로 흐르는 전류를 제어하는 전압제어 소자이다.
- FET는 트랜지스터(TR)의 단점을 개선 한 것으로 입력 임피던스가 매우 높다.
- TR보다 잡음이 적다. 열 안정성이 좋다.
- 비교적 방사능 현상의 영향을 덜 받는다.
- BJT보다 이득 대역폭 적(積)이 작다.

**13** 베이스 접지 시 전류증폭률이 0.89인 트랜지스터를 이미터 접지회로에 사용할 때 전류증폭률은?

① 8.1　② 6.9
③ 0.99　④ 0.89

**해설**
- 트랜지스터 이미터 접지시 전류 증폭률($\beta$)
$$= \frac{\Delta I_C}{\Delta I_B}, \ \beta = \frac{\alpha}{1-\alpha}$$
- 트랜지스터 베이스 접지시 전류 증폭률($\alpha$)
$$= \frac{\Delta I_C}{\Delta I_E}, \ \alpha = \frac{\beta}{1+\beta}$$
$$\therefore \beta = \frac{0.89}{1-0.89} = \frac{0.89}{0.11} ≒ 8.1$$

**14** 연산증폭기의 응용회로가 아닌 것은?

① 멀티플렉서　② 미분기
③ 가산기　④ 적분기

**해설** 연산증폭기는 아날로그 량을 미분, 적분, 가산, 감산 등을 할 수 있는 직류 증폭기이다.

**15** 그림(a)의 회로에서 출력전압 $V_2$와 입력전압 $V_1$과의 비와 주파수의 관계를 조사하면 그림(b)와 같은 경우에 저역차단주파수 $f_L$은?

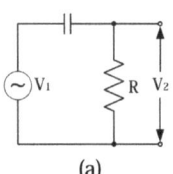
(a)

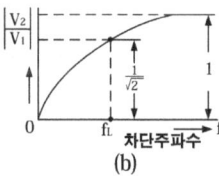
(b)

① $f_L = \dfrac{1}{2\pi RC}$　② $f_L = \dfrac{1}{2\pi R\sqrt{C}}$
③ $f_L = \dfrac{1}{2\pi R^2 C}$　④ $f_L = \dfrac{1}{2\pi \sqrt{RC}}$

**해설**
- 시정수 R C에 의해 $\dfrac{1}{\sqrt{2}} = 3[dB]$에서 차단시킨다.
- 저역차단주파수 $f_L = \dfrac{1}{2\pi RC}$ 이다.

**16** 전압 증폭도가 30[dB]와 50[dB]인 증폭기를 직렬로 연결시켰을 때 종합이득은?

① 20
② 80
③ 1500
④ 10000

> 직렬 다단 증폭기의 전체 이득을 dB로 표현하면 각 단의 dB의 합과 같다.
> ∴ 30[dB] + 50[dB] = 80[dB]

**17** 어셈블리어(Assembly Language)의 설명 중 틀린 것은?

① 기호 언어(Symbolic Language)라고도 한다.
② 번역프로그램으로 컴파일러(Compiler)를 사용한다.
③ 기종간에 호환성이 적어 전문가들만 주로 사용한다.
④ 기계어를 단순히 기호화한 기계 중심 언어이다.

> 어셈블리어(Assembly Language) : 기호 언어(Symbolic Language)라고 하며 기계어의 단점을 극복하고 작성 과정을 편리하도록 개발 하였으며 기계어의 명령부와 번지부를 사람이 이해하기 쉬운 기호와 1:1로 대응시켜 기호화한 프로그램언어이다.

**18** 16진수 1B7를 10진수로 변환하면?

① 339  ② 340
③ 438  ④ 439

> $(1B7)_{16} = 1 \times 16^2 + B \times 16^1 + 7 \times 16^0$
> $= 256 + 176 + 7 = 439$

**19** 논리식 F = A + $\overline{A}$ · B와 같은 기능을 갖는 논리식은?

① A · B
② A + B
③ A − B
④ B

> $A + \overline{A} \cdot B = A + (\overline{A} \cdot B) = (A + \overline{A}) \cdot (A + B)$
> $= 1(A + B) = A + B$

**20** 반도체 기반 저장장치가 아닌 것은?

① Solid State Drive
② MicroSD
③ Floppy Disk
④ Compact Flash

> Floppy Disk : 컴퓨터에서 주로 데이터 입력용이나 파일의 매개체로 사용되는 마이크로(또는 퍼스널) 컴퓨터의 보조기억장치에 쓰이는 기억매체이며, 자기 디스크의 일종으로, 네모진 종이 자켓 속에 연질 플라스틱의 얇은 원반을 봉입한 것이다.

**21** 2진수 10111을 그레이코드(Gray Code)로 변환하면 그 결과는?

① 11101
② 11110
③ 11100
④ 10110

> 변환방법 : 처음은 그대로 써내려주고, 나머지는 둘씩 XOR하면 된다.

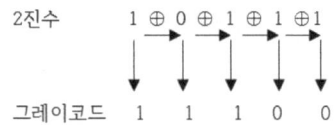

**22** R/W, Reset, INT와 같은 신호는 마이크로컴퓨터의 어느 부분에 내장되어 있는가?

① 주변 I/O 버스
② 제어 버스
③ 주소 버스
④ 자료 버스

> 해설 제어(Control) 버스 : 중앙처리장치와의 데이터 교환을 제어하는 신호의 전송 통로로서 R/W, Reset, INT와 같은 신호가 내장되어 있다.

**23** 데이터를 스택에 일시 저장하거나 스택으로부터 데이터를 불러내는 명령은?

① STORE/LOAD
② ENQUEUE/DEQUEUE
③ PUSH/POP
④ INPUT/OUTPUT

> 해설 스택을 조작하는 동작은 데이터를 넣은 PUSH 동작과 데이터를 빼오는 POP동작이 있다. PUSH는 스택의 최상단 데이터 위에 새로운 데이터를 쌓는다는 의 의미이고, POP은 스택의 최상단에 있는 데이터를 빼온다는 의미이다.

**24** ALU(Arithmetic and Logical Unit)의 기능은?

① 산술연산 및 논리연산
② 데이터의 기억
③ 명령 내용의 해석 및 실행
④ 연산 결과의 기억될 주소 산출

> 해설 연산장치(ALU) : 덧셈, 뺄셈, 곱셈, 나눗셈의 산술연산만이 아니라 AND, OR, NOT, XOR와 같은 논리연산을 하는 장치로 제어장치의 지시에 따라 연산을 수행하며 누산기, 가산기, 데이터 레지스터, 상태레지스터로 구성된다.

**25** 여러 하드디스크 드라이브를 하나의 저장장치처럼 사용하게 하는 기술은?

① CD-ROM    ② SCSI
③ EIDE       ④ RAID

> 해설 RAID : 적은 용량의 저장장치 여러 대를 배열로 묶어서 대용량 저장장치를 만드는 기술로, 가격이 저렴하고 장애 발생 시 복구 기능이 있어 서버 컴퓨터에서 널리 사용되는 기술이다.

**26** 기억장치의 계층 구조에서 캐시 메모리(cache memory)가 위치하는 곳은?

① 입력장치와 출력장치 사이
② 주기억장치와 보조기억장치 사이
③ 중앙처리장치와 보조기억장치 사이
④ 중앙처리장치와 주기억장치 사이

> 해설 캐시 기억장치(Cache Memory) : 프로그램 실행 속도를 중앙처리장치의 속도에 가깝도록 하기 위하여 개발된 고속 버퍼 기억장치로서, 주기억장치보다 속도가 빠르고, 중앙처리장치 내에 위치하고 있으므로 레지스터 기능과 유사하다.

**27** C언어에서 사용되는 관계 연산자가 아닌 것은?

① =          ② !=
③ 〉         ④ 〈=

> 해설 C언어 관계 연산자
>
> | 기호 | 연산자 의미 | 관계식 |
> |------|-------------|--------|
> | 〉   | ~보다 크다. | a〉b |
> | 〉=  | ~보다 크거나 같다. | a〉=b |
> | 〈   | ~보다 작다. | a〈b |
> | 〈=  | ~보다 작거나 같다. | a〈=b |
> | ==   | 같다. | a==b |
> | !=   | 다르다. | a!=b |

**28** $2^n$개의 입력 중에 선택 입력 n개를 이용하여 하나의 정보를 출력하는 조합회로는?

① 디코더  ② 인코더
③ 멀티플렉서  ④ 디멀티플렉서

📖 멀티플렉서(Multiplexer) : 여러 개의 입력선 중에서 하나를 선택하여 단일 출력선으로 연결하는 조합회로이다.

**29** 배선 알고리즘에서 하나의 기판상에서 종·횡의 버스를 결선하는 방법을 무엇이라 하는가?

① 저속 접속법  ② 스트립 접속법
③ 고속 라인법  ④ 기하학적 탐사법

📖 일반적인 배선 알고리즘
• 스트립 접속법 : 기판상에서 종·횡의 버스를 결선하는 방법
• 고속 라인법 : 배선 작업을 신속하게 하기 위해, 기판 판면의 층을 세로 방향으로, 또 다른 한 방향을 가로 방향으로 접속하는 방법
• 기하학적 탐사법 : 라인법이나 스트립법에서 접속되지 않는 부분은 포괄적인 기하학적 탐사에 의해 배선

**30** PCB의 종류가 아닌 것은?

① 폴리 에폭시 인쇄회로기판
② 유리 에폭시 인쇄회로기판
③ 콤퍼지트(Composite)재 인쇄회로기판
④ 종이페놀 인쇄회로기판

📖 PCB의 재질에 따른 분류
• 종이페놀 인쇄회로기판(PP 재질)
• 에폭시 수지 기판(Epoxy Resin, GE 재질)
• 콤퍼지트 기판(Composite Base Material, CPE 재질)
• 플렉시블 기판(Flexible Base material)

**31** 다음 중 도면을 그리는 척도의 구분에 대한 설명으로 옳은 것은?

① 배척 : 실물보다 크게 그리는 척도이다.
② 실척 : 실물보다 작게 그리는 척도이다.
③ 축척 : 도면과 실물의 치수가 비례하지 않을 때 사용한다.
④ NS(not to scale) : 실물의 크기와 같은 크기로 그리는 척도이다.

📖 • 축척 : 실물보다 작게 축소해서 그리는 것
• 현척(실척) : 실물과 같은 크기로 그리는 것
• 배척 : 실물보다 크게 확대해서 그리는 것
• NS(Not to Scale) : 도면과 실물의 치수가 비례 척도가 아님을 뜻함

**32** PCB 사양 및 규격에 해당되지 않는 것은?

① PCB 두께
② PCB 동박 두께
③ 기판의 재질
④ 부품의 수량

📖 PCB 사양 및 규격 : 두께, 동박 두께, 기판의 재질 등

**33** 다음 그림과 같이 전자 제품의 전체적인 동작이나 기능을 간단한 기호나 직사각형과 문자로 그린 도면의 명칭은?

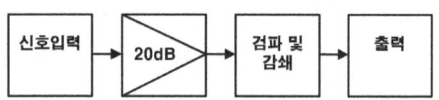

① 배치도  ② 블록도
③ 배선도  ④ 결합도

📖 계통도 : 전자회로에서 부분 상호간에 전달되는 신호의 계통을 알기 쉽게 나타낸 선도로서 블록도라고도 한다.

**34** PCB 설계 시 보드 규격이 3200×2500[mil]일 때, 이를 [mm]로 환산하면?

① 76.2×63.5   ② 81.3×63.5
③ 88.9×68.6   ④ 81.3×68.6

해설
- 1000mil = 25.4[mm]
- 3200mil = 3.2×1000mil = 3.2×25.4mm = 81.28[mm]
- 2500mil = 2.5×1000mil = 2.5×25.4mm = 63.5[mm]

**35** 회로설계 자동화의 순서로 옳게 나열된 것은?

① 회로설계 → 자동배선 → PCB설계
② PCB설계 → 회로설계 → 자동배선
③ 자동배선 → PCB설계 → 회로설계
④ 회로설계 → PCB설계 → 자동배선

해설 회로설계 자동화 순서
회로설계 → PCB설계 → 자동배선

**36** 다음은 CAD 시스템에 관한 안전 및 유의 사항이다. 잘못된 것은?

① CAD 시스템에 충격을 피하고, 전원 플러그가 빠지지 않도록 유의한다.
② 정전 및 시스템 고장에 대비하여 20~30분 단위로 도면을 저장한다.
③ 외부 디스켓을 사용할 때에는 반드시 바이러스 검색을 한 후에 사용한다.
④ CAD 소프트웨어의 종류에 따라 사용 방법이 일정하기 때문에 사용 설명서를 참조하여 프로그램을 운용한다.

해설 CAD 소프트웨어의 종류에 따라 사용 방법이 서로 다르기 때문에 해당 각 CAD 소프트웨어의 사용 설명서를 참조하여 프로그램을 운용해야 한다.

**37** 인쇄회로기판 상의 패턴의 전기적 특성 요소 중 임피던스에 대한 설명으로 옳지 않은 것은?

① 중요한 요소는 신호의 반사와 지연이다.
② 회로의 폭과 층간 두께의 영향을 가장 많이 받는다.
③ 고속의 신호 전송을 위해서는 유전상수(Er)가 큰 재료를 사용한다.
④ 전송 신호의 손실을 최소화하기 위해서 유전손실(Dr)이 낮은 재료를 사용한다.

해설 고속 신호 전송을 위해서는 유전상수(Er)가 작은 재료를 사용한다.

**38** 표준 도형을 등록해 놓고 변동 부분의 수치를 입력하면 도형이 수치에 맞도록 변하게 하는 것은?

① 수치제어 장치
② 파라메트릭 설계
③ 오토 라우팅 설계
④ 자동 제도 시스템

해설 파라메트릭 설계 : 캐드 시스템에 많이 사용되는 기법으로, 공식에 의해 직선, 곡선, 표면 등의 그래픽 데이터를 처리하는 방식이다. 표준 도형을 등록해 놓고 변동 부분의 수치를 입력하면 도형이 수치에 맞도록 변하게 하는 것이다.

**39** 컴퓨터 시스템과 주변장치 사이에 2진 직렬 데이터 통신을 행하기 위한 인터페이스는?

① LAN 포트   ② 병렬 포트
③ RS-232C 포트   ④ 데이터 버퍼 포트

해설 RS-232C : 컴퓨터 시스템과 주변장치 사이에 2진 직렬 데이터 통신을 행하기 위한 인터페이스

**40** 다음 중 설계 진행 과정을 눈으로 바로 확인 가능한 장치는?

① 모니터
② 하드 디스크
③ CPU
④ 메모리

> 해설 디스플레이 장치 : 컴퓨터에서의 출력정보를 문자, 도형, 기호 등의 영상으로 표시하는 장치이다.

**41** 허용오차의 문자기호에 대한 설명 중 옳지 않은 것은?

① 한국산업표준의 KSC0806에서 정의하고 있다.
② 1개의 영문자와 숫자로 허용오차를 표기한다.
③ F는 ±1%의 허용오차를 나타낸다.
④ K는 ±10%의 허용오차를 나타낸다.

> 해설 허용오차 : 한 개의 문자로 나타내고 저항값과 정전 용량에 대한 허용오차를 표시하는 문자 기호

**42** 유리섬유에 열경화성 수지를 침투시켜 반경화 상태로 만든 것으로 MLB에서 동박과 내층기판을 접착하는 원자재로 사용되는 것은?

① 프리플레그
② 동박
③ 유리섬유
④ 에폭시 수지

> 해설 프리플레그(Prepreg) : 유리섬유에 열경화성 수지를 침투시켜 반경화 상태로 만든 것으로 MLB에서 동박과 내층 기판을 접착하는 원재료로 사용되는 것

**43** 인쇄회로기판(PCB)의 제조 공정 중 비스루홀 도금 인쇄 배선판을 사용한 제조 공정 순서가 옳은 것은?

① 동장 적층판 → 패턴 → 에칭 → 천공 → 기호인쇄
② 동장 적층판 → 에칭 → 패턴 → 천공 → 기호인쇄
③ 패턴 → 동장 적층판 → 에칭 → 천공 → 기호인쇄
④ 패턴 → 동장 적층판 → 천공 → 에칭 → 기호인쇄

**44** 새시에 부품을 배치할 때 고려사항 중 옳지 않은 것은?

① 신호가 유도될 수 있는 부품은 가까이 배치한다.
② 조정 요소가 있는 부품은 조작이 쉽도록 배치한다.
③ 유지보수가 쉽도록 배치한다.
④ 견고성과 무게를 고려해 배치한다.

> 해설 신호가 유도되지 않게 부품간 거리를 충분히 이격시킨다.

**45** 전자CAD로 회로를 작성할 경우 부품의 종류에 따라 별도의 라이브러리를 가지고 있다. 일반적으로 부품의 군을 분리할 경우 다음 중 다른 하나는?

① TTL IC
② 저항
③ 다이오드
④ 트랜지스터

- 능동부품(Active Component) : 트랜지스터(TR), 전계효과 트랜지스터(FET), 단접합 트랜지스터(UJT), IC, 연산증폭기(OPAMP) 등을 말하며, 능동소자는 증폭, 발진, 신호 변환 등의 기능을 갖는다.
- 수동부품(Passive Component) : 전기 신호의 중계, 제어 등을 행하는 기구부품으로 저항기, 커넥터, 소켓, 스위치 등이 수동소자에 속한다.

**46** PCB 도면을 그래픽 출력장치로 인쇄할 경우 프린트 기판에 천공할 hole 크기 및 수량의 정보를 나타내는 것은?

① component side pattern
② drill data
③ solder side pattern
④ solder mask

Drill Data : 인쇄회로기판의 홀의 size 및 수량 정보를 나타낸다.

**47** 도면에 치수를 기입할 경우 유의사항으로 옳지 않은 것은?

① 치수는 될 수 있는 대로 주투상도에 기입해야 한다.
② 치수의 중복 기입을 피해야 한다.
③ 치수는 계산할 필요가 없도록 기입한다.
④ 관련되는 치수는 될 수 있으면 생략해서 그린다.

관련되는 치수는 모두 기입한다.

**48** 세라믹 콘덴서의 표면에 105J로 표기되었을 때 정전 용량의 값은?

① 0.01[μF], ±10[%]
② 0.1[μF], ±10[%]
③ 1[μF], ±5[%]
④ 10[μF], ±5[%]

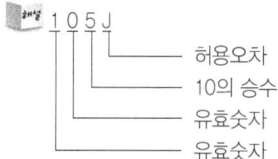

- 콘덴서의 기준 단위는 [pF] = $10^{-12}$
- $10 \times 10^5 \times 10^{-12} = 1[μF]$
- 허용오차 J는 ±5[%]이다.

**49** 다음 중 솔리드 모델링의 특징이라고 보기 어려운 것은?

① 은선 제거가 가능하다.
② 간섭 체크가 용이하다.
③ 이미지 표현이 가능하다.
④ 물리적 성질 등의 계산이 불가능하다.

솔리드 모델 : 상업적으로 가장 많이 사용되고 있는 가장 고급스러운 모델링이다. 덩어리감으로 입체를 생성하며, 물체의 성격과 부피 등의 물리적 성질까지 알 수 있다.

**50** 다음 그림의 명칭으로 맞는 것은?

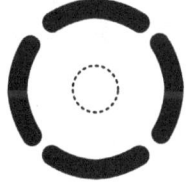

① Through Hole
② thermal reliefs
③ copper pour
④ micro Via

Thermal relief : 패드 주변에 열을 빨리 식도록 하기 위해 일정간격으로 거리를 띄운 것

**51** 인쇄회로기판에 패턴의 저항을 구하는 식으로 올바른 것은?(단, 패턴의 폭 W(mm), 두께 T(mm), 패턴길이 L(cm), ρ : 고유저항)

① $R = \rho \dfrac{L}{WT}[\Omega]$

② $R = \dfrac{L}{WT}[\Omega]$

③ $R = \dfrac{WL}{\rho T}[\Omega]$

④ $R = \rho \dfrac{W}{LT}[\Omega]$

📖 인쇄회로기판 패턴에 따른 저항
$R = \rho \dfrac{L}{WT}[\Omega]$

**52** 다음 중 장치·물품 등에 사용하는 그림 기호는?

① 설계 표시용  ② 조작 표시용
③ 공정 표시용  ④ 생산 표시용

**53** 그림과 같이 저항 띠가 표시되어 있을 때 저항 값은?

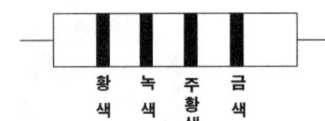

황색 녹색 주황색 금색

① 25[kΩ]  ② 35[kΩ]
③ 45[kΩ]  ④ 65[kΩ]

📖 

| 제1색띠 | 제2색띠 | 제3색띠 | 제4색띠 |
|---|---|---|---|
| 황색(4) | 녹색(5) | 주황색(10³) | 금색(±5%) |

$45 \times 10^3 = 45000\Omega = 45k\Omega$, 오차 ±5%

**54** 다음 중 일반적으로 전자 CAD를 이용하여 할 수 없는 기능은?

① 전원을 표시할 수 있다.
② 부품의 심벌을 작도할 수 있다.
③ 기판의 외형을 설계할 수 있다.
④ 전자제품의 케이스 가공용 데이터를 출력할 수 있다.

📖 전자제품의 케이스 가공용 데이터 출력용 CAD는 매커니컬 CAD이다.

**55** 기업 또는 공장에서 심의 규정하여 기업 또는 공장 내에서 적용하는 규격으로 맞는 것은?

① 사내규격   ② 단체규격
③ 국가규격   ④ 국제규격

📖 사내규격 : 기업 또는 공장에서 심의하고 규정하여 기업 또는 공장 내부에서 적용되는 규격

**56** 도면의 종류에 대한 설명 중 옳지 않은 것은?

① 배선도 – 각 소자들을 실제 배치된 모양으로 도면 위에 표현한다.
② 회로도 – 전자 통신 장치를 구성하고 있는 부품을 정해진 기호로 표현한다.
③ 계통도 – 전자 응용 기기의 전체적인 동작이나 기능을 가지는 요소들을 조합 표현한다.
④ 접속도 – 여러 소자들을 기호로 표시하고 이들 사이의 접속을 최장 거리로 연결 표현한다.

📖 접속도 : 장치와 장치 사이의 접속 상태나 기능을 알아보기 쉽게 하기 위해 기호나 실제 모양을 배치하고 이들 사이를 연결한 도면

**57** 여러 나라의 공업규격에 대한 설명 중 옳은 것은?

① ANSI - 스위스 공업규격
② BS - 미국 표준규격
③ DIN - 영국 표준규격
④ ISO - 국제표준화기구

> 여러 나라의 공업규격
> • 대한민국 산업규격 : KS
> • 독일 표준규격 : DIN
> • 미국 공업규격 : ANSI
> • 영국 공업규격 : BS
> • 일본 공업규격 : JIS
> • 국제 표준화기구 : ISO

**58** 논리합(OR) 게이트의 기호는?

> ① AND 게이트, ② NAND 게이트, ③ OR 게이트, ④ NOT 게이트

**59** 다음 그림에서 콘덴서 용량과 오차값으로 옳은 것은?

① 0.047μF ±0.25%
② 0.047μF ±0.5%
③ 0.47μF ±0.25%
④ 0.47μF ±0.5%

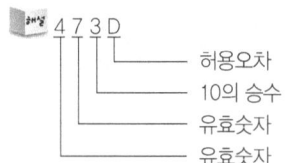

• 콘덴서의 기준 단위는 [pF] = $10^{-12}$
• $47 \times 10^3 \times 10^{-12} = 0.047[\mu F]$
• 허용오차 D는 ±0.5[%]이다.

**60** 다음 중 CAD 시스템의 출력장치에 해당하는 것은?

① 플로터     ② 트랙볼
③ 디지타이저  ④ 마우스

> • 입력장치 : 키보드, 마우스, 디지타이저, 이미지 스캐너, 라이트 펜, 트랙볼 등
> • 출력장치 : 모니터, 프린터, 플로터 등

**ANSWER** 2015년 3회

| 01 | 02 | 03 | 04 | 05 | 06 | 07 | 08 | 09 | 10 |
|---|---|---|---|---|---|---|---|---|---|
| ③ | ② | ② | ④ | ② | ④ | ① | ③ | ② | ④ |
| 11 | 12 | 13 | 14 | 15 | 16 | 17 | 18 | 19 | 20 |
| ④ | ② | ① | ① | ① | ② | ② | ④ | ② | ③ |
| 21 | 22 | 23 | 24 | 25 | 26 | 27 | 28 | 29 | 30 |
| ③ | ② | ③ | ① | ④ | ④ | ① | ③ | ② | ① |
| 31 | 32 | 33 | 34 | 35 | 36 | 37 | 38 | 39 | 40 |
| ① | ④ | ④ | ③ | ③ | ③ | ② | ② | ④ | ① |
| 41 | 42 | 43 | 44 | 45 | 46 | 47 | 48 | 49 | 50 |
| ② | ① | ① | ① | ④ | ② | ④ | ③ | ④ | ② |
| 51 | 52 | 53 | 54 | 55 | 56 | 57 | 58 | 59 | 60 |
| ① | ② | ③ | ④ | ① | ④ | ④ | ③ | ② | ① |

# Chapter 02 최근기출문제
## 2015년 4회

**01** 모놀리식(monolithic) 집적 회로(IC)의 특징으로 적합하지 않은 것은?

① 제조 단가가 저렴하다.
② 높은 신뢰도를 가진다.
③ 대량 생산이 가능하고 소형화, 경량화 등의 특징을 가진다.
④ 높은 정밀도가 요구되는 아날로그 회로에 사용된다.

> 해설 모놀리식(monolithic) 집적회로 : 1개의 기판 위에 회로의 전 부품을 만들어 하나의 기능을 갖도록 만들어진 IC로 실장 밀도가 매우 높아지며, 또한 대량 생산이 가능하여 신뢰성을 높일 수 있을 뿐 아니라 제조 단가도 낮출 수 있다.

**02** 다음 회로의 명칭은 무엇인가?

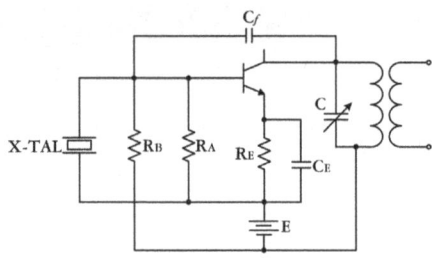

① 피어스 BC형 발진 회로
② 피어스 BE형 발진 회로
③ 하틀리 발진 회로
④ 콜피츠 발진 회로

> 해설 트랜지스터를 이용한 수정발진회로는 수정(x-tal)편을 트랜지스터 베이스(B), 이미터(E), 컬렉터(C), 단자의 접속점에 따라 이름을 부여한다. 그림의 회로는 수정 진동자(회로에서 좌측에 있는 기호)가 트랜지스터 베이스(B), 이미터(E) 접속되어 회로 구성되어 있으므로 피어스(Pierce) B-E형 발진기라 부른다.

**03** 증폭회로에서 되먹임의 특징으로 옳지 않은 것은?(단, 음 되먹임(negative feedback) 증폭회로라 가정한다.)

① 이득의 감소
② 주파수 특성의 개선
③ 잡음 증가
④ 비선형 왜곡의 감소

> 해설 부궤환 증폭기의 특징
> • 이득이 감소한다.(안정도가 증가)
> • 이득이 보통 -3[dB] 감소하므로 대역폭(BW)이 넓어져 주파수 특성이 개선된다.
> • 일그러짐과 잡음이 감소한다.
> • 입력 임피던스는 증가하고 출력 임피던스는 감소한다.

**04** 빈-브리지 발진회로에 대한 특징으로 틀린 것은?

① 고주파에 대한 임피던스가 매우 낮아 발진 주파수의 파형이 좋다.
② 잡음 및 신호에 대한 왜곡이 작다.
③ 저주파 발진기 등에 많이 사용된다.

④ 사용할 수 있는 주파수 범위가 넓다.

> 빈-브리지 발진회로
> - op-amp와 CR을 이용하여 직렬CR과 병렬CR를 브리지형태로 궤환시켜 발진시키는 방식으로 저주파 가변 발진기 등에 많이 사용된다.
> - 코일(coil)을 사용하지 않으므로 저주파에서 소형, 경량이다.
> - 발진 주파수가 안정하다.
> - 서미스터(thermistor)를 이용하여 발진강도를 안정하게 한다.

**05** 연산증폭기의 입력 오프셋 전압에 대한 설명으로 가장 적합한 것은?

① 차동출력을 0V가 되도록 하기 위하여 입력단자 사이에 걸어주는 전압이다.
② 출력전압이 무한대(∞)가 되도록 하기 위하여 입력단자 사이에 걸어주는 전압이다.
③ 출력전압과 입력전압이 같게 될 때의 증폭기의 입력 전압이다.
④ 두 입력단자가 접지되었을 때 두 출력단자 사이에 나타나는 직류전압의 차이다.

> - 입력 오프셋 전압 : 차동 출력을 0[V]로 만들기 위한 입력 직류
> - 출력 오프셋 전압 : OP-AMP에서 두 입력 단자를 접지 되었을 때 두 출력 단자 사이에 나타나는 직류전압의 차

**06** 다음 회로의 명칭은 무엇인가?

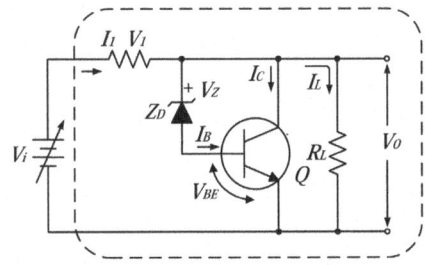

① 직렬 제어형 정전압 회로
② 병렬 제어형 정전압 회로
③ 직렬형 정전류 회로
④ 병렬형 정전류 회로

> 트랜지스터 Q가 부하와 병렬로 결합되므로 병렬 제어형이라 한다. 병렬 제어형에서는 Q에 흐르는 전류를 조절함으로서 부하 전압에 대한 조정이 이루어진다.

**07** 음성 신호를 펄스 부호 변조 방식(PCM)을 통해 송신 측에서 디지털 신호로 변환하는 과정으로 옳은 것은?

① 표본화 → 양자화 → 부호화
② 부호화 → 양자화 → 표본화
③ 양자화 → 부호화 → 표본화
④ 양자화 → 표본화 → 부호화

> 펄스변조는 아날로그 신호를 압축 표본화하고 양자화 신호를 부호화한 디지털 신호이다.

**08** 저항기의 색띠가 갈색, 검정, 주황, 은색의 순으로 표시되었을 경우에 저항 값은 얼마인가?

① 27~3kΩ
② 9~11kΩ
③ 0.9~1.1kΩ
④ 18~22kΩ

> | 제1색띠 | 제2색띠 | 제3색띠 | 제4색띠 |
> | --- | --- | --- | --- |
> | 갈색(1) | 검정(0) | 주황($10^3$) | 은색(±10%) |
> 
> $10 \times 10^3 = 10000Ω = 10kΩ$, 오차 ±10%

**09** JK 플립플롭을 이용하여 10진 카운터를 설계할 때, 최소로 필요한 플립플롭의 수는?

① 1개  ② 2개
③ 3개  ④ 4개

해설 $2^{n-1} \leq 10 \leq 2^n$
∴ n = 4

**10** 다음 중 1μF를 F로 표시하면 얼마인가?

① $10^{-3}$F  ② $10^{-6}$F
③ $10^{-9}$F  ④ $10^{-12}$F

해설 1μF = $10^{-6}$F, 1nF = $10^{-9}$F, 1pF = $10^{-12}$F

**11** 실제 펄스 파형에서 이상적인 펄스 파형의 상승하는 부분이 기준 레벨보다 높은 부분을 무엇이라 하는가?

① 새그(sag)
② 링잉(ringing)
③ 오버슈트(overshoot)
④ 지연 시간(delay time)

해설 링잉(Ringing) : 펄스는 짧은 순간에 상승했다 떨어지는 신호에서 10%~90%의 상승시간 중에서 최고점인 100%에서 90%로 떨어지면서 진동을 일으키며 공진하기 때문에 생긴다.

**12** 어떤 도체에 4A의 전류를 10분간 흘렸을 때 도체를 통과한 전하량 C는 얼마인가?

① 150  ② 300
③ 1200  ④ 2400

해설 1[A]는 1초 동안에 1[C]의 전하, 즉 6.25×$10^{18}$개의 전자가 이동할 때의 전류의 크기를 나타낸다.
∴ Q = I × t = 4 × 10 × 60 = 2400[C]

**13** 입력 상태에 따라 출력 상태를 안정하게 유지하는 멀티 바이브레이터는?

① 비안정 멀티 바이브레이터
② 단안정 멀티 바이브레이터
③ 쌍안정 멀티 바이브레이터
④ 모든 형식의 멀티 바이브레이터

해설 쌍안정 멀티바이브레이터 : 2개의 안정 상태를 가지며 2개의 트리거(trigger)펄스에 의해 하나의 구형파를 발생시킬 수 있다. 이 회로를 플립플롭(Flip-flop)이라고 하며 기억장치 등에 사용된다.

**14** 전원 회로의 구조가 순서대로 옳게 구성된 것은?

① 정류회로 → 변압회로 → 평활회로 → 정전압회로
② 변압회로 → 평활회로 → 정류회로 → 정전압회로
③ 변압회로 → 정류회로 → 평활회로 → 정전압회로
④ 정류회로 → 평활회로 → 변압회로 → 정전압회로

해설 교류 전원 → 강압(변압기) → 정류(다이오드) → 평활(콘덴서) → 전압안정화(제너다이오드)

**15** 다음과 같은 회로의 명칭은?

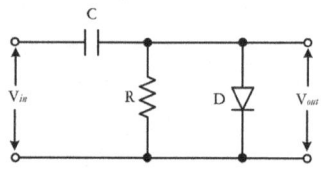

① 클램퍼(clamper) 회로
② 슬라이서(slicer) 회로
③ 클리퍼(clipper) 회로

④ 리미터(limiter) 회로

해설
- 클램프(Clamper)회로 : 입력신호의 최대값(상단레벨)을 특정값인 (+), (−) 값으로 고정시켜야 하는 경우 이러한 조작을 하는 회로로 직류성분을 재생하는 목적으로 쓰인다.
- 슬라이서(Slicer) 회로 : 리미터의 특별한 경우로서 입력신호 중에서 폭이 매우 좁게, (+) 일부분 혹은 (−) 일부분 토막을 추출 하는 회로이며, 인가되는 전압의 극성은 서로 동일하다.
- 클리퍼(Clipper)회로 : 입력 파형에 대한 상단 파형을 자르는 피크 클리퍼, 파형의 하단을 자르는 베이스 클리퍼로 구분한다.
- 리미터(limiter) 회로 : 입력신호의 상·하단을 제한하는 회로로 진폭 제한기라고도 한다.

**16** 다음 중 공통 컬렉터 증폭기에 대한 설명으로 적합하지 않은 것은?

① 전압이득은 대략 1이다.
② 입력저항이 높아 버퍼로 많이 사용된다.
③ 입력과 출력의 위상은 동상이다.
④ 입력은 결합 커패시터를 통하여 이미터에 인가한다.

해설 공통 컬렉터 증폭기
- 전류 이득이 가장 크다.
- 전압 이득은 대략 1에 가깝다.(입력 베이스 전압 변동과 이미터에 있는 부하전압의 전압 변동이 같다.)
- 입력저항이 대단히 크다.
- 출력 저항이 가장 작다.
- 주로 버퍼(buffer)로서 사용된다.
- 전력 증폭기로도 사용된다.

**17** 원시 언어로 작성한 프로그램을 동일한 내용의 목적 프로그램으로 번역하는 프로그램을 무엇이라 하는가?

① 기계어  ② 파스칼
③ 컴파일러  ④ 소스 프로그램

해설 컴파일러 : 원시언어로 된 프로그램을 목적언어로 된 프로그램으로 번역하는 프로그램

**18** 컴퓨터의 중앙처리장치와 주기억 장치 간에 발생하는 속도차를 보완하기 위해 개발된 것은?

① 입·출력장치  ② 연산장치
③ 보조기억장치  ④ 캐시기억장치

해설 캐시 기억장치(Cache Memory) : 프로그램 실행 속도를 중앙처리장치의 속도에 가깝도록 하기 위하여 개발된 고속 버퍼 기억장치로서, 중앙처리장치와 주기억장치 사이에 위치한다.

**19** 다음 문자 데이터 코드들이 표현할 수 있는 데이터의 개수가 잘못 연결된 것은?(단, 패리티 비트는 제외한다.)

① 2진화10진수(BCD)코드 : 64개
② 아스키(ASCII) 코드 : 128개
③ 확장 2진화 10진(EBCDIC) 코드 : 256개
④ 3-초과(3-Excess) 코드 : 512개

해설 3초과 코드(Excess-3 Code) : 3초과 코드는 BCD 코드로 표현한 값에 3(=0011)을 더하여 나타낸 코드이다.

**20** 1024 × 8bit의 용량을 가진 ROM에서 address bus와 data bus의 필요한 선로 수는?

① address bus=8선, data bus=8선
② address bus=8선, data bus=10선
③ address bus=10선, data bus=8선
④ address bus=1024선, data bus=8선

해설 1024 = $2^{10}$이므로 address bus=10선, data 8bit data bus = 8선이 필요하다.

**21** 다음 표준 C언어로 작성한 프로그램의 연산 결과는?

```
#include <stdio.h>
void main()
{
  printf("%d",10^12);
}
```

① 6  ② 8
③ 24  ④ 14

📖 연산자 ^ 는 두 개의 비트가 달라야 1이 되는 연산자 즉 XOR 이다.
10^12 = (1010)₂ ^ (1100)₂ = (0110)₂ = 6

**22** 지정 어드레스로 분기하고, 분기한 후에 그 명령으로 되돌아오는 명령은?

① 강제 인터럽트 명령
② 조건부 분기 명령
③ 서브루틴 분기 명령
④ 분기 명령

📖 서브루틴(Subroutine) : 프로그램 가운데 하나 이상의 장소에서 필요할 때마다 되풀이해서 사용할 수 있는 부분적 프로그램. 실행 후에는 메인 루틴이 호출한 장소로 되돌아간다. 독립적으로 쓰는 일은 없고 메인 루틴과 결합하여 기능을 수행한다.

**23** 주기억장치로 사용되는 반도체 기억소자 중에서 읽기, 쓰기를 자유롭게 할 수 있는 것은?

① RAM  ② ROM
③ EP-ROM  ④ PAL

📖 RAM(Random Access Memory) : 전원이 공급되지 않으면 기억된 내용이 사라지는 휘발성(소멸성) 메모리로 실행 중인 프로그램이나 데이터를 저장하며, 자유롭게 데이터의 판독과 기록이 가능한 주기억 장치

**24** 다음 중 10진수 (-7)을 부호화 절대치법에 의한 이진수 표현으로 옳은 것은?

① 10000111  ② 10000110
③ 10000101  ④ 10000100

📖 10진수 (-7)을 부호화 절대치법 8bit 2진수로 표현하면 10000111로 표현된다.

**25** 컴퓨터 내의 입출력 장치들 중에서 입출력 성능이 높은 것에서 낮은 순으로 바르게 나열된 것은?

① 인터페이스-채널-DMA
② DMA-채널-인터페이스
③ 채널-DMA-인터페이스
④ 인터페이스-DMA-채널

📖 입출력 성능 : 채널 > DMA > 인터페이스

**26** 디코더(decoder)는 일반적으로 어떤 게이트를 사용하여 만들 수 있는가?

① NAND, NOR  ② AND, NOT
③ OR, NOR  ④ NOT, NAND

📖 디코더 : 데이터를 어떤 부호화된 형으로부터 다른 형으로 바꾸기 위한 회로와 장치를 가리키며 AND와 NOT게이트로 구성된다.

**27** 데이터의 크기를 작은 것부터 큰 순서로 바르게 나열한 것은?

① Bit< Word< Byte< Field
② Bit< Byte< Field< Word
③ Bit< Byte< Word< Field
④ Bit< Word< Field< Byte

📖 자료 구성의 단계 : Bit < Byte < Word

**28** 마이크로프로세서의 주소 지정 방식 중 짧은 길이의 오퍼랜드로 긴 주소에 접근할 때 사용되는 방식은?

① 직접 주소 지정 방식
② 간접 주소 지정 방식
③ 레지스터 주소 지정 방식
④ 즉치 주소 지정 방식

> 간접 주소 지정 방식(Indirect Addressing Mode) : 명령어 내의 주소부에 실제 데이터가 저장된 장소의 주소를 가진 기억장소의 주소를 표현한 방식

**29** 다음 중 표준규격에 대한 설명으로 틀린 것은?

① SNV는 스위스 규격을 말한다.
② 전기 부문의 KS 분류기호는 KS B이다.
③ 국제규격이란 국제적인 공동이익을 추구하기 위해 여러나라가 협의하여 심의 규정한 규격이다.
④ ISO는 국제적으로 통일된 규격의 제정과 실천의 촉진을 위해 설립된 기구이다.

> 전기 부문의 KS 분류기호는 KS C이다.

**30** 부품 선정 시의 중요사항이 아닌 것은?

① 부품의 단가
② 납품 조건
③ 부품외형의 색상
④ 부품의 신뢰성

> 부품 선정 시 부품의 단가, 납품 조건, 신뢰성 등을 중요사항으로 여기며 부품 외형의 색상은 중요 사항이 아니다.

**31** 콘덴서에 "102K"라고 기재되어 있을 때 정전용량 값과 허용오차로 옳은 것은?

① 0.0001[μF], ±10[%]
② 0.001[μF], ±10[%]
③ 0.1[μF], ±0.25[%]
④ 0.0022[μF], ±20[%]

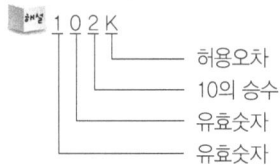

- 콘덴서의 기준 단위는 [pF] = $10^{-12}$
- $10 \times 10^2 \times 10^{-12} = 0.001[\mu F]$
- 허용오차 K는 ±10[%] 이다.

**32** 입·출력 장치로 모두 이용되고 있는 것은?

① 마우스
② 플로터
③ 터치스크린
④ 디지타이저와 스타일러스 펜

> 터치스크린(touch screen) : 키보드를 사용하지 않고 화면(스크린)에 나타난 문자나 특정 위치에 사람의 손 또는 물체가 닿으면, 그 위치를 파악하여 저장된 소프트웨어에 의해 특정 처리를 할 수 있도록, 화면에서 직접 입력 자료를 받을 수 있게 한 화면을 말한다.

**33** PCB의 제조 공정 중에서 원하는 부품을 삽입하거나, 회로를 연결하는 비아(Via)를 기계적으로 가공하는 과정은?

① 라미네이트
② 노광
③ 드릴
④ 도금

> 드릴 가공 : PCB의 제조 공정 중에서 원하는 부품을 삽입하거나, 회로를 연결하는 Via를 기계적으로 가공

**34** 능동 부품(active component)의 능동적 기능이라고 볼 수 없는 것은?

① 신호의 증폭　② 신호의 발진
③ 신호의 중계　④ 신호의 변환

> 능동부품(Active Component) : 트랜지스터(TR), 전계효과 트랜지스터(FET), 단접합 트랜지스터(UJT), IC, 연산증폭기(OP-AMP) 등을 말하며, 능동소자는 증폭, 발진, 신호 변환 등의 기능을 갖는다.

**35** 현재 위치를 기준으로 X축과 Y축 방향으로 이동하여 좌표를 지정하는 방법은?

① 극좌표　② 절대좌표
③ 상대좌표　④ 원통좌표

> 상대좌표 : 현재 위치를 기준으로 X축과 Y축 방향으로 이동하여 좌표를 지정하는 방법

**36** KS 규격의 부문별 분류에서 전기, 전자에 속하는 것은?

① KSA　② KSB
③ KSC　④ KSD

> 전기 부문의 KS 분류기호는 KS C이다.

**37** 전자회로 설계 시 작업내용에 따라 분류할 경우 다른 하나는?

① 배선패턴 설계과정
② 부품표 작성과정
③ 부품의 배치과정
④ PCB 검사과정

> PCB 검사과정은 전자회로 설계 과정이 아니고 PCB 가공과정 중 일부이다.

**38** 우리나라에서 규정된 한국 산업규격 중에서 제도 통칙(KS A 0005)에서 규정하고 있지 않은 것은?

① 도면의 크기　② 제품의 형상
③ 투상법　④ 작도일반

> KS A 0005는 도면의 크기, 투상법, 선, 작도 일반, 단면도, 글자, 치수 등에 대한 것 등을 규정하고 있다.

**39** 7 세그먼트(FND) 디스플레이가 동작할 때 빛을 내는 것은?

① 발광 다이오드　② 부저
③ 릴레이　④ 저항

> 대부분의 7세그먼트 표시 장치는 발광 다이오드(LED)로 각 획을 표시하지만 음극 방전관이나 진공관, 액정 디스플레이(LCD), 그리고 기계적인 표시 등이 사용되는 경우도 있다.

**40** 도면의 종류를 사용 목적에 따라 분류 했을 때 속하지 않는 것은?

① 제작도　② 주문도
③ 견적도　④ 조립도

> • 도면의 사용 목적에 따른 분류 : 견적도, 제작도, 주문도, 승인도 등
> • 도면 내용에 따른 분류 : 조립도, 부품도, 회로도, 공정도 등

**41** 다층 프린트 배선에서 도금 도통 홀과 전기적 접속을 하지 않도록 하기 위해 도금 도통 홀을 감싸는 부분에 도체 패턴의 도전 재료가 없도록 한 영역은?

① Land　② Access hole

③ Clearance hole  ④ Location hole

> **해설** 클리어런스 홀(Clearance hole) : 다층 프린트 배선에서 도금 도통 홀과 전기적 접속을 하지 않도록 하기 위해 도금 도통 홀을 감싸는 부분에 도체 패턴의 도전 재료가 없도록 한 영역

**42** 개인용 컴퓨터를 이용한 CAD에 대하여 잘못된 설명은?

① 가격이 저렴하므로 투자액이 적다.
② 시스템이 간편하므로 실용화가 쉽다.
③ 설계에서 많은 비율을 차지하는 제도에 유리하다.
④ 상급 시스템을 도입하면 보조 시스템으로서 효과는 없다.

> **해설** 상급 시스템을 도입하더라도 보조 시스템으로 사용이 가능하다.

**43** 다음 삼각자의 조합으로 나타낼 수 없는 각도는?

① 15°     ② 75°
③ 90°     ④ 130°

> **해설** 삼각자는 두개의 type이 있고(45도-45도-90도, 30도-60도-90도), 이 두 가지 삼각자를 서로 조합하면 15°, 30°, 60°, 75°, 90°, 105°, 120°, 135°, 150° 등을 나타낼 수 있다. 즉, 15°의 배수는 모두 나타낼 수 있다.

**44** CAD의 종류는 크게 전자회로설계용과 기구설계용이 있다. 이 중에서 전자회로 설계용 CAD는 무엇인가?

① OrCAD     ② IntelliCAD
③ UniCAD    ④ FelixCAD

> **해설** EDA(Electronic Design Automation)
> • 전자회로 등을 설계하기 위하여 만들어진 CAD 프로그램
> • OrCAD, PCAD 등

**45** 다음 중 전자 또는 통신기기 등의 전체적인 동작이나 기능을 블록으로 그려 도면에 표시한 것은?

① 회로도     ② 접속도
③ 블록선도   ④ 배선도

> **해설** 전자회로에서 부분 상호간에 전달되는 신호의 계통을 알기 쉽게 나타낸 선도로서 계통도, 블록선도라고 한다.

**46** 다음 중 회로도를 그리기 위한 환경 설정과 관계없는 것은?

① 도면의 크기
② 그리드 표시
③ 설계 개체 요소의 색상
④ 라우팅 패턴 굵기

> **해설** 라우팅 패턴 굵기는 PCB설계 시 설정한다.

**47** 회로도 작성 시 고려사항 중 옳은 것은?

① 대각선과 곡선은 가급적 사용하지 않는다.
② 선과 선이 전기적으로 접속되는 곳에는 점선표시를 한다.
③ 주 회로와 보조회로가 있는 경우에는 보조회로를 중심으로 그린다.
④ 신호의 흐름은 우측에서 좌측으로, 위에서 아래로 그린다.

> **해설** 주 회로와 보조회로가 있는 경우에는 주 회로를 중심으로 설계한다.

**48** 다음은 보드 외곽선(Board Outline)그리기의 한 예이다. X, Y 좌표 값을 보기와 같이 입력했을 경우 ㉠, ㉡, ㉢, ㉣에 들어갈 좌표 값은?

```
(가) 명령 : 보드 외곽선 그리기
(나) 첫째 점 : 50, 50
(다) 다음 점 : 150, 50
(라) 다음 점 : 150, 150
(마) 다음 점 : ( ㉠ ), ( ㉡ )
(바) 다음 점 : ( ㉢ ), ( ㉣ )
```

① ㉠ 150  ㉡ 150  ㉢ 150  ㉣ 100
② ㉠ 100  ㉡ 100  ㉢ 100  ㉣ 50
③ ㉠ 50   ㉡ 150  ㉢ 50   ㉣ 50
④ ㉠ 00   ㉡ 150  ㉢ 50   ㉣ 150

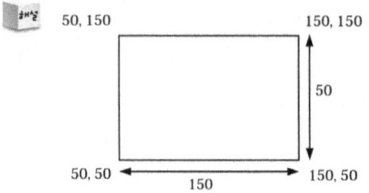

**49** 각 층간 절연 재질로 분리 접착되어진 표면 도체층을 포함하여 3층 이상에 도체패턴이 있는 프린트 배선판은?

① 다층 프린트 배선판(Multilayer printed circuit board)
② 양면 프린트 배선판(Double-sided printed circuit board)
③ 프린트 회로(Printed circuit)
④ 마더 보드(Mother board)

> 다층 프린트 배선판 : 각 층간 절연 재질로 분리 접착되어진 표면 도체층을 포함하여 3층 이상에 도체 패턴이 있는 프린트 배선판으로 입체 배선에 의한 고밀도 부품 실장이 가능하다.

**50** 인쇄회로기판 설계 시의 고려 사항과 거리가 먼 것은?

① 부품 배치
② 부품 높이와 배열
③ 부품의 가격
④ 부품 부착 간격

> 인쇄회로기판 설계 시 고려사항
> • 기판 구성 시 부품의 배치는 일반적인 회로도를 중심으로 배치함을 원칙으로 한다.
> • 부품의 부피와 간격을 확인하여 적절한 부착 위치를 설정한다.
> • 부품의 높이와 배열을 고려한다.
> • 양면 이상에서는 각 층이 서로 교차되도록 배선을 한다.

**51** 다음 중 제도용지에 대한 설명으로 틀린 것은?

① 제도 용지의 가로와 세로의 비는 $1:\sqrt{2}$ 이다.
② A1 용지보다 B1 용지가 작다.
③ A1 용지를 반으로 접으면 A2 크기가 된다.
④ B1 용지 두 장을 붙이면 B0 크기가 된다.

> A1 : 594×841, B1 : 728 × 1030

**52** 각종 전자기기, 유무선 통신기기 및 장치의 접속관계를 표시하는 기호는?

① 전기용 기호(KSC0102)
② 옥내배선용 기호(KSC0301)
③ 2값 논리소자 기호(KSX0201)
④ 시퀀스 기호(KSC0103)

> KSC0102(전기용 기호) : 각종 전자기기, 유무선 통신기기 및 장치의 접속관계를 표시하는 기호

**53** 인쇄회로 기판의 패턴 동박에 의한 인덕턴스(L)값이 0.01μH가 발생하였다. 주파수 10MHz에서 기판에 영향을 주는 리액턴스(X)의 값은?

① 62.8[Ω]   ② 6.28[Ω]
③ 0.628[Ω]  ④ 0.0628[Ω]

해설 리액턴스($X_L$) = $2\pi fL$
∴ $X_L = 2 \times 3.14 \times 10 \times 10^6 \times 0.10 \times 10^{-6}$
= 0.628[Ω]

**54** PCB에서 패턴의 두께가 2[mm], 길이가 4[cm], 패턴의 저항이 $1.72 \times 10^{-5}$[Ω]일 때 패턴의 폭은 몇 [cm] 인가?(단, 20℃에서 구리의 저항률은 $1.72 \times 10^{-8}$[Ω·m] 이다.)

① 1   ② 2
③ 3   ④ 4

해설 $R = \rho \dfrac{L}{WT}$ [ρ : 도체의 고유저항, L : 패턴 길이[mm], W : 패턴 폭[mm], t : 동박 두께]

$W = \rho \dfrac{L}{RT}$
$= 1.72 \times 10^{-8} \times \dfrac{4 \times 10^{-2}}{1.72 \times 10^{-5} \times 2 \times 10^{-3}}$
$= 2[cm]$

**55** 프린트 배선판의 끝부분에 형성된 프린트 콘텍트를 의미하는 것은?

① Edge board contact
② Printed contact
③ Grid
④ Component side

해설 Edge Board Contacts : 외부 연결물의 Edge Connector와 접속이 가능하도록 PCB의 외곽 부위에 가공해 놓은 Plug-in 형태의 접속 부위

**56** 다음 중 자동제도의 특징으로 볼 수 없는 것은?

① 완성된 도면의 수정은 불가능하다.
② 인적 자원과 시간을 절약할 수 있으며 신뢰도가 높다.
③ 자동제도를 적용함으로써 제조오차를 줄일 수 있다.
④ 정밀한 도형이나 곡선이 많은 제도에 이용하면 효과적이다.

해설 완성된 도면의 수정이 용이하다.

**57** 다음 제도용구 중 선, 원주 등을 같은 길이로 분할하는 데 사용되는 것은?

① 축척자   ② 형판
③ 디바이더 ④ 자유곡선자

해설 제도 용구의 종류
• 컴퍼스 : 원 또는 원호를 그릴 때 사용하는 제도 기구
• 운형자 : 컴퍼스로 그리기 어려운 원호나 곡선을 그릴 때 사용되는 제도 기구
• T자 : 평행선을 긋거나, 삼각자와 함께 사용하여 수직선, 수평선 및 사선을 그릴 때 사용한다.
• 삼각자 : 45°×45°×90°와 30°×60°×90°의 모양으로 된 2개를 1세트로 사용한다.
• 형판 : 기본 도형이나 문자, 숫자 등을 뚫어 놓아 원하는 모양을 그릴 때 사용한다.
• 디바이더 : 치수를 옮기거나, 선, 원주 등을 분할하거나 연장할 때 사용한다.

**58** PCB DESIGN에서 설계 오류를 검사하는 기능은?

① Netlist   ② Zoom
③ Edit      ④ DRC

해설 DRC(Design Rules Check) : 설계 규칙의 위배 유·무에 대한 검사 결과 데이터 파일

**59** 다음 중 집적도에 의한 IC 분류로 옳은 것은?

① MSI : 100 소자 미만
② LSI : 100~1000 소자
③ SSI : 1000~10000 소자
④ VLSI : 10000 소자 이상

📖 집적도(소자 수)에 따른 IC 분류
- SSI(Small Scale IC, 소규모 집적회로) : 100개 이하
- MSI(Medium Scale IC, 중간 규모 집적회로) : 100~1000개
- LSI(Large Scale IC, 고밀도 집적회로) : 1,000~10,000개
- VLSI(Very Large Scale IC, 초고밀도 집적회로) : 10,000~1,000,000개
- ULSI(Ultra Large Scale IC, 초초고밀도 집적회로) : 1,000,000개 이상

**60** 인쇄회로기판(PCB)의 패턴 설계 시 유의사항에 대한 설명으로 옳은 것은?

① 패턴은 가급적 가늘고 길게 한다.
② 회로의 각 접지점마다 패턴을 설계하는 다점 접지방식으로 패턴 설계를 한다.
③ 개별 회로의 특징이 다를지라도 기판은 하나로 통합하여 설계한다.
④ 패턴 사이의 간격을 늘리거나 차폐를 행한다.

📖 패턴 설계 시 유의사항
- 패턴 사이의 간격은 차폐를 행한다.
- 일점 어스 방식으로 설계한다.
- 패턴을 짧고 굵게 한다.

| ANSWER | | | | | | | | | 2015년 4회 |
|---|---|---|---|---|---|---|---|---|---|
| 01 | 02 | 03 | 04 | 05 | 06 | 07 | 08 | 09 | 10 |
| ④ | ② | ③ | ① | ① | ② | ① | ② | ④ | ② |
| 11 | 12 | 13 | 14 | 15 | 16 | 17 | 18 | 19 | 20 |
| ③ | ④ | ③ | ③ | ① | ④ | ③ | ④ | ④ | ③ |
| 21 | 22 | 23 | 24 | 25 | 26 | 27 | 28 | 29 | 30 |
| ① | ③ | ① | ① | ③ | ② | ③ | ② | ② | ③ |
| 31 | 32 | 33 | 34 | 35 | 36 | 37 | 38 | 39 | 40 |
| ② | ③ | ③ | ③ | ③ | ④ | ② | ① | ④ | |
| 41 | 42 | 43 | 44 | 45 | 46 | 47 | 48 | 49 | 50 |
| ③ | ④ | ④ | ① | ③ | ① | ③ | ① | ③ | |
| 51 | 52 | 53 | 54 | 55 | 56 | 57 | 58 | 59 | 60 |
| ② | ① | ③ | ② | ① | ① | ③ | ④ | ④ | ④ |

# Chapter 02 최근기출문제

## 2016년 1회

**01** 발진 회로 중에서 각 특성을 비교하였을 때 바르게 연결한 것은?

① RC 발진 회로는 가격이 저가이다.
② LC 발진 회로는 안정성이 양호하다.
③ 수정 발진 회로는 Q값이 작다.
④ 세라믹 발진 회로는 저주파 측정용 발진기 용도로 쓰인다.

> - LC 발진기는 보통 1[MHz] 이상에서 사용하며, 주파수특성이 나쁘다.
> - 수정 발진기(x-tal)는 10[MHz] 이상에서 많이 사용되며 선택도 Q가 매우 높고 안정도가 매우 좋다.
> - RC 발진기는 1[MHz] 이하인 저주파 발진기로 사용된다.

**02** 그림의 회로에서 출력전압 $V_o$의 크기는?(단, V는 실효값이다.)

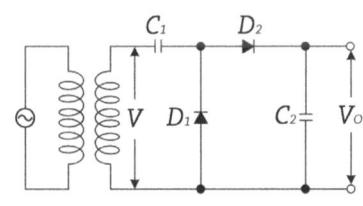

① 2V
② $\sqrt{2}$ V
③ $2\sqrt{2}$ V
④ $V^2$

> 반파 배전압회로
> $C_1 = V$, $C_2 = 2V$
> $\therefore V_o = 2\sqrt{2}\ V$

**03** 주파수 변조 방식의 특징이 아닌 것은?

① 주파수 변별기를 이용하여 복조한다.
② 점유 주파수 대역폭이 좁다.
③ S/N이 개선된다.
④ 페이딩 영향이 적고 신호 방해가 적다.

> 주파수 변조 방식은 점유 주파수 대역폭(BW)이 넓다.
> $$BW = 2fm\left(1 + \frac{\Delta f}{f_m}\right)$$

**04** 다음 중 R-S 플립플롭(flip-flop)에서 진리표가 R = 1, S = 1 일 때, 출력은?(단, 클럭 펄스는 1 이다.)

① 0
② 1
③ 불변
④ 불능

> - R-S-플립플롭(Flip-Flop)에서 클록펄스(CP) 입력에 0이면 Set와 Reset에 어떤 입력이 인가되어도 동작되지 않으므로 출력은 불변상태가 된다.
> - 클록펄스(CP) 입력이 1일 때 Set와 Reset 모두 1이면 출력은 부정(불능)상태가 된다.

| S | R | Q(t+1) |
|---|---|--------|
| 0 | 0 | Q(t) |
| 0 | 1 | 0 |
| 1 | 0 | 1 |
| 1 | 1 | 부정 |

**05** 다음 회로는 수정 발진기의 가장 기본적인 회로이다. 발진 회로에 A에 들어갈 부품은?

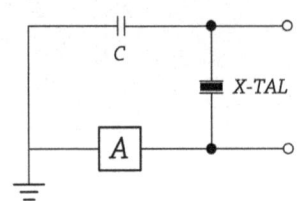

① 저항　　　　② 코일
③ TR　　　　　④ 커패시터

> 발진 주파수가 비교적 높고 안정적인 발진을 하기 위한 수정 진동자 양 단자에 부하용량인 커패시터를 달아서 사용한다.

**06** 그림과 같은 논리회로에 입력되는 값 A, B, C에 따른 출력 Y의 값으로 옳은 것은?

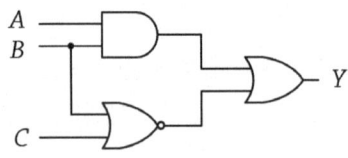

① 

| 입력 | | | 출력 |
|---|---|---|---|
| A | B | C | Y |
| 0 | 0 | 0 | 0 |

② 

| 입력 | | | 출력 |
|---|---|---|---|
| A | B | C | Y |
| 0 | 1 | 1 | 1 |

③ 

| 입력 | | | 출력 |
|---|---|---|---|
| A | B | C | Y |
| 1 | 0 | 0 | 1 |

④ 

| 입력 | | | 출력 |
|---|---|---|---|
| A | B | C | Y |
| 1 | 1 | 1 | 0 |

> AND 출력의 경우 입력 A=1, B=0 일 때 출력이 0이다. NOR 출력의 경우 입력 B, C 모두 0이면 1 출력이 되므로 Y출력은 AND + NOR 로 1이다.

**07** 그림과 같은 비안정 멀티바이브레이터의 반복주기 T는 몇 ms인가?(단, $C_1 = C_2 = 0.02\mu F$, $RB_1 = RB_2 = 30k\Omega$이다.

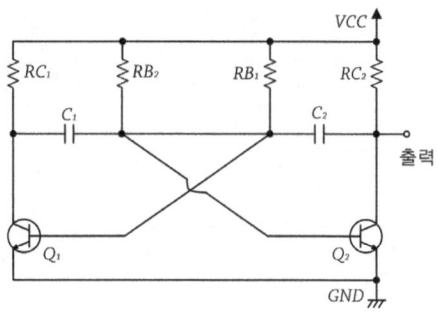

① 0.632　　　　② 0.828
③ 1.204　　　　④ 2.484

> 주기(T) = $T_1$(High) + $T_2$(Low)
> T = $0.69RB_2 \cdot C_1 + 0.69RB_1 \cdot C_2$ 된다.
> = $0.69(RB_2 \cdot C_1 + RB_1 \cdot C_2)$
> = $0.69(30 \times 10^3 \times 0.02 \times 10^{-6} + 30 \times 10^3 \times 0.02 \times 10^{-6})$
> = $0.69(6 \times 10^{-4} + 6 \times 10^{-4})$
> = $0.69 \times 0.0012$
> = 0.000828 = 0.828[ms]

**08** 다음 중 변압기 결합 중폭회로에 대한 설명으로 적합하지 않은 것은?

① 다음 단과의 임피던스 정합을 용이하게 시킬 수 있다.

② 직류 바이어스 회로를 교류 신호 회로와 무관하게 설계 할 수 있다.
③ 주파수 특성이 RC 결합 증폭 회로보다 더 좋다.
④ 부피가 크고 값이 비싸다.

**해설** 변압기 결합 증폭회로는 주파수 특성이 RC결합보다 나쁘다.

**09** 구형파의 입력을 가하여 폭이 좁은 트리거 펄스를 얻는데 사용되는 회로는?

① 미분회로  ② 적분회로
③ 발진회로  ④ 클리핑회로

**해설** 입력 측에 C를 사용 하므로 미분기(HPF)로서 동작하며, 구형파(직사각형파)로부터 폭이 좁은 트리거(trigger) 펄스를 얻는 데 쓰인다.

**10** 발진기는 부하의 변동으로 인하여 주파수가 변화되는데 이것을 방지하기 위하여 발진기와 부하 사이에 넣는 회로는?

① 동조 증폭기  ② 직류 증폭기
③ 결합 증폭기  ④ 완충 증폭기

**해설** 완충 증폭기(BUFFER-AMP)는 발진기와 부하 사이에 설치하여 부하 변동에 따른 발진주파수 변동을 방지하기 위해서 주로 사용한다.

**11** 어떤 사람의 음성 주파수 폭이 100Hz에서 18kHz인 음성을 진폭 변조하면 점유 주파수 대역폭은 얼마나 필요한가?

① 9kHz   ② 18kHz
③ 27kHz  ④ 36kHz

**해설** BW = 2fm이므로, 18[kHz] × 2 = 36[kHz]

**12** 증폭기의 가장 이상적인 잡음 지수는?(단, 증폭기 내에서 잡음발생이 없음을 의미한다.)

① 0    ② 1
③ 100  ④ ∞(무한대)

**해설**
- 무잡음 상태의 잡음지수 F = 1
- 잡음지수(F) = $\dfrac{S/N(입력\ 신호전압과\ 잡음전압비)}{S_0/N_0(출력\ 신호전압과\ 잡음전압비)}$

**13** 다음 중 정류기의 평활회로 구성으로 가장 적합한 것은?

① 저역 통과 여파기
② 고역 통과 여파기
③ 대역 통과 여파기
④ 고역 소거 여파기

**해설** 평활회로는 직류출력 속에 포함된 고조파성분을 최소화하기 위해 저역통과 필터(여파기) 역할인 R과 C를 크게 한다.

**14** 금속표면에 $10^8$ V/m 정도의 아주 강한 전기장을 가하면 상온에서도 금속의 표면에서 전자가 방출되는데 이 현상을 무엇이라고 하는가?(단, 진공 상태에서 금속에 열을 가하지 않는다.)

① 전계 방출   ② 열전자 방출
③ 광전자 방출  ④ 2차 전자 방출

**해설**
- 열전자 방출 : 금속을 고온으로 가열하면 전도 전자의 운동 에너지가 커지면, 그 중에는 이탈 준위를 넘어서 금속체 밖으로 뛰어나가는 전자현상
- 광전자방출 : 금속에 빛을 비추면 그 부분에서 전자가 공간으로 방출되는 현상
- 2차 전자 방출 : 금속면에 가속된 전자를 충돌시키면 충돌 전자와 가까이 있던 전자가 그 운동 에너지를 받아 일함수를 뛰어 넘을 때 공간으로 전자가 방출되는 현상

**15** J-K 플립플롭을 이용하여 D 플립플롭을 만들 때 필요한 논리 게이트(gate)는?

① AND
② NOT
③ NAND
④ NOR

▶ D(Delay) F/F은 J-K F/F 또는 RS F/F에서 2개의 입력 R, S가 동시에 1인 경우에도 불확정 출력상태가 되지 않도록 하기 위하여 NOT 게이트 하나를 입력 양단에 부가한 것으로 정보를 일시 유지하는 래치(Latch) 회로나 시프트 레지스터(shift register) 등에 쓰인다.

**16** 이상적인 펄스 파형에서 최대 진폭 $A_{max}$의 90% 되는 부분에서 10%가 되는 부분까지 내려가는데 소요되는 시간은?

① 지연시간
② 상승시간
③ 하강시간
④ 오버슈트 시간

▶ • 상승시간(rise time) : 진폭 전압(V)의 10[%]에서 90[%]까지 상승하는데 걸리는 시간
• 지연시간(delay time) : 상승 시각으로부터 진폭의 10[%]까지 이르는 실제의 펄스 시간
• 하강시간(fall time) : 펄스가 이상적 펄스의 진폭 전압(V)의 90[%]되는 부분에서 10[%] 까지 내려가는 데 걸리는 시간
• 오버슈트(overshoot) : 상승 파형에서 이상적 펄스파의 진폭 전압(V)보다 높은 부분의 높이
• 언더슈트(undershoot) : 하강 파형에서 이상적 펄스파의 기준 레벨보다 아랫부분의 높이

**17** 다음 중 주 기억 장치는?

① RAM
② FDD
③ SSD
④ HDD

▶ • 주기억장치 : RAM, ROM 등
• 보조기억장치 : FDD, SSD, HDD, CD 등

**18** 다음의 프로그램 언어 중 인간중심의 고급 언어로서 컴파일러 언어만으로 짝지어진 것은?

① 코볼, 베이직
② 포트란, 코볼
③ 베이직, 어셈블리 언어
④ 기계어, 어셈블리 언어

▶ 컴파일러에 의해 번역되는 프로그램 언어 : FORTRAN, COBOL, PASCAL, C 등

**19** 다음은 중앙처리장치에 있는 레지스터를 설명한 것이다. 명칭에 맞게 기능을 바르게 설명한 것은?

① 명령 레지스터(PC) - 주기억 장치의 번지를 기억한다.
② 기억 레지스터(MAR) - 중앙 처리 장치에서 현재 수행 중인 명령어의 내용을 기억한다.
③ 번지 레지스터(MBR) - 주기억 장치에서 연산에 필요한 자료를 호출하여 저장한다.
④ 상태 레지스터 - CPU의 각종 상태를 표시하며 각 비트별로 할당하여 플래그 상태를 나타낸다.

▶ • 프로그램 카운터(Program Counter) : 기억장치에 기억된 명령이 순서대로 중앙 처리 장치에서 실행될 수 있도록 그 주소를 지정해 주는 레지스터
• MAR(Memory Address Register) : 중앙처리장치 내부에서 기억장치 내의 정보를 호출하기 위해 그 주소를 기억하고 있는 제어용 레지스터
• MBR(Memory Buffer Register) : 메모리를 읽거나, 쓴 데이터를 일시적으로 저장하기 위한 레지스터

**20** Von Neumann형 컴퓨터 연산자의 기능이 아닌 것은?

① 제어 기능  ② 기억 기능
③ 전달 기능  ④ 함수 연산 기능

해설 Von Neumann 컴퓨터 연산기능
• 함수 연산기능  • 제어기능
• 입 · 출력기능  • 전달기능

**21** 연산될 데이터의 값을 직접 오퍼랜드에 나타내는 주소 지정 방식은?

① 직접 주소 지정 방식
② 상대 주소 지정 방식
③ 간접 주소 지정 방식
④ 레지스터 방식

해설 직접 주소 지정 방식(Direct Addressing Mode) : 명령어의 오퍼랜드에 실제 데이터가 들어 있는 주소를 직접 갖고 있는 방식

**22** 다음 그림과 같은 형식은 어떤 주소 지정 형식인가?

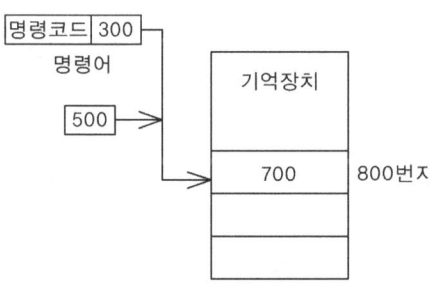

① 직접데이터 형식  ② 상대주소 형식
③ 간접주소 형식    ④ 직접주소 형식

해설 상대 주소 지정 방식(Relative Addressing Mode) : 프로그램 카운터가 명령의 주소 부분과 더해져서 유효 주소가 결정되는 방법으로, 명령의 주소 부분은 보통 부호를 포함한 수이며, 음수(2의 보수 표현)나 양수 둘 다 될 수 있다.

**23** 다음 중 스택(stack)을 필요로 하는 명령 형식은?

① 0-주소
② 1-주소
③ 2-주소
④ 3-주소

해설 0-주소 명령어
• 기억장치 스택을 사용하며 주소 필드는 사용하지 않음
• 명령어의 길이가 짧아 기억 공간을 적게 차지하나 많은 양의 정보가 스택과 주기억장치를 이동하므로 비효율적

**24** 다음 프로그래밍 언어 중 가장 단순하게 구성되어 처리 속도가 가장 빠른 것은?

① 기계어
② 베이직
③ 포트란
④ C

해설 기계어 : 컴퓨터가 직접 해독할 수 있는 2진수로 나타내는 언어로 프로그래밍의 기본이 된다. 즉 컴퓨터를 작동시키기 위해 0과 1로 나타낸 컴퓨터 고유 명령 형식이다.

**25** 반가산기의 합과 자리올림에 대한 논리식으로 옳은 것은?(단, 입력은 A와 B이고, 합은 S, 자리올림은 C 이다.)

① $S = \overline{A}B \cdot AB,\ C = A + B$
② $S = \overline{A}B + A\overline{B},\ C = AB$
③ $S = \overline{A}B + A\overline{B},\ C = \overline{AB}$
④ $S = \overline{AB} + AB,\ C = \overline{AB}$

해설 반가산기(Half-adder) : 입력 변수인 두 개의 이진수를 더하여 합과 자리 올림수를 산출하는 회로이고 논리식은 $S = \overline{A}B + A\overline{B}$, $C = AB$이다.

**26** 마이크로프로세서에서 누산기의 용도는?

① 명령의 해독
② 명령의 저장
③ 연산 결과의 일시 저장
④ 다음 명령의 주소 저장

> 해설 누산기(Accumulator) : 연산을 한 결과를 일시적으로 저장해 두는 레지스터

**27** 주 기억 장치에 대한 설명이 아닌 것은?

① 최종 결과 기억
② 데이터 연산
③ 중간 결과 기억
④ 프로그램 기억

> 해설 주기억장치는 CPU가 직접 참조하는 고속의 메모리로, 프로그램이 실행될 때 보조 기억 장치로부터 프로그램이나 자료를 이동시켜 실행 시킬 수 있는 기억장소이며, 데이터 연산은 주기억장치가 아닌 연산장치에서 이뤄진다.

**28** 다음 중 가상기억장치를 가장 올바르게 설명한 것은?

① 직접 하드웨어를 확장시켜 기억용량을 증가시킨다.
② 자기테이프 장치를 사용하여 주소공간을 확대한다.
③ 보조기억장치를 사용하여 주소공간을 확대한다.
④ 컴퓨터의 보안성을 확보하기 위한 차폐 시스템이다.

> 해설 가상기억장치(Virtual Memory) : 제한된 주기억장치의 용량을 초과하여 사용하기 위하여 보조기억장치의 기억공간을 사용자의 주기억장치가 확장된 것과 같이 사용하는 방법이다.

**29** 다음은 무엇에 대한 설명인가?

> "제품이나 장치 등을 그리거나 도안할 때, 필요한 사항을 제도 기구를 사용하지 않고 프리핸드(free hand)로 그린 도면"

① 복사도(copy drawing)
② 스케치도(sketch drawing)
③ 원도(original drawing)
④ 트레이스도(traced drawing)

> 해설 도면성격에 따른 분류
> - 원도 : 제도용지에 직접 연필로 작성한 도면, 컴퓨터가 작성한 최초 도면
> - 트레이스도 : 원도 위에 트레이싱지를 놓고 그린 도면
> - 복사도 : 트레이스도를 원본으로 복사한 도면
> - 스케치도 : 제품이나 장치 등을 그리거나 도안할 때 필요한 사항을 제도 기구를 사용하지 않고 프리핸드로 그린 도면

**30** 일반적인 고주파회로를 설계할 때 유의사항과 거리가 먼 것은?

① 배선의 길이는 가급적 짧게 한다.
② 배선이 꼬인 것은 코일로 간주한다.
③ 회로의 중요한 요소에는 바이패스 콘덴서를 삽입한다.
④ 유도 가능한 고주파 전송선은 다른 신호선과 평행되게 한다.

> 해설 고주파 전송선은 다른 신호선과 분리하여 배선하도록 하고, 가능하면 차폐를 실시하여 영향을 최소화하도록 한다.

**31** CAD(computer aided design)를 사용하여 얻을 수 있는 특징이 아닌 것은?

① 도면의 품질이 좋아진다.

② 도면 작성 시간이 길어진다.
③ 설계 과정에서 능률이 향상된다.
④ 수치 결과에 대한 정확성이 증가한다.

📖 CAD 도입 시 설계의 표준화로 도면작성시간이 단축된다.

**32** 인쇄회로 기판의 패턴 동박에 의한 인덕턴스 값이 0.1μF가 발생하였을 때, 주파수 10MHz에서 기판에 영향을 주는 리액턴스의 값은?

① 62.8Ω
② 6.28Ω
③ 0.628Ω
④ 0.06282Ω

📖 리액턴스($X_L$) = $2\pi fL$
∴ $X_L = 2 \times 3.14 \times 10 \times 10^6 \times 0.1 \times 10^{-6} = 6.28[\Omega]$

**33** 디지털 회로도면의 제도방법으로 틀린 것은?

① 여러 가닥의 배선이 같은 방향으로 이동할 때는 버스 선을 이용한다.
② 아날로그 부분과 전위레벨이 다르므로 도면에서 이들 회로를 격리하여 그린다.
③ 아날로그 부분의 유도현상 영향을 고려하여 전원선을 함께 그린다.
④ D/A 변환기 출력부에 디지털 성분 제거를 위한 저역통과 필터를 접속한다.

📖 아날로그 부분의 유도현상 영향을 고려하여 전원을 분리하여야 한다.

**34** PCB Artwork 기법의 고려사항에 대한 설명으로 틀린 것은?

① 90°(도) 직각 배선은 가급적 피한다.
② GND 패턴은 가급적 강화하여 Noise 제거 효과를 향상시킨다.
③ 비아(via)를 될 수 있으면 적게 하여 작업 공정 수를 적게 한다.
④ 소신호와 대전류의 배선은 최대한 근접하도록 한다.

📖 소신호와 대전류의 배선은 최대한 이격시킨다.

**35** 다음 부품 심벌의 이름은?

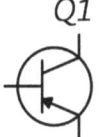

① 실리콘 제어 정류기(silicon control rectifier)
② NMOS FET(field effect transistor)
③ PNP 트랜지스터(transistor)
④ 트라이액(triac)

📖

| PNP TR | NMOS FET | SCR | 트라이액 |
|---|---|---|---|
|  | | | |

**36** 블록선도를 그릴 때, 고려 사항으로 옳은 것은?

① 신호의 흐름은 가능하면 왼쪽에서 오른쪽으로 흐르도록 하는 것이 좋다..
② 블록의 크기는 실제 전자기기의 크기와 비례하도록 나타낸다.
③ 블록은 반드시 정사각형이어야 한다.
④ 블록은 대각선과 곡선을 많이 사용한다.

> **해설** 블록선도 작성 시 유의사항
> - 블록은 정사각형, 삼각형, 직사각형이 사용된다.
> - 신호의 흐름은 왼쪽에서 오른쪽으로, 위에서 아래로 그린다.
> - 화살표는 신호가 전달되는 방향을 나타낸다.
> - 삼각형은 증폭기 또는 연산 증폭기에 사용한다.

**37** 전자기기의 패널(panel)은 장치의 모든 기능을 표현하는 얼굴이다. 설계 제도 시 유의사항으로 틀린 것은?

① 패널 부품은 크기를 고려하여 균형 있게 배치한다.
② 조작 상에서 서로 연관이 있는 요소끼리 근접 배치한다.
③ 전원 코드는 전면에 배치한다.
④ 조작 빈도가 높은 부품은 패널의 중앙이나 오른쪽에 배치한다.

> **해설** 전원선이나 퓨즈박스 등은 배면에 배치한다.

**38** 제도 규칙에서 국제 표준과 국가별 표준의 표준 기호 및 표준 명칭으로 틀린 것은?

① 미국 규격 : ANSI
② 국제 인터넷 표준화 기구 : IETF
③ 영국 규격 : BS
④ 국제 표준화 기구 : DIN

> **해설** ISO : 국제 표준화기구, DIN : 독일 공업 규격

**39** CAD(computer aided design)란 컴퓨터의 그래픽 기능을 응용한 것인데 그래픽의 기본 기능으로 틀린 것은?

① 점의 변환
② 확대 및 축소
③ 회전
④ 평행 이동의 불가능

> **해설** 그래픽의 기본 기능으로는 화면의 확대 및 축소, 점의 변환, 회전, 평행 이동 등이 있다.

**40** 도면작성에 대한 결과파일로 PCB프로그램이나 시뮬레이션 프로그램에서 입력 데이터로 사용되는 것은?

① 네트리스트(netlist)
② 거버파일(gerber file)
③ 레이아웃 파일(layout file)
④ 데이터 파일(data file)

> **해설** Netlist : PCB상에서 상호 연결되어 있는 신호, 모듈, 핀의 명칭으로 회로 도면상의 연결 정보

**41** 전자 캐드의 작업 과정 중 가장 나중에 하는 것은?

① 부품 배치   ② 레이어 세팅
③ 거버파일 작성   ④ 네트리스트 작성

> **해설** Gerber File : PCB를 제작하기 위한 파일로서 PCB설계의 모든 정보가 들어 있고 PCB 설계의 최종 목적 파일로 필름의 생성을 위한 각 레이어 및 드릴 데이터 등을 추출하는 파일이다.

**42** PCB 설계 시 배선으로 인한 인덕턴스 발생을 줄이기 위한 전원 라인 배선 방법으로 가장 좋은 것은?

① 전원 라인은 굵고, 짧게 배선한다.
② 전원 라인은 굵고, 길게 배선한다.
③ 전원 라인은 가늘고, 길게 배선한다.
④ 전원 라인은 가늘고, 짧게 배선한다.

> **해설** PCB설계 시 배선으로 인한 인덕턴스 발생을 줄이기 위해 전원라인은 굵고, 짧게 배선한다.

**43** 다음 커패시터의 형명(104 50M)에 대한 설명으로 옳은 것은?

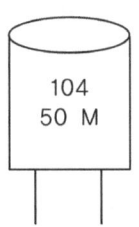

① 정전용량: 0.01μF, 정격내압: 50V, 오차: ±20%
② 정전용량: 0.1μF, 정격내압: 50V, 오차: ±20%
③ 정전용량: 0.1μF, 정격내압: 50V, 오차: ±10%
④ 정전용량: 0.001μF, 정격내압: 50V, 오차: ±20%

해설
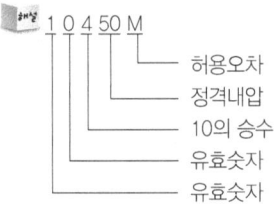

- 콘덴서의 기준 단위는 [pF] = $10^{-12}$
- $10 \times 10^4 \times 10^{-12} = 0.1[\mu F]$
- 정격내압 50V
- 허용오차 M은 ±20[%]

**44** 전기 회로망에서 전압을 분배하거나 전류의 흐름을 방해하는 역할을 하는 소자는?

① 커패시터     ② 수정 진동자
③ 저항기       ④ LED

해설 저항기 : 도체의 전기적인 흐름을 방해하는 작용을 하는 소자

**45** 전자캐드로 작성된 도면의 요소를 지우는 기능에 해당하는 것은?

① Zoom
② Save
③ Delete
④ Edit

해설 도면의 편집과 관련된 기능
- Zoom : 화면의 확대, 축소 기능
- Save : 저장
- Delete : 삭제
- Edit : 편집

**46** 제품을 만드는 사람이 주문하는 사람에게 주문품의 내용에 첨부하여 제작비용을 제시하는 도면의 명칭은?

① 주문도
② 승인도
③ 견적도
④ 설명도

해설 견적도 : 주문할 사람에게 물품의 내용 및 가격 등을 설명하기 위해 견적서에 첨부하는 도면

**47** LED는 순방향 바이어스에서 통전되면서 전자-정공의 재결합으로 인하여 일부 에너지가 빛으로 방출된다. LED의 심벌로 옳은 것은?

해설 LED : 순방향 바이어스에서 통전되면서 전자-정공의 재결합으로 인하여 에너지가 빛으로 방출된다. 심벌은 ②항이다.

**48** 인쇄회로기판(PCB)의 장·단점으로 옳은 것은?

① 소량, 다품종 생산에는 제조단가가 저렴하다.
② 오 배선이 존재하나 생산단가가 저렴하다.
③ 조립, 배선, 검사의 공정 단계가 증가한다.
④ 대량생산으로 생산성이 향상된다.

> 해설 인쇄회로기판(PCB)의 장·단점
> • 대량 생산으로 생산성이 향상된다.
> • 소량, 다품종 생산에는 제조단가가 높아진다.
> • 오 배선의 우려가 없고 생산단가가 저렴하다.
> • 조립, 배선, 검사의 공정 단계가 감소한다.

**49** 캐드 시스템의 그래픽 작업 과정과 거리가 먼 것은?

① 자동 제도(automatic drafting)
② 기술적 분석(engineering analysis)
③ 기하학적 모델링(geometric modeling)
④ 자동 생산(automatic manufacturing)

> 해설 자동생산은 캐드 시스템의 그래픽 작업 과정이 아니고 제품의 생산과정이다.

**50** 인쇄회로기판(PCB)의 제조공정에서 접착이 용이하도록 처리된 작업 패널 위에 드라이필름(Photo Sensitive Dry Film Resist : 감광성 사진 인쇄 막)을 일정한 온도와 압력으로 압착 도포하는 공정을 무엇이라 하는가?

① 스크러빙(Scrubbing : 정면)
② 노광(Exposure)
③ 라미네이션(Lamination)
④ 부식(Etching)

> 해설 라미네이션(Lamination)은 접착이 용이하도록 처리된 Panel상에 Dry Film을 정해진 열과 압력으로 압착 도포하는 공정을 말한다.

**51** 능동소자 중 이미터(E), 베이스(B), 컬렉터(C)의 3개의 전극으로 구성되어 있으며, 전류 제어용 등에 사용되는 소자는?

① 다이오드        ② 트랜지스터
③ 변압기          ④ FET

> 해설 트랜지스터 : 이미터(E), 베이스(B), 컬렉터(C)의 3단자를 가진 능동소자이며, 전류 제어용 등에 사용되는 소자이다.

**52** 물체의 실제 길이와 도면에서 축소 또는 확대 하여 그리는 길이의 비율을 척도라 한다. 다음 중 비례 관계가 아님을 뜻하며, 도면과 실물의 치수가 비례하지 않을 때 사용하는 것은?

① 배척            ② NS
③ 현척            ④ 축척

> 해설 척도
> • 축척 : 실물보다 작게 축소해서 그리는 것
> • 현척(실척) : 실물과 같은 크기로 그리는 것
> • 배척 : 실물보다 크게 확대해서 그리는 것
> • NS(Not to Scale) : 도면과 실물의 치수가 비례 척도가 아님을 뜻함

**53** 도면에 마련하는 양식 중 반드시 그려야 할 사항으로 짝지어진 것은?

① 윤곽선, 중심 마크, 표제란

② 표제란, 부품란. 재단 마크
③ 윤곽선, 비교 눈금, 재단 마크
④ 표제란, 중심 마크, 재단 마크

> 해설 도면의 규격

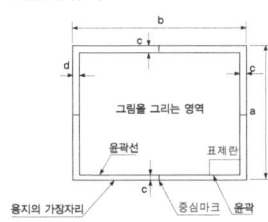

**54** 도면의 효율적 관리를 위해 마이크로필름을 이용하는 이유가 아닌 것은?

① 종이에 비해 보존성이 좋다.
② 재료비를 절감시킬 수 있다.
③ 통일된 크기로 복사 할 수 있다.
④ 복사 시간이 짧지만 복원력이 낮다.

> 해설 마이크로필름은 복사 시간이 짧고, 복원력이 높다.

**55** 다음 중 EX-OR 게이트의 기호로 옳은 것은?

① 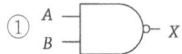    ②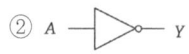

③     ④

> 해설 ① NAND, ② NOT, ③ EX-OR, ④ NOR

**56** 5색 저항으로 값과 오차가 바르게 된 것은?

① 120Ω, ±0.5%
② 1.2kΩ, ±1%
③ 12Ω, ±0.5%
④ 12kΩ, ±1%

> 해설
> | 제1색띠 | 제2색띠 | 제3색띠 | 제4색띠 | 제5색띠 |
> |---|---|---|---|---|
> | 갈색 (1) | 적색 (2) | 흑색 (0) | 갈색 (10¹) | 갈색 (±1%) |
>
> 120×10¹ = 1200Ω = 1.2kΩ, 오차 ±1%

**57** 표준화된 설계 작업(design rule)을 위해 규정화된 설계기준에 해당하지 않는 것은?

① 배선도체의 폭
② 비아홀(via hole)의 크기
③ 솔더 레지스트(solder resist)의 치수
④ 캐드 프로그램(CAD program)의 버전

> 해설 캐드 프로그램의 종류, 버전 등은 설계기준과는 무관하다.

**58** 다음 그림에서 도면의 축소나 확대, 복사작업과 이들의 복사도면의 취급 편의를 위한 것은?

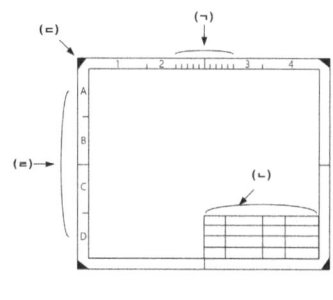

① (ㄱ)    ② (ㄴ)
③ (ㄷ)    ④ (ㄹ)

> 해설 비교눈금은 도면에서 축소나 확대, 복사의 작업과 이들의 복사도면을 취급할 때 편의를 위한 표시이다.

**59** 다음 기호는 어느 전자 부품의 기호인가?

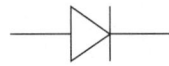

① 저항　　② FET
③ 다이오드　　④ 트랜지스터

| 트랜지스터 | FET | 다이오드 | 저항 |
|---|---|---|---|
| ⊥ | ⊥ | ▶│ | ∿ |

**60** 직렬포트에 대한 설명으로 틀린 것은?

① 주로 모뎀 접속에 사용된다.
② EIA에서 정한 RS-232C 규격에 따라 36핀 커넥터로 되어 있다.
③ 전송거리는 규격상 15m 이내로 제한된다.
④ 주변장치와 2진 직렬 데이터 통신을 행하기 위한 인터페이스이다.

　직렬포트는 EIA에서 정한 RS-232C 규격에 따라 25핀 커넥터로 되어 있다.

| ANSWER | | | | | | | | | 2016년 1회 |
|---|---|---|---|---|---|---|---|---|---|
| 01 | 02 | 03 | 04 | 05 | 06 | 07 | 08 | 09 | 10 |
| ① | ③ | ② | ④ | ④ | ③ | ② | ③ | ① | ④ |
| 11 | 12 | 13 | 14 | 15 | 16 | 17 | 18 | 19 | 20 |
| ④ | ② | ① | ① | ② | ③ | ① | ② | ④ | ② |
| 21 | 22 | 23 | 24 | 25 | 26 | 27 | 28 | 29 | 30 |
| ① | ② | ① | ④ | ② | ③ | ② | ③ | ② | ④ |
| 31 | 32 | 33 | 34 | 35 | 36 | 37 | 38 | 39 | 40 |
| ② | ② | ④ | ④ | ③ | ① | ③ | ④ | ④ | ① |
| 41 | 42 | 43 | 44 | 45 | 46 | 47 | 48 | 49 | 50 |
| ③ | ① | ② | ③ | ② | ③ | ② | ④ | ④ | ③ |
| 51 | 52 | 53 | 54 | 55 | 56 | 57 | 58 | 59 | 60 |
| ② | ② | ① | ④ | ② | ② | ④ | ① | ③ | ② |

# Chapter 02 최근기출문제

## 2016년 2회

**01** 집적회로(Integrated Circuit)의 장점이 아닌 것은?

① 신뢰성이 높다.
② 대량 생산할 수 있다.
③ 회로를 초소형으로 할 수 있다.
④ 주로 고주파 대전력용으로 사용된다.

> 집적회로(IC)의 특징
> • 대량생산이 가능하며 경제적이다.
> • 소형, 경량화 하여 작은 전력으로 구동할 수 있는 회로에 사용된다.
> • 신뢰도가 높다.
> • 접합된 장치를 만들 수 있다.

**02** 3단자 레귤레이터 정전압 회로의 특징이 아닌 것은?

① 발진 방지용 커패시터가 필요하다.
② 소비 전류가 적은 전원 회로에 사용한다.
③ 많은 전력이 필요한 경우에는 적합하지 않다.
④ 전력소모가 적어 방열 대책이 필요 없는 장점이 있다.

> 3단자 레귤레이터는 입력전압이 출력전압보다 높아야 하며, 내부 회로 구성이 비교적 간단하고 전력 손실이 높다. 열적으로 안정을 위하여 방열판을 부착하여 사용 한다.

**03** 다음 정전압 안정화 회로에서 제너다이오드 $Z_D$의 역할은?(단, 입력 전압은 출력 전압보다 높다.)

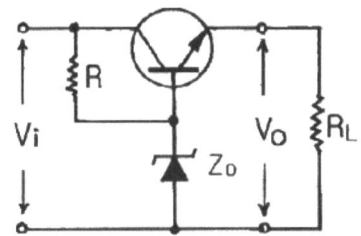

① 정류 작용
② 기준전압 유지 작용
③ 제어 작용
④ 검파 작용

> 제너 다이오드($Z_D$)는 기준전압을 유지하는 역할을 한다.

**04** 연산증폭기의 연산의 정확도를 높이기 위해 요구되는 사항이 아닌 것은?

① 좋은 차단특성을 가져야 한다.
② 큰 증폭도와 좋은 안정도를 필요로 한다.
③ 많은 양의 부귀환을 안정하게 걸 수 있어야 한다.
④ 높은 주파수의 발진출력을 지속적으로 내야 한다.

> 📖 연산증폭기의 정확도를 높이기 위한 조건
> - 높은 안정도가 필요하다.
> - 저역과 고역의 좋은 차단 특성을 가져야 한다.
> - 큰 증폭도가 필요하다.
> - 많은 양의 부귀환을 안정하게 걸 수 있어야 한다.

## 05 전자기파에 대한 설명 중 틀린 것은?

① 전자기파는 수중의 표면에서 일어나는 현상을 관찰하는데 이용된다.
② 전자기파란 주기적으로 세기가 변화하는 전자기장이 공간으로 전파해 나가는 것을 말한다.
③ 전자기파는 우주 공간에서 전파의 전달이 불가능하다.
④ 전자기파는 매질이 없어도 진행할 수 있다.

> 📖 전자기파의 특징
> - 음향파와 같이 매질을 필요로 하지 않는다.
> - 전기장, 자기장이 결합되어 에너지를 전달하며 진행하는 파동이다.
> - 빛이나 감마선, X-선 등 모든 전자기파 스펙트럼 영역을 포함한다.
> - 자연계에서 가장 우세한 복사선원으로는 태양이 있다.

## 06 B급 푸시풀 증폭기에 대한 설명으로 옳은 것은?

① 효율이 낮은 대신 왜곡이 거의 없다.
② 무선 통신에서 고주파인 반송파 전력 증폭 회로에 사용된다.
③ A급 전력 증폭 회로에 비해 전력 효율이 좋다.
④ 교차 일그러짐 현상이 없다.

> 📖 B급 푸시풀 증폭기 특징
> - 최대 출력의 전원 효율은 78.5[%]로 된다.
> - 우수 고조파 성분은 서로 상쇄되어 찌그러짐이 적다.
> - 대전력 증폭 회로에 가장 많이 사용되고 있다.
> - 출력 트랜스의 직류 자화를 받지 않으므로 자기포화에 의한 비직선 왜곡을 제거할 수 있다.
> - 크로스오버 일그러짐이 발생한다.

## 07 LC 발진기에서 일어나기 쉬운 이상 현상이 아닌 것은?

① 기생 진동(parasitic oscillator)
② 자왜(磁歪) 현상
③ 블로킹(blocking) 현상
④ 인입 현상(pull-in phenomenon)

> 📖 LC발진기에서 일어나기 쉬운 현상
> - 블로킹 현상
> - 인입현상
> - 기생진동

## 08 다음 중 광전 변환 소자가 아닌 것은?

① 포토 트랜지스터
② 태양 전지
③ 홀 발전기
④ CCD(Charge Coupled Device) 센서

> 📖 홀 발전기 : 홀 효과를 이용한 전자소자를 홀 발전기, 또는 홀 소자라 말한다.

## 09 적분기 회로를 구성하기 위한 회로는?

① 저역통과 RC 회로
② 고역통과 RC 회로
③ 대역통과 RC 회로
④ 대역소거 RC 회로

**해설** 적분기(RC LPF) : 입력에 저항, 궤환에 콘덴서로 구성
$$V_0 = -\frac{1}{RC}\int_0^t v_i dt$$

**10** 정격 전압에서 100W의 전력을 소비하는 전열기에 정격 전압의 60% 전압을 가할 때의 소비 전력은 몇 W 인가?

① 36
② 40
③ 50
④ 60

**해설** 100[W]일 때 전열기 저항을 R이라 하고 정격 전압 V를 구하면
- $V^2 = PR, V = \sqrt{PR} = \sqrt{100 \times R} = 10\sqrt{R}$
- 60% 전압
  $V_2 = V \times 0.6 = 10\sqrt{R} \times 0.6 = 6\sqrt{R}$
- 6% 전압을 가할 때 소비전력은
  $P = \frac{V_2^2}{R} = \frac{(6\sqrt{R})^2}{R} = 36$

**11** 다음과 같은 회로의 명칭은?

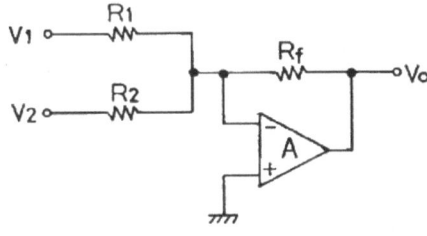

① 미분회로
② 적분회로
③ 가산기형 D/A 변환회로
④ 부호 변환회로

**해설** 디지털 신호를 아날로그 출력을 가산하여 얻는 D/A 변환기이다.
$$V_0 = -\left(V_1\frac{R_f}{R_1} + V_2\frac{R_f}{R_2}\right)$$

**12** 실제적인 R-L-C 병렬 공진 회로에서 R이 2Ω, L은 400μH, C는 250pF 일 경우에 공진 주파수는 약 몇 kHz인가?

① 200
② 300
③ 450
④ 500

**해설** 일반적인 병렬공진 주파수
$$f_0 = \frac{1}{2\pi}\sqrt{\frac{1}{LC} - \frac{R^2}{L^2}} \approx \frac{1}{2\pi\sqrt{LC}}(\frac{1}{LC} \gg \frac{R^2}{L^2})$$
$$= \frac{1}{2 \times 3.14\sqrt{400 \times 10^{-6} \times 250 \times 10^{-12}}}$$
$$\approx 500 \times 10^3$$
$$\therefore 500[kHz]$$

**13** 단상 전파정류기의 DC 출력전압은 단상 반파정류기 DC 출력 전압의 몇 배인가?

① 2  ② 3
③ 4  ④ 5

**해설** 전파 정류기의 정류효율은 반파정류회로의 2배이며, 이론적으로 최대 81.2[%]이다.

**14** 커패시터 중에서 고주파 회로와 바이패스(Bypass) 용도로 많이 사용되며 비교적 가격이 저렴한 커패시터는?

① 세라믹 커패시터
② 마일러 커패시터
③ 탄탈 커패시터
④ 전해 커패시터

**해설** 세라믹 커패시터는 인덕턴스가 적어 고주파 특성이 양호하여 고주파의 바이패스 용도로 많이 사용된다.

**15** 다음 중 N형 반도체를 만드는데 사용되는 불순물의 원소는?

① 인듐(In)   ② 비소(As)
③ 갈륨(Ga)   ④ 알루미늄(Al)

| 구분 | 원자가 | 불순물 | 다수 반송자 | 대표적 원소 |
|---|---|---|---|---|
| 진성반도체 | 4가 | 없음 | 전자=정공 | Ge, Si |
| P형 반도체 | 3가 | accepter | 정공 | B, Al, In, Ga |
| N형 반도체 | 5가 | doner | 과잉전자 | N, P, As, Sb |

**16** 10진수 0~9를 식별해서 나타내고 기억하는 데에는 몇 비트의 기억 용량이 필요한가?

① 2비트   ② 3비트
③ 4비트   ④ 7비트

• 2비트 : 0~3
• 3비트 : 0~7
• 4비트 : 0~15

**17** 컴퓨터의 주기억장치와 주변장치 사이에서 데이터를 주고받을 때, 둘 사이의 전송속도 차이를 해결하기 위해 전송할 정보를 임시로 저장하는 고속 기억장치는?

① Address   ② Buffer
③ Channel   ④ Register

Buffer : 컴퓨터의 주기억장치와 주변장치 사이에서 데이터를 주고받을 때, 둘 사이의 전송속도 차이를 해결하기 위해 전송할 정보를 임시로 저장하는 고속 기억장치

**18** 데이터베이스를 사용할 때, 데이터베이스에 접근할 수 있는 하부언어로 구조적 질의어라고도 하는 언어는?

① 포트란(FORTRAN)
② C
③ 자바(java)
④ SQL

SQL(Structured Query Language) : 데이터베이스를 사용할 때, 데이터베이스에 접근할 수 있는 데이터베이스 하부 언어를 말한다.

**19** 레지스터와 유사하게 동작하는 임시저장장소로써 다음 실행할 명령어의 주소를 기억하는 기능을 하는 것은?

① 레지스터   ② 프로그램 카운터
③ 기억장치   ④ 플립플롭

프로그램 카운터(Program Counter) : 기억장치에 기억된 명령이 순서대로 중앙처리장치에서 실행될 수 있도록 그 주소를 지정해 주는 레지스터

**20** $(1011010)_2$를 8진수와 16진수로 변환하면?

① $(132)_8$, $(5A)_{16}$
② $(132)_8$, $(5B)_{16}$
③ $(131)_8$, $(5A)_{16}$
④ $(131)_8$, $(50)_{16}$

• 2진수를 3bit의 BCD 코드로 묶은 후 8진수로 변환한다.

| 1 | 011 | 010 |
|---|---|---|
| 1 | 3 | 2 |

$(1011010)_2 = (132)_8$

- 2진수를 4bit의 BCD 코드로 묶은 후 16진수로 변환한다.

| 101 | 1010 |
|---|---|
| 5 | A |

$(1011010)_2 = (5A)_{16}$

**21** 2진수 10101에 대한 2의 보수는?

① 11001　② 01010
③ 01011　④ 11000

> 해설 2의 보수는 주어진 2진수를 모두 부정을 취하여 1의 보수로 바꾼다. 1의 보수에 1을 더하면 2의 보수가 된다. 즉 2의 보수는 1의 보수보다 1이 크다.
> 10101 → 01010(1의 보수) + 1 → 01011(2의 보수)

**22** 마이크로프로세서에서 가산기를 주축으로 구성된 장치는?

① 제어장치
② 입출력장치
③ 산술논리 연산장치
④ 레지스터

> 해설 연산장치(ALU, Arithmetic Logical Unit) : 덧셈, 뺄셈, 곱셈, 나눗셈의 산술 연산만이 아니라 AND, OR, NOT, XOR와 같은 논리연산을 하는 장치로 제어장치의 지시에 따라 연산을 수행하며 누산기, 가산기, 데이터 레지스터, 상태레지스터로 구성된다.

**23** 다음 중 제어장치의 역할이 아닌 것은?

① 명령을 해독한다.
② 두 수의 크기를 비교한다.
③ 입출력을 제어한다.
④ 시스템 전체를 감시 제어한다.

> 해설 제어장치(Control Unit) : 프로그램 명령어를 해석하고, 해석된 명령의 의미에 따라 연산장치, 주기억 장치 등에게 동작을 지시하며 어드레스 레지스터, 기억 레지스터, 명령 레지스터, 명령 해독기, 명령 계수기 등으로 구성된다.

**24** 비수치적 연산에서 하나의 레지스터에 기억된 데이터를 다른 레지스터로 옮기는데 사용되는 연산은?

① OR
② AND
③ SHIFT
④ MOVE

> 해설 MOVE : 하나의 입력 자료를 갖는 단일 연산으로 전자계산기 내부에서 하나의 레지스터에 기억된 데이터를 다른 레지스터로 옮기는 데 이용된다.

**25** 순서도(flowchart)의 특징이 아닌 것은?

① 프로그램 코딩(coding)의 기초 자료가 된다.
② 프로그램 코딩 전 기초 자료가 된다.
③ 오류 수정(debugging)이 용이하다.
④ 사용하는 언어에 따라 기호, 형태도 달라진다.

> 해설 순서도의 역할
> • 프로그램 작성의 직접적인 자료가 된다.
> • 업무의 내용과 프로그램을 쉽게 이해할 수 있고, 다른 사람에게 전달이 쉽다.
> • 프로그램의 정확성 여부를 판단하는 자료가 되며, 오류가 발생 하였을 때 그 원인을 찾아 수정하기가 쉽다.
> • 프로그램의 논리적인 체계 및 처리 내용을 쉽게 파악할 수 있다.

**26** 주변 장치의 입출력 방법이 아닌 것은?

① 데이지체인 방법  ② 트랩 방법
③ 인터럽트 방법  ④ 폴링 방법

📖 주변 장치의 입출력 방법
- 폴링 : 입출력 장치에서 신호 발생 여부를 반복적으로 확인하는 방법
- 인터럽트 : 프로세서의 외부의 장치들이 프로세서 사용을 요청하기 위해 프로세서에 보내는 신호
- DMA : 프로세서 개입 없이 주변 장치가 메모리에 데이터 읽고 쓸 수 있는 기능
- 데이지체인 : 신호를 전송할 때 데이지체인 신호를 요구하지 않는 장치에서 버스를 통해 신호를 전달시키는 방법

**27** CPU와 입출력 사이에 클록 신호에 맞추어 송·수신 하는 전송 제어방식을 무엇이라 하는가?

① 직렬 인터페이스(serial interface)
② 병렬 인터페이스(parallel interface)
③ 동기 인터페이스(synchronous interface)
④ 비동기 인터페이스(asynchronous interface)

📖 동기 인터페이스(synchronous interface) : 중앙처리장치(CPU)와 입출력장치 간에 데이터 전송을 할 때 클록 신호에 맞추어 전송을 하는 방식

**28** 입출력장치와 CPU 사이에 존재하는 속도차를 줄이기 위해 사용하는 것은?

① bus  ② channel
③ buffer  ④ device

📖 channel : 입출력장치와 CPU 사이에 존재하는 속도차를 줄이기 위해 사용하는 것

**29** 도면 작성 시 기본 단위로 옳은 것은?

① mm  ② cm
③ m  ④ km

📖 제도의 단위 : 제도에서 치수의 기입은 KS A 0113에 정해진 규칙에 따르며, 길이는 모두 mm(밀리미터) 단위로 기입하되 단위 기호는 기입하지 않는다.

**30** 다음 그림의 기호를 가진 부품은?

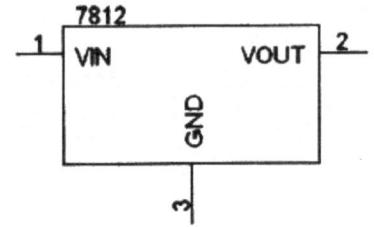

① 트랜지스터  ② 크리스탈
③ 레귤레이터  ④ BUZZER

📖 그림과 같은 7812는 12V 보다 큰 전압을 입력으로 받아 12V의 정전압을 출력으로 내보내는 레귤레이터이다.

**31** 다음 논리게이트 기호로 맞는 것은?

① AND Gate
② OR Gate
③ NAND Gate
④ NOR Gate

📖

| OR | AND | NAND | NOR |
|---|---|---|---|
|  | | | |

**32** 회로의 개방, 단락 등의 오배선을 검사하여 오류를 화면이나 텍스트 파일로 보여주는 것은?

① CLEAN UP
② SET
③ QUIT
④ ERC

> ERC(Electrical Rules Check) : 전기적인 연결 상태를 검증하는 것

**33** 다음 심볼이 나타내는 부품은?

① 가변용량 다이오드
② 제너 다이오드
③ 발광 다이오드
④ 정류 다이오드

> | 가변용량<br>다이오드 | 제너<br>다이오드 | 발광<br>다이오드 | 정류<br>다이오드 |
> |---|---|---|---|
> | ▶⊢ | ▶⊦ | ▶⊬ | ▶⊢ |

**34** 반도체 소자 중 전압의 크기에 따라 저항 값이 변하는 성질이 있는 소자는?

① 배리스터    ② 서미스터
③ 트랜지스터  ④ 다이오드

> 배리스터(varistor) : 전압-전류 특성이 비직선적인 저항 소자의 총칭. 전압에 따라 현저하게 저항 값이 변화하는 성질이 있다.

**35** 한국 산업 표준(KS)의 전자제도 통칙에 대한 설명으로 틀린 것은?

① 전자기기나 제품의 제도에는 특수한 방법이나 기호 등을 사용한다.
② 기하학적 도법에 기초를 둔 것으로 기기구조의 표시 방법은 기계제도와 동일하다.
③ 설계된 기기의 모양이나 치수 또는 시설의 배치 회로의 결선 등을 도면으로 정확하게 표시해야 한다.
④ 한국 산업 표준에 규정된 사용 방법을 따르며 도면은 임의로 그려도 된다.

> 한국 산업 표준에 규정된 사용방법을 따르며 도면은 KS A 5201에 의한 규격에 따라 그려야 한다.

**36** 국제 표준화 기구의 규격 기호는?

① ANSI
② KS
③ DIN
④ ISO

> ISO(International Organization for Standardization) : 국제 표준화기구

**37** 설계도면에 적용한 축척이 1:5 일 때, 실제 길이가 1cm인 객체는 도면상에 몇 cm로 표현되는가?

① 0.2    ② 1
③ 2     ④ 5

> 1[cm] × 1/5[축척] = 0.2[cm]

**38** 다음 소자 중 3단자 반도체 소자가 아닌 것은?

① SCR  ② Diode
③ FET  ④ UJT

| SCR | DIODE | UJT | FET |
|---|---|---|---|

**39** 능동 소자에 속하는 것은?

① 저항  ② 코일
③ 트랜지스터  ④ 커패시터

- 능동부품(Active Component) : 트랜지스터(TR), 전계효과 트랜지스터(FET), 단접합 트랜지스터(UJT), IC, 연산증폭기(OPAMP) 등을 말하며, 능동소자는 증폭, 발진, 신호 변환 등의 기능을 갖는다.
- 수동부품(Passive Component) : 전기 신호의 중계, 제어 등을 행하는 기구부품으로 저항기, 커넥터, 소켓, 스위치 등이 수동소자에 속한다.

**40** 한국 산업 규격(KS)의 제정 목적으로 틀린 것은?

① 국제경쟁력 강화
② 품질 향상
③ 생산품의 독점
④ 소비자 보호

KS 표준은 품질의 안정성 향상, 원가 절감 및 작업 능률의 향상을 통한 생산성 제고, 제품 상호 간의 호환성 등의 보장과 신제품·신기술 개발에 중요한 지침서로 활용되고 있어, 기업의 경쟁력 향상에 큰 역할을 하고 있다.

**41** 회로도 작성 시 선과 선이 전기적으로 접속되는 지점에 표시하는 것은?

① Bus entry
② Junction
③ No connect
④ Alias

Junction : 선과 선이 전기적으로 접속되는 접속점을 표시한다.

**42** 저항의 컬러코드가 좌측부터 적색 – 보라색 – 갈색 – 금색으로 되어 있다. 저항값은 얼마인가?

① 270Ω
② 2.7kΩ
③ 27.0Ω
④ 2.71MΩ

| 제1색띠 | 제2색띠 | 제3색띠 | 제4색띠 |
|---|---|---|---|
| 2(적색) | 7(보라색) | K=10¹(갈색) | 금색(±5%) |

$27 \times 10^1 = 270Ω$, 오차 ±5%

**43** 포토플로터(Photo Plotter)를 이용하여 직접 그려낸 아트워크 필름은?

① 마스터 필름
② 디아조 필름
③ 폴리에스테르 필름
④ 감광 필름

포토 플로터(Photo Plotter) : PCB 설계 후 곧바로 PCB를 제작할 수 있는 마스터 필름 출력이 가능한 장치

**44** PCB에 2000Ω의 저항을 배치하고 기판의 표면에 그 값을 표시한 것 중 가장 적절한 표시 방법은?

① 2000000Ω  ② 2000kΩ
③ 2μΩ       ④ 2kΩ

해설 2000[Ω] = 2×10³ = 2[kΩ]

**45** 절대좌표 A(10, 10)에서 B(20, −20)으로 개체가 이동하였을 때 상대좌표는?

① 10, 20   ② 10, −20
③ 10, 30   ④ 10, −30

해설 x축으로 10 이동, y축으로 −30 이동하였으므로 ix : 10 , iy : −30

**46** CAD 프로그램에서 회로도면의 설계 시 정확한 부품의 위치 및 배선결선을 위해 화면상의 점 혹은 선으로 나타내어진 가상의 좌표를 나타내는 것은?

① 어노테이트(Annotate)
② 프리퍼런스(Preference)
③ 폴리라인(Poly Line)
④ 그리드(Grid)

해설 그리드(Grid) : CAD프로그램의 이용 설계 시 정확한 부품의 위치 및 배선 결선을 위해 화면상의 점 혹은 선으로 나타내어진 가상의 좌표

**47** PCB 패턴 설계 시 부품 배치에 관한 설명 중 옳은 것은?

① IC 배열은 가능하다면 'ㄱ' 형태로 배치하는 것이 좋다.
② 다이오드 및 전해 콘덴서 종류는 + 방향에 ■형 LAND를 사용한다.
③ 전해 콘덴서와 같은 방향성 부품은 오른쪽 방향이 1번 혹은 + 극성이 되게끔 한다.
④ 리드수가 많은 IC 및 커넥터 종류는 가능한 납땜 방향의 수직으로 배열한다.

해설 다이오드, 전해 콘덴서 종류의 + PIN, IC의 1번 PIN은 방향을 구분하기 위해 ■형의 LAND를 사용한다.

**48** PCB 기판 제조방법의 하나로 대량생산에 적합하고, 정밀도가 높으며 내산성 잉크와 물이 잘 혼합되지 않는 점을 이용하여 아연판을 부식시켜 배선부분만 잉크를 묻게 하여 제작하는 방법은?

① 사진 부식법   ② 오프셋 인쇄법
③ 실크스크린법  ④ 단층 촬영법

해설 오프셋 인쇄법 : 대량생산에 적합하고, 정밀도가 높으며 내산성 잉크와 물이 잘 혼합되지 않는 점을 이용하여 아연판을 부식시켜 배선부분만 잉크를 묻게 하여 제작하는 방법

**49** 전기적 접속부위나 빈번한 착탈로 높은 전기적 특성이 요구되는 부위에 부분적으로 실시하는 도금은?

① 아연   ② 은
③ 금     ④ 구리

해설 금 도금(Gold Plating) : 전기적 접속부위나 빈번한 착탈로 높은 전기적 특성이 요구되는 부위에 고객의 요구에 따라 Connector에 삽입되는 PCB의 Contact Finger Area에만 부분적으로 실시하는 도금

**50** 형상 모델링 중 데이터 구조가 간단하고 처리속도가 가장 빠른 모델링은?

① 와이어프레임 모델링
② 서피스 모델링
③ 솔리드 모델링
④ CSG 모델링

> 와이어 프레임 모델 : 물체의 골격만을 표현하는 기법으로 가장 기본적인 모델링이다. 물체의 무게감이나 부피감, 실제감 등을 느끼기 어렵다.

**51** 컴퓨터를 이용하여 회로도를 완성한 다음 설계규칙을 검증하는 과정에 관한 설명으로 틀린 것은?

① 설계 규칙 및 전기적인 규칙에 맞는지 검증하는 단계이다.
② 오류 난 부분의 에러 표시를 도면상에서 보여준다.
③ 오류 메시지는 레포트로 보여주지 않는다.
④ 전기적인 설계 규칙 검증 환경은 설계자가 임의로 선택할 수 있다.

> 오류 메시지는 레포트로 보여주어 오류가 발생한 부분을 정확히 수정할 수 있게 한다.

**52** CAD 시스템의 일부분으로 컴퓨터와 출력장치의 처리속도 차이에 기인하여 데이터 처리의 완충작용을 위해 필요한 장치는?

① 데이터 버퍼
② 직렬 포트
③ RS-232C
④ ROM

> CAD용 컴퓨터의 데이터 버퍼 : 입출력 데이터 등의 정보를 전송할 때 일시적인 데이터 저장 장소로 사용되는 기억장소로 출력작업이 이루어지는 동안에도 다른 작업을 행할 수 있다.

**53** CAD 시스템 좌표계에서 이전 최종좌표(점)에서 거리와 각도를 이용하여 이동되어진 X, Y축의 좌표값을 찾는 방법은?

① 절대좌표
② 상대좌표
③ 극좌표
④ 상대극좌표

> 상대극좌표 : 최종좌표(점)에서 거리와 각도를 이용하여 이동되어 지정된 X, Y축의 이동 좌표

**54** CAD 시스템에 의한 제품 설계 및 도면 작성의 이점으로 볼 수 없는 것은?

① 도면의 표준화를 통한 품질 향상
② 설계 제약에 따른 도면 수정의 어려움
③ 설계 요소의 표준화로 원가 절감
④ 수치 계산 결과의 정확성 증가

> CAD 도입의 장점
> • 설계 과정에서 능률이 향상된다.
> • 설계의 변경이 용이하다.
> • 설계의 표준화로 도면작성시간이 단축된다.
> • 수치 결과에 대한 정확성이 증가한다.

**55** 세라믹 인쇄회로기판에 대한 설명 중 틀린 것은?

① 가격이 저가이고 치수변화가 많다.
② 고절연성 및 고열전도율을 갖는다.
③ 화학적 안정성이 좋다.
④ 낮은 유전체 손실을 갖는다.

해설 Ceramic 인쇄회로기판
- 뛰어난 방열 및 내전압 특성을 가진 Ceramic을 사용한 기판으로, Metal CB를 대체할 수 있는 재질로 고방열성, 고온에서의 물리적 특성이 변하지 않는 내열성 등이 특히 우수하다.
- 낮은 유전체 손실을 갖는다.
- 단 Ceramic 특성상 충격에 약해 얇게 만들 경우 잘 깨지며 고가이다.

**56** CAD 시스템의 입력 장치가 아닌 것은?

① 디지타이저
② 태블릿
③ 플로터
④ 마우스

해설
- CAD 시스템의 입력장치 : 키보드, 마우스, 디지타이저, 이미지 스캐너, 라이트펜 등
- CAD 시스템의 출력장치 : 모니터, 프린터, 플로터, 포터 플로터 등

**57** 회로도에 관한 설명으로 가장 옳은 것은?

① 장치를 구성하고 있는 부품을 기호로 표현함으로써, 기술의 보조 및 전달이 쉽도록 한 도면
② 부품의 위치와 형태를 도면화한 것으로 부품의 실제 크기를 고려하여 작성한 도면
③ 장치와 장치사이의 접속 상태나 기능을 알아보기 쉽게 하기 위해서 기호나 실제의 모양을 배치한 도면
④ 신호의 흐름 또는 동작 순서대로 그린 도면

해설 회로도 : 장치를 구성하고 있는 부품을 기호로 표현함으로써, 기술의 보조 및 전달이 쉽도록 한 도면이다.

**58** 다음 단면 구조의 PCB 명칭으로 옳은 것은?

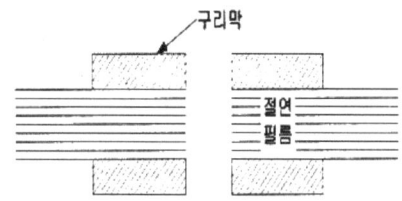

① 비스루홀 도금 PCB
② 스루홀 도금 PCB
③ 플렉시블 PCB
④ 다층면 PCB

해설 플렉시블 기판(Flexible Base material) : 유연성을 갖는 PCB로 절연기판이 얇은 폴리에스테르나 폴리이미드 필름에 동박을 입힌 기판

**59** 배치도를 그릴 때 고려해야 할 사항으로 적합하지 않은 것은?

① 균형 있게 배치하여야 한다.
② 부품 상호 간 신호가 유도되지 않도록 한다.
③ IC의 6번 핀 위치를 반드시 표시해야 한다.
④ 고압 회로는 부품 간격을 충분히 넓혀 방전이 일어나지 않도록 배치한다.

해설 부품의 배치도 작성 방법
- 균형있게 배치한다.
- IC의 경우 1번 핀을 표시하여 오 삽입을 방지한다.
- 부품 상호간에 신호가 유기되지 않도록 한다.
- 조정이 필요한 부품은 조작이 용이하도록 배치하여야 한다.

**60** 고주파 부품에 대한 대책으로 틀린 것은?

① 부품을 세워 사용하지 않는다.
② 표면실장형(SMD) 부품을 사용하지 않는다.
③ 부품의 리드는 가급적 짧게 하여 안테나 역할을 하지 않도록 한다.
④ 고주파 부품은 일반회로 부분과 분리하여 배치한다.

> 해설 인쇄회로기판(PCB) 설계 시 고주파 부품 및 노이즈에 대한 대책
> - 아날로그, 디지털 혼재 회로에서 접지선은 분리한다.
> - 전원용 라인필터는 연결부위에 가깝게 배치한다.
> - 고주파 부품은 일반회로 부분과 분리하여 배치하도록 하고, 가능하면 차폐를 실시하여 영향을 최소화하도록 한다.
> - 부품은 세워서 배치하지 않으며, 가급적 부품의 다리를 짧게 배선한다.

### ANSWER — 2016년 2회

| 01 | 02 | 03 | 04 | 05 | 06 | 07 | 08 | 09 | 10 |
|---|---|---|---|---|---|---|---|---|---|
| ④ | ④ | ② | ④ | ③ | ③ | ② | ③ | ① | ① |
| 11 | 12 | 13 | 14 | 15 | 16 | 17 | 18 | 19 | 20 |
| ③ | ④ | ① | ① | ② | ③ | ② | ④ | ② | ① |
| 21 | 22 | 23 | 24 | 25 | 26 | 27 | 28 | 29 | 30 |
| ③ | ③ | ② | ④ | ④ | ② | ③ | ② | ① | ③ |
| 31 | 32 | 33 | 34 | 35 | 36 | 37 | 38 | 39 | 40 |
| ③ | ④ | ② | ① | ④ | ④ | ① | ② | ③ | ③ |
| 41 | 42 | 43 | 44 | 45 | 46 | 47 | 48 | 49 | 50 |
| ② | ① | ① | ④ | ④ | ④ | ② | ② | ③ | ① |
| 51 | 52 | 53 | 54 | 55 | 56 | 57 | 58 | 59 | 60 |
| ③ | ① | ④ | ② | ① | ③ | ① | ③ | ③ | ② |

# Chapter 02 최근기출문제
## 2016년 3회

**01** 위상 천이(이상형) 발진 회로의 발진주파수는?(단, $R_1 = R_2 = R_3 = R$ 이고, $C_1 = C_2 = C_3 = C$이다.)

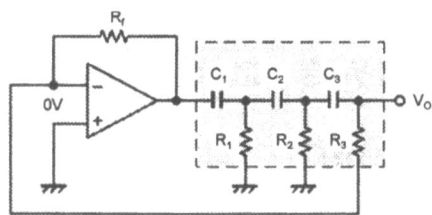

① $f_0 = \dfrac{1}{2\pi\sqrt{6}\,RC}$  ② $f_0 = \dfrac{1}{2\pi\sqrt{6RC}}$

③ $f_0 = \dfrac{1}{2\pi LC}$  ④ $f_0 = \dfrac{\sqrt{6}}{2\pi RC}$

해설 이상형 RC 발진회로 $f_0 = \dfrac{1}{2\pi\sqrt{6}\,CR}$

**02** 오실로스코프에 연결하여 파형을 측정하였을 때 측정 파형이 다음 그림과 같았다. 최고점간(peak to peak) 전압($V_{p-p}$)은 몇 V인가?(단, 프로브는 10:1을 사용하였다.)

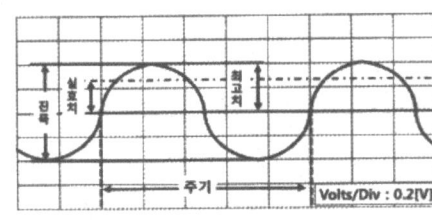

① 0.2  ② 0.4
③ 4  ④ 8

해설 $V_{p-p} = 4[DIV] \times 0.2[V] \times 10 = 8[V]$

**03** 정현파(사인파) 발진 회로가 아닌 것은?

① RC 발진 회로  ② LC 발진 회로
③ 수정 발진 회로  ④ 블로킹 발진 회로

해설 사인파 발진회로
- LC 발진회로
- RC 발진회로
- 수정 발진회로

**04** 주파수 안정도가 가장 높은 발진 회로는?

① 수정 발진 회로  ② 클랩 발진 회로
③ 하틀리 발진 회로  ④ 콜피츠 발진 회로

해설 수정 발진기의 특징
- 주파수 안정도가 좋다. ($10^{-6}$ 정도)
- 수정진동자의 Q가 매우 높다. ($10^{-4} \sim 10^6$)
- 수정진동자는 기계적으로나 물리적으로 안정하다.
- 발진조건을 만족하는 유도성 주파수 범위($f_0 < f < f_s$)가 대단히 좁다.

**05** 정류기의 평활회로는 어떤 종류의 여파기에 속하는가?

① 대역 통과 여파기  ② 고역 통과 여파기
③ 저역 통과 여파기  ④ 대역 소거 여파기

해설 평활회로는 정류기 출력 전압의 맥동을 감쇠시키는 회로로 저역 통과 여파기를 사용한다.

**06** 동조회로에서 최대 이득을 얻기 위한 조건으로 옳은 것은?(단, 코일의 결합계수 k, 선택도 Q 이다.)

① $k < \frac{1}{Q}$
② $k = \frac{1}{Q}$
③ $k > \frac{1}{Q}$
④ $k = Q$

> 해설 동조회로에서 최대이득을 얻기 위한 조건은 $k = \frac{1}{Q}$ 이다.

**07** 빛의 변화로 전류 또는 전압을 얻을 수 없는 것은?

① 광전 다이오드
② 광전 트랜지스터
③ 황화카드뮴(CdS) 셀
④ 태양전지

> 해설 CdS(황화카드뮴 소자)는 빛에 의한 전도성을 이용한 것으로, 입사되는 빛의 양에 따라 저항값이 변화하는 가변저항소자이다.

**08** 다음 회로의 입력($V_i$)에 구형파를 가하면 출력 파형($V_e$)은?

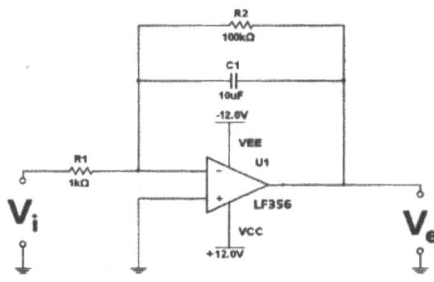

① 정현파　② 구형파
③ 삼각파　④ 사다리꼴파

> 해설 출력 파형이 입력 파형의 적분형이 되는 회로로 구형파를 입력하면 삼각파가 출력된다.

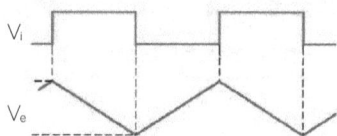

**09** 다음 회로에 입력 $V_i$ 파형으로 펄스폭이 $\Delta t$[sec]인 구형파를 가할 때 출력 $V_o$ 파형은?(단, 회로의 시정수 RC는 입력파형의 펄스폭보다 훨씬 크다고 가정한다.)

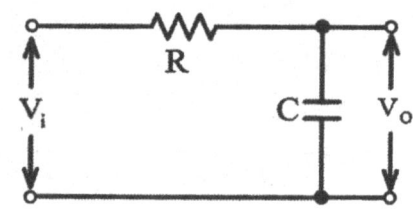

① 정현파　② 구형파
③ 계단파　④ 삼각파

> 해설 출력 파형이 입력 파형의 적분형이 되는 회로로 구형파를 입력하면 삼각파가 출력된다.

**10** LC 발진 회로에서 귀환 회로에 3소자의 연결 형태에 따라 발진 회로를 구분할 수 있다. 다음 발진 회로의 발진 조건은?(단, 항상 $Z_1$, $Z_2$, $Z_3$ 소자는 부호가 같다고 가정한다.)

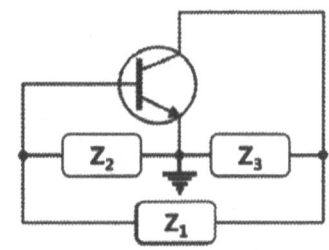

① $Z_1$ : 용량성, $Z_2$ : 용량성, $Z_3$ : 유도성
② $Z_1$ : 용량성, $Z_2$ : 유도성, $Z_3$ : 용량성
③ $Z_1$ : 유도성, $Z_2$ : 용량성, $Z_3$ : 용량성
④ $Z_1$ : 유도성, $Z_2$ : 용량성, $Z_3$ : 유도성

📖 콜피츠 발진(Colpitts oscillation) 회로
　$Z_1$ : 유도성, $Z_2$ : 용량성, $Z_3$ : 용량성

**11** 다음 회로에 대한 설명으로 틀린 것은?

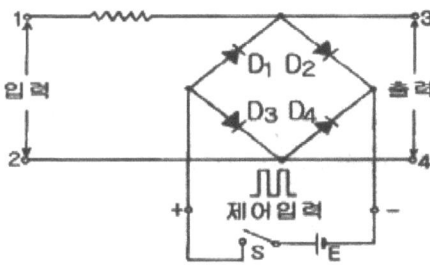

① 회로는 브리지형 게이트 회로이다.
② 스위치 S에 무관하게 입력한 전압이 그대로 출력 측의 전압으로 나타난다.
③ 스위치 S를 닫으면 D1~D4가 도통되므로 단자 1~2에 가해지는 전압은 출력단자에 나타나지 않는다.
④ 스위치 S가 개방되면 단자 3~4 사이의 다이오드 임피던스는 높으므로 입력 전압은 출력에 그대로 나타난다.

📖 • 브리지형 게이트 회로이며 스위치 S를 닫을 때와 개방일 때 출력단자의 전압은 다르게 나타난다.
　• 스위치 S close : D1~D4가 도통되므로 단자 1~2에 가해지는 전압은 출력단자에 나타나지 않는다.
　• 스위치 S open : 단자 3~4 사이의 다이오드 임피던스는 높으므로 입력 전압은 출력에 그대로 나타난다.

**12** 저항 5Ω, 용량성 리액턴스 4Ω이 병렬로 접속된 회로의 임피던스는 약 몇 Ω인가?

① 0.32
② 0.67
③ 1.49
④ 3.12

📖 $Z = \dfrac{R \cdot X_C}{\sqrt{R^2 + X_C^2}} = \dfrac{5 \cdot 4}{\sqrt{5^2 + 4^2}} = \dfrac{20}{6.4} \fallingdotseq 3.12[\Omega]$

**13** 다음 연산 증폭기의 전압 증폭도 $A_V$는?

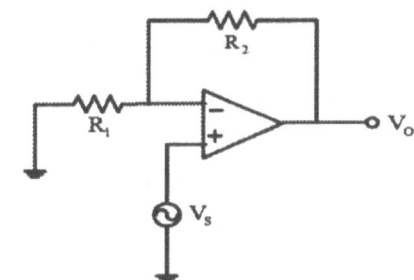

① $\dfrac{R_1 + R_2}{R_1}$　　② $\dfrac{R_1}{R_1 + R_2}$

③ $\dfrac{R_1}{R_2}$　　④ $\dfrac{R_2}{R_1}$

📖 입력과 동상의 출력전압이 얻어지는 비반전 증폭회로
　증폭도 $A = \dfrac{V_o}{V_i} = 1 + \dfrac{R_2}{R_1} = \dfrac{R_1 + R_2}{R_1}$

**14** 7 세그먼트 표시장치(seven-segment display)의 용도로 적합한 것은?

① 10진수 표시　② 신호 전송
③ 레벨 이동　　④ 잡음 방지

📖 7 세그먼트 : 세그먼트 방식의 숫자 표시 소자로서 최대 7개의 세그먼트로 숫자를 표시하는 방식으로 0~9까지 10진수를 표시 할 수 있다.

**15** JK 플립플롭을 이용한 동기식 카운터 회로에서 어떻게 동작하는가?

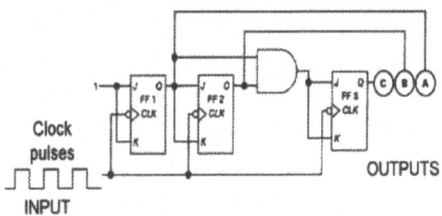

① 10진 증가(down) 카운터
② 3비트 Mod-8 카운터
③ 16진 감소(down) 카운터
④ 10비트 Mod-8 카운터

>  3비트 Mod-8 카운터로 동작한다.

**16** 하나의 집적 회로(integrated circuits, IC) 속에 들어 있는 집적 소자의 개수가 10개 이하 범위에 속하는 집적 회로는?

① VLSI   ② SSI
③ LSI    ④ MSI

> 집적도(소자 수)에 따른 IC 분류
> • SSI(Small Scale IC, 소규모 집적회로) : 100개 이하
> • MSI(Medium Scale IC, 중간 규모 집적회로) : 100 ~ 1000개
> • LSI(Large Scale IC, 고밀도 집적회로) : 1,000 ~ 10,000개
> • VLSI(Very Large Scale IC, 초고밀도 집적회로) : 10,000 ~ 1,000,000개
> • ULSI(Ultra Large Scale IC, 초초고밀도 집적회로) : 1,000,000개 이상

**17** 순서도 사용에 대한 설명 중 틀린 것은?

① 프로그램 코딩의 직접적인 기초 자료가 된다.
② 오류 발생 시 그 원인을 찾아 수정하기 쉽다.
③ 프로그램의 내용과 일 처리 순서를 파악하기 쉽다.
④ 프로그램 언어마다 다르게 표현되므로 공통적으로 사용할 수 없다.

> 순서도의 역할
> • 프로그램 작성의 직접적인 자료가 된다.
> • 업무의 내용과 프로그램을 쉽게 이해할 수 있고, 다른 사람에게 전달이 쉽다
> • 프로그램의 정확성 여부를 판단하는 자료가 되며, 오류가 발생 하였을 때 그 원인을 찾아 수정하기가 쉽다.
> • 프로그램의 논리적인 체계 및 처리 내용을 쉽게 파악할 수 있다.

**18** 주소 지정방식 중 명령어의 피연산자 부분에 데이터의 값을 저장하는 주소지정 방식은?

① 즉시 주소지정 방식
② 절대 주소지정 방식
③ 상대 주소지정 방식
④ 간접 주소지정 방식

> 즉시 주소지정 방식(Immediate Addressing Mode) : 명령 속의 오퍼랜드 정보를 그대로 오퍼랜드로 사용하는 방식

**19** 메모리로부터 읽어낸 데이터나 기억장치에 쓸 데이터를 임시 보관하는 레지스터는?

① 인덱스 레지스터
② 메모리 어드레스 레지스터
③ 메모리 버퍼 레지스터
④ 범용 레지스터

> MBR(memory buffer register) : 메모리 버퍼 레지스터는 기억 장치로부터 불러낸 정보 또는 저장할 정보를 넣어 두는 레지스터이다.

**20** 컴퓨터에서 2KB의 크기를 byte단위로 표현하면?

① 512 byte
② 1024 byte
③ 2048 byte
④ 4096 byte

> 해설
> • 1Kbyte = $2^{10}$ = 1024byte
> • 2Kbyte = 1024byte × 2 = 2048byte

**21** 자료전송에 발생하는 에러(error) 검출을 위하여 추가된 bit는?

① 3-초과　　② gray
③ parity　　④ error

> 해설 패리티 검사(Parity Check) : 데이터의 저장과 전송의 정확성을 유지하기 위하여 검사 비트를 이용하는 자동오류 검사 방법

**22** 산술 및 논리 연산의 결과를 일시적으로 기억하는 레지스터는?

① 기억 레지스터(storage register)
② 누산기(accumulator)
③ 인덱스 레지스터(index register)
④ 명령 레지스터(instruction register)

> 해설 누산기(Accumulator) : 연산에 관계되는 상태와 인터럽트 신호를 기억한다.

**23** 2진수 $(1010)_2$의 1의 보수는?

① 0101　　② 1010
③ 1011　　④ 1101

> 해설 1010 → 0101(1의 보수)

**24** 아래 그림과 같이 두 개의 게이트를 상호 접속할 때 결과로 얻어지는 논리게이트는?

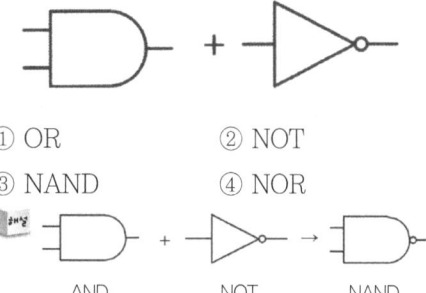

① OR　　② NOT
③ NAND　　④ NOR

> 해설
> AND + NOT → NAND

**25** 다음 중 고급언어로 작성된 프로그램을 한꺼번에 번역하여 목적프로그램을 생성하는 프로그램은?

① 어셈블리어
② 컴파일러
③ 인터프리터
④ 로더

> 해설 컴파일러 : 원시 언어로 작성한 프로그램을 동일한 내용의 목적 프로그램으로 번역하는 프로그램

**26** 주기억장치(RAM)과 중앙처리장치(CPU)의 속도 차이를 해소하기 위한 기억장치의 명칭은?

① 가상 기억장치
② 캐시 기억장치
③ 자기코어 기억장치
④ 하드디스크 기억장치

> 해설 캐시 기억장치(Cache Memory) : 프로그램 실행 속도를 중앙처리장치의 속도에 가깝도록 하기 위하여 개발된 고속 버퍼 기억장치로서, 주기억장치보다 속도가 빠르고, 중앙처리장치 내에 위치하고 있으므로 레지스터 기능과 유사하다.

**27** 중앙처리장치(CPU)의 구성 요소에 해당하지 않는 것은?

① 연산장치   ② 입력장치
③ 제어장치   ④ 레지스터

> 프로그램 명령어를 실행하는 일을 담당하는 중앙처리장치는 제어장치, 연산장치, 레지스터들의 세 부분으로 구성된다. 그리고 주기억 장치를 비롯한 다른 장치들과는 시스템 버스로 연결되어 있다.

**28** 다음 중 선입선출(FIFO) 동작을 하는 것은?

① RAM    ② ROM
③ STACK  ④ QUEUE

> 큐(QUEUE) : 리스트의 한쪽 끝에서만 삽입과 삭제가 일어나는 스택과는 달리 리스트의 한쪽 끝에서는 원소들이 삭제되고 반대쪽 끝에서는 원소들의 삽입만 가능하게 만든 순서화된 리스트. 가장 먼저 리스트에 삽입된 원소가 가장 먼저 삭제되므로 선입선출인 FIFO(first in first out) 리스트라고 한다.

**29** 다음 중 노트북 컴퓨터에 주로 사용되는 디스플레이 장치로서, 현재는 데스크 탑 형태의 컴퓨터, 전자계산기, 액정 TV 등에 폭넓게 사용되는 장치는?

① 음극선관(CRT)
② 박막액정디스플레이(LCD)
③ 플라즈마디스플레이(PDP)
④ 디지타이저

> LCD(Liquid Crystal Display) : 액정표시장치 또는 액정디스플레이라고도 한다. CRT와는 달리 자기발광성이 없어 후광이 필요하지만 동작 전압이 낮아서 소비전력이 적고 휴대용으로 쓰일 수 있기 때문에 손목시계, 컴퓨터 등에 널리 쓰고 있는 평판 디스플레이이다.

**30** 다음 기호의 명칭으로 옳은 것은?

① 정류 다이오드
② 제너 다이오드
③ 쇼트키 다이오드
④ 터널 다이오드

> | 정류<br>다이오드 | 제너<br>다이오드 | 쇼트키<br>다이오드 | 터널<br>다이오드 |
> |---|---|---|---|
> | ▶︎⊢ | ▶︎⊢ | ▶︎⊢ | ▶︎⊢ |

**31** 두 개의 입력 값이 모두 참일 때 출력 값이 참이 되는 논리 게이트는 어느 것인가?

① AND    ② NAND
③ XOR    ④ NOT

> AND 게이트

| A | B | C |
|---|---|---|
| 0 | 0 | 0 |
| 0 | 1 | 0 |
| 1 | 0 | 0 |
| 1 | 1 | 1 |

**32** 다음 중 능동소자 부품의 기호는?

①

②

③

④

- 능동부품(Active Component) : 트랜지스터(TR), 전계효과 트랜지스터(FET), 단접합 트랜지스터(UJT), IC, 연산증폭기(OPAMP) 등을 말하며, 능동소자는 증폭, 발진, 신호 변환 등의 기능을 갖는다.
- 수동부품(Passive Component) : 전기 신호의 중계, 제어 등을 행하는 기구부품으로 저항기, 커넥터, 소켓, 스위치 등이 수동소자에 속한다.

**33** 도면의 크기와 양식에 대한 설명으로 틀린 것은?

① 제도 용지의 크기는 필요에 따라 크기를 선택하여야 한다.
② 종이의 규격에 맞추어야 한다.
③ 어떠한 경우라도 종이의 규격에 따라야 한다.
④ 양식은 KSA0106 규격에 따라 도면을 그려야 한다.

특수한 상황일 경우에는 종이의 규격을 반드시 따를 필요는 없다.

**34** 산업 규모가 커지고, 제품의 대량 생산화와 더불어 원활한 산업 활동과 국가 간의 교류 및 공동의 이익을 얻기 위하여 표준 규격을 제정하고 있다. 이와 같이 표준 규격을 제정함으로써 나타나는 특징이 아닌 것은?

① 제품의 균일화가 이루어진다.
② 생산의 능률화가 이루어진다.
③ 제품의 세계화가 어려워진다.
④ 제품 상호 간의 호환성이 좋아진다.

표준규격 제정의 특징
- 제품의 균일화가 이루어진다.
- 생산의 능률화가 이루어진다.
- 제품의 세계화가 이루어진다.
- 제품 상호 간의 호환성이 좋아진다.

**35** 한쪽 측면에만 리드(lead)가 있는 패키지 소자는?

① SIP(Single Inline Package)
② DIP(Dual Inline Package)
③ SOP(Small Outline Package)
④ TQFP(Then Quad Flat Package)

SIP(Single Inline Package) : 한쪽 측면에만 Lead가 있는 패키지 소자

**36** 두 도체로 된 전극 또는 금속편 사이에 각종 유전 물질을 채운 전자 소자의 명칭은?

① 코일   ② 커패시터
③ 저항   ④ 다이오드

캐패시터 : 두 도체로 된 전극 또는 금속편 사이에 각종 유전 물질을 채운 부품

**37** 반도체 부품의 패키지 형태로 볼 수 없는 것은?

① SIP   ② DIP
③ SOP   ④ TOP

- SIP(Single In-line Package) : 한쪽 측면에만 Lead가 있는 패키지 소자
- DIP(Dual In-line Package) : 핀의 배열이 두 줄로 평행하게 배열되어 있는 부품을 지칭하는 용어로 우수한 열 특성을 가지고 있다.
- SOP(Small Outline Package) : SMT(Surface Mount Type) 형태의 패키지로서, Package 두께에 따라 TSOP, Plastic Dimension에 따라 SSOP로 구분하며, 가장 널리 쓰이는 Plastic Package이다.

**38** 국가별 산업 표준 규격을 나타내는 표준 약호(Code)로 틀린 것은?

① 한국 : KS   ② 일본 : JIS
③ 미국 : USA  ④ 독일 : DIN

해설 미국 : ANSI(American National Standard Institutes)

**39** IPC(Institute for Interconnecting & Packaging Electronic Circuits)에서는 검사기준에 차등을 두기위해 전자제품을 4등급으로 분류하는데 그 분류가 잘못된 것은?

① CLASS 1 - 군수 산업용
② CLASS 2 - 일반산업용
③ CLASS 3 - 고성능산업용
④ CLASS 4 - 고 신뢰등급

해설 CLASS1 - 기술연구용

**40** 정격의 특성을 색으로 표시할 때 보라색으로 표시하는 숫자는?

① 1   ② 3
③ 5   ④ 7

해설

| 0 | 1 | 2 | 3 | 4 | 5 | 6 | 7 | 8 | 0 |
|---|---|---|---|---|---|---|---|---|---|
| 검정색 | 갈색 | 빨강색 | 주황색 | 노랑색 | 초록색 | 파랑색 | 보라색 | 회색 | 흰색 |

**41** 마일러 콘덴서 104K의 용량 값은 얼마인가?

① 0.01[μF], ±10%
② 0.1[μF], ±10%
③ 1[μF], ±10%
④ 10[μF], ±10%

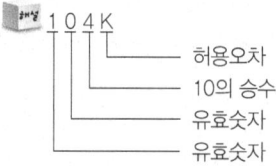

해설 104K
- 허용오차
- 10의 승수
- 유효숫자
- 유효숫자

• 콘덴서의 기준 단위는 [pF] = $10^{-12}$
• $10 \times 10^4 \times 10^{-12} = 0.1[μF]$
• 허용오차 K는 ±10[%]이다.

**42** 「컴퓨터 지원 설계」의 약자로 옳은 것은?

① CAD   ② CAM
③ CAE   ④ CNC

해설 CAD : 컴퓨터 지원 설계(Computer Aided Design)의 약어

**43** 설계자의 의도를 작업자에게 정확히 전달시켜 요구하는 물품을 만들게 하기 위해 사용되는 도면은?

① 계획도
② 주문도
③ 견적도
④ 제작도

해설 제작도 : 설계자의 의도를 작업자에게 정확히 전달시켜 요구하는 물품을 만들게 하기 위하여 사용되는 도면

**44** 컴퓨터에 그림이나 도형의 위치 관계를 부호화하여 입력하는 장치로서 평면 판과 펜으로 구성되어 있는 장치는?

① 키보드      ② 마우스
③ 디지타이저  ④ 스캐너

▶ 디지타이저(Digitizer) : 도면으로부터 좌표를 읽어 들이는 데 사용하며, 자기장이 분포되어 있는 평판에 위치 검출기를 위치시켜 도면의 위치에 대응하는 X, Y 좌표를 입력하거나 원하는 명령어를 선택하는 입력장치

**45** PCB 도면을 그래픽 출력장치로 인쇄할 경우 프린트 기판에 부품 정보를 나타내는 도면은?

① solder mask
② top silk screen
③ solder side pattern
④ component side pattern

▶ Top Silk screen : 부품이 Top면에 실장되었을 때 Top면에 Reference와 부품 외곽선, 보드명칭 등을 실크 스크린 형태로 인쇄해 주는 레이어

**46** CAD 시스템을 도입하는 목적으로 틀린 것은?

① 복잡한 명령과 실행
② 도면 작성의 자동화
③ 작업 시간의 단축
④ 효율적 관리

▶ CAD 도입의 장점
• 도면의 품질이 좋아진다.
• 설계 과정에서 능률이 향상된다.
• 수치 결과에 대한 정확성이 증가한다.
• 보관 및 보안성이 좋다.
• 설계의 표준화로 원가가 절감된다.

**47** 인쇄회로 기판 설계 시 전원선의 도체의 너비를 구하는 기준으로 옳은 것은?

① W = 0.008 × 전압
② W = 0.005 × 전압
③ W = 0.08 × 전압
④ W = 0.05 × 전압

▶ 전원선의 도체의 너비 W = 0.008 × 전압

**48** 레이저 빔 프린터와 같은 고속 프린터의 속도를 표시할 때 사용하는 단위는?

① CPS
② LPM
③ PPM
④ BPS

▶ 레이저 빔 프린터와 같은 고속 프린터의 속도를 표시할 때 사용하는 단위는 PPM을 사용한다.

**49** 저항 값이 낮은 저항기로 대전력용으로 사용되며 표준 저항기 등의 고정밀 저항기로 사용되는 저항으로 옳은 것은?

① 탄소피막 저항
② 솔리드 저항
③ 금속피막 저항
④ 권선 저항

▶ 권선 저항기 : 저항 값이 낮은 저항기로서 대전력용 및 표준저항기 등과 같이 정밀도 저항기로 사용된다.

**50** 리드(Lead)가 없는 반도체 칩을 범프(Bump:돌기)를 사용하여 PCB 기판에 직접 실장하는 방법을 말하는 것은?

① 표면실장기술(SMT)
② 삽입실장기술(TMT)
③ 플립칩(Flip Chip: FC) 실장
④ POB(Package On Board) 기술

▶ 플립칩(Flip Chip) : 반도체 칩을 회로 기판에 부착시킬 때 금속 리드(와이어)와 같은 추가적인 연결 구조나 볼 그리드 어레이(BGA)와 같은 중간 매체를 사용하지 않고 칩 아랫면의 전극 패턴을 이용해 그대로 융착시키는 방식

**51** PCB 설계 시 사용되는 단위에 관한 것이다. ( ) 안에 알맞은 숫자는?

> 2.54 mm는 ( ) mil이다.

① 1
② 10
③ 100
④ 1000

- mil : $\frac{1}{1000}$ inch를 단위로 사용하는 것으로 부품의 리드의 피치나 PCB의 패턴의 간격 등에 주로 사용하는 단위이다.
- 1inch = 2.54[cm] = 25.4[mm] = 1000mil
- 2.54[mm] = 100mil

**52** 전자 CAD로 작업한 파일을 저장할 수 있는 장치는?

① 스캐너
② 모니터
③ 마우스
④ 하드디스크

스캐너, 모니터, 마우스는 입·출력 장치이고 하드디스크는 파일을 저장할 수 있는 저장 장치이다.

**53** 다음의 내용에서 설명하는 명령어는?

> (1) 도면작성에 필요한 종이 크기를 설정한다.
> (2) 도면 작성에 필요한 기본 단위를 설정한다.
> (3) 작품명을 기입한다.

① 도면 열기
② 도면 저장하기
③ 화면 크기 조정
④ 새 도면

새로운 도면을 작성하기 위한 내용이다.

**54** 다음은 양면 PCB 제조공정의 주요 단계를 순서 없이 늘어놓은 것이다. 제조공정의 순서로 올바른 것은?

> ㉠ 동박 적층판 재단
> ㉡ 검사 및 출하
> ㉢ 비아홀의 형성
> ㉣ 배선 패턴의 형성
> ㉤ 솔더 레지스트 인쇄
> ㉥ 홀 및 외관가공

① ㉠ → ㉣ → ㉢ → ㉤ → ㉥ → ㉡
② ㉠ → ㉢ → ㉣ → ㉤ → ㉥ → ㉡
③ ㉠ → ㉤ → ㉣ → ㉢ → ㉥ → ㉡
④ ㉠ → ㉥ → ㉢ → ㉣ → ㉤ → ㉡

동박 적층판 재단 – 비아홀의 형성 – 배선 패턴의 형성 – 솔더 레지스터 인쇄 – 홀 및 외관가공 – 검사 및 출하

**55** PCB 설계 시 배선의 전기적 특성과 노이즈 개선방법으로 틀린 것은?

① 회로블록마다 디커플링 커패시터를 배치한다.
② 기판 내 접지점은 5점 이상의 접지방식을 사용한다.
③ 양면에서는 각층이 서로 교차되도록 배선한다.
④ 주파수 대역 형태별로 기판을 나누어서 배선한다.

PCB 설계 시 배선의 전기적 특성과 노이즈 개선방법
- 회로블록마다 디커플링 커패시터를 배치한다.
- 기판에서 하나의 접지점을 정하는 1점 접지방식으로 설계한다.

- 양면에서는 각 층이 서로 교차되도록 배선한다.
- 주파수 대역 형태별로 기판을 나누어서 배선한다.

**56** CAD용 소프트웨어의 구성이라고 볼 수 없는 것은?

① 그래픽 패키지
② 응용 프로그램
③ 응용 데이터베이스
④ MGA(Mono-chrome Graphic Adapter)

> MGA는 그래픽 카드로서 하드웨어에 해당된다.

**57** 기판 재료 용어를 설명한 것 중 표면에 도체 패턴을 형성할 수 있는 절연 재료를 의미하는 것은?

① 절연 기판(base material)
② 프리프레그(preg)
③ 본딩 시트(bonding sheet)
④ 동박 적층판(copper clad laminates)

> 절연기판 : 표면에 도체 패턴을 형성할 수 있는 절연 재료

**58** PCB 제작 시 필름의 치수변화를 최소화하기 위한 조치로서 바르지 못한 것은?

① 필름실의 항온·항습 유지
② 수축을 방지하기 위해 구입 즉시 사용
③ 이물질을 최소화하기 위한 class 유지 관리
④ 제조 룸과 공정의 통제 관리

> 필름실의 항온·항습을 유지하여 필름을 보관하면 구입 후 장기간 보관이 가능하기 때문에 구입 즉시 바로 사용할 필요는 없다.

**59** CAD로 직선을 그리는 경우 좌표 원점으로부터 거리를 나타내며 (X, Y)로 표시하는 것은?

① 극 좌표
② 절대 좌표
③ 상대 좌표
④ 복소 평면 좌표

> 절대좌표 : 원점으로부터 X, Y축 방향으로 이동 좌표

**60** 패턴 설계 시 고려해야할 사항이 아닌 것은?

① 신호 전달 패턴과 전력 전달 패턴은 근접시키지 않는다.
② 패턴은 가능한 최단 거리를 원칙으로 한다.
③ 패턴의 굵기는 흐르는 전류량과 관련이 있다.
④ 패턴과 패턴 사이는 가능한 GND 패턴을 통과시키지 않는다.

> 패턴과 패턴 사이에 GND 패턴이 있으면 패턴 간 간섭을 줄일 수 있다.

**ANSWER** 2016년 3회

| 01 | 02 | 03 | 04 | 05 | 06 | 07 | 08 | 09 | 10 |
|---|---|---|---|---|---|---|---|---|---|
| ① | ④ | ④ | ① | ③ | ② | ③ | ③ | ④ | ③ |
| 11 | 12 | 13 | 14 | 15 | 16 | 17 | 18 | 19 | 20 |
| ② | ④ | ① | ① | ② | ② | ④ | ① | ③ | ③ |
| 21 | 22 | 23 | 24 | 25 | 26 | 27 | 28 | 29 | 30 |
| ③ | ② | ① | ③ | ② | ② | ③ | ④ | ② | ④ |
| 31 | 32 | 33 | 34 | 35 | 36 | 37 | 38 | 39 | 40 |
| ① | ④ | ② | ③ | ③ | ② | ③ | ② | ① | ④ |
| 41 | 42 | 43 | 44 | 45 | 46 | 47 | 48 | 49 | 50 |
| ② | ① | ④ | ③ | ② | ① | ① | ③ | ② | ④ |
| 51 | 52 | 53 | 54 | 55 | 56 | 57 | 58 | 59 | 60 |
| ③ | ④ | ④ | ② | ② | ④ | ① | ② | ② | ④ |

# Chapter 03 CBT 대비
## 적중모의고사 1회

**01** 집적회로(IC)의 특징으로 적합하지 않은 것은?

① 경제적
② 소형경량
③ 고 신뢰도
④ 대전력용으로 주로 사용

> 집적회로(Integrated circuit)는 전력출력이 작아도 되는 소형·경량의 회로에 적합하며, 신뢰성이 특히 중요시된다.

**02** A급 증폭기에서 동작점의 설정으로 적합한 것은?

① 정특성 곡선에서 컬렉터 전류의 차단점보다 더욱 부(-)쪽에 설정한다.
② 정특성 곡선에서 컬렉터 전류의 차단점에 설정한다.
③ 정특성 곡선에서 직선부의 중앙부에 설정한다.
④ 정특성 곡선의 만곡부에 설정한다.

> A급 증폭기
> - 일그러짐(왜율)이 가장 작고 원음에 가깝게 재생 하므로 직선성이 좋다.
> - 정특성 곡선에서 동작점은 직선부의 중앙에 설정한다.
> - 효율 50[%]로 가장 적다.
> - 입력 신호가 없을 때도 컬렉터 전류가 흐른다.

**03** 시미트 트리거 회로의 출력 파형은?

① 구형파
② 삼각파
③ 정현파
④ 톱니파

> 시미트 트리거 회로는 정현파 신호 입력을 받아서 구형파 출력을 만드는 회로로서 TTL에 사용한다.

**04** 부궤환 증폭기의 특징이 아닌 것은?

① 대역폭 증대
② 일그러짐 감소
③ 전력 효율 개선
④ 주파수 특성 개선

> 부궤환 증폭기의 특징
> - 이득이 감소한다.(안정도 증가)
> - 이득이 보통 -3[dB] 감소하므로 대역폭(BW)이 넓어져 주파수 특성이 개선된다.
> - 일그러짐과 잡음이 감소한다.
> - 입력 임피던스는 증가하고 출력 임피던스는 감소한다.

**05** BJT와 비교한 FET에 대한 설명으로 틀린 것은?

① 입력임피던스가 높다.
② 이득대역폭 적이 크다.
③ 잡음특성이 양호하다.
④ 온도변화에 따른 안정성이 높다.

해설 전계효과트랜지스터(Field Effect Transistor)는 TR의 단점을 개선한 것으로 BJT보다 이득대역폭 적(積)이 작다.

**06** 전력이 10[kW]인 반송파를 변조도 60[%]로 AM 변조 했을 때 피변조파의 전력은?

① 10[kW]　　② 11.8[kW]
③ 13.2[kW]　④ 14.6[kW]

해설 $P_m = P_c \left(1 + \dfrac{m^2}{2}\right)[W]$

$\therefore P_m = 10\left(1 + \dfrac{0.6^2}{2}\right) = 11.8[kW]$

**07** 어떤 증폭회로에서 입력전압이 10[mV]일 때 출력전압이 1[V]이었다면 전압이득은?

① 10[dB]　　② 20[dB]
③ 40[dB]　　④ 60[dB]

해설 이득(Gain) = $20 \log_{10} \dfrac{v_0}{v_i}[dB]$ 이므로

$G = 20 \log_{10} \dfrac{1}{10 \times 10^{-3}}$

$\therefore 20 \log_{10} 10^2 = 40[dB]$

**08** 어떤 저항에서 0.8[kWh]의 전력량을 소비시켰을 때 발생하는 열량은?

① 약 350[kcal]　② 약 520[kcal]
③ 약 690[kcal]　④ 약 850[kcal]

해설 1[kcal] = 3.6 × 10⁶[J]
0.8[kcal] = 3.6 × 10⁶[J] × 0.8 = 2.88 × 10⁶[J]
∴ H = 0.24P = 0.24 × 2.88 × 10⁶ ≒ 690[kcal]

**09** R-L-C 직렬회로에서 저항이 50[Ω], 유도성 리액턴스가 25[Ω], 용량성 리액턴스가 25[Ω]일 때 합성 임피던스는?

① 0[Ω]　　　② 25[Ω]
③ 50[Ω]　　④ 75[Ω]

해설 임피던스란 주파수성분에 따른 R-L-C의 복합적인 저항성분으로 나타낸다.

따라서, $Z = \sqrt{R^2 + (X_L - X_C)^2}$
$= \sqrt{50^2 + (25 - 25)^2} = \sqrt{50^2} = 50[\Omega]$

**10** 다음과 같은 연산증폭기 회로의 명칭은?

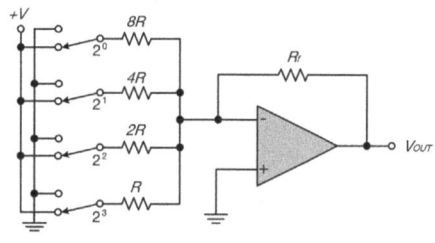

① 가산기
② 적분기
③ A/D 변환기
④ D/A 변환기

해설 입력 신호 2⁰~2³의 디지털 신호를 아날로그 출력을 가산하여 얻는 D/A 변환기이다.

**11** 기본파의 전압이 100[V], 제2 고조파의 전압이 4[V], 제3 고조파의 전압이 3[V]일 때 왜율은?

① 5[%]　　② 10[%]
③ 25[%]　④ 50[%]

해설 왜율(D) = $\dfrac{\text{고조파의 실효값}}{\text{기본파의 실효값}}$

$= \dfrac{\sqrt{V_2^2 + V_3^2}}{V_1} \times 100$

$= \dfrac{\sqrt{4^2 + 3^2}}{100} \times 100$

$= \dfrac{5}{100} \times 100 = 5$

**12** 정격전압 220[V], 800[W]의 전열기에 110[V]의 전압을 가하였을 때 소비되는 전력은?

① 800[W]
② 400[W]
③ 200[W]
④ 100[W]

> 전력$(P) = I^2R = \dfrac{V^2}{R}$[W]에서
> $R = \dfrac{V^2}{P} = \dfrac{220^2}{800} = \dfrac{48400}{800} = 60.5[\Omega]$
> $P = \dfrac{V^2}{R} = \dfrac{110^2}{60.5} = \dfrac{12100}{60.5} = 200[W]$

**13** 100[Ω]의 저항 10개를 직렬로 접속할 때 합성저항은 병렬로 접속할 때의 몇 배인가?

① 10배
② 20배
③ 100배
④ 1000배

> • 직렬저항
> $R_S = R \times n = 100[\Omega] \times 10 = 1000[\Omega]$
> • 병렬저항
> $R_P = \dfrac{R}{n} = \dfrac{100[\Omega]}{10} = 10[\Omega]$
> $\therefore \dfrac{R_S}{R_P} = \dfrac{1000}{10} = 100[배]$

**14** 저항 3[kΩ]에 30[V]를 인가할 때 흐르는 전류는?

① 1[mA]
② 5[mA]
③ 10[mA]
④ 20[mA]

> 옴 법칙에 따라
> $V = IR, R = \dfrac{V}{I}, I = \dfrac{V}{R}$
> $\therefore I = \dfrac{30}{3000} = 0.01[A] = 10[mA]$

**15** P형 반도체를 만드는 불순물 원소에 속하지 않는 것은?

① As
② B
③ Al
④ Ga

> • P형 반도체를 만드는 불순물(acceptor) : 인듐(In), 갈륨(Ga), 붕소(B), 알루미늄(Al) 등
> • N형 반도체를 만드는 불순물(donor) : 안티몬(Sb), 비소(As), 인(P) 등

**16** 다음은 2 × 4 해독기의 진리표이다. $X_2$의 값은?(단, A, B는 입력이다.)

| A | B | $X_0$ | $X_1$ | $X_2$ | $X_3$ |
|---|---|---|---|---|---|
| 0 | 0 | 1 | 0 | 0 | 0 |
| 0 | 1 | 0 | 1 | 0 | 0 |
| 1 | 0 | 0 | 0 | 1 | 0 |
| 1 | 1 | 0 | 0 | 0 | 1 |

① $\overline{A} \cdot \overline{B}$
② $\overline{A} \cdot B$
③ $A \cdot \overline{B}$
④ $A \cdot B$

> $X_0 = \overline{A} \cdot \overline{B}, X_1 = \overline{A} \cdot B, X_2 = A \cdot \overline{B}, X_3 = A \cdot B$

**17** 흐름도(flow chart)에 나타내는 것이 아닌 것은?

① 각종 연산 및 처리 기능 표시
② 데이터 입력 및 출력 표시
③ 여러 개의 경로 중 한 경로의 선택 표시
④ 디스플레이 장치 표시

> 디스플레이 장치는 흐름도에 나타내지 않는다.

**18** 전자계산기의 특징에 속하지 않는 것은?

① 신속한 처리 속도
② 창의성
③ 정확성
④ 신뢰성

📖 전자계산기의 특징 : 자동성, 기억성, 신속성, 범용성, 정확성, 동시성

**19** 흐름도(flow chart)를 작성하는 이유가 아닌 것은?

① 코딩하기가 쉽다.
② 논리적인 체계를 쉽게 이해 할 수 있다.
③ 프로그램 흐름을 쉽게 파악하여 수정을 용이하게 한다.
④ 계산기의 내부 동작 상태를 쉽게 알 수 있다.

**20** 8비트의 부호와 절대값 방법으로 표현된 수 42를 한 비트씩 좌우측으로 산술 시프트 하면?

① 좌측 시프트 : 42, 우측 시프트 : 42
② 좌측 시프트 : 84, 우측 시프트 : 42
③ 좌측 시프트 : 42, 우측 시프트 : 21
④ 좌측 시프트 : 84, 우측 시프트 : 21

📖 • 42 왼쪽 시프트 : 먼저 2진수로 변환 101010, 한 비트 좌측 시프트하면 1010100이 되므로 84
• 42 오른쪽 시프트 : 먼저 2진수로 변환 101010, 한 비트 우측 시프트하면 10101이 되므로 21

**21** 다음 언어 중 컴파일러 언어에 해당하는 것은?

① BASIC
② LISP
③ APL
④ C

📖 컴파일러에 의해 번역되는 프로그램 언어로는 FORTRAN, COBOL, PASCAL, C 등이 있다.

**22** 주소 지정방식 중 명령어의 피연산자 부분에 데이터의 값을 저장하는 방식은?

① 즉시 주소지정 방식
② 절대 주소지정 방식
③ 상대 주소지정 방식
④ 간접 주소지정 방식

📖 즉시 주소지정 방식(Immediate Addressing Mode)은 명령 속의 오퍼랜드 정보를 그대로 오퍼랜드로 사용하는 방식이다.

**23** 10진수 0.4375를 2진수로 변환한 것은?

① $(0.0111)_2$
② $(0.1101)_2$
③ $(0.1110)_2$
④ $(0.1011)_2$

📖 $0.4375 \times 2 = \underline{0}.875$, $0.875 \times 2 = \underline{1}.75$, $0.75 \times 2 = \underline{1}.5$, $0.5 \times 2 = \underline{1}.0$
∴ $(0.4375)_{10} = (0.0111)_2$

**24** 주기억 장치에 기억된 프로그램을 읽고 해독한 후, 각 장치에 지시신호를 전달함으로써 프로그램에서 지시한 동작이 실행되도록 하는 것은?

① 입력장치
② 출력장치
③ 연산장치
④ 제어장치

📖 제어장치(Control Unit) : 프로그램 명령어를 해독하고, 해석된 명령의 의미에 따라 연산장치, 주기억 장치 등에게 동작을 지시하며 어드레스 레지스터, 기억 레지스터, 명령 레지스터, 명령 해독기, 명령 계수기 등으로 구성된다.

**25** 메모리 내용을 보존하기 위해 일정 기간마다 재충전이 필요한 기억소자는?

① SRAM
② DRAM
③ 마스크 ROM
④ EPRCM

> DRAM(Dynamic RAM) : 구조는 단순하지만 가격이 저렴하고 집적도가 높아 PC의 메모리로 이용되며, 휘발성으로 재충전시간이 필요하다.

**26** 다음 기억공간 관리 중 고정 분할 할당과 동적 분할 할당으로 나누어 관리되는 기법은?

① 연속로딩기법
② 분산로딩기법
③ 페이징(paging)
④ 새그먼트(segment)

> 연속 로딩기법 : 기억공간 관리 중 고정 분할 할당과 동적 분할 할당으로 나누어 관리되는 기법

**27** 다음 그림은 주소 버스(address bus)를 이용한 메모리 전송을 나타낸 것이다. 그림에서 "A"가 나타내는 회로의 이름은?

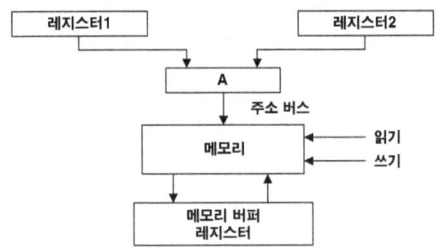

① 디코더(decoder)
② 인코더(encoder)
③ 멀티플렉서(multiplexer)
④ 카운터(counter)

> 멀티플렉서(multiplexer) : 여러 개의 입력선 중에서 하나를 선택하여 단일 출력선으로 연결하는 조합회로이다.

**28** 세라믹 콘덴서에서 표면에 숫자 223의 용량은?(단, K는 허용오차 범위)

① 220[μF]    ② 22[μF]
③ 0.22[μF]   ④ 0.022[μF]

>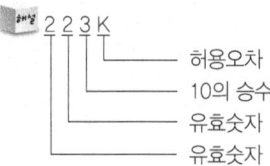
> • 콘덴서의 기준 단위는 [pF] = $10^{-12}$
> • $22 \times 10^3 \times 10^{-12} = 0.022[\mu F]$
> • 허용오차 K는 ±10[%]

**29** 기억 용량의 단위를 잘못 설명한 것은?

① 1 비트 : 0 또는 1
② 1 바이트 : 8개의 서로 다른 0 또는 1
③ 1 킬로 바이트 : 1000 바이트
④ 1 메가 바이트 : 1048576 바이트

> 1Kbyte = $2^{10}$ = 1024byte

**30** 다음 중 컴퍼스로 그리기 어려운 원호나 곡선을 그릴 때 사용되는 제도 기구는?

① T자         ② 삼각자
③ 운형자      ④ 축적자

> 운형자 : 컴퍼스로 그리기 어려운 원호나 곡선을 그릴 때 사용되는 제도 기구

**31** 다음 콘덴서 중에서 (+), (−)극성이 있어서 회로 연결 시 주의해야 하는 것은?

① 세라믹 콘덴서
② 마이카 콘덴서
③ 마일러 콘덴서
④ 전해 콘덴서

> 전해 콘덴서 : 극성을 가지고 있으며 안정적인 대용량 전원 공급을 위해 사용되는 소자

**32** 다음 인쇄회로기판(PC) 중 적층형태에 따른 분류가 아닌 것은?

① 단면 인쇄회로기판
② 양면 인쇄회로기판
③ 스루홀 인쇄회로기판
④ 다층 인쇄회로기판

> 적층형태에 따라 단면기판, 양면기판, 다층기판 등으로 분류된다.

**33** CAD 시스템에서 사용되는 좌표 중 거리와 각도로 위치를 나타내는 좌표계는?

① 절대 좌표계
② 상대 좌표계
③ 극 좌표계
④ 사용자 좌표계

> 극 좌표계 : 원점으로부터 거리와 각도를 이용하여 이동한 거리의 좌표

**34** X-Y 플로터 등에서 처리 속도가 느린 주변 기기와 컴퓨터 시스템의 중간에서 시스템의 효율을 높일 수 있는 것은?

① 중간 증폭
② 데이터 버퍼
③ 마우스
④ 연산 장치

> 데이터 버퍼는 X-Y 플로터 등에서 처리 속도가 느린 주변 기기와 컴퓨터 시스템의 중간에서 시스템의 효율을 높일 수 있다.

**35** 제조가 완료된 PCB를 전기적, 광학적으로 검사하기 위한 과정은?

① CAD
② CAM
③ CAE
④ CAT

> CAT(Computer Aided Testing) : 제조가 완료된 PCB를 전기적, 광학적으로 검사하기 위한 과정

**36** 다음 중 SMD(Surface Mount Device)타입의 패드를 Plane층, Inner 및 Bottom면에 연결해줄 때, 패드에서 일정 거리의 트랙을 끌고 나온 후 비아를 사용하여 타 Layer에 연결하여 주는 것은?

① 레이어
② 팬인
③ 팬아웃
④ 랜드

> 팬아웃(Fanout) : SMD(Surface Mount Device) 타입의 패드를 Plane층, Inner 및 Bottom면에 연결할 때, 패드에서 일정 거리의 트랙을 끌고 나온 후 비아를 사용하여 타 Layer에 연결하여 주는 것

**37** 인쇄회로기판의 기계적 특성에 속하지 않는 것은?

① 절연 저항
② 굽힘 강도
③ 인장 강도
④ 비틀림률

> 인쇄회로기판(PCB) 의 특성
> • 전기적 특성 : 내전압, 절연저항, 표면저항 및 최적(두께)저항률, 절연율 등
> • 기계적 특성 : 휨률, 인장강도, 비틀림률, 펀칭가공성, 굽힘강도 등

**38** 전자캐드의 특징 설명으로 틀린 것은?

① 회로의 설계에 적합하다.
② 기구의 설계에 적합하다.
③ 회로의 동작 검증이 용이하다.
④ 인쇄회로기판의 설계에 적합하다.

> 전자 CAD 패키지는 회로 설계용 프로그램(Schematic), 회로의 동작을 검증하는 회로시뮬레이션용 프로그램, 인쇄 기판 설계용 프로그램이다. 참고로 기구 설계에 적합한 것은 매커니컬 CAD이다.

**39** 다음 중 부품의 특성을 표시해야 하는 내용으로 가장 거리가 먼 것은?

① 부품 값
② 허용 오차
③ 정격 전압
④ 부품의 분류

> 전자, 통신용 부품의 정격과 특성의 표시는 부품의 정격전력, 정격전압, 부품 값, 허용오차 등이다.

**40** 자기장이 분포되어 있어 평판에 버튼커서 또는 스타일러스 펜이라고 불리는 위치 검출기를 이동시켜 도면위치에 대응하는 X, Y 좌표를 입력하는 장치는?

① 트랙볼
② X-Y 플로터
③ 디지타이저
④ 이미지 스캐너

> 디지타이저(Digitizer) : 도면으로부터 좌표를 읽어 들이는 데 사용하며, 자기장이 분포되어 있는 평판에 위치 검출기를 위치시켜 도면의 위치에 대응하는 X, Y 좌표를 입력하거나 원하는 명령어를 선택하는 입력장치

**41** 그림과 같은 부품 기호에 대한 명칭은?

① 다이오드          ② 저항
③ 수정진동자        ④ 코일

| 다이오드 | 저항 | 수정진동자 | 코일 |
|---|---|---|---|
|  | | | |

**42** 표제란에 축척이 1/2로 되어 있을 때, 실제 물체의 길이가 50[mm] 경우 도면에 표시되는 길이는?

① 100[mm]    ② 50[mm]
③ 25[mm]     ④ 5[mm]

> 50[mm] × 1/2[축척] = 25[mm]

**43** 회로도를 설계하는 과정에서 부품간의 선 연결정보를 생성하는 파일은?

① 거버(Gerber) 파일
② 네트리스트(Netlist) 파일
③ DRC(Design Rule Check) 파일
④ ERC(Electric Rule Check) 파일

> Netlist : PCB상에서 상호 연결되어 있는 신호, 모듈, 핀의 명칭으로 회로도면상의 연결 정보

**44** 그림과 같은 전자부품 기호가 나타내는 것은?

① 스피커　② 다이오드
③ 트랜지스터　④ LED

| 스피커 | 다이오드 | 트랜지스터 | LED |
|---|---|---|---|
| ⊏◁ | ▶◁─ | (트랜지스터 기호) | ▶◁─▶ |

**45** 전자회로설계에서 전체적인 동작이나 기능의 계통도로 그린 것은?

① 상세도
② 접속도
③ 블록도
④ 기초도

🔍 전자회로설계에서 부품 상호간에 전달되는 신호의 계통을 알기 쉽게 나타낸 것을 계통도, 블록도라고 한다.

**46** 논리합(OR) 게이트의 기호는?

① 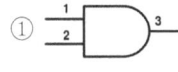　②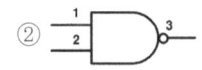
③ 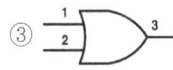　④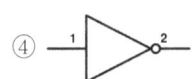

🔍 ① AND 게이트, ② NAND 게이트, ③ OR 게이트, ④ NOT 게이트

**47** 부품의 배치가 완료된 이후 핀(pin)간의 배선 작업을 의미하는 것은?

① 웨이퍼　② 블로킹
③ 에칭　④ 라우팅

🔍 라우팅(Routing) : 부품의 배치가 완료된 후 PIN간의 배선 작업을 의미

**48** 회로도가 하나의 도면으로 작성하기에 클 경우 도면의 일부를 하위 페이지로 작성하는 도면의 구조는?

① 평면 구조
② 다면 구조
③ 계층 구조
④ 단일 구조

🔍 계층구조 설계(Hierarchical Design) : 회로도가 하나의 도면으로 작성하기에 클 경우 도면의 일부를 하위 페이지로 작성한 도면의 구조 설계

**49** 인쇄회로기판(PCB) 설계시 고주파 부품 및 노이즈(noise)에 대한 대책으로 틀린 것은?

① 아날로그, 디지털 혼재 회로에서 접지선은 분리한다.
② 전원용 라인필터는 연결부위에 가깝게 배치한다.
③ 고주파 부품은 일반회로 부분과 분리하여 배치하도록 하고, 가능하면 차폐를 실시하여 영향을 최소화 하도록 한다.
④ 부품의 리드는 가급적 길게 하여 안테나 역할을 하도록 한다.

🔍 PCB 노이즈 방지대책
- 아날로그, 디지털 혼재 회로에서 접지선은 분리한다.
- 고주파 부품은 일반회로 부분과 분리하여 배치한다.
- 전원용 라인필터는 연결 부위에 가깝게 배치한다.
- 부품은 세워서 배치하지 않으며, 가급적 부품의 다리를 짧게 배선한다.

**50** 다음 중 PCB 설계 후 곧바로 PCB를 제작할 수 있는 필름 출력이 가능한 장치는?

① X-Y 플로터
② Photo 플로터
③ Gerber Editor
④ Ink jet 프린터

> 포토 플로터(Photo Plotter) : PCB 설계 후 곧바로 PCB를 제작할 수 있는 필름 출력이 가능한 장치

**51** 다음 중 인쇄회로기판의 장점으로 보기 어려운 것은?

① 대량 생산의 효과가 있다.
② 소형, 경량화에도 기여한다.
③ 조립, 배선, 검사의 공정수가 증가한다.
④ 제조의 표준화와 자동화를 기할 수 있다.

> 인쇄회로기판(PCB)의 장점
> • 대량 생산의 효과가 높다.
> • 제품의 소형, 경량화에 기여한다.
> • 조립, 배선, 검사의 공정 단계가 감소한다.
> • 제조의 표준화와 자동화가 이루어진다.

**52** 부품의 구멍을 사용하지 않고 도체 패턴의 표면에 전기적 접속을 하는 부품 탑재 방법이 아닌 것은?

① SMD
② DIP
③ SOP
④ TQFP

> SMD 부품 패키지
> • SOP(Small-Outline Package)
> • TQFP(Thin Quad Flat Package)
> • QFP(Quad Flat Package)
> • PLCC(Plastic Leaded Chip Carrier)

**53** 부품 배치도의 작성 방법에 대한 설명으로 틀린 것은?

① 균형 있게 배치한다.
② IC의 경우 1번 핀을 표시한다.
③ 부품 상호간 신호가 유도되도록 한다.
④ 조정이 필요한 부품은 조작이 용이하도록 배치하여야 한다.

> 부품의 배치도 작성 방법
> • 균형 있게 배치한다.
> • IC의 경우 1번 핀을 표시하여 오 삽입을 방지한다.
> • 부품 상호간에 신호가 유기되지 않도록 한다.
> • 조정이 필요한 부품은 조작이 용이한 위치에 배치하여야 한다.

**54** 제도 용지에서 A3 용지의 규격으로 옳은 것은?(단, 단위는 mm)

① 210 × 297
② 297 × 420
③ 420 × 594
④ 594 × 841

> A1 : 594×841, A2 : 420×594, A3 : 297×420, A4 : 210×297

**55** Through hole에 대한 설명으로 옳은 것은?

① 층간의 상호 절연을 위한 것이다.
② 홀의 한쪽이 층 내부에 묻혀 있다.
③ 신호의 접지를 위한 홀이다.
④ 부품면과 동박면을 도통하기 위한 것이다.

> Through Hole : 부품면과 동박면을 도통하기 위한 것

**56** 전자회로를 설계하는 과정에서 10[Ω]/5[W] 저항을 기판에 실장(배치)하여야 하는데, 10[Ω]/5[W] 저항의 부피가 커서 1[W] 저항을 병렬로 구성하고자 할 경우 필요한 저항은?

① 10[Ω] 5개
② 25[Ω] 2개
③ 50[Ω] 5개
④ 100[Ω] 5개

> 병렬 접속은 R/n이므로 50/5 = 10[Ω]이 된다. 그러므로 50[Ω]의 저항 5개를 병렬로 접속하면 된다.

**57** 네트리스트를 생성하기 위한 준비단계로 볼 수 없는 것은?

① DRC 실행 확인
② Annotation 실행 확인
③ 프로젝트 생성의 이상 여부 확인
④ 거버파일 생성 확인

> 거버(Gerber)파일은 PCB를 제작하기 위한 파일로서 PCB설계의 모든 정보가 들어 있고 PCB 설계의 최종 목적 파일로 필름의 생성을 위한 각 레이어 및 드릴 데이터 등을 추출하는 파일이다.

**58** 다음 중 설계된 PCB 도면의 외곽 사이즈(size)가 1000×2000[mil]일 때, 이를 [mm]로 환산하면?

① 0.254×0.508[mm]
② 2.54×5.08[mm]
③ 25.4×50.8[mm]
④ 254×508[mm]

> 1 inch = 2.54[cm] = 25.4[mm] = 1000mil
> ∴ 1000mil = 1inch = 25.4[mm], 2000mil = 50.8[mm]

**59** 인쇄회로 기판의 패턴을 설계할 때 유의해야 할 사항으로 옳지 않은 것은?

① 패턴은 굵고 짧게 한다.
② 배선은 길게 하는 것이 좋다.
③ 패턴 사이의 간격을 차폐 한다.
④ 커넥터를 분리 설계 한다.

> 인쇄회로기판 설계 시 배선으로 인한 인덕턴스 발생을 줄이려면 전원 라인을 굵고, 짧게 배선해야 한다.

**60** 전자 제도에서 작성할 수 있는 도면의 표시 방법이 아닌 것은?

① 회로도
② 계통도
③ 배선도
④ 부품가공도

> 부품도 : 기계를 구성하는 각 부품을 개별적으로 상세하게 나타낸 도면

**ANSWER** 적중모의고사 1회

| 01 | 02 | 03 | 04 | 05 | 06 | 07 | 08 | 09 | 10 |
|---|---|---|---|---|---|---|---|---|---|
| ④ | ③ | ① | ③ | ② | ③ | ④ | ③ | ③ | ④ |
| 11 | 12 | 13 | 14 | 15 | 16 | 17 | 18 | 19 | 20 |
| ① | ③ | ③ | ③ | ① | ③ | ④ | ② | ④ | ④ |
| 21 | 22 | 23 | 24 | 25 | 26 | 27 | 28 | 29 | 30 |
| ④ | ① | ① | ④ | ② | ① | ③ | ④ | ③ | ③ |
| 31 | 32 | 33 | 34 | 35 | 36 | 37 | 38 | 39 | 40 |
| ④ | ② | ② | ② | ④ | ② | ② | ④ | ④ | ③ |
| 41 | 42 | 43 | 44 | 45 | 46 | 47 | 48 | 49 | 50 |
| ③ | ③ | ③ | ① | ③ | ③ | ② | ③ | ④ | ② |
| 51 | 52 | 53 | 54 | 55 | 56 | 57 | 58 | 59 | 60 |
| ③ | ② | ① | ③ | ④ | ③ | ④ | ③ | ② | ④ |

# Chapter 03

## CBT 대비
### 적중모의고사 2회

**01** 정전용량이 20[μF]인 커패시터의 극판 간격을 $\frac{1}{4}$로 줄였을 때 정전용량은 몇 [μF]인가?

① 20[μF]  ② 40[μF]
③ 60[μF]  ④ 80[μF]

> 정전용량 $C = \dfrac{\varepsilon A}{d}[F]$ (A : 극판면적, d : 극판 간 거리)이므로 4배 증가된다.
> ∴ C = 20 × 4 = 80[μF]

**02** 다음 회로에서 AB간 전압이 3[V]이면 전원 E의 전압은?(단, R₁ = 2[kΩ], R₂ = 6[kΩ]이다.)

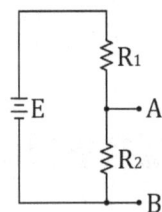

① 1[V]
② 2[V]
③ 3[V]
④ 4[V]

> $I = \dfrac{V}{R} = \dfrac{3}{6 \times 10^3} = 0.5[mA]$
> R₁의 전압 V₁=IR₁ = 0.5 × 10⁻³ × 2 × 10³=1[V]
> ∴합성전압(E)=V₁+3=1+3=4[V]

**03** 발진회로에서 발진주파수의 변동을 가져오는 요인이 아닌 것은?

① 부하의 변동
② 주위 온도의 변화
③ 전원전압의 변동
④ 완충증폭기의 사용

> 발진주파수 변동의 원인과 대책
> • 주위 온도변화 : 온도보상 회로 및 항온조를 사용
> • 부하의 변동 : 소결합 차폐 및 완충 증폭기로 결합
> • 전원전압의 변동 : 발진부와 전원부 분리 사용, 정전압 안정화 회로 사용
> • 부품불량 : 접촉의 완전화, 불량부품 교환

**04** 다음 중 RC 이상형 발진회로에 대한 설명으로 적합하지 않은 것은?

① 정현파 발진기의 일종이다.
② 저주파 발진용으로 주로 사용된다.
③ 전압증폭도는 29 보다 작아야 한다.
④ R, C값을 조정하여 주파수를 조정할 수 있다.

> 전압증폭도는 29보다 커야 한다.

**05** 다음 중 멀티바이브레이터에 대한 설명으로 적합하지 않은 것은?

① 구형파 출력을 발생한다.
② 발진주파수가 전압변동에 매우 민감하다.
③ 일반적으로 정궤환을 하는 2단 구성된다.
④ 회로의 안정성에 따라 비안정, 단안정, 쌍안정회로 등으로 구분한다.

해설 발진주파수는 회로의 시정수로 결정되며, 고차의 고조파가 함유된 파형을 얻는다.

**06** 전압이득이 20[dB]인 증폭기에 100[mV]의 입력신호를 인가할 때 출력신호는 몇 [V]인가?

① 0.1[V]
② 1[V]
③ 5[V]
④ 10[V]

해설 이득(Gain) = $20 \log_{10} \frac{v_0}{v_i}[dB]$이므로

$G = 20 \log_{10} \frac{v_0}{100 \times 10^{-3}} = \frac{20}{20}$

∴ $v_0 = 1[V]$

**07** 100[Ω] 저항 4개를 접속하여 얻을 수 있는 합성저항 중 가장 작은 것은?

① 400[Ω]
② 100[Ω]
③ 25[Ω]
④ 10[Ω]

해설 병렬연결일 때 합성저항 값이 가장 작다.
그러므로 $\frac{R}{n} = \frac{100}{4} = 25[\Omega]$

**08** 500[W]의 전력을 소비하는 전열기를 10시간 동안 연속하여 사용했을 때의 소비된 전력량은 몇 [kWh] 인가?

① 1[kWh]
② 5[kWh]
③ 10[kWh]
④ 50[kWh]

해설 소비전력량($P_t$) = 500 × 10 = 5000[Wh] = 5[kWh]

**09** 다음 중 반도체의 성질에 대한 설명으로 옳지 않은 것은?

① 저항의 온도계수는 부(−)이다.
② 열전효과가 있다.
③ 전도도는 불순물 양으로 조절할 수 없다.
④ 광기전력 현상이 있다.

해설 반도체(semiconductor)는 온도 상승에 따라 저항값이 감소하는 부(−)성 저항 특성을 갖으며 불순물을 섞을수록 도전율이 증가한다. 반도체의 특성을 응용한 광기전력, 열기전력도 있다.

**10** 전압이득이 40[dB]인 저주파 증폭기가 10[%]의 왜율을 가지고 있을 때 이것을 1[%]로 개선하기 위해서 필요한 궤환률 β는 얼마인가?

① 0.01
② 0.09
③ 0.12
④ 0.24

해설 40[dB] 전압이득은 100배 증폭이므로 부궤환 증폭기의 왜곡(distortion) 감소

$D_f = \frac{D}{1 - A\beta}$ 에서

$D = \frac{10}{1 - A\beta} = \frac{10}{1 - (100 \times \beta)}$

$1 - (100 \times \beta) = 10$

∴ $\beta = -0.09$

**11** 다음 중 집적 회로(IC)의 장점에 대한 설명으로 적합하지 않은 것은?

① 신뢰성이 좋다.
② 대량 생산할 수 있다.
③ 큰 전력을 취급할 수 있다.
④ 회로를 초소형으로 할 수 있다.

> 해설 집적회로(Integrated circuit)는 전력출력이 작아도 되는 소형·경량의 회로에 적합하며, 신뢰성이 특히 중요시된다.

**12** 다음 중 충실도가 가장 좋은 저주파 전력증폭기의 증폭방식은?

① A급   ② AB급
③ B급   ④ C급

> 해설 A급은 일그러짐(왜율)이 가장 작고 원음에 가깝게 재생하므로 직선성이 가장 좋은 증폭방식이다.

**13** 기전력 1.5[V], 내부저항 0.1[Ω]인 전지 10개를 병렬로 접속한 전원에 저항 1.99[Ω]의 전구를 접속하면 전구에 흐르는 전류는 몇 [A] 인가?

① 0.5 [A]   ② 0.75 [A]
③ 2.25 [A]  ④ 5 [A]

> 해설 $R_t = \dfrac{V_r}{n} + R_L = \dfrac{0.1}{10} + 1.99 = 2[\Omega]$
>
> $i = \dfrac{V}{R_t} = \dfrac{1.5}{2} = 0.75[A]$

**14** 정현파 교류전압의 최대치와 실효치와의 관계는?

① 최대치 = $\dfrac{1}{\sqrt{2}}$ × 실효치
② 최대치 = $\sqrt{2}$ × 실효치
③ 최대치 = 2 × 실효치
④ 최대치 = $\dfrac{\pi}{\sqrt{2}}$ × 실효치

> 해설 정현파(사인파) 교류에서 실효값이란 직류가 하는 일과 동일한 열 효과를 나타내는 교류값을 말하며, 가장 일반적으로 사용되는 값이다. 최대전압은 최대치이므로 최대치 = $\sqrt{2}$ × 실효치이다.

**15** 다음 중 이상적인 연산증폭기의 특징에 대한 설명으로 적합하지 않은 것은?

① 입력 임피던스는 무한대이다.
② 오픈 루프 이득이 무한대이다.
③ 입력 오프셋 전압이 무한대이다.
④ 동상신호제거비(CMRR)가 무한대이다.

> 해설 이상적인 연산증폭(op-amp)기의 특징
> • $A_V = \infty$(전압이득은 무한대이다.)
> • $R = \infty$(입력 저항값은 무한대이다.)
> • $R = 0$(출력 저항은 0이다.)
> • $BW = \infty$(대역폭은 무한대이다.), 지연응답은 0이다.
> • offset = 0(오프셋 0이다.), 특성변동 및 잡음없다.
> • 잡음이 없으며 입력이 0 일때 출력도 0 일 것
> • 동위상신호제거비(CMRR)
> $= \dfrac{A_d (차동 이득)}{A_c (동위상 이득)} = \infty$일 것

**16** 소프트웨어를 하드웨어화한 것으로 어떤 특정한 목적이나 기능을 갖는 프로그램 등을 하드웨어에 영구적으로 저장하는 것을 무엇이라 하는가?

① 디버깅(Debugging)
② 펌웨어(Firmware)
③ 레지스터(Register)
④ 미들웨어(Middleware)

> **펌웨어(Firmware)** : ROM에 소프트웨어를 저장한 것을 말하는 것으로 하드웨어 교체 없이 소프트웨어 업그레이드만으로 시스템의 성능을 높이기 위한 목적으로 사용되며 하드웨어와 소프트웨어의 중간적 특징을 지닌다.

**17** 기억 장치에 기억된 명령이 순서대로 중앙처리장치에서 실행될 수 있도록 그 주소를 지정해 주는 레지스터는?

① 프로그램 카운터(PC)
② 누산기(AC)
③ 명령 레지스터(IR)
④ 스택 포인터(SP)

> **프로그램 카운터(Program Counter)** : 기억장치에 기억된 명령이 순서대로 중앙처리장치에서 실행될 수 있도록 그 주소를 지정해 주는 레지스터

**18** 마이크로프로세서에서 누산기(accumulator)의 용도는?

① 명령을 저장
② 명령을 해독
③ 명령의 주소를 저장
④ 연산 결과를 일시적으로 저장

> **누산기(Accumulator)** : 연산에 관계되는 상태와 인터럽트 신호를 기억한다.

**19** 다음 중 범용레지스터에서 이용하며, 가장 일반적인 주소 지정방식은?

① 0-주소지정방식
② 1-주소지정방식
③ 2-주소지정방식
④ 3-주소지정방식

> **2-주소 명령어** : 오퍼랜드의 수가 2개인 명령어 형식, 범용 레지스터에 사용하며 가장 일반적인 주소지정방식이다.

| OP Code | Operand1 | Operand2 |

**20** 다음은 기억장치에 대한 설명이다. 잘못된 것은?

① 주기억장치와 보조기억장치로 분류된다.
② 주기억장치에는 디스크와 테이프 등이 사용된다.
③ RAM은 DATA를 읽기도 하고 쓰기도 할 수 있다.
④ 주기억장치와 CPU 사이에서 일종의 버퍼 기능을 수행하는 캐시기억장치가 있다.

> **주기억장치의 종류와 특징**
> • 기억장치는 주기억장치와 보조기억장치로 분류한다.
> • 주기억장치의 종류로는 RAM, ROM 등이 있다.
> • RAM은 DATA를 읽기도 하고 쓰기도 할 수 있다.
> • 주기억장치와 CPU 사이에서 일종의 버퍼 기능을 수행하는 캐시기억장치가 있다.

**21** 마이크로컴퓨터의 주소가 16비트로 구성되어 있을 때 사용할 수 있는 주기억장치의 최대 용량은?

① 8K
② 16K
③ 32K
④ 64K

> $2^{16}$ = 65536byte = 64Kbyte

**22** 목적 프로그램(object program)을 바르게 설명한 것은?

① 데이터 관리를 위한 프로그램
② 사용목적에 따라 작성된 번역되기 전의 프로그램
③ 번역용 프로그램
④ 기계어로 번역된 프로그램

> 목적프로그램(object program) : 컴퓨터가 이해하는 언어인 기계어로서 작성된 프로그램으로, 원시 프로그램에 대응되는 말이다. 즉 사람이 이해하는 컴퓨터 언어로 작성한 원시 프로그램은 컴퓨터가 이해할 수 없으므로, 이를 어셈블러나 컴파일러로 번역하여 컴퓨터가 이해할 수 있는 기계어로 변환하게 된다. 이처럼 기계어 상태로 변환된 프로그램 또는 기계어로서 쓰여진 프로그램을 목적프로그램이라 한다.

**23** 미국 표준 코드로서 Data 통신에 많이 사용되는 자료의 표현 방식은?

① BCD 코드
② ASCII 코드
③ EBCDIC 코드
④ GRAY 코드

> ASCII 코드(American Standard Code for Information Interchange Code) : 미국의 표준코드, 문자를 표시하기 위한 7비트 코드로서 영어 대문자, 소문자로 구별할 수 있으며, 가장 왼쪽의 한 비트는 코드의 오류 검출용 패리티 비트를 부가하여 8비트로 표시하고 데이터 통신에서 표준코드로 사용하며 개인용 컴퓨터에 사용한다.

**24** 다음 중 객체 지향 언어에 해당하는 것은?

① C  ② 어셈블리어
③ COBOL  ④ JAVA

> JAVA : 객체지향프로그래밍 언어로서 네트워크 기능의 구현이 용이하기 때문에, 인터넷 환경에서 가장 활발히 사용되는 프로그래밍 언어이다. 자바 프로그램은 운영체제의 종류에 관계없이 대부분의 시스템에서 실행 가능하다.

**25** 레지스터 내의 필요 없는 부분을 지워 버리고 원하는 비트만을 가지고 처리하기 위하여 사용되는 연산자는?

① AND
② OR
③ SHIFT
④ ROTATE

> • AND : 특정한 비트 또는 문자를 삭제하고, 나머지 비트를 데이터로 사용하기 위해 사용되는 연산자
> • OR : 2개 이상의 데이터를 합하여 비트나 문자를 삽입하는 데 사용되는 연산
> • Shift : 입력 데이터의 모든 비트를 좌측 또는 우측으로 자리를 옮기는 것으로, 이동 방향에 따라 오른쪽 시프트와 왼쪽 시프트 두 가지가 있다.
> • Rotate : Rotate 연산은 Shift 연산과 유사한 비트 조작 명령이다. Shift는 비트를 선형으로 이동시키는데 비해 Rotate 연산은 원형을 이동시킨다. 비트 이동에 의해 밀려나는 비트는 버려지지 않고 반대쪽으로 다시 이동된다는 것이 특징이 있다.

**26** 다음 논리식 중 틀린 것은?

① $A + \overline{A} \cdot B = A$
② $(A + B) \cdot (A + C) = A + B \cdot C$
③ $\overline{(A + B)} = \overline{A} \cdot \overline{B}$
④ $\overline{A \cdot B} = \overline{A} + \overline{B}$

> $A + \overline{A} \cdot B = A + (\overline{A} \cdot B) = (A + \overline{A}) \cdot (A + B) = 1(A + B) = A + B$

**27** 컴퓨터가 현재 실행 중인 명령 다음에 실행해야 할 명령이 저장된 메모리 주소를 기억하는 레지스터를 무엇이라 하는가?

① 플래그 레지스터(flag register)
② 명령 레지스터(instruction register)
③ 프로그램 카운터(program counter)
④ 메모리 주소 레지스터(memory address register)

> 해설 프로그램 카운터(Program Counter) : 기억장치에 기억된 명령이 순서대로 중앙처리장치에서 실행될 수 있도록 그 주소를 지정해 주는 레지스터

**28** 다음 중 CAD의 특징으로 볼 수 없는 것은?

① 작성된 도면의 정보를 기계에 직접 적용시킬 수 있다.
② 직선과 곡선의 처리, 도형과 그림의 이동, 회전 등이 자유롭다.
③ 3차원 도형을 임의의 방향으로 표현할 수 있고, 숨은 선의 처리가 용이하다.
④ 자주 쓰는 도형, 부품 등을 매크로에 정의하여 쓸 수 있으나, 하나의 도면을 다시 재생할 수는 없다.

> 해설 CAD는 자주 쓰는 도형, 부품 등을 매크로 정의하여 쓸 수 있으며, 하나의 도면을 불러와 편집, 수정 등의 작업을 행할 수 있다.

**29** 다음 중 제도시스템과 하드웨어 시스템이 알맞게 짝지어진 것은?

① 턴키형 CAD/CAM 시스템 – 대형 컴퓨터를 호스트로 하는 컴퓨터
② 호스트형 CAD/CAD 시스템 – 개인용 컴퓨터를 베이스로 하는 시스템
③ 자동 제도 시스템 – 미니컴, 슈퍼 미니컴, 대형 컴퓨터를 호스트로 하는 시스템
④ 간이 도형 처리 시스템 – 마이크로컴퓨터를 베이스로 하는 시스템

> 해설 간이 도형 시스템(제도시스템) – 마이크로컴퓨터를 베이스로 하는 시스템(하드웨어시스템)

**30** 다음 중 사용 부품이나 소자를 실물 크기로 기호화 하고, 단자와 단자 사이를 선으로 직접 연결하는 접속 도면을 무엇이라 하는가?

① 연속선 접속도
② 피드선 접속도
③ 고속도형 접속도
④ 기선 접속도

> 해설 연속선 접속도 : 사용 부품이나 소자를 실물 크기로 기호화하고, 단자와 단자 사이를 선으로 직접 연결하는 접속 도면

**31** 다음은 PCB 설계 시 사용되는 단위에 관한 것이다. ( ) 안에 알맞은 숫자는?

| 2.54mm는 ( )mil 이다. |

① 1
② 10
③ 100
④ 1000

> 해설
> • mil : $\frac{1}{1000}$inch를 단위로 사용하는 것으로 부품의 리드의 피치나 PCB의 패턴의 간격 등에 주로 사용하는 단위이다.
> • 1inch = 2.54[cm] = 25.4[mm] = 1000mil, 10으로 나누면 2.54[mm] = 100mil이 된다.

**32** 다음 중 제도 도면에 반드시 그려야 할 사항이 아닌 것은?

① 재단마크  ② 표제란
③ 중심마크  ④ 윤곽선

해설 도면에는 표제란, 윤곽선, 중심마크, 비교눈금 등이 반드시 들어간다.

**33** 다음 기호에 해당하는 부품은?

① PNP 트랜지스터  ② NPN 트랜지스터
③ 접합형 FET    ④ MOS형 FET

해설

| PNP TR | NPN TR | 접합형 FET | MOS형 FET |
|---|---|---|---|
|  | | | |

**34** 인쇄회로 기판을 설계할 때의 유의하여야 할 사항 중 옳지 않은 것은?

① 기판 구성시 부품의 배치는 일반적으로 회로도를 중심으로 배치함을 원칙으로 한다.
② 부품의 부피와 피치(pitch)를 확인하여 적절한 부착 위치를 설정한다.
③ 배선은 최대한 길게 하는 것이 다른 배선이나 부품의 영향을 적게 받는다.
④ 취급하는 전력 용량, 주파수 대역 및 신호 형태별로 기판을 나누거나 커넥터를 분리하여 설계한다.

해설 인쇄회로기판(PCB) 설계 시 유의사항
• 기판 구성 시 부품의 배치는 일반적으로 회로도를 중심으로 배치함을 원칙으로 한다.
• 부품의 부피와 피치(pitch)를 확인하여 적절한 부착위치를 설정한다.
• 배선은 가급적 짧게 하여 다른 배선이나 부품의 영향을 적게 받도록 한다.
• 전력용량, 주파수 대역 및 신호 형태별로 기판을 나누거나 커넥터를 분리하여 설계한다.

**35** 다음 중 부품의 극성을 고려하지 않아도 되는 것은?

① 전해콘덴서  ② 발광다이오드
③ 트랜지스터  ④ 저항

해설 저항은 극성이 없는 소자이고, 전해콘덴서, 발광다이오드(LED), 트랜지스터(TR) 극성을 갖는 소자이다.

**36** 청사진으로 만들어진 전자 도면을 컴퓨터용 DATA 파일로 만들려면 다음 중 어떤 입력장치가 필요한가?

① 마우스   ② 프린터
③ 플로터   ④ 스캐너

해설 스캐너(Scanner) : 사진 또는 그림과 같이 종이 위의 도형의 정보를 그래픽 형태로 읽어 들여 컴퓨터에 전달하는 입력 장치

**37** PCB 설계시 4층 기판으로 설계할 때 사용하지 않는 층은?

① 납땜면   ② 전원면
③ 접지면   ④ 내부면

해설 4층 인쇄회로기판(PCB)의 구성
1층 : 신호(납땜면), 2층 : GND(접지면),
3층 : Vcc(전원면), 4층 : 신호(납땜면)

**38** 전자부품의 심벌기호 중에 정전압 다이오드(제너다이오드)를 나타내는 것은?

①    ②
③    ④

① 다이오드, ② LED, ③ 터널다이오드, ④ 제너다이오드

**39** 전자회로 부품 중 능동 부품이 아닌 것은?

① 다이오드   ② 트랜지스터
③ 집적회로   ④ 저항

- 능동부품(Active Component) : 트랜지스터(TR), 전계효과 트랜지스터(FET), 단접합 트랜지스터(UJT), IC, 연산증폭기(OPAMP) 등을 말하며, 능동소자는 증폭, 발진, 신호 변환 등의 기능을 갖는다.
- 수동부품(Passive Component) : 전기 신호의 중계, 제어 등을 행하는 기구부품으로 저항기, 커넥터, 소켓, 스위치 등이 수동소자에 속한다.

**40** 다음 중 도면을 그리는 척도의 구분에 대한 설명으로 옳은 것은?

① 배척 : 실물보다 크게 그리는 척도이다.
② 실척 : 실물보다 작게 그리는 척도이다.
③ 축척 : 도면과 실물의 치수가 비례하지 않을 때 사용 한다.
④ NS(not to scale) : 실물의 크기와 같은 크기로 그리는 척도이다.

- 축척 : 실물보다 작게 축소해서 그리는 것
- 현척(실척) : 실물과 같은 크기로 그리는 것
- 배척 : 실물보다 크게 확대해서 그리는 것
- NS(Not to Scale) : 도면과 실물의 치수가 비례척도가 아님을 뜻함

**41** 다음 중 전자 CAD에서 DRC로 할 수 없는 기능은?

① 부품용량의 정확성
② 각 요소 간의 최소 간격
③ 금지영역 조사
④ 올바르지 못한 배선

DRC(Design Rules Check) : 설계 규칙의 위배 유·무에 대한 검사 결과 데이터 파일로서, 각 요소간의 최소 간격, 금지영역 조사, 회로의 오배선, 전원의 극성, 입출력 신호의 접속관계 등을 체크한다.

**42** 인쇄회로기판(PCB)을 제조 할 때 사용되는 제조 공정이 아닌 것은?

① 사진 부식법
② 실크 스크린법
③ 오프셋 인쇄법
④ 대역 용융법

인쇄회로기판(PCB)의 제조 방법에는 사진 부식법, 실크 스크린법, 오프셋 인쇄법 등을 사용한다.

**43** CAD 작업에 의하여 만들어진 부품 간의 결선 통보, 부품 번호, 핀 번호 등의 데이터를 말하며, 이 데이터를 기초로 배선 패턴의 설계(Artwork)가 이루어지는 것은?

① CAM 데이터
② Silk 데이터
③ 네트리스트(Netlist)
④ 거버 데이터(Gerber Data)

Netlist : PCB상에서 상호 연결되어 있는 신호, 모듈, 핀의 명칭으로 회로 도면상의 연결 정보

**44** 인쇄회로기판(PCB)의 설계 시 발열 부품에 대한 대책으로 옳지 않은 것은?

① 일반적으로 내열 온도는 85℃ 이하에서 사용하는 것이 바람직하다.
② 발열 부품은 한 곳에 집중 배치하여, 부분적 영향을 받도록 하는 것이 유리하다.
③ 공기의 흐름을 파악하여, 열에 약한 부품은 공기의 유입 부분에, 열에 강한 부품은 출구 쪽에 배치한다.
④ 실장 면적은 부품을 PCB에 밀착하여 배치하는 경우에 납땜 시 온도의 영향을 작게 설계하는 것이 요구된다.

> 발열부품에 대한 설계 시 고려사항
> - 일반적으로 내열 온도는 85℃ 이하에서 사용하는 것이 바람직하다.
> - 실장면적은 부품을 인쇄회로기판에 밀착하여 배치하는 경우에 납땜 시 온도 영향을 작게 설계하는 것이 중요하다.
> - 부품배치는 부품의 내열성을 고려해서 배치해야 하고 온도 분포가 균일하게 되어야 한다.
> - 부품의 내열성을 고려한 배치는 부품 주변의 공기 흐름을 고려한 후에 열에 약한 부품(IC, Tr, 콘덴서)은 가능한 공기 유입 부분에 배치하고, 열에 강한 부품(저항, 트랜스)은 출구 쪽에 배치한다.

**45** 제품이나 장치 등을 그리거나 도안할 때 필요한 사항을 제도기구를 사용하지 않고 프리핸드(free hand)로 그린 도면의 호칭은?

① 복사도(copy drawing)
② 원도(original drawing)
③ 스케치도(sketch drawing)
④ 트레이스도(traced drawing)

> - 원도 : 제도 용지에 직접 연필로 작성한 도면, 컴퓨터가 작성한 최초 도면
> - 트레이스도 : 원도 위에 트레이싱지를 놓고 그린 도면
> - 복사도 : 트레이스도를 원본으로 복사한 도면
> - 스케치도 : 제품이나 장치 등을 그리거나 도안할 때 필요한 사항을 제도 기구를 사용하지 않고 프리핸드로 그린 도면

**46** EDA 툴(전자CAD 프로그램) 중 스케메틱(Schematic)에서 새로운 부품을 생성하고자 할 때 정의되지 않아도 되는 것은?

① 부품의 외형
② 부품의 이름
③ 부품의 핀 이름
④ 부품의 참조기호

> 새로운 부품을 생성할 때 정의 되어야 할 정보는 부품의 심벌, 참조값, 부품의 값, 부품의 핀 이름이다.

**47** 전자 CAD 시스템을 이용하여 PCB 설계(art-work)를 완료한 후 기판 제작 공정에 사용하기 위한 파일로 출력하여야 한다. 그 종류가 아닌 것은?

① schematic 파일
② gerber 파일
③ HPGL 파일
④ DXF 파일

> 기판 제작 공정에 사용하는 파일로는 Gerber 파일, HPG 파일, DXF 파일 등이 있다.

**48** 다음 전자 캐드의 약어 중 옳지 않은 것은?

① CAM : Computer Aided Manufacturing

② CAD : Computer Aided Design
③ CAE : Computer Aided Epoxy
④ DRC : Design Rule Check

- CAM : Computer Aided Manufacturing(컴퓨터 지원 제조)
- CAD : Computer Aided Design(컴퓨터 지원 설계)
- CAE : Computer Aided Engineering(컴퓨터 지원 기술)
- CNC : Computer Numerical Control(컴퓨터 수치 제어)

**49** 다음 그림은 어떤 부품을 나타내는가?

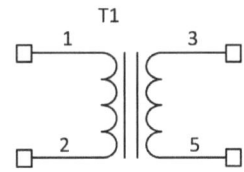

① 트랜지스터
② 트랜스포머
③ 코일
④ 커패시터

| 트랜지스터 | 트랜스포머 | 코일 | 커패시터 |
|---|---|---|---|
|  |  |  |  |

**50** 고밀도의 배선이나 차폐가 필요한 경우에 사용하는 적층 형태의 PCB는?

① 단면 PCB    ② 양면 PCB
③ 다층면 PCB  ④ 바이폴라 PCB

단층 기판보다 다층 기판을 사용하여 노이즈를 억제한다.

**51** 노이즈 대책용으로 사용될 콘덴서의 구비 조건과 거리가 먼 것은?

① 내압이 낮을 것
② 절연 저항이 클 것
③ 주파수 특성이 양호할 것
④ 자기공진 주파수가 높은 주파수 대역일 것

 노이즈 대책용 콘덴서 구비조건
- 내압이 높을 것
- 절연 저항이 클 것
- 주파수 특성이 양호할 것
- 자기공진 주파수가 높은 주파수 대역일 것

**52** 5색으로 표시된 고정 저항의 색에 대한 설명으로 옳은 것은?

① 첫 번째 색-유효숫자
② 세 번째 색-10의 배수(곱수)
③ 네 번째 색-허용오차
④ 다섯 번째 색-정격전력 [W]

| 제1색띠 | 제2색띠 | 제3색띠 | 제4색띠 | 제5색띠 |
|---|---|---|---|---|
| 유효숫자 |  |  | 승수 | 허용오차 |

**53** 부품이 PCB에 삽입 될 때에 부품의 리드가 삽입되는 Hole 주위에 입혀지는 얇은 구리 판막의 올바른 명칭은?

① PAD
② TRACK
③ VIA
④ POLYGON(COPPER)

PAD : PCB Artwork에서 부품을 꽂는 부분의 동박면

**54** PCB의 설계시 고주파 부품 및 노이즈에 대한 대책 방법으로 옳은 것은?

① 부품을 세워 사용한다.
② 가급적 표면 실장형 부품(SMD)을 사용한다.
③ 고주파 부품을 일반회로와 혼합하여 설계한다.
④ 아날로그와 디지털 회로는 어스 라인을 통합한다.

> PCB 노이즈 대책 방법
> • 아날로그, 디지털 혼재 회로에서는 어스 라인을 분리한다.
> • 고주파 부품을 일반회로와 분리하여 설계한다.
> • 가급적 표면실장형 부품(SMD)을 사용한다.
> • 가능한 한 배선을 굵고 짧게 배선하고, 부품은 세워서 배치하지 않는다.

**55** CAD 시스템에서 회로도는 단순한 부품의 접속이 아니라 전자 회로에서의 규칙이 매우 중요하다. 다음 중 전자회로에서의 검사 항목으로 보기 힘든 것은?

① 회로의 오배선
② 입·출력 신호의 접속관계
③ 전원의 극성
④ 신호선의 길이

> DRC(Design Rules Check) : 설계 규칙의 위배 유·무에 대한 검사 결과 데이터 파일로서, 각 요소간의 최소 간격, 금지영역 조사, 회로의 오배선, 전원의 극성, 입출력 신호의 접속관계 등을 체크한다.

**56** 전자 제도(CAD)에 대한 설명 중 옳지 않은 것은?

① 종래의 자와 연필을 대신하여 컴퓨터와 프로그램을 이용하여 설계하는 것을 말한다.
② 전자 제도는 건축, 기계, 전자, 토목, 인테리어 등 광범위하게 활용된다.
③ 다품종 소량 생산 체제에 유연하게 대처할 수 있고 공장 자동화에도 중요성이 증대되고 있다.
④ 전자제도는 C언어로 프로그래밍 되어 있으므로 C언어에 능숙한 기술인만이 사용하기에 적합하다.

> 전자제도는 누구나 기초지식이 있으면 쉽게 설계할 수 있다.

**57** 다음 기호의 명칭으로 옳은 것은?

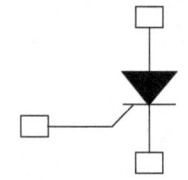

① SCR      ② Triac
③ UJT      ④ FET

| SCR | TRIAC | UJT | FET |
|---|---|---|---|
| ⊥ | ⊥ | ⊥ | ⊥ |

**58** 다음 중 극성을 갖고 있고, 안정적인 대용량 전원 공급을 위해 사용되는 소자는?

① 세라믹 콘덴서
② 브리지 다이오드
③ 전해 콘덴서
④ 저항

📘 전해 콘덴서 : 극성을 가지고 있으며 안정적인 대용량 전원 공급을 위해 사용되는 소자

**59** PCB를 제작하기 위한 파일로서 PCB 설계의 모든 정보가 들어있는 파일을 일반적으로 무엇이라 하는가?

① Gerber 파일
② Print 파일
③ BOM DATA 파일
④ Report 파일

📘 Gerber 파일 : PCB를 제작하기 위한 파일로서 PCB 설계의 모든 정보가 들어 있고 PCB 설계의 최종 목적 파일로 필름의 생성을 위한 각 레이어 및 드릴 데이터 등을 추출하는 파일이다.

**60** 다음 중 반투명의 옅은 녹색기판으로 다층기판을 구성 할 수 있어 산업용, PC 및 주변기기 등에 널리 사용되는 것은?

① 페놀(phenol)계 수지
② 에폭시(epoxy) 수지
③ 실리콘(silicon)계 수지
④ 테프론(teflon) 수지

📘 에폭시 수지(Epoxy Resin) 기판 : 유리섬유에 에폭시수지를 합성하고 적층하여 만든 기판으로 다층기판을 구성하여 산업용 PC 및 주변기기 등에 사용된다.

**ANSWER** 적중모의고사 2회

| 01 | 02 | 03 | 04 | 05 | 06 | 07 | 08 | 09 | 10 |
|---|---|---|---|---|---|---|---|---|---|
| ④ | ④ | ④ | ③ | ② | ② | ② | ② | ② | ② |
| 11 | 12 | 13 | 14 | 15 | 16 | 17 | 18 | 19 | 20 |
| ③ | ① | ② | ② | ③ | ② | ① | ④ | ③ | ② |
| 21 | 22 | 23 | 24 | 25 | 26 | 27 | 28 | 29 | 30 |
| ④ | ④ | ② | ② | ① | ① | ② | ② | ② | ① |
| 31 | 32 | 33 | 34 | 35 | 36 | 37 | 38 | 39 | 40 |
| ③ | ① | ② | ③ | ② | ④ | ④ | ④ | ② | ① |
| 41 | 42 | 43 | 44 | 45 | 46 | 47 | 48 | 49 | 50 |
| ① | ④ | ② | ② | ① | ① | ① | ③ | ③ | ④ |
| 51 | 52 | 53 | 54 | 55 | 56 | 57 | 58 | 59 | 60 |
| ① | ① | ① | ② | ④ | ④ | ① | ③ | ① | ② |

# Chapter 03
## CBT 대비
### 적중모의고사 3회

**01** 저항이 없는 코일에서 교류 전류와 전압과의 위상차는?

① 위상이 같다.
② 전류가 90도 늦다.
③ 전류가 45도 빠르다.
④ 전압이 120도 빠르다.

**02** 무궤환시 증폭기의 전압이득이 100일 때, 궤환율 0.09의 부궤환을 걸어주면 이득은?

① 10
② 20
③ 50
④ 100

해설 $A_v = \dfrac{A}{1-\beta A} = \dfrac{100}{1-(-0.09 \times 100)} = 10$

**03** 진폭 변조에 대한 설명으로 적합한 것은?

① 반송파의 위상은 일정하고 주파수가 변하는 것
② 반송파의 주파수는 일정하고 신호파에 따라 진폭이 변하는 것
③ 반송파의 진폭은 일정하고 주파수가 변하는 것
④ 반송파의 진폭은 일정하고 위상이 변하는 것

해설
- 진폭변조 회로(AM) : 신호파(변조파) 진폭에 따라 반송파의 진폭을 변화시키는 변조방식
- 주파수변조 회로(FM) : 신호파(변조파)에 따라 반송파의 진폭은 일정하며 주파수만 변화시키는 변조방식
- 위상변조 회로(PM) : 신호파(변조파)에 따라 반송파의 위상을 변화시키는 변조방식
- 펄스변조 회로(PCM) : 아날로그 신호를 압축 표본화하고 양자화 신호를 부호화한 디지털 신호

**04** 다음 회로에서 AB간 전압이 3[V]이면 전원 E의 전압은?(단, $R_1 = 2[k\Omega]$, $R_2 = 6[k\Omega]$이다.)

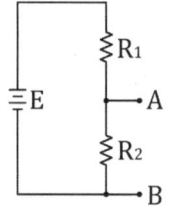

① 1[V]　② 2[V]
③ 3[V]　④ 4[V]

해설 $I = \dfrac{V}{R} = \dfrac{3}{6 \times 10^3} = 0.5[mA]$

$R_1$의 전압 $V_1 = IR = 0.5 \times 10^{-3} \times 2 \times 10^3 = 1[V]$
∴ 합성전압(E) = $V_1 + 3 = 1 + 3 = 4[V]$

**05** 전원전압 E, 부하저항 R일 때, 최대 전력을 부하에 전달하기 위한 조건은?(단, r은 전원의 내부저항이다.)

① r = 0.5R　② r = R

③ r = 2R   ④ r = 4R

▸ 해설 최대전력 조건 : 부하저항(R) = 내부저항(r)

**06** 1[MHz]에서 150[Ω]의 리액턴스를 갖는 코일의 자기 인덕턴스는?

① 약 2.4[μH]
② 약 4.8[μH]
③ 약 24[μH]
④ 약 48[μH]

▸ 해설 $X_L = wL = 2\pi fL$

$$L = \frac{X_L}{2\pi f} = \frac{150}{6.26 \times 1 \times 10^6}$$
$$= 23.88 \times 10^{-6} [H] ≒ 24[\mu H]$$

**07** 100[Ω] 저항 4개를 접속하여 얻을 수 있는 합성저항 중 가장 작은 것은?

① 400[Ω]   ② 100[Ω]
③ 25[Ω]    ④ 10[Ω]

▸ 해설 병렬연결일 때 합성저항 값이 가장 작다.

그러므로 $\frac{R}{n} = \frac{100}{4} = 25[\Omega]$

**08** 트랜지스터 증폭회로에서 잡음이 없을 때 잡음지수는?

① 0    ② 1
③ 10   ④ 100

▸ 해설 무잡음상태의 잡음지수 F = 1

**09** 다음 중 FET에 대한 설명으로 틀린 것은?

① 입력 임피던스가 높다.
② 접합 트랜지스터보다 잡음이 적다.
③ 다수 캐리어의 전류에 의해서만 동작한다.
④ 게이트 전류로 드레인 전류를 제어한다.

▸ 해설 전계효과트랜지스터(FET)
 • 입력임피던스가 매우 높다.
 • TR보다 잡음이 적다.
 • 열 안정성이 좋다.
 • 비교적 방사능 현상의 영향을 덜 받는다.
 • BJT보다 이득 대역폭 적(積)이 작다.

**10** 평행판 콘덴서에서 두 극판 사이의 거리를 1/4로 줄이면 정전용량의 변화는?

① 1/4로 감소한다.   ② 2배 증가한다.
③ 4배 증가한다.     ④ 변함없다.

▸ 해설 정전용량 $C = \frac{\varepsilon A}{d}[F]$

(A : 극판 면적, d : 극판간 거리)

$C = \frac{\varepsilon A}{\frac{1}{4}d} = \frac{4\varepsilon A}{d}$ 이므로 4배 증가된다.

**11** 두 개의 저항 20[Ω]과 30[Ω]이 병렬로 접속된 회로에서 20[Ω]의 저항에 흐르는 전류가 3[A]이라면, 30[Ω]에 흐르는 전류는?

① 1[A]   ② 2[A]
③ 3[A]   ④ 4[A]

▸ 해설 $R_1 = 30[\Omega]$, $R_2 = 20[\Omega]$이라면,

$I_1 = \frac{R_1}{R_1 + R_2}I$ 에서

전체전류 $I = \frac{I_1(R_1 + R_2)}{R_1}$

$= 3\frac{20 + 30}{30} = \frac{150}{30} = 5[A]$

30[Ω]에 흐르는 $I_2$전류는

$\therefore I_2 = \frac{20}{30 + 20} \times 5 = 0.4 \times 5 = 2[A]$

**12** 발진회로에서 발진주파수의 변동을 가져오는 요인이 아닌 것은?

① 부하의 변동
② 주위 온도의 변화
③ 전원전압의 변동
④ 완충증폭기의 사용

> 해설 발진주파수 변동의 원인과 대책
> • 주위 온도변화 : 온도보상 회로 및 항온조를 사용
> • 부하의 변동 : 소결합 차폐 및 완충 증폭기로 결합
> • 전원전압의 변동 : 발진부와 전원부 분리 사용, 정전압 안정화 회로 사용
> • 부품불량 : 접촉의 완전화, 불량부품 교환

**13** 수정발진기에서 안정된 발진을 유지할 수 있는 주파수 f의 범위는?(단, fs : 직렬공진 주파수, fp : 병렬공진 주파수)

① f > fp
② fs > f
③ fs < f < fp
④ fs > f > fp

> 해설 수정 진동자는 압전효과(piezo effect)를 이용한 것으로 수정 결정에 압력 또는 비튼 힘이 작용함으로써 결정이 상대하는 두개의 면에 전압이 발생하는 현상으로서 이것을 대신하여 전압을 가하여 압력을 가한 것과 같은 효과에 따라 진동하며 수정 자체의 고유진동수의 안정된 주파수값을 얻을 수 있다. 리액턴스가 유도성이 되는 범위는 fs < f < fp인 주파수 범위가 좁아 발진 주파수가 매우 안정하기 때문에 많이 사용된다.

**14** 다음 중 N형 반도체를 만드는 불순물은?

① 붕소(B)
② 인듐(In)
③ 갈륨(Ga)
④ 비소(As)

> 해설
> • P형 반도체를 만드는 불순물(acceptor) : 인듐(In), 갈륨(Ga), 붕소(B), 알루미늄(Al) 등
> • N형 반도체를 만드는 불순물(donor) : 안티몬(Sb), 비소(As), 인(P) 등

**15** 실효값이 100[V]인 정현파 전압의 전파정류시 평균값은?

① 약 45[V]
② 약 75[V]
③ 약 90[V]
④ 약 141[V]

> 해설 평균값 = $\dfrac{2 \times \text{최대전압}}{\pi}$
> 최대전압 = 실효값 × $\sqrt{2}$ 에 따라
> = $\dfrac{2V_m}{\pi}\sqrt{2}$
> = $\dfrac{2 \times \sqrt{2} \times 100}{3.14}$ = $\dfrac{282.8}{3.13}$ = 90[V]

**16** T 플립플롭에 대한 설명으로 옳은 것은?

① 클록펄스가 인가되면 출력은 0이다.
② JK 플립플롭을 이용하여 구현할 수 없다.
③ 클록펄스 인가 시 출력은 항상 1이다.
④ 클록펄스가 인가되면 출력은 반전된다.

> 해설 T플립플롭 : 하나의 입력 단자와 2개의 출력 단자를 갖는 플립플롭 회로로, 클록펄스가 인가되면 출력은 반전된다.

**17** 기억 장치에 기억된 명령이 순서대로 중앙처리장치에서 실행될 수 있도록 그 주소를 지정해 주는 레지스터는?

① 프로그램 카운터(PC)
② 누산기(AC)
③ 명령 레지스터(IR)
④ 스택 포인터(SP)

해설 프로그램 카운터(Program Counter) : 기억장치에 기억된 명령이 순서대로 중앙처리장치에서 실행될 수 있도록 그 주소를 지정해 주는 레지스터

**18** 프로그램에 대한 설명으로 잘못된 것은?

① 컴퓨터가 이해할 수 있는 언어를 프로그래밍 언어라 한다.
② 프로그램을 작성하는 일을 프로그래밍이라 한다.
③ 프로그래밍 언어에는 C, 베이직, 포토샵 등이 있다.
④ 컴퓨터가 행동하도록 단계적으로 지시하는 명령문의 집합체를 프로그램이라 한다.

해설 포토샵은 프로그래밍 언어가 아니고 컴퓨터 그래픽 프로그램이다.

**19** 문자를 삽입할 때 필요한 연산은?

① OR 연산
② ROTATE 연산
③ AND 연산
④ MOVE 연산

해설 OR : 2개 이상의 데이터를 합하여 비트나 문자를 삽입하는 데 사용되는 연산

**20** 10진수 0.9375를 8진수로 변환하면?

① $(0.73)_8$
② $(0.74)_8$
③ $(0.76)_8$
④ $(0.77)_8$

해설 소수점의 자리를 8로 곱하여 소수점의 자리가 0이 될 때까지 곱한다.
0.9375 × 8 = 7.5
0.5 × 8 = 4.0
∴ $(0.9375)_{10} = (0.74)_8$

**21** 순서도 기호 중에서 비교, 판단 등을 나타내는 기호는?

①
②
③
④

해설 ◇ : 조건이 참이면 YES, 거짓이면 NO로 가는 판단 기호이다.

**22** 간접 주소 지정(indirect addressing)의 설명으로 옳은 것은?

① 대상주소의 데이터가 실제 데이터가 있는 주소가 되는 방식
② 주소지정 방식은 인덱스 레지스터를 사용
③ 데이터를 직접 레지스터에 더하거나 가져오거나 하는 방식
④ 어드레스의 번지에 따라 변동성을 가지고 있는 방식

해설 간접 주소 지정 방식(Indirect Addressing Mode) : 명령어 내의 주소부에 실제 데이터가 저장된 장소의 주소를 가진 기억장소의 주소를 표현한 방식

**23** 캐시 기억장치(cache memory)가 위치하는 곳은?

① 입력장치와 출력장치 사이
② 주기억장치와 보조기억장치 사이
③ 중앙처리장치와 보조기억장치 사이
④ 중앙처리장치와 주기억장치 사이

해설 캐시 기억장치(Cache Memory) : 프로그램 실행 속도를 중앙처리장치의 속도에 가깝도록 하기 위하여 개발된 고속 버퍼 기억장치로서, 주기억장치보다 속도가 빠르고, 중앙처리장치 내에 위치하고 있으므로 레지스터 기능과 유사하다.

**24** 컴퓨터의 주변장치에 해당되는 것은?

① 연산장치
② 제어장치
③ 주기억장치
④ 보조기억장치

> 프로그램 명령어를 실행하는 일을 담당하는 중앙처리장치는 제어장치, 연산장치, 레지스터들의 세 부분으로 구성된다. 보조기억장치는 주변장치이다.

**25** 숫자나 문자 등의 키보드 입력을 2진 코드로 부호화하는 데 사용되는 것은?

① 인코더(encoder)
② 디코더(decoder)
③ 멀티플렉서(multiplexer)
④ 디멀티플렉서(demultiplexer)

> 인코더(encoder) : 숫자나 문자 등의 키보드 입력을 2진 코드로 부호화 하는 회로

**26** 다음 진리표를 만족시키는 회로는?

| A | B | 빌림수 | 차 |
|---|---|---|---|
| 0 | 0 | 0 | 0 |
| 0 | 1 | 1 | 1 |
| 1 | 0 | 0 | 1 |
| 1 | 1 | 0 | 0 |

① 전가산기
② 반감산기
③ XOR gate
④ OR gate

> 반감산기(half subtracter) : 한 비트에서 한 비트의 값을 빼어 차 D(Difference)와 내림수 BR(Borrow)을 만들어내는 회로. $D = \overline{A}B + A\overline{B}$, $Br = \overline{A}B$

**27** 다음 논리식 중 틀린 것은?

① $A + \overline{A} \cdot B = A$
② $(A + B) \cdot (A + C) = A + B \cdot C$
③ $\overline{(A + B)} = \overline{A} \cdot \overline{B}$
④ $\overline{A \cdot B} = \overline{A} + \overline{B}$

> $A + \overline{A} \cdot B = A + (\overline{A} \cdot B) = (A + \overline{A}) \cdot (A + B) = 1(A + B) = A + B$

**28** 다음 중 인쇄회로 기판의 특징이 아닌 것은?

① 대량 생산의 효과가 높다.
② 제품의 소형, 경량화에도 기여한다.
③ 소량, 다품종 생산에는 제조 단가가 낮아진다.
④ 제조의 표준화와 자동화를 기할 수 있다.

> 인쇄회로기판(PCB)의 장점
> • 대량 생산의 효과가 높다.
> • 제품의 소형, 경량화에 기여한다.
> • 조립, 배선, 검사의 공정 단계가 감소한다.
> • 제조의 표준화와 자동화가 이루어진다.

**29** 다음 중 인쇄회로 기판에서 적층 형태의 종류에 해당되지 않는 것은?

① 다각형 PCB   ② 단면 PCB
③ 양면 PCB    ④ 다층면 PCB

> 적층형태에 따라 단면기판, 양면기판, 다층기판 등으로 분류된다.

**30** 다음 중 자기유도 및 상호유도 작용과 밀접한 소자는?

① 코일      ② 저항
③ 콘덴서    ④ 다이오드

> **[해설]** 유도기(코일) : 전류의 흐름에 따라 자기에너지를 저장하며, 전류가 급하게 변화하는 것을 억제하기 위해 사용되는 소자

**31** 다음 중 반도체 집적회로의 외형 패키지가 아닌 것은?

① PLCC 패키지  ② SSUP 패키지
③ DIP 패키지   ④ TQFP 패키지

> **[해설]** 부품 패키지
> • SOP(Small-Outline Package)
> • TQFP(Thin Quad Flat Package)
> • DIP(Dual In-Line)
> • PLCC(Plastic Leaded Chip Carrier)

**32** 다음 기호에 해당하는 부품은?

① PNP 트랜지스터  ② NPN 트랜지스터
③ 접합형 FET     ④ MOS형 FET

| PNP TR | NPN TR | 접합형 FET | MOS형 FET |
|---|---|---|---|
| | | | |

**33** A4 용지의 크기를 올바르게 나타낸 것은?

① 841×1189[mm]
② 594×841[mm]
③ 420×594[mm]
④ 210×297[mm]

> **[해설]** A1 : 594×841, A2 : 420×594, A3 : 297×420, A4 : 210×297

**34** PCB Artwork에서 하나의 부품을 배치하였을 때, 부품이 갖는 특성 요소와 거리가 먼 것은?

① 부품 명
② 부품 색깔
③ 부품 치수
④ 부품 번호

> **[해설]** PCB Artwork에서 하나의 부품을 배치하였을 때, 부품이 갖는 특성 요소에는 부품명, 부품치수, 부품번호, 핀의 정보 등이다.

**35** 전자부품의 심벌기호 중에 정전압 다이오드(제너다이오드)를 나타내는 것은?

①   ②
③   ④

> **[해설]** ① 다이오드, ② LED, ③ 터널다이오드, ④ 제너다이오드

**36** 인쇄회로기판(PCB)의 제작공정에 사용되는 원판을 낭비없이 분할하여 사용하고자 한다. 원판의 크기가 1020×1220일 때, 404×507의 규격으로 분할하면 최대 몇 장의 분할이 가능한가?(단, 타겟가이드(여백)는 무시한다.)

① 4장
② 6장
③ 8장
④ 9장

> **[해설]** 404 × 3 = 1212, 507 × 2 = 1014 따라서, 3 × 2 = 6장으로 분할이 가능하다.

**37** PCB 제조 공정에서 소정의 배선 패턴만 남기고 다른 부분의 패턴을 제거하는 공정은?

① 천공
② 패턴형성
③ 에칭
④ 도금

📖 에칭 : PCB 제조공정에서 소정의 배선 패턴만 남기고 다른 부분의 패턴을 제거하는 것

**38** 다음 중 전자캐드(CAD)에 주로 사용되는 출력장치로 적합한 것은?

① 레이저 프린터, 스캐너, 포토 플로터
② 포토 플로터, X-Y 플로터, 타블렛
③ 레이저 프린터, 포토 플로터, X-Y 플로터
④ ZIP 드라이브, 레이저 프린터, 스캐너

📖 CAD 시스템의 출력장치 : 모니터, 프린터, X-Y 플로터, 포토 플로터 등

**39** 다음 중 전자 CAD의 데이터 파일이 아닌 것은?

① Gerber DATA
② 프린트 기판 재료 DATA
③ 배선정보(NET LIST) DATA
④ 부품(PART LIST) DATA

📖 프린트 기판 재료 Data는 PCB 가공에 관련된 재료이다.

**40** 다음 중 도면의 사용 목적에 따른 분류에 속하는 것은?

① 배치도
② 조립도
③ 착색도
④ 주문도

📖 도면의 사용 목적에 따른 분류 : 견적도, 제작도, 주문도, 승인도

**41** 인쇄회로 기판을 설계할 때, 기판 구성의 유의점이 아닌 것은?

① 부품배치는 회로도를 중심으로 배치함을 원칙으로 한다.
② 커넥터의 부착이나 통풍, 배기 등 기구와의 관계를 주의하면서 기판의 배열을 생각하여야 한다.
③ 부품의 부피와 피치(pitch)를 확인하여 적절한 부착위치를 설정한다.
④ 기판의 패턴과 부품이 케이스나 PCB의 다른 부품과 접촉되도록 랜드의 구성이 이루어져야 한다.

📖 케이스의 높낮이, 기판내의 절삭 정보에 주의하여 부품과 랜드에 접촉이 되지 않도록 배치한다.

**42** 다음 중 CAD 시스템의 1밀(mil)과 같은 길이는?

① $\frac{1}{10}$ inch
② $\frac{1}{100}$ inch
③ $\frac{1}{1000}$ inch
④ $\frac{1}{10000}$ inch

📖 mil : $\frac{1}{1000}$ inch를 단위로 사용

**43** 축척 1/25의 도면에서 도면상 길이가 2[mm]일 때, 실제 길이는?

① 1.25[mm]
② 2[mm]
③ 12.5[mm]
④ 50[mm]

해설 축척은 실물보다 작게 축소해서 그리는 것으로 1/25로 축소한 결과가 2[mm]이므로, 실제의 크기는 25 × 2[mm] = 50[mm]이다.

**44** 인쇄회로기판(PCB)의 패턴 설계시 유의사항에 대한 설명으로 옳은 것은?

① 패턴은 가급적 가늘고 길게 한다.
② 회로에서의 각 접지점마다 패턴을 설계하는 다점 접지방식으로 패턴 설계를 한다.
③ 취급하는 전력 용량이나 주파수 대역, 신호 형태별로 회로의 특징이 다를지라도 기판은 하나로 통합하여 설계한다.
④ 도체 사이의 거리가 가까울수록, 절연물의 유전율이 높을수록 부유 용량이 커지므로 패턴 사이의 간격을 늘리거나 차폐를 행한다.

해설 도체 사이의 거리가 가까울수록, 절연물의 유전율이 높을수록 부유 용량이 커지므로 패턴 사이의 간격을 늘리거나 차폐를 행해야 한다.

**45** PCB DESIGN에서 설계 오류를 검사하는 기능은?

① Netlist    ② Zoom
③ Edit       ④ DRC

해설 DRC(Design Rules Check) : 설계 규칙의 위배 유·무에 대한 검사 결과 데이터 파일

**46** 제품이나 장치 등을 그리거나 도안할 때, 필요한 사항을 제도 기구를 사용하지 않고 프리핸드(freehand)로 그린 도면은?

① 복사도(copy drawing)
② 원도(original drawing)
③ 트레이스도(traced drawing)
④ 스케치도(sketch drawing)

해설 스케치도 : 제품이나 장치 등을 그리거나 도안할 때 필요한 사항을 제도 기구를 사용하지 않고 프리핸드로 그린 도면

**47** 유연성이 있는 기판을 사용하여 제작된 PCB를 뜻하며 프린터의 헤드와 같은 부분에 적용되는 것은?

① 플렉시블 PCB    ② 리지드 PCB
③ 다층 PCB        ④ 단층 PCB

해설 플렉시블 기판(Flexible Base material) : 유연성을 갖는 PCB로 절연기판이 얇은 폴리에스테르나 폴리이미드 필름에 동박을 입힌 기판

**48** 다음 중 전자회로, 인쇄회로 기판(PCB) 등을 설계하기 위하여 만들어진 CAD 프로그램과 밀접한 것은?

① CAE    ② EDA
③ FMS    ④ PACS

해설 EDA(Electronic Design Automation) : 전자회로 등을 설계하기 위하여 만들어진 CAD 프로그램

**49** 다음 중 전자 또는 통신기기 등의 전체적인 동작이나 기능을 블록으로 그려 도면에 표시한 것은?

① 회로도    ② 접속도
③ 블록선도  ④ 배선도

해설 전자회로에서 부분 상호간에 전달되는 신호의 계통을 알기 쉽게 나타낸 선도로서 계통도, 블록선도라고 한다.

**50** 다음 중 CAD 시스템의 특징이 아닌 것은?

① CAD는 전자분야에만 쓸 수 있는 설계 시스템이다.
② 다품종 소량생산에도 유연하게 대처 할 수 있다.
③ 도면의 수정과 편집이 쉽고 출력이 용이하다.
④ 도면의 이동과 복사, 확대 및 축소가 용이하다.

　CAD시스템은 전자분야 뿐만 아니라 건축, 기계, 토목 등에서 광범위하게 활용된다.

**51** 다음 그림은 어떤 부품을 나타내는가?

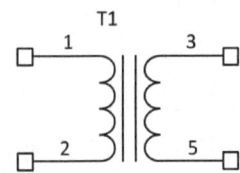

① 트랜지스터　② 트랜스포머
③ 코일　　　　④ 커패시터

| 트랜지스터 | 트랜스포머 | 코일 | 커패시터 |
|---|---|---|---|
|  | | | |

**52** 사진이나 그림, 문서, 도표 등을 컴퓨터에 디지털화하여 입력하는 장치는?

① 터치스크린　② 스캐너
③ 마우스　　　④ 라이트 펜

　스캐너(Scanner) : 사진 또는 그림과 같이 종이 위의 도형의 정보를 그래픽 형태로 읽어 들여 컴퓨터에 전달하는 입력 장치

**53** 다음 중 PCB 레이아웃 설계과정이 아닌 것은?

① 회로도면 설계
② 부품배치
③ Spice 시뮬레이션
④ Post Processing

　Spice 시뮬레이션은 회로의 동작을 검증하는 프로그램이다.

**54** 전자 CAD에서 부품을 복사, 붙여 넣거나 편집하는 기능이 있는 메뉴는?

① File 메뉴　　② Edit 메뉴
③ Help 메뉴　　④ Option 메뉴

　전자캐드로 작성된 도면의 편집과 관련된 기능
・Zoom : 화면의 확대, 축소 기능
・Save : 저장
・Delete : 삭제
・Edit : 편집

**55** 다음 CAD Software 중 전자 CAD 용으로 적합하지 않은 것은?

① OrCAD　　　② AutoCAD
③ PCAD　　　　④ CADSTAR

　AutoCAD는 기계, 건축, 토목 등에 사용하는 매커니컬 CAD이다.

**56** 다음 (　) 안에 알맞은 용어는?

전자 CAD 사용자가 다른 schematic 페이지에 심벌을 생성할 수 있다. 이러한 심벌을 (　)이라고 부른다.

① 적층　　　　② 본딩
③ 프리플레그　④ 계층구조블럭

> 계층구조 블록은 계층구조 블록에 연결되어 있는 종속 회로도를 의미하며 계층이 낮은 방향으로만 수직 연결된다.

**57** 다음 중 능동 소자에 속하는 것은?

① 트랜지스터  ② 저항
③ 코일  ④ 콘덴서

**58** 다음 중 CAD Tool을 사용하여 Analog회로를 PCB를 설계하고자 할 때, 험(Hum)이나 잡음(Noise) 등을 최소화하기 위해 가장 신중하게 패턴 설계가 요구되는 것은?

① 접지(Ground) 라인
② 버스(Bus) 라인
③ 신호(Signal) 라인
④ 바이어스(Bias) 라인

> Analog 회로 설계 시 Hum이나 Noise 등을 최소화하기 위해 접지(GND) 라인을 신중하게 설계하여야 한다.

**59** PCB Artwork에서 부품을 꽂는 부분의 동박 면은?

① hole  ② point
③ pad  ④ line

> Pad : PCB Artwork에서 부품을 꽂는 부분의 동박면

**60** 다음 중 반투명의 옅은 녹색기판으로 다층기판을 구성 할 수 있어 산업용, PC 및 주변기기 등에 널리 사용되는 것은?

① 페놀(phenol)계 수지
② 에폭시 (epoxy) 수지
③ 실리콘(silicon)계 수지
④ 테프론(teflon) 수지

> 에폭시 수지(Epoxy Resin) 기판 : 유리섬유에 에폭시수지를 합성하고 적층하여 만든 기판으로 다층기판을 구성하여 산업용 PC 및 주변기기 등에 사용된다.

**ANSWER** 적중모의고사 3회

| 01 | 02 | 03 | 04 | 05 | 06 | 07 | 08 | 09 | 10 |
|---|---|---|---|---|---|---|---|---|---|
| ② | ① | ② | ④ | ② | ③ | ③ | ③ | ④ | ③ |
| 11 | 12 | 13 | 14 | 15 | 16 | 17 | 18 | 19 | 20 |
| ② | ④ | ③ | ④ | ② | ④ | ① | ③ | ① | ② |
| 21 | 22 | 23 | 24 | 25 | 26 | 27 | 28 | 29 | 30 |
| ② | ① | ④ | ② | ① | ② | ① | ③ | ② | ① |
| 31 | 32 | 33 | 34 | 35 | 36 | 37 | 38 | 39 | 40 |
| ② | ② | ④ | ② | ② | ④ | ② | ② | ② | ④ |
| 41 | 42 | 43 | 44 | 45 | 46 | 47 | 48 | 49 | 50 |
| ④ | ③ | ④ | ④ | ④ | ④ | ① | ② | ② | ① |
| 51 | 52 | 53 | 54 | 55 | 56 | 57 | 58 | 59 | 60 |
| ② | ② | ③ | ② | ② | ④ | ① | ① | ③ | ② |

# Chapter 03 CBT 대비
## 적중모의고사 4회

**01** 어떤 전지에 15[Ω]의 저항을 연결하면 0.2[A]의 전류가 흐르고, 6[Ω] 저항을 연결하면 0.4[A]의 전류가 흐를 때 이 전지의 내부저항은?

① 2[Ω]  ② 3[Ω]
③ 3.5[Ω]  ④ 5[Ω]

해설 E = I(r + R)의 식에서
- 0.2[A]의 전류가 흐를 때 E = 0.2(r + 15) = 0.2r + 3 ㉠
- 0.4[A]의 전류가 흐를 때 E = 0.4(r + 6) = 0.4r + 2.4 ㉡
- ㉠식에 2를 곱하여 ㉡식에서 r을 소거하면 E = 0.4r + 6 − 0.4r − 2.4 = 3.6[V]
- $R_t = R + r = \dfrac{E}{I} = \dfrac{3.6}{0.2} = 18[Ω]$

∴ r = $R_t$ − R = 18 − 15 = 3[Ω]

**02** 순시전압이 $100\sqrt{2}\sin(377t + \dfrac{\pi}{6})[V]$일 때 이 순시 전압의 주파수는 약 몇 [Hz]인가?

① 50[Hz]  ② 60[Hz]
③ 100[Hz]  ④ 120[Hz]

해설 w = 2πf에서
$f = \dfrac{w}{2\pi} = \dfrac{377}{6.28} = 60[Hz]$

**03** 다음 펄스 발생 회로 중에서 기억소자로 사용되는 플립플롭에 해당하는 것은?

① 타이머 IC 회로
② 비안정 멀티바이브레이터
③ 단안정 멀티바이브레이터
④ 쌍안정 멀티바이브레이터

해설 멀티바이브레이터
- 단안정 멀티바이브레이터 : 결합소자는 R와 C 시정수로 구성되며 트리거 입력이 순간적으로 Low 상태로 인가되어 출력 Q가 High로 구동되며 /Q는 Low로 구동된다.
- 비안정 멀티바이브레이터 : 결합소자 2개의 시정수 $R_1C_1$, $R_2C_2$로써 AC−DC 결합 회로를 형성한다. 펄스폭과 주기가 반복되는 펄스를 발생시키는 비동조 증폭회로로 구성된다.
- 쌍안정 멀티바이브레이터 : 2개의 안정 상태를 가지며 2개의 트리거(trigger)펄스에 의해 하나의 구형파를 발생시킬 수 있다. 이 회로를 플립플롭(Flip−flop)이라고 하며 기억장치 등에 사용된다.

**04** 공기의 비투자율은 약 얼마인가?

① 0  ② 1
③ $6.33 \times 10^4$  ④ $9 \times 10^{19}$

해설 공기 중에서 $6.33 \times 10^4 [Nm^2/Wb^2]$ 차원을 가진다. 또한, 공기의 비투자율 μs = 1이다.

**05** 수정발진기는 수정진동자의 어떤 전기적인 특성을 하는가?

① 지벡효과  ② 압전기현상
③ 펠티에효과  ④ 전자유도현상

> 수정 진동자는 압전효과(piezo effect)를 이용한 것으로 수정 결정에 압력 또는 비튼 힘이 작용함으로써 결정이 상대하는 두개의 면에 전압이 발생하는 현상으로서 이것을 대신하여 전압을 가하여 압력을 가한 것과 같은 효과에 따라 진동하며 수정 자체의 고유진동수의 안정된 주파수 값을 얻을 수 있다.

**06** 콘덴서 $C_1 = 20[\mu F]$, $C_2 = 40[\mu F]$를 직렬로 연결하고 양단에 300[V]의 전압을 인가하였을 때 $C_1$ 양단에 걸리는 전압은?

① 50[V]
② 100[V]
③ 150[V]
④ 200[V]

> 전기량 $Q = CV$
> $Q = C_1 V_1 = C_2 V_2$
> $\therefore \dfrac{V_2}{V_1} = \dfrac{C_1}{C_2}$
> $V_1 = \dfrac{C_2}{C_1 + C_2} V$, $V_2 = \dfrac{C_1}{C_1 + C_2} V$
> (단, $V_1$($C_1$의 양단전압), V는 직렬 양단 전체전압)
> 따라서
> $V_1 = \dfrac{40}{20 + 40} \times 300 = 200[V]$,
> $V_2 = \dfrac{20}{20 + 40} \times 300 = 100[V]$
> $V = V_1 + V_2 = 200 + 100 = 300[V]$

**07** 이미터 접지 트랜지스터 증폭기에서 입·출력 전압 위상차는?

① 0도
② 90도
③ 180도
④ 270도

> 트랜지스터 접지방식에 따른 증폭기 특성 비교

| 구분 | CE (이미터 접지) | CB (베이스 접지) | CC (콜렉터 접지) |
|---|---|---|---|
| Ai(전류 이득)<br>Av(전압 이득) | 크다(-)<br>크다(-) | 작다<br>크다 | 크다<br>작다 |
| Ri(입력 저항)<br>Ro(출력 저항) | 중간<br>중간 | 낮다<br>높다 | 높다<br>낮다 |
| 입·출력 위상 | 위상반전<br>(180도) | 동위상 | 동위상 |

※ (-)는 위상반전

**08** 코일에 발생하는 기전력의 방향은 코일을 통과하는 자속의 증감을 방해하는 방향으로 발생한다는 법칙은?

① 렌쯔의 법칙
② 플레밍의 법칙
③ 앙페르법칙
④ 비오사바르법칙

> 렌쯔의 법칙(Lenz's Law)은 전자유도에 의하여 생긴 기전력방향. 즉 유도된 기전력에 의해 흐르는 전류의 방향은 자속의 증가 또는 감소를 방해하는 방향으로 발생한다. 이런 특성 때문에 반작용의 법칙이라고도 하며, 유도기전력의 크기 e를 나타내는 식에 음(-)의 기호를 붙여 표현 한다.

**09** 트랜지스터 증폭회로에서 부궤환을 시켰을 때 발생하는 현상으로 적합하지 않은 것은?

① 잡음이 감소한다.
② 전압이득이 증가한다.
③ 안정도가 좋아진다.
④ 일그러짐이 감소한다.

> 부궤환방식에 따른 특성
> • 이득이 감소한다(안정도 증가).
> • 이득이 보통 -3[dB] 감소하여 대역폭(BW)이 넓어지므로 주파수 특성이 개선된다.
> • 일그러짐과 잡음이 감소한다.
> • 입력 임피던스는 증가하고 출력 임피던스는 감소한다.

**10** 연산 증폭기에서 차동 이득($A_d$)이 10000, 동상 이득($A_c$)이 10일 때 동상신호제거비 (CMRR)는?

① 20[dB]
② 40[dB]
③ 60[dB]
④ 80[dB]

> CMRR = $\dfrac{\text{차동 이득}}{\text{동위상 이득}} = \dfrac{10000}{10} = 10^3$
> ∴ $G_{ain} = 20\log_{10}10^3 = 60[dB]$

**11** 제너 다이오드의 전압(V), 전류(I) 특성을 나타내는 것으로 가장 적합한 것은?

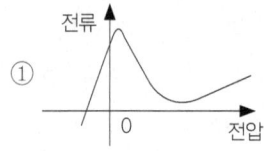
①

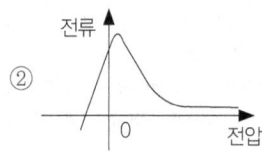
②

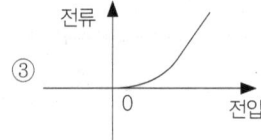
③

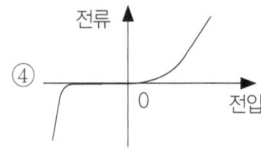
④

> 제너 다이오드는 기준 제너 전압 이상의 값에 도달했을 때 급격한 역방향 전류가 흘러 순방향 전류를 차단 제어함으로 과전압에 따른 전압 안정화 회로에 사용되며 이러한 특성은 제너항복 특성이다.

**12** 다음 설명에 가장 적합한 법칙은?

> 두 전하 사이에 작용하는 힘의 크기는 두 전하의 곱에 비례하고 두 전하 사이의 거리의 제곱에 반비례한다.

① 옴의 법칙
② 전자유도 법칙
③ 쿨롱의 법칙
④ 비오사바르의 법칙

> 쿨롱의 법칙은 두 개의 대전체 사이에는 힘이 작용하는데, 즉 두 개의 점전하 $Q_1$과 $Q_2$ 사이에 작용하는 힘 F는 $Q_1$, $Q_2$의 곱에 비례하고 두 전하 사이 거리의 제곱($r^2$)에 반비례 한다.

**13** C급 증폭기의 가장 큰 장점은?

① 잡음이 감소한다.
② 온도특성이 좋다.
③ 회로구성이 간편하다.
④ 전력효율이 좋다.

> 저주파 증폭기
> • A급 : 일그러짐(왜율)이 가장 작고 원음에 가깝게 재생 하므로 직선성이 좋으며, 효율은 50[%]로 가장 적다.(입력 신호가 없을 때도 콜렉터 전류가 흐른다.)
> • B급 : 일그러짐이 두 번째로 크며, 효율은 78.5% 정도로 높다.(입력 신호가 없을 때 콜렉터 전류는 흐르지 않는다.)
> • AB급 : B급에서 발생하는 일그러짐인 +상측파와 -하측파가 교차하는 교차점에서 일그러짐(크로스 오버 왜곡)을 개선하는 특징이 있으며 가청주파대역 에서는 들을 수 없다.
> • C급 : 일그러짐이 가장 크지만 효율은 78.5%~100% 정도로 높다.

**14** 이미터 접지 트랜지스터 증폭회로에서 $I_B$가 50[μA]이고, $I_C$가 3.65[mA]일 때, $I_E$는?

① 0.7[mA]
② 2.6[mA]
③ 3.6[mA]
④ 3.7[mA]

> 해설 트랜지스터의 이미터 접지방식인 증폭회로에서 이미터에 흐르는 전류의 합 $I_E = I_B + I_C$이다.
> ∴ $I_E = 50 \times 10^{-6} + 3.65 \times 10^{-3} = 3.7$[mA]

**15** 다음 중 과잉전자를 만드는 불순물은?

① 도너
② 억셉터
③ 구형 반도체
④ 진성반도체

> 해설
> • P형(+) 반도체를 만드는 불순물(acceptor) : 인듐(In), 갈륨(Ga), 붕소(B), 알루미늄(Al) 등
> • N형(-) 반도체를 만드는 불순물(donor) : 안티몬(Sb), 비소(As), 인(P) 등

**16** 다음 기억 장치 중 600Mbyte 이상의 대용량을 저장할 수 있으며, 원판형으로서 비교적 가볍고 휴대가 간편한 것은?

① 자기 테이프(magnetic tape)
② 플로피 디스크(floppy disk)
③ 하드 디스크(hard disk)
④ CD-ROM(compact disk ROM)

> 해설 CD-ROM(Compact Disk Read Only Memory) : 콤팩트디스크에 디지털 데이터를 기록하여, 읽어내기 전용 메모리(ROM)로서 사용하는 것. 기억 용량은 직경이 12cm의 것이 약 650Mbyte와 700Mbyte이다.

**17** 컴퓨터 내부에서 수치자료를 표현하는데 사용하지 않는 형식은?

① 고정 소수점 데이터 형식
② 부동 소수점 데이터 형식
③ 팩 형식
④ 아스키 데이터 형식

> 해설 컴퓨터 내부에서 수치자료 표현으로는 고정 소수점 데이터 형식(정수표현), 부동 소수점 데이터 형식(실수표현), 팩 형식(1바이트에 10진수 두 자리를 저장하는 형식)이 있다.

**18** 다음 중 C 언어의 자료형과 거리가 먼 것은?

① integer
② double
③ char
④ short

> 해설 C언어의 자료형에는 int, double, char, short 등이 있다.

**19** 마이크로프로세서 내에서 어떤 특정한 문제를 처리하기 위해 준비되어 호출 명령으로 쓰이는 것은?

① 인터럽트 루틴
② 서브 루틴
③ 액세스 루틴
④ 레지스터 루틴

> 해설 서브루틴(Subroutine) : 프로그램 가운데 하나 이상의 장소에서 필요할 때마다 되풀이해서 사용할 수 있는 부분적 프로그램. 실행 후에는 메인 루틴이 호출한 장소로 되돌아간다. 독립적으로 쓰는 일은 없고 메인 루틴과 결합하여 기능을 수행한다.

**20** 1면에 150개의 트랙을 사용할 수 있는 양면 자기디스크에서 1트랙은 8개의 섹터로 되어 있고, 섹터 당 400Word를 기억시킬 수 있는 경우에 이 디스크의 용량은?

① 480000 word  ② 960000 word
③ 1920000 word  ④ 3840000 word

📖 디스크의 용량
면의 수(150) × 트랙의 수(8) × 디스크의 수(2) × 섹터당 word(400) = 960000[word]

**21** floating point(부동소수점) 표시법에 대한 설명으로 틀린 것은?

① 소수점 수치 기억에 적합하다.
② 소수부의 부호가 양수이면 1, 음수이면 0으로 표시한다.
③ 지수부분과 가수부분을 구분한다.
④ 소수점의 위치를 맞출 필요가 없다.

📖 부동소수점 데이터 형식
- 실수를 표현할 때 소수점의 위치를 고정하지 않고 그 위치를 나타내는 수를 따로 적는다.
- 부호비트는 실수가 양수이면 0, 음수이면 1로 표시하고, 지수부는 2진수로, 가수부는 10진 유효숫자를 2진수로 변환하여 표시한다.

**22** 컴퓨터가 이해할 수 있는 언어로 변환 과정이 필요 없는 언어는?

① Assembly
② COBOL
③ Machine Language
④ LISP

📖 기계어(Machine Language) : 컴퓨터가 직접 이해할 수 있는 2진수로 나타내는 언어로 프로그래밍의 기본이 된다. 즉 컴퓨터를 작동시키기 위해 0과 1로 나타낸 컴퓨터 고유 명령 형식이다.

**23** 2진수의 연산으로 옳은 것은?

① $0 + 0 = 1$
② $0 + 1 = 0$
③ $1 + 0 = 1$
④ $1 + 1 = 2$

📖 $0+0=0, 0+1=1, 1+0=1, 1+1=(10)_2$

**24** 순서도 사용에 대한 설명 중 틀린 것은?

① 프로그램 코딩의 직접적인 자료가 된다.
② 오류 발생시 그 원인을 찾아 수정하기 쉽다.
③ 프로그램의 내용과 일 처리 순서를 파악하기 쉽다.
④ 프로그램 언어마다 다르게 표현되므로 공통적으로 사용할 수 없다.

📖 순서도의 역할
- 프로그램 작성의 직접적인 자료가 된다.
- 업무의 내용과 프로그램을 쉽게 이해할 수 있고, 다른 사람에게 전달이 쉽다.
- 프로그램의 정확성 여부를 판단하는 자료가 되며, 오류가 발생 하였을 때 그 원인을 찾아 수정하기 쉽다.
- 프로그램의 논리적인 체계 및 처리 내용을 쉽게 파악할 수 있다.

**25** 다음 메모리 중 재생(refresh)하기 위한 별도의 회로와 프로그램이 필요한 것은?

① ROM  ② USB 메모리
③ DRAM  ④ SRAM

📖 DRAM(Dynamic RAM) : 구조는 단순하지만 가격이 저렴하고 집적도가 높아 PC의 메모리로 이용 휘발성이 메모리이므로 재충전시간이 필요하다.

**26** 컴퓨터의 기억장치 레지스터 중 MBR(Memory Buffer Register)에 대한 설명으로 옳은 것은?

① 메모리로부터 읽거나(read), 쓴(write) 데이터를 일시적으로 저장하기 위한 레지스터
② 실제 주소를 계산하기 위해 주소를 기억하는 레지스터
③ 연산 결과의 상태를 기억하는 레지스터
④ 실행될 명령 코드가 저장되어 있는 레지스터

> MBR(memory buffer register) : 메모리 버퍼 레지스터는 기억 장치로부터 불러낸 정보나 저장할 정보를 넣어 두는 레지스터이다.

**27** 주소 필드에 있는 값이 실제 데이터가 기억된 메모리 내의 주소가 되는 방식은?

① 간접주소방식  ② 즉시주소방식
③ 절대주소방식  ④ 직접주소방식

> 직접 주소 지정 방식(Direct Addressing Mode) : 명령어의 오퍼랜드에 실제 데이터가 들어 있는 주소를 직접 갖고 있는 방식

**28** 인쇄회로기판이 갖추어야 할 특성과 거리가 먼 것은?

① 온도 상승에 대하여 변화가 적어야 한다.
② 납땜시 가열 등에 의해서는 안정되어야 한다.
③ 기계적 강도를 갖추고, 가공이 용이해야 한다.
④ 공정 중 약물 처리에 대해 특성이 변화하여야 한다.

> 인쇄회로기판의 특성
> • 온도 상승에 대하여 변화가 적어야 한다.
> • 납땜 시 가열 등에 의해서는 안정되어야 한다.
> • 기계적 강도를 갖추고, 가공이 용이해야 한다.
> • 화학적 특성이 안정되어야 한다.

**29** 다음 중 여러 장치를 통제하는 기능을 갖는 장치는?

① I/O unit
② ALU
③ memory unit
④ control unit

> 제어장치(Control Unit) : 프로그램 명령어를 해석하고, 해석된 명령의 의미에 따라 연산장치, 주기억 장치 등에게 동작을 지시하며 어드레스 레지스터, 기억 레지스터, 명령 레지스터, 명령 해독기, 명령 계수기 등으로 구성된다.

**30** 회로도의 작성법 설명으로 틀린 것은?

① 정해진 도 기호를 명확하면서도 간결하게 그려야 한다.
② 신호의 흐름은 도면의 왼쪽에서 오른쪽으로 한다.
③ 전체적인 배치와 균형이 유지되게 그려야 한다.
④ 신호의 흐름은 아래에서 위로 흐르게 한다.

> 회로도의 작성법
> • 신호의 흐름은 왼쪽에서 오른쪽으로, 위에서 아래로 작성한다.
> • 주회로와 보조회로가 있는 경우에는 주회로를 중심으로 설계한다.
> • 선의 교차가 적고 부품이 도면 전체에 안배되도록 그린다.
> • 정해진 기호(Symbol)와 문자로 그린다.

**31** 인쇄회로기판(PCB)에 대한 설명으로 옳지 않은 것은?

① 오배선의 우려가 없다.
② 대량 생산의 효과가 있다.
③ 제품의 균일성과 신뢰성이 높다.
④ 소품종 다량 생산의 경우에는 제조 단가가 높다.

📖 인쇄회로기판(PCB)의 장점
- 대량 생산의 효과가 높다.
- 제품의 균일성과 신뢰성이 높다.
- 오배선의 우려가 없고, 생산 단가가 저렴하다.
- 기기의 단위(unit)가 가능하다.

**32** 저항값이 낮은 저항기로서 대전력용 및 표준저항기 등과 같이 고정밀도 저항기로 사용되는 저항기는?

① 탄소피막 저항기  ② 솔리드 저항기
③ 권선 저항기    ④ 모듈 저항기

📖 권선 저항기 : 저항 값이 낮은 저항기로서 대전력용 및 표준저항기 등과 같이 정밀도 저항기로 사용된다.

**33** 인쇄회로기판에 배치될 부품의 위치와 형태 등에 대한 부품 배치도의 설명으로 틀린 것은?

① 부품은 균형 있게 배치한다.
② 부품 상호 간에 신호가 유도되지 않도록 한다.
③ 인쇄회로기판의 점퍼선은 부품으로 간주하지 않으며 표시하지 않는다.
④ 부품의 종류, 기호, 용량, 외형도, 핀의 위치, 극성 등을 표시하여야 한다.

📖 인쇄회로기판 설계 시 회로도에는 없는 점퍼선은 부품으로 간주하여 부품 배치도에 표시해야 한다.

**34** 제도의 목적을 달성하기 위한 도면의 요건으로 틀린 것은?

① 대상물의 도형과 함께 필요로 하는 크기, 모양, 자세, 위치의 정보를 포함하여야 한다.
② 도면의 정보를 명확하게 하기 위하여, 복잡하고 어렵게 표현하여야 한다.
③ 가능한 한 넓은 기술 분야에 걸쳐 정합성, 보편성을 가져야 한다.
④ 복사 및 도면의 보존, 검색, 이용이 확실히 되도록 내용과 양식을 구비하여야 한다.

📖 도면의 구비조건
- 대상물의 도형과 함께 필요로 하는 크기, 모양, 자세, 위치의 정보를 포함하여야 한다.
- 가능한 한 넓은 기술 분야에 걸쳐 적합성, 보편성을 가져야 한다.
- 복사 및 도면의 보존, 검색, 이용이 확실히 되도록 내용과 양식을 구비하여야 한다.
- 무역 및 기술의 국제 교류의 입장에서 국제성을 가져야 한다.

**35** 전자 회로도를 작성하는 일반적인 규칙의 설명으로 틀린 것은?

① 선의 교차는 가능한 적게 한다.
② 정해진 기호(symbol)와 문자로 그린다.
③ 대각선과 곡선은 가능한 직선으로 그린다.
④ 물리적으로 연결된 것은 실선으로 그린다.

📖 회로도 작성 시 물리적인 관련이나 연결이 있는 부품 사이에는 파선으로 나타낸다.

**36** 다음 기판 재질 중에서 내열성이 좋고, 다층 기판 제작에 용이하며, 플렉시블(Flexible: 휨이나 절곡)한 기판 제작에 많이 사용되는 것은?

① 페놀(Phenol) 수지
② 에폭시(Epoxy) 수지
③ 폴리이미드 필름
④ 테프론(Teflon)

> 폴리이미드 필름 : 내열성이 좋고, 다층 기판 제작에 용이하며, 플렉시블한 기판 제작에 사용된다.

**37** 전자회로에서 부분 상호간에 전달되는 신호의 계통을 알기 쉽게 나타낸 선도로서 계통도 또는 구성도 라고 하는 것은?

① 블록도    ② 회로도
③ 결선도    ④ 배치도

> 계통도와 구성도 또는 블록도는 같은 의미이다.

**38** KS의 부문별 기호에서 기본적인 내용에 관계되는 분류기호는?

① KS A    ② KS B
③ KS C    ④ KS D

> KS A : 기본, KS B : 기계, KS C : 전기, KS D : 금속

**39** 시퀀스 제어용 기호와 설명이 옳게 짝지어진 것은?

① PT : 계기용 변압기
② TS : 과전류 계전기
③ OCR : 텀블러 스위치
④ ACB : 유도 전동기

> TS : 전환 스위치, OCR : 과전류 계전기, ACB : 기중 차단기

**40** NAND 게이트가 내장된 14핀 DIP IC에서 핀과 핀 사이의 간격은?

① 0.254[mm]    ② 1.252[mm]
③ 2.25[mm]    ④ 2.54[mm]

> 일반적인 DIP IC의 핀과 핀 사이의 간격은 100[mil]=2.54[mm]이다.

**41** 세라믹 콘덴서의 표면에 '102K'로 표기되어 있다면 이 콘덴서의 정전 용량 값과 허용오차 값은?

① 용량 값 : 1000[pF], 허용오차 : ±10[%]
② 용량 값 : 1000[pF], 허용오차 : ±5[%]
③ 용량 값 : 100[pF], 허용오차 : ±20[%]
④ 용량 값 : 100[pF], 허용오차 : ±10[%]

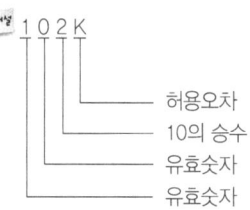

- 콘덴서의 기준 단위는 [pF] = $10^{-12}$
- $10 \times 10^2 \times 10^{-12} = 1000[pF]$
- 허용오차 K는 ±10[%] 이다.

**42** 수동소자로 전류의 흐름에 따라 자기에너지를 저장하며, 전류가 급하게 변화하는 것을 억제하기 위해 사용되는 소자는?

① 저항기(R)    ② 가변저항기(VR)
③ 유도기(L)    ④ 콘덴서(C)

> 유도기 : 전류의 흐름에 따라 자기에너지를 저장하며, 전류가 급하게 변화하는 것을 억제하기 위해 사용되는 소자

**43** 프린트 기판 설계시 배선으로 인한 인덕턴스 발생을 줄이기 위한 방법으로 가장 옳은 것은?

① 전원 라인을 가늘고, 길게 배선한다.
② 전원 라인을 가늘고, 짧게 배선한다.
③ 전원 라인을 굵고, 길게 배선한다.
④ 전원 라인을 굵고, 짧게 배선한다.

> 인쇄회로기판 설계 시 배선으로 인한 인덕턴스 발생을 줄이려면 전원 라인을 굵고, 짧게 배선해야 한다.

**44** 다음 중 전자 CAD 용 프로그램(EDA 툴)이 아닌 것은?

① OrCAD　　② CADSTAR
③ AutoCAD　④ PCAD

> AutoCAD는 기계 또는 건축, 토목 등에 사용하는 매커니컬 CAD이다.

**45** CAD 소프트웨어의 실행 화면에서 커서의 좌표 위치나 사용 중인 도면 층의 이름 등 각종 정보가 표시되는 부분은?

① 상태줄
② 명령 영역
③ 그리기 영역
④ 도구 아이콘

> CAD 소프트웨어의 실행 화면에서 커서의 좌표 위치나 사용 중인 도면 층의 이름 등 각종 정보가 표시되는 부분이 상태줄이다.

**46** 인쇄회로기판에서 부품의 단자 또는 도체 상호 간을 접속하기 위해 구멍(Hole)의 주위에 만든 특정한 도체 부분이 납땜이 될 수 있도록 처리하는 것은?

① 실크스크린　　② Drill(구멍 가공)
③ 패턴　　　　　④ 납 마스크

> 납 마스크 : 부품의 접속을 위하여 납이 묻어야 할 부분

**47** 도면에서 도면의 축소나 확대, 복사의 작업과 이들의 복사 도면을 취급 할 때 편의를 위하여 표시하는 것은?

① 윤곽선　　　　② 도면의 비교눈금
③ 도면의 구역　　④ 재단마크

> 도면의 비교눈금 : 도면에서 축소나 확대, 복사의 작업과 이들의 복사도면을 취급할 때 편의를 위한 표시

**48** 제도규칙에서 표준규격에 대한 국제 및 국가별 규격 명칭 연결이 옳은 것은?

① 미국 규격 - JIS
② 일본 공업 규격 - DIN
③ 국제 표준화 기구 - ISO
④ 영국 규격 - ANSI

> 한국산업규격 : KS, 미국규격 : ANSI, 일본공업규격 : JIS, 영국규격 : BS

**49** 다음 중 일반적으로 전자 CAD을 이용하여 할 수 없는 기능은?

① 전원을 표시할 수 있다.
② 부품의 심벌을 작도할 수 있다.
③ 기판의 외형을 설계할 수 있다.

④ 전자제품의 케이스 가공용 데이터를 출력할 수 있다.

해설 전자제품의 케이스 가공용 데이터 출력용 CAD는 매커니컬 CAD이다.

**50** 부품 선정시의 핵심사항과 가장 거리가 먼 것은?

① 부품의 단가  ② 납품 조건
③ 부품외형의 색상  ④ 부품의 신뢰성

해설 부품 선정 시 고려사항 : 부품의 단가, 납품 조건, 부품의 신뢰성, 부품의 실장방법 등

**51** 제도의 척도 중 실물의 크기보다 작게 그리는 것은?

① 실척  ② 축척
③ 배척  ④ NS

해설 척도
- 축척 : 실물보다 작게 축소해서 그리는 것
- 현척(실척) : 실물과 같은 크기로 그리는 것
- 배척 : 실물보다 크게 확대해서 그리는 것
- NS(Not to Scale) : 도면과 실물의 치수가 비례 척도가 아님을 뜻함

**52** 다음 중 출력 장치로 볼 수 없는 것은?

① 마우스  ② 플로터
③ 프린터  ④ 모니터

해설
- 입력장치 : 키보드, 마우스, 디지타이저, 이미지 스캐너, 라이트 펜 등
- 출력장치 : 모니터, 프린터, 플로터 등

**53** 일반적으로 전자캐드(CAD)에서 회로도를 그리는 프로그램을 통칭하는 용어는?

① Layout  ② Schematic
③ Gerber  ④ CAM

해설 Schematic : 전자캐드(CAD)에서 회로도를 그리는 프로그램을 통칭하는 용어

**54** 유연성 인쇄회로기판으로도 불리며, 카메라 등의 굴곡진 부분에 많이 사용되는 기판은?

① 에폭시 기판  ② 페놀 기판
③ 메탈 기판  ④ 플렉시블 기판

해설 플렉시블 기판(Flexible Base material) : 유연성을 갖는 PCB로 절연기판이 얇은 폴리에스테르나 폴리이미드 필름에 동박을 입힌 기판

**55** 부품 중 2000000[Ω]의 저항을 배치하고 그 값을 표시한 것 중 가장 적절한 표시 방법은?

① 2000000[Ω]  ② 2000[kΩ]
③ 2[μΩ]  ④ 2[MΩ]

해설 $1000000 = 10^6 = 1M$, $2000000[Ω] = 2 \times 10^6 = 2[MΩ]$

**56** CAD 활용 시의 특징이 아닌 것은?

① 보다 많은 인력과 시간이 소요된다.
② 신제품 개발에 적극적으로 대처할 수 있다.
③ 수작업에 의존하던 디자인의 자동화가 이루어진다.
④ 정확하고 효율적인 작업으로 개발 기간이 단축된다.

해설 CAD 도입의 장점
- 도면의 품질이 좋아진다.
- 설계 과정에서 능률이 향상된다.
- 수치 결과에 대한 정확성이 증가한다.
- 보관 및 보안성이 향상된다.
- 설계의 표준화로 원가가 절감된다.

**57** 수정 진동자를 나타내는 도 기호(symbols)는?

해설 ① 다이오드, ② 수정 진동자, ③ 전해 콘덴서, ④ 변·복조기

**58** 전기 신호의 중계, 제어 등을 행하는 기구 부품(electro-mechanical component)이 아닌 것은?

① 다이오드
② 소켓
③ 스위치
④ 커넥터

해설 다이오드 : 전류를 한 방향으로만 흐르게 하고, 그 역방향으로 흐르지 못하게 하는 성질을 가진 반도체 소자

**59** 인쇄회로기판 설계 시 배선에 흐르는 전류량에 따라 고려할 사항으로 옳은 것은?

① 기판의 재질과 두께
② 배선의 폭과 동박의 두께
③ 동박의 두께와 배선의 모양
④ 배선의 배열과 기판의 두께

해설 인쇄회로기판 설계 시 배선에 흐르는 전류량에 따라 고려할 사항은 배선의 폭과 동박의 두께이다.

**60** CAD용 컴퓨터의 데이터 버퍼에 대한 설명으로 옳은 것은?

① 출력작업이 이루어지는 동안에도 다른 작업을 행할 수 있다.
② 주변장치와 8 BIT 병렬 데이터 통신을 하기 위한 인터페이스다.
③ 사용자 정의 형상을 컴퓨터가 이해할 수 있는 수치로 나타낸다.
④ 36핀 커넥터로 되어 있다.

해설 CAD용 컴퓨터의 데이터 버퍼 : 입출력 데이터 등의 정보를 전송할 때 일시적인 데이터 저장 장소로 사용되는 기억장소로 출력작업이 이루어지는 동안에도 다른 작업을 행할 수 있다.

| ANSWER | | | | | | | | | 적중모의고사 4회 |
|---|---|---|---|---|---|---|---|---|---|
| 01 | 02 | 03 | 04 | 05 | 06 | 07 | 08 | 09 | 10 |
| ② | ② | ④ | ② | ② | ④ | ③ | ① | ② | ③ |
| 11 | 12 | 13 | 14 | 15 | 16 | 17 | 18 | 19 | 20 |
| ④ | ③ | ④ | ④ | ① | ④ | ④ | ① | ② | ② |
| 21 | 22 | 23 | 24 | 25 | 26 | 27 | 28 | 29 | 30 |
| ② | ③ | ④ | ③ | ① | ④ | ④ | ④ | ④ | ④ |
| 31 | 32 | 33 | 34 | 35 | 36 | 37 | 38 | 39 | 40 |
| ④ | ③ | ② | ④ | ③ | ① | ② | ① | ① | ④ |
| 41 | 42 | 43 | 44 | 45 | 46 | 47 | 48 | 49 | 50 |
| ① | ③ | ④ | ④ | ① | ② | ② | ③ | ④ | ③ |
| 51 | 52 | 53 | 54 | 55 | 56 | 57 | 58 | 59 | 60 |
| ② | ① | ② | ④ | ④ | ① | ② | ① | ② | ① |

# Chapter 03 CBT 대비

## 적중모의고사 5회

**01** 전지 1개의 내부저항 R을 n개 직렬로 접속하여 최대 전력을 부하에 전달하려고 하면 부하저항은?

① R
② nR
③ 1/R
④ R/n

해설: 직렬접속 전지의 내부저항은 n배 되어 nR[Ω]이 된다. 따라서, 내부저항과 부하저항이 같으면 최대전력이 전달되므로 nR = $R_L$이 되어야 한다.

**02** 부궤환 회로의 특징에 대한 설명으로 적합하지 않은 것은?

① 이득이 감소한다.
② 안정도가 개선된다.
③ 왜율이 감소한다.
④ 주파수 대역폭이 감소한다.

해설: 부궤환 회로의 특징
- 이득이 감소한다.(안정도가 증가)
- 이득이 보통 −3[dB] 감소하므로 대역폭(BW)이 넓어져서 주파수 특성이 개선된다.
- 일그러짐(왜율)과 잡음이 감소한다.
- 입력 임피던스는 증가하고 출력 임피던스는 감소한다.

**03** 이상적인 연산증폭기에서 동상신호제거비(CMRR)는?

① 0
② 1
③ 100
④ 무한대

해설: 이상적인 연산증폭(op-amp)의 특징
- 전압이득, 입력저항값, 대역폭은 무한대이다.
- 출력저항과 지연응답, 오프셋은 0이다.
- 특성변동 및 잡음이 없다.
- 동위상신호제거비(CMRR)은 무한대이어야 한다.

**04** 기전력이 180[V], 내부저항이 20[Ω]인 전원에 70[Ω]의 부하저항을 접속할 때 부하저항 양단의 전압[V]은?

① 30
② 80
③ 140
④ 160

해설: $I = \dfrac{V}{R} = \dfrac{V}{V_r + V_L} = \dfrac{180}{20 + 70} = 2[A]$
$V = IR = 2 \times 70 = 140[V]$

**05** 원형 코일의 감은 횟수 N회, 코일의 반지름 r[m], 코일에 흐르는 전류가 I[A]라면 코일 중심의 자장의 세기[AT/m]는?

① r에 비례한다.
② r에 반비례한다
③ I에 반비례한다.
④ $r^2$에 반비례한다.

해설: $H = \dfrac{IN}{2r}[AT/m]$이므로 r에 반비례한다.

**06** 수정발진기는 수정진동자의 어떤 전기적인 특성을 이용하는가?

① 지벡효과  ② 압전기현상
③ 펠티에효과  ④ 전자유도현상

> 해설 수정 진동자는 압전효과(piezo effect)를 이용한 것으로 수정 결정에 압력 또는 비튼 힘이 작용함으로써 결정이 상대하는 두개의 면에 전압이 발생하는 현상으로서 이것을 대신하여 전압을 가하여 압력을 가한 것과 같은 효과에 따라 진동하며 수정 자체의 고유진동수의 안정된 주파수 값을 얻을 수 있다.

**07** 평판 콘덴서에 2[C]의 전기량을 공급할 때, 콘덴서의 전위가 10[V]이면 정전용량[F]은?

① 0.1  ② 0.2
③ 0.5  ④ 1.5

> 해설 $C = \dfrac{Q}{V} = \dfrac{2}{10} = 0.2[F]$

**08** 증폭기의 전압증폭도가 100이고, 전류증폭도가 10일 때, 이 증폭기의 전력이득[dB]은?

① 10[dB]  ② 20[dB]
③ 30[dB]  ④ 60[dB]

> 해설 전력(Power) = 전압(V) × 전류(I) = 100 × 10 = 1000배
> ∴ 전력이득(Gain) = $10\log_{10}1000 = 10\log_{10}10^3$ = 30[dB]

**09** 다음 중 비정현파 발진기에 속하는 것은?

① 하틀리 발진기  ② 블로킹 발진기
③ 이상형 RC발진기  ④ 콜피츠 발진기

> 해설 비정현파는 삼각파, 톱니파, 구형파를 발생하는 멀티바이브레이터, 블로킹 발진기 등이다.

**10** 다음 중 수정진동자의 설명으로 거리가 먼 것은?

① 주파수 안정도가 양호하다.
② 수정편의 Q가 높다.
③ 출력이 매우 크다.
④ 고주파 발진에 적합하다.

> 해설 수정 진동자는 압전효과(piezo effect)를 이용한 것으로 수정 결정에 압력 또는 비튼 힘이 작용함으로써 결정이 상대하는 두개의 면에 전압이 발생하는 현상으로서 이것을 대신하여 전압을 가하여 압력을 가한 것과 같은 효과에 따라 진동하며 수정 자체의 고유진동수의 안정된 주파수 값을 얻을 수 있다. 또한, 주파수 범위가 좁아 발진 주파수가 매우 안정하기 때문에 많이 사용된다.

**11** 동일한 정현파의 반주기 동안 $\dfrac{평균치}{실효치}$는 약 얼마인가?

① 0.9  ② 1.41
③ 2.11  ④ 3.14

> 해설 $\dfrac{평균값}{실효값} = \dfrac{\dfrac{2 \times V_m}{\pi}}{\dfrac{V_m}{\sqrt{2}}} = \dfrac{2V_m\sqrt{2}}{\pi V_m}$
> $= \dfrac{2.28V_m}{3.15V_m} = 0.9$

**12** 다음 트랜지스터 회로는 어떤 바이어스 회로인가?

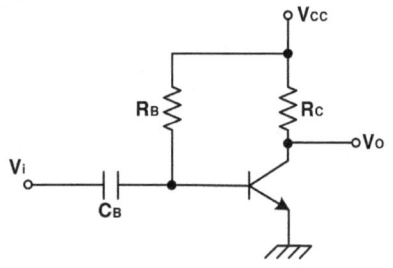

① 고정 바이어스회로
② 전압분배 바이어스회로
③ 전류분배 바이어스회로
④ 혼합 바이어스회로

> 베이스저항 $R_B$가 $+V_{CC}$에 접속하는 방법으로 동작점이 온도 변화에 따라 변화되는 결점을 갖고 있다.

**13** 주파수를 2배로 한 경우 전류의 크기가 반으로 감소되는 회로의 소자는?

① 저항   ② 인덕터
③ 콘덴서  ④ 다이오드

> 인덕턴스에 흐르는 전류는 주파수에 반비례 하므로 주파수를 2배로 하면 전류의 크기가 1/2로 감소된다.

**14** 다음 회로에서 전원전압이 1[V]일 때, $R_1$에 흐르는 전류 $I_1$[A]은?(단, $R_1 = 2[\Omega]$, $R_2 = 3[\Omega]$이다.)

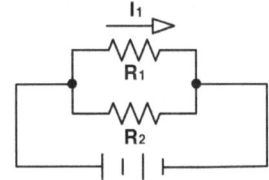

① 0.2   ② 0.3
③ 0.4   ④ 0.5

> 병렬회로 합성저항(R)
> $$\frac{R_1 \times R_2}{R_1 + R_2} = \frac{2 \times 3}{2 + 3} = \frac{6}{5} = 1.2[\Omega]$$
> $$I = \frac{V}{R_t} = \frac{1}{1.2} \fallingdotseq 0.83[A]$$
> $$I_1 = \frac{R_2}{R_1 + R_2}I = \frac{3}{5} \times 0.83 \fallingdotseq 0.5[A]$$

**15** 다음 ( ) 안에 들어갈 내용으로 알맞은 것은?

> D 플립플롭은 1개의 S-R 플립플롭과 1개의 ( ) 게이트로 구성할 수 있다.

① AND   ② OR
③ NOT   ④ NAND

> D-F/F(D 플립플롭)은 RS-F/F 2개의 입력 R, S에 동시 1이 되는 경우 출력은 불확정 상태가 되기 때문에 NOT 게이트 1개를 입력 양단에 부가한 것으로 정보를 일시 유지하는 래치(Latch) 회로로 시프트 레지스터 등에 쓰인다.

**16** 명령부의 오퍼랜드(Operand) 자체가 실제 그 데이터인 번지지정 방식은?

① direct address
② immediate address
③ indirect address
④ relative address

> 즉시 주소 지정 방식(Immediate Addressing Mode) : 명령 속의 오퍼랜드 정보를 그대로 오퍼랜드로 사용하는 방식

**17** 기억된 정보를 읽기는 자유롭지만 내용을 바꾸어 넣을 수 없는 기억소자는?

① ROM
② RAM
③ SRAM
④ DRAM

> ROM(Read Only Memory) : 한번 기록한 정보에 대해 오직 읽기만을 허용하도록 설계된 비휘발성 기억장치이며, 시스템 프로그램을 저장하는데 사용한다.

**18** 다음 중 순서 논리 회로에 해당되는 것은?

① 반가산기(half adder)
② 부호기(encoder)
③ 플립플롭(flip-flop)
④ 멀티플렉서(multiplexer)

🔖 순서논리회로
- 순서논리회로는 외부로부터의 입력과 현재 상태에 따라 출력이 결정되는 회로이다.
- 순서논리회로는 기억 기능이 있다.
- 대표적인 순서논리회로에는 플립플롭, 카운터, 레지스터, RAM, CPU 등이 있다.

**19** 자기 디스크의 설명으로 옳은 것은?

① sequential access만 가능하다.
② random access만 가능하다.
③ 주로 sequential access를 많이 한다.
④ 주로 random access를 많이 한다.

🔖 자기디스크 : 대용량 보조기억장치로서 자기테이프 장치와는 달리 자료를 직접 또는 임의로 처리할 수 있는 직접접근 저장장치이다. 주변에서 흔히 볼 수 있는 레코드판과 같은 형태의 알루미늄과 같은 금속성 표면에 자성물질을 입혀서 그 위에 데이터를 기록하고 기록된 데이터를 읽어낸다. 주로 random access를 많이 한다.

**20** 컴퓨터를 구성하는 요소를 크게 2부분으로 분류하면?

① 중앙처리장치와 입출력장치
② 연산장치와 제어장치
③ 중앙처리장치와 보조기억장치
④ 주기억장치와 보조기억장치

🔖 컴퓨터를 크게 2부분으로 분류하면 중앙처리장치(CPU)와 입출력장치로 나뉜다.

**21** 다음 중 객체지향언어에 해당하지 않는 것은?

① 기계어        ② 비주얼 C++
③ 델파이(Delphi)  ④ 자바(JAVA)

🔖 고급언어인 객체지향언어와 달리 기계어는 저급언어로서 컴퓨터가 직접 해독할 수 있는 2진수로 나타내는 언어로 프로그래밍의 기본이 된다.

**22** 8진수 37. 54를 16진수로 변환하면?

① 1F.A        ② 1F.A4
③ 1F.BA       ④ 1F.B

🔖 8진수의 각 자리수를 3bit의 2진수로 표현한 후 4bit로 표현하면 16진수가 된다.

| 3 | 7 | . | 5 | 4 |
|---|---|---|---|---|
| 011 | 111 | . | 101 | 100 |
| 01 | 1111 | . | 1011 | 0 |
| 1 | F | . | B | |

**23** 다음 중에서 일반적으로 가장 적은 Bit로 표현 가능한 데이터는?

① 영상 데이터   ② 문자 데이터
③ 숫자 데이터   ④ 논리 데이터

🔖 논리데이터는 0과 1로 표현되는 1bit의 데이터이다.

**24** 다음 중 C 언어 프로그램 형식과 관계가 없는 것은?

① 인터프리터 방식을 사용한다.
② "/*"와 "*/"를 이용하여 주석을 나타낸다.

③ 프로그램내의 명령은 ;(세미콜론)으로 구분된다.
④ 모든 프로그램은 main 함수로부터 실행이 시작된다.

해설 C언어는 인터프리터 언어가 아닌 컴파일러 언어이다.

**25** 컴퓨터 회로에서 bus line을 사용하는 가장 큰 목적은?

① 정확한 전송
② 속도 향상
③ 레지스터 수의 축소
④ 결합선 수의 축소

해설 컴퓨터 회로에서 버스 라인은 결합선 수의 축소를 위하여 사용한다.

**26** 레지스터와 유사하게 동작하는 임시 저장장소로써 유사한 기능을 하며 다음 실행할 명령어의 주소를 기억하는 기능을 하는 것은?

① 레지스터
② 프로그램 카운터
③ 기억장치
④ 플립플롭

해설 프로그램 카운터(Program Counter) : 기억장치에 기억된 명령이 순서대로 중앙 처리 장치에서 실행될 수 있도록 그 주소를 지정해 주는 레지스터

**27** 다음 회로는 직렬가산기이다. 입력 A = 10, B = 11을 입력할 때 합 S의 값은?

① 100
② 101
③ 110
④ 111

해설 직렬 가산기 : 최하위 자릿수부터 최상위 자릿수까지 한 번에 한 자리씩 피연산자에 대응하는 숫자를 더함으로써 덧셈을 하는 계산기

| A | B | S | C |
|---|---|---|---|
| 1 | 1 | 0 | 1 |
| 0 | 1 | 1 | 0 |

**28** 전자회로 부품 중 능동 부품이 아닌 것은?

① 다이오드
② 트랜지스터
③ 집적회로
④ 저항

해설
- 능동부품(Active Component) : 트랜지스터(TR), 전계효과 트랜지스터(FET), 단접합 트랜지스터(UJT), IC, 연산증폭기(OPAMP) 등을 말하며, 능동소자는 증폭, 발진, 신호 변환 등의 기능을 갖는다.
- 수동부품(Passive Component) : 전기 신호의 중계, 제어 등을 행하는 기구부품으로 저항기, 콘덴서, 커넥터, 소켓, 스위치 등이 수동소자에 속한다.

**29** 다음 중 각 나라의 표준규격 기호를 짝지어 놓은 것 중 옳지 않은 것은?

① KS – 한국산업표준
② ANSI – 미국표준규격
③ ISO – 스위스공업규격
④ JIS – 일본공업규격

해설 ISO – 국제표준화기구

**30** 다음 회로의 명칭은?

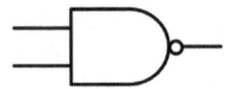

① OR GATE  ② AND GATE
③ NAND GATE  ④ EX-OR GATE

| OR | AND | NAND | EX-OR |

**31** 회로도의 작성법 설명으로 옳지 않은 것은?

① 정해진 도 기호를 명확하면서도 간결하게 그려야 한다.
② 신호의 흐름은 도면의 왼쪽에서 오른쪽으로 한다.
③ 전체적인 배치와 균형이 유지되게 그려야 한다.
④ 신호의 흐름은 아래에서 위로 흐르게 한다.

회로도 작성 시 고려사항
• 신호의 흐름은 왼쪽에서 오른쪽으로, 위에서 아래로 작성한다.
• 주회로와 보조회로가 있는 경우에는 주회로를 중심으로 설계한다.
• 보조회로는 주회로의 바깥쪽에, 전원회로는 맨 아래에 작성한다.
• 정해진 기호(Symbol)와 문자로 그린다.

**32** 전자기기의 패널을 설계할 때 유의하여야 할 사항으로 적합하지 않은 것은?

① 전원 코드는 배면에 배치한다.
② 패널 부품은 크기를 고려하여 균형 있게 배치한다.
③ 조작상 서로 연관이 있는 요소끼리 근접 배치한다.
④ 장치에 외부와 연결되는 접속기가 있을 경우에는 될 수 있는 대로 패널의 배면에 배치한다.

전자기기 패널 설계 시 유의 사항
• 전원선이나 퓨즈박스 등은 배면에 배치한다.
• 패널 부품은 크기를 고려하여 균형있게 배치한다.
• 조작 시 서로 연관이 있는 요소끼리 근접 배치한다.
• 조작 빈도가 높은 부품은 패널의 중앙이나 오른쪽에 위치한다.

**33** 전자 CAD 시스템을 이용하여 PCB 설계(art-work)를 완료한 후 기판 제작 공정에 사용하기 위한 파일로 출력하여야 한다. 그 종류가 아닌 것은?

① schematic 파일  ② gerber 파일
③ HPGL 파일  ④ DXF 파일

Schematic 파일은 회로도 설계 파일이다.

**34** 도면으로부터 위치 좌표를 읽어 들이는데 사용하는 CAD 시스템의 입력 장치는?

① 마우스 (mouse)
② 트랙볼(track ball)
③ 디지타이저(digitizer)
④ 이미지스캐너(image scanner)

디지타이저(Digitizer) : 도면으로부터 좌표를 읽어 들이는 데 사용하며, 자기장이 분포되어 있는 평판에 위치 검출기를 위치시켜 도면의 위치에 대응하는 X, Y 좌표를 입력하거나 원하는 명령어를 선택하는 입력장치

**35** 다음 전자부품 기호 중 발광 다이오드 기호로 옳은 것은?

① 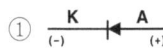  ②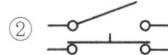
③ ~~~~  ④ K ─▶|─ A
              (-)      (+)

① 다이오드, ② 스위치, ③ 저항, ④ 발광다이오드 (LED)

**36** 부품을 배치할 때 고려해야 할 사항으로 옳지 않은 것은?

① 잡음이 발생하는 부품은 이격시킨다.
② 아날로그 및 디지털 회로가 혼용된 회로라도 단일 접지를 사용한다.
③ 전원용 라인 필터는 커넥션 가까이 배치한다.
④ 발열하는 부품에 대해서는 방열 설계를 한다.

PCB에서 노이즈 방지대책
• 잡음이 발생하는 부품은 이격시킨다.
• 아날로그 및 디지털 회로가 혼용된 회로에서는 어스라인을 분리한다.
• 전원용 라인 필터는 커넥션 가까이 배치한다.
• 발열하는 부품에 대해서는 방열설계를 한다.

**37** PCB 패턴 설계 때 유의사항을 설명한 것 중 옳지 않은 것은?

① 패턴을 미관을 고려하여 가능한 가늘고 짧게 하여야 한다.
② 패턴 사이의 간격을 떼어 놓거나 차폐를 행한다.
③ 취급하는 전력용량, 주파수 대역 및 신호 형태별로 기판을 나누거나 커넥터를 분리하여 설계한다.
④ 배선은 가급적 짧게 하는 것이 다른 배선이나 부품의 영향을 적게 받는다.

PCB 패턴 설계 시 유의사항
• 패턴은 가능한 한 짧고 굵게 한다.
• 취급하는 전력 용량, 주파수 대역 및 신호 형태별로 기판을 나누거나 커넥터를 분리하여 설계한다.
• 패턴 사이의 간격을 떼어 놓거나 차폐를 행한다.

**38** PCB의 종류 중 필름에 동박을 접착 및 절곡하여 휘어지는 부분에 사용하는 카세트, 카메라, 핸드폰 등에 사용하는 것은?

① 페놀 기판
② 에폭시 기판
③ 콤퍼지트 기판
④ 플렉시블 기판

플렉시블 기판(Flexible Base material) : 유연성을 갖는 PCB로 절연기판이 얇은 폴리에스테르나 폴리미드 필름에 동박을 입힌 기판

**39** 다음 중 제도용지의 크기가 가장 큰 용지는?

① A0    ② A1
③ A4    ④ A5

A0 : 841×1189, A1 : 594×841, A4 : 210×297, A5 : 148×210

**40** 등사 원리를 이용하여 내산성 레지스터를 기판에 직접 인쇄하는 방식은?

① 사진 부식법   ② 실크 스크린법
③ 오프셋 인쇄법  ④ 자동화 인쇄법

실크스크린 인쇄법 : 등사 원리를 이용하여 내산성 레지스터를 기판에 직접 인쇄하는 방식

**41** 다음 중 설계 규칙을 검사하는 것은?

① Annotate   ② DRC
③ Netlist    ④ Export

> DRC(Design Rules Check) : 설계 규칙의 위배 유·무에 대한 검사 결과 데이터 파일

**42** PCB를 사용하여 전자기기를 제조하였을 때 얻을 수 있는 장점이 아닌 것은?

① 대량 생산의 효과가 높다.
② 제품의 균일성과 신뢰성이 높다.
③ 잡음, 온도 등 안정 상태를 유지한다.
④ 소량 다품종 생산에 적합하고, 비용이 저렴하다.

> 인쇄회로기판(PCB)의 장점
> • 대량 생산의 효과가 높다.
> • 제품의 균일성과 신뢰성이 높다.
> • 잡음, 온도 등이 안정 상태를 유지한다.
> • 오 배선의 우려가 없고, 생산 단가가 저렴하다.

**43** 그림과 같은 전자 부품 기호의 명칭은?

① 트랜지스터(TR)
② 전기장 효과 트랜지스터(FET)
③ 다이오드(Diode)
④ 다이액(DIAC)

**44** 세라믹 콘덴서의 외부에 104라는 숫자가 적혀있다. 이 콘덴서의 용량은?

① 1[μF]
② 0.1[μF]
③ 0.01[μF]
④ 0.001[μF]

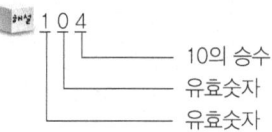

콘덴서의 기준 단위는 [pF] = $10^{-12}$
∴ $10 \times 10^4 \times 10^{-12} = 0.1[μF]$

**45** 다음 중 CAD 시스템의 입력 장치가 아닌 것은?

① 키보드(Keyboard)
② 프린터(Printer)
③ 마우스(Mouse)
④ 디지타이저(Digitizer)

> • 입력장치 : 키보드, 마우스, 디지타이저, 이미지 스캐너, 라이트 펜 등
> • 출력장치 : 모니터, 프린터, 플로터, 포토 플로터 등

**46** 전자 제도의 PCB설계에 적당하지 않은 CAD 소프트웨어는?

① Or-CAD
② Auto-CAD
③ P-CAD
④ CADSTAR

> AutoCAD는 기계, 건축, 토목 등에 사용하는 매커니컬 CAD이다.

**47** 일반적인 도면의 표제란에는 척도를 기입하는 난이 있다. 그러나 전자회로도나 블록도(Block diagram)와 같이 기호(Symbol)와 글자로만 도면이 이루어질 경우, 치수의 의미가 없거나 도면과 실물의 치수가 비례하지 않을 때 척도 난의 표기로 옳은 것은?

① NO
② NC
③ NS
④ NX

해설 도면에서의 크기와 물체의 실제 크기의 비
- 축척 : 실물보다 작게 축소해서 그리는 것
- 현척(실척) : 실물과 같은 크기로 그리는 것
- 배척 : 실물보다 크게 확대해서 그리는 것
- NS(Not to Scale) : 도면과 실물의 치수가 비례 척도가 아님을 뜻함

**48** 다음 중 기판 종류에 맞지 않는 것은?

① 단면 기판
② 양면 기판
③ 3층 기판
④ 4층 기판

해설 인쇄회로기판(PCB)은 적층 형태에 따라 단면, 양면, 다층 기판으로 구분된다. 또한, 다층 기판은 4층 이상의 짝수로 구성된다.

**49** 유연성 인쇄회로기판으로도 불리며, 카메라 등의 굴곡 진 부분에 많이 사용되는 기판은?

① 에폭시 기판
② 페놀 기판
③ 메탈 기판
④ 플렉시블 기판

해설 플렉시블 기판(Flexible Base material) : 유연성을 갖는 PCB로 절연기판이 얇은 폴리에스테르나 폴리이미드 필름에 동박을 입힌 기판

**50** 인쇄회로기판 가공에 사용되는 용어 중 부품의 단자 또는 도체 상호간을 접속하기 위하여 구멍 주위에 만든 특정한 도체 부분을 무엇이라 하는가?

① 랜드(Land)
② 마운트(Mount)
③ 패턴(Pattern)
④ 홀(Hole)

해설 랜드 : 부품의 단자 또는 도체 상호간을 접속하기 위해 구멍 주위에 만든 특정한 도체 부분

**51** 전자 CAD 프로그램에서 하나의 부품 기호를 불러왔을 때 표시되는 것이 아닌 것은?

① 부품의 심벌
② 부품의 참조
③ 부품의 값
④ 부품의 크기

해설 전자 CAD프로그램에서 하나의 부품 기호를 불러오면, 부품의 심벌, 부품의 참조, 부품의 값을 표시한다.

**52** 세븐 세그먼트(FND)가 동작할 때 빛을 내는 것은?

① 발광 다이오드
② 부저
③ 릴레이
④ 저항

해설 LED를 숫자 모양으로 배열하고, 그 중 원하는 것만 켜서 숫자를 표현하는 소자를 7세그먼트 LED라 한다.

**53** 다음 중 검출용 기구가 아닌 것은?

① 근접 스위치
② 실렉트 스위치
③ 광전 스위치
④ 압력 스위치

> • 근접 스위치 : 기계적인 접촉 대신 비접촉 동작으로 같은 스위칭 작용을 하게 한 센서
> • 광전 스위치 : 빛의 변화를 일으키는 물체가 있다면 금속뿐만 아니라 고체·액체·기체 모든 것이 가능한 검출기. 산업용 로봇이나 자동화 기기의 제어용 센서로 이용
> • 압력 스위치 : 액체 또는 기압의 압력이 설정치 이상 또는 이하에 달하면 전기 접점을 개폐하는 스위치
> • 셀렉트 스위치 : 복수의 효과나 입력 중에서 하나를 선택하는 스위치

**54** 트랜지스터 형식 명칭에 대한 설명으로 옳지 않은 것은?

```
  2   SC   372   Y
 (1)  (2)  (3)  (4)
```

① (1)은 소자의 종류를 의미한다.
② (2)는 반도체 소자로서 PNP형 저주파를 의미한다.
③ (3)은 등록번호이며, 11부터 시작한다.
④ (4)는 개량표시를 의미한다.

> SC에서 S는 반도체, C는 NPN형의 고주파를 의미한다.

**55** 능동 부품(active component)의 능동적 기능이라고 볼 수 없는 것은?

① 신호의 증폭   ② 신호의 발진
③ 신호의 변환   ④ 신호의 중계

> 능동부품(Active Component) : 트랜지스터(TR), 전계효과 트랜지스터(FET), 단접합 트랜지스터(UJT), IC, 연산증폭기(OPAMP) 등을 말하며 능동 소자는 증폭, 발진, 신호 변환 등의 기능을 갖는다.

**56** 다음 중 저항값이 낮은 저항기로, 대전력용으로도 사용되며 표준저항기 등의 고정밀 저항기로도 사용되는 저항기는?

① 모듈 저항기
② 권선 저항기
③ 탄소 피막 저항기
④ 솔리드 저항기

> 권선 저항기 : 저항 값이 낮은 저항기로서 대전력용 및 표준저항기 등과 같이 정밀도 저항기로 사용된다.

**57** 다음 중 작업 진행 과정을 눈으로 바로 확인 가능한 장치는?

① 메모리       ② 하드 디스크
③ CPU        ④ 모니터

> 컴퓨터가 처리한 결과를 작업자에게 시각적으로 전달해주는 것은 모니터이다.

**58** 다음 프린터 종류 중 비 충격(non-impact) 프린터는?

① 활자 프린터
② 도트 프린터
③ 펜 스트로크 프린터
④ 레이저 빔 프린터

> 프린터의 종류
> • 충격식 프린터 : 도트 매트릭스 프린터, 라인 프린터, 활자식 프린터
> • 비 충격식 프린터 : 레이저 빔 프린터, 잉크제트 프린터, 감열방식 프린터, 열전사 프린터

**59** 인쇄회로기판의 임피던스에 영향을 주는 물리적 요소에 대한 설명으로 옳지 않은 것은?

① 패턴의 폭을 줄이면 임피던스는 증가하고, 폭은 넓히면 감소한다.
② 패턴의 두께가 얇아지면 임피던스는 증가하고, 두께가 두꺼워지면 감소한다.
③ 패턴 간의 간격이 넓어지면 임피던스는 커지고, 간격이 좁아지면 임피던스는 작아진다.
④ 전체 제품의 두께가 얇아지면 임피던스는 높아지고, 두꺼워지면 작아진다.

> 해설 인쇄회로기판의 임피던스에 영향을 주는 물리적 요소
> • 패턴의 폭을 줄이면 임피던스는 증가하고, 폭을 넓히면 감소한다.
> • 패턴의 두께가 얇아지면 임피던스는 증가하고, 두께가 두꺼워지면 감소한다.
> • 패턴간의 간격이 넓어지면 임피던스는 커지고, 간격이 좁아지면 임피던스는 작아진다.
> • 전체 부품의 두께(유전체)가 얇아지면 임피던스는 작아지고, 두꺼워지면 높아진다.

**60** 다음 중 전원회로도 제도에 관한 설명으로 옳지 않은 것은?

① 전원 트랜스는 1차 및 2차의 전압과 전류를 표시해 주어야 한다.
② 평활 콘덴서가 전해 콘덴서의 경우 도면에 반드시 극성을 표시해야 한다.
③ 다이오드는 대부분 용량 대신에 형 명칭을 사용한다.
④ 전원 트랜스는 "+" 표시로 동위상을 나타내기도 한다.

> 해설 전원회로 설계 시 고려사항
> • 전원 트랜스는 1차 및 2차의 전압과 전류를 표시해 주어야 한다.
> • 평활 콘덴서가 전해 콘덴서의 경우 도면에 반드시 극성을 표시해야 한다.
> • 다이오드는 대부분 용량 대신에 형 명칭을 사용한다.
> • 전원 트랜스는 " • " 표시로 동위상을 나타낸다.

**ANSWER** 적중모의고사 5회

| 01 | 02 | 03 | 04 | 05 | 06 | 07 | 08 | 09 | 10 |
|---|---|---|---|---|---|---|---|---|---|
| ② | ④ | ④ | ③ | ② | ② | ② | ② | ② | ③ |
| 11 | 12 | 13 | 14 | 15 | 16 | 17 | 18 | 19 | 20 |
| ① | ① | ② | ④ | ③ | ② | ① | ③ | ④ | ① |
| 21 | 22 | 23 | 24 | 25 | 26 | 27 | 28 | 29 | 30 |
| ① | ④ | ④ | ① | ④ | ② | ② | ④ | ③ | ③ |
| 31 | 32 | 33 | 34 | 35 | 36 | 37 | 38 | 39 | 40 |
| ④ | ④ | ① | ② | ④ | ② | ① | ④ | ① | ② |
| 41 | 42 | 43 | 44 | 45 | 46 | 47 | 48 | 49 | 50 |
| ② | ④ | ② | ② | ② | ② | ③ | ② | ④ | ① |
| 51 | 52 | 53 | 54 | 55 | 58 | 57 | 58 | 59 | 60 |
| ④ | ① | ② | ② | ④ | ② | ④ | ④ | ④ | ④ |

# 전자캐드기능사 필기
## 기출문제(기출 + 적중모의고사)

2026년 01월 05일 인쇄
2026년 01월 20일 발행

**저자** 이태현, 홍승희 저
**발행처** (주)도서출판 책과상상
**등록번호** 제2020-000205호
**발행인** 이강복
**주소** 경기도 고양시 일산동구 장항로 203-191
**대표전화** (02)3272-1703~4
**팩스** (02)3272-1705

**홈페이지** www.sangsangbooks.co.kr
**ISBN** 979-11-6967-328-0

저자협의
인지생략

값 16,000원
Copyright© 2026
Book & SangSang Publishing Co.